犯罪心理學

·第九版·

楊士隆 著

五南圖書出版公司 印行

蔡　序

　　犯罪心理學乃刑事司法暨犯罪學學術研究中不可或缺之一環。近年來有關犯罪者之人格、認知及價值觀，一再被證實為衍生偏差與犯罪行為之重要因素，故有必要強化各類型犯罪人心理研究。此外，刑事司法實務顯示犯罪人在偵查、審判及接受刑罰矯正階段，往往為求脫罪及獲取早日釋放之機會，而衍生獨特之防衛方式；為達司法正義之目標，亦須對犯罪人之心理變化深入探索。

　　楊教授士隆三十餘年前曾在台灣之監獄、看守所及法務部監所司（現改制為法務部矯正署）從事司法犯罪矯正實務工作六年，由於工作與業務接觸之關係，對各類犯罪人特性較為瞭解，其於1989年美國紐約州立大學刑事司法研究所攻讀博士期間，師事犯罪心理學大師Hans Toch教授，而對犯罪人之心理有著深一層研究。在中央警察大學警政研究所、犯罪防治學系及國立中正大學犯罪防治學系暨研究所服務期間，致力於犯罪人研究，除主持、參與各項犯罪相關專案研究外，每年並親赴法務部矯正署所屬各犯罪矯正機構進行調查研究、訪問各類犯罪人，頗具研究精神。此外，楊教授長期關注犯罪問題及其新近之發展，除曾擔任中華民國犯罪學學會、台灣青少年犯罪防治研究學會、台灣藥物濫用防治研究學會理事長及亞洲犯罪學學會副主席，協助犯罪防治學術發展外，亦獲邀在政府各部會毒品與治安、犯罪防治相關委員會上諮詢，展現其專業與關懷社會之情操，在國內外犯罪心理學研究逐步蓬勃發展之同時，楊教授廣泛蒐集國內外研究文獻，結合其多年之研究心得，撰寫《犯罪心理學》一書，對於刑事司法與犯罪學學術研究之提升，以及治安維護與犯罪矯正工作均頗有助益。值逢該書出版及修訂之際，樂為之序。

蔡德輝

中央警察大學第十五任校長

2023年8月序於國立中正大學

九版序

　　近年來，犯罪問題持續困擾著多數民眾，甚至造成極大恐慌，深恐成為被害者。為此，學術社群紛紛開始展開研究，希冀藉科學研究之方法，瞭解犯罪之成因，以達成預防、控制犯罪之目標。在防治犯罪之各專業學術領域中，犯罪心理學由於強調對犯罪人及其行為做較有系統之觀察，並且廣泛地應用至偵訊、量刑與矯治工作，故其在犯罪研究中基於承先啟後之地位乃不容忽視。最近，隨著行為研究之突飛猛進，其在研究個別犯罪人、分析證詞、法律社會學之研究、評估與設計刑事矯治實務及在觀護與社會工作上有著極為傑出的表現，筆者認為其知識內涵對防治犯罪而言為不可或缺，亟待進一步深入研究。

　　本書撰寫之目的，在於提供刑事司法實務工作者及大專院校教育、心理、社會、社工、輔導與諮商、法律、警察、監獄、犯罪防治等科系學生有關犯罪心理學之知識。其主要之內容，包括：第一篇導論，介紹犯罪心理學之意涵、發展與貢獻；第二篇犯罪心理學相關理論，探討之範圍涵蓋犯罪生物及心理學之理論觀點；第三篇精神疾病與犯罪，著重於探討思覺失調症、心境異常、反社會人格、智能不足等與犯罪之關聯性；第四篇各犯罪類型之研究，研討藥物濫用與酒癮犯罪、毒品犯罪、賭博、性交易、竊盜、詐欺犯罪、擄人勒贖、殺人犯罪、強盜搶奪犯、性攻擊行為、縱火犯罪、青少年偏差與犯罪行為、女性犯罪等犯罪類型；第五篇犯罪心理學與刑事司法，探討犯罪偵查之心理學技術及法院與犯罪心理、拘禁心理與犯罪矯正及再犯預測與風險評估。最後，並新增犯罪對被害者個人與社會之影響與被害保護專章，深入探討各類型犯罪對被害者生理、心理與社會之衝擊，並介紹犯罪被害各項救濟與保護措施，減少對被害者之影響。

　　本書之付梓，乃筆者1992年從美國紐約州立大學（SUNY-Albany）獲刑事司法博士返台後，在中央警察大學及國立中正大學任教與從事學術研究之心得彙整。於此，要特別感謝中央警察大學顏前校長世錫、中華民國犯罪矯正發展基金會董事長周教授震歐、前法務部矯正人員訓練所林

所長茂榮、前中央警察大學校長蔡德輝博士等先進諸多勉勵，而前國立中正大學校長羅仁權、吳志揚提供優良教學研究環境更是從事研究者之最大支持力量，特別感謝。五南圖書出版公司楊董事長榮川協助出版，一併致謝。此外，我的父母、岳父母及賢內助吳淑瑛之督促與鼓勵，宇茵、宇翔之在旁陪伴渡過辛苦的撰寫歷程，願以此書獻給他們。最後，特別感謝研究生巫梓豪、許俊龍協助資料蒐集與編修，本書雖經百般校勘，掛漏謬誤之處仍在所難免，尚祈各方先進不吝賜正。

楊士隆

2023年8月

謹誌於國立中正大學犯罪防治學系暨研究所

國立中正大學犯罪研究中心

目錄

Contents

第一篇

導　論

第一章　犯罪心理學之意涵

　　犯罪心理學是犯罪學研究不可或缺之一支，為瞭解犯罪人行為之重要學科。近年來在許多研究人員之投入研究下，犯罪心理學在許多研究主題上呈現許多豐碩之成果，在相繼介紹這些內容前，有必要對其基本意涵與研究範疇做扼要介紹，以使讀者有概括之認識。茲分別探討犯罪及心理學之意義，最後再對犯罪心理學之意涵與研究範疇予以綜合說明。

第一節　犯罪之意義

　　犯罪是個多面性而錯綜複雜的法律事實與社會現象，對於此一法律事實與社會現象的觀察，就《刑法》與犯罪學等學科的觀點，則各有不同的概念與定義。且隨時間與空間的因素、政治與社會的結構，以及道德倫理與價值判斷的標準等的不同，而異其內涵（林山田，1975）。犯罪既存有如此模糊之概念，學者因此以阿米巴原蟲（變形蟲）來形容其概念（許春金，1990：35）。無論如何，學者指出，瞭解犯罪之意義仍可從以下三個途徑獲得概括之瞭解（Hollin, 1989: 4-8）：

一、一致觀的觀點（Consensus View）

　　一致觀之犯罪定義源自於社會學之功能學派（functionalist school）（Stepherd, 1981）。此派強調社會係由各部分所構成，其穩定須依賴其成員對於大眾一致遵循之社會規範、規則、價值觀具有共識。因此，一個社會之法律體系，基本上乃反應出社會成員對某一類行為可否容忍之看法。犯罪行為即為違反刑事法之行為，此項行為為大多數民眾所一致譴責。

二、衝突之觀點（Conflict View）

　　衝突觀之犯罪定義與前述一致觀之看法呈現對立。此派認為社會係由許多相衝突之團體所組成，包括各類專業團體、工會、學生、企業家等。依社會整體財富與權利分配之不均等狀況而言，這些有權勢或弱勢、貧窮之組織與團體

在基本利益上是相衝突的。在此情況下，根據此派之見解，將會製造並促使犯罪產生。

衝突學派之犯罪見解傾向於政治與經濟導向，亦即犯罪被視為權富當局為維護本身權益，而對無權勢、利益相衝突者壓迫、製造之結果。因此其大致認為法律係由利益權勢階層所訂定，缺乏權勢之階層較易受害，而被界定為非行團體（deviant groups）（McCaghy et al., 2003: 99）。

三、互動之觀點（Interactionist View）

互動之犯罪觀點介於一致觀與衝突觀之間，其主要源自於社會學中的形象互動論（symbolic interactionism）（Blumer, 1969）。互動之犯罪觀主要植基於下列三項假設：（一）每個人的行為係以其對現實的解釋與事件發生對其之意義而定；（二）每個人係由其他人之正向或負向回應而習得事件之意義；（三）一個人對自己行為之評估係由對他人所習得之意義而形成。對互動論而言，其認為犯罪並非如一致論所抱持之對與錯道德觀，而係社會上有權勢者，以其偏好將之加諸於社會民眾上。然而，與犯罪之衝突觀不同的是，互動之犯罪觀並不認為政治與經濟之理由為界定犯罪行為之促動因素，相對地，其強調犯罪主要是道德企業家（moral entrepreneurs）透過影響力干預刑事立法之結果。因此，互動觀特別重視法律標準改變中道德標準變化之過程方式，而非持特定或絕對之立場。

除前述見解外，犯罪亦可從法律之意義（legal definition）與社會上之意義（social definition）兩方面說明之（蔡德輝、楊士隆，2023）：

一、法律之意義

法律意義之犯罪，又稱形式意義之犯罪，係指有行為責任能力的人，於無違法阻卻原因時，基於故意或過失，所為之侵害法益、應受刑事法律制裁之不法行為。

二、社會之意義

犯罪係一種偏差行為，其與社會公認之道德、法律規範相衝突，並且侵害社會公益，而為社會所否定並加以制裁之反社會行為。

第二節　心理學之意義

　　心理學（psychology）一詞，係由希臘文之psyche和logos二字所合併而成，根據郭靜晃等（1993）之見解，前者係指心靈或精神（mind），後者則為研究或學科（study）之意義，合之為心靈之研究（psychology），此為心理學之最初界定，可直譯為研究人類心靈之本性、功能與現象的科學（the science of the nature, function, and phenomenon of the human soul or mind）。隨著科學之發展，心理學領域亦日益成長，在二十世紀初，其被學界界定為「有機體行為的科學研究」（吳靜吉等，1986：6）。之後學者復提出新的定義，認為心理學是「研究行為及心理歷程的科學」（郭靜晃等，1993：4），特別強調研究行為（behavior）之重要性，包括思考（thought）、情感（feeling）及行動（action）等。

　　心理學研究之範疇，根據黃榮村教授之見解，其內容至少包括：人類與動物行為的生理及生物基礎（尤其是大腦功能部分）、人性基本問題之探討（如：意識狀態、動機與情緒、知覺歷程、記憶與學習、智力與創造力、人類性格、社會行為、病態行為及治療等）、心理學歷史的回顧（如：條件化歷程、心理分析學、心理物理學、行為主義等）與現代科技對人性影響的研究（如：神經科學、人工智慧、電腦科學等）。史丹福大學教授Zimbardo（1985）則指出心理學之應用領域包括：臨床心理學、諮商心理學、社區心理學、發展心理學、人格心理學、社會心理學、實驗心理學、認知心理學、心理語言心理學、生理心理學、心理藥物學、比較心理學、工程心理學、組織行為、教育心理學與學校心理學等。

第三節　犯罪心理學之意義與研究範疇

　　學者Andrews與Bonta（1994: 8; 2010）曾指出犯罪行為心理學（psychology of criminal conduct, PCC）屬人類心理學（human psychology）暨科際整合犯罪學（interdisciplinary criminology）之副領域，惟日本學者杉田直另指出，犯罪心理學（criminal psychology or criminological psychology），其係應用心理學之一部分，以研究犯罪動機為中心，而推究犯罪者之性格、環境與犯罪行為之過程，作為研究之主題，並用心理學之方法來解釋闡明犯罪本身，進而揭發罪

證，協助偵察、審判與矯治，以達遏阻犯罪爲目的（周震歐，1973：6）。

雖然犯罪心理學在定義上並無太大爭議，然其在研究內涵與範疇上，學界卻有不同之見解。如：美國學者Bartol（1991）指出，心理犯罪學（psychological criminology）以研究犯罪人行爲與心智歷程爲主；日本學者山根清道則認爲犯罪心理學之研究範疇，包括：研究犯罪之人格結構、犯罪者之類型、犯罪者人格的形成、形成犯罪情境的心理、犯罪的臨床、對犯罪者之心理治療、對犯罪者之處遇和治療、犯罪之預測、家庭環境、腦波、少年偏差與犯罪行爲、性犯罪、殺人犯罪心理、組織犯罪心理、慣犯心理等（張大華譯，1986）。

但美國紐約州立大學教授Toch（1986）及學者Hollin（1989）卻認爲犯罪心理學之應用範疇日趨擴大，故刑事司法相關機構、人員及其對犯罪人之影響，均應納入探討之範疇。

馬傳鎭（1992：47）認爲犯罪心理學之研究內容（範疇）從廣義觀之，應包括：一、犯罪行爲性質及其心理歷程；二、個人特質與環境、情境互動對犯罪行爲之影響；三、人格、智能、心理疾病與犯罪；四、動機、情緒、潛意識與犯罪；五、犯罪心理學理論；六、各類型犯罪之心理特質；七、犯罪預測與犯罪預防；八、犯罪之處遇與感化（以上八項乃狹義之犯罪心理學範疇）；九、犯罪偵訊心理學；十、審判心理學；十一、法庭心理學與質證（後三項爲法律心理學）等11項。

學者周震歐（1973：6-7）綜合各家學說後指出，犯罪心理學之研究範疇，係以犯罪原因的探討爲主，包括：犯罪者之智能、人格及精神狀態，犯罪時的心理現象，以及反社會行爲的性質，並包括將心理學的智識與技術運用於偵訊、審判與矯治等方面的科學技術。筆者認爲，雖然有關犯罪心理學之研究範疇依學者研究見解之不同而異其界定，但鑑於犯罪心理學研究倘採狹義之觀點，則無法以更寬廣之視野瞭解犯罪人與刑事司法部門互動之概況，此未免是一大缺憾。學者Toch（1986）原先所主編之《法律與犯罪心理學》（*Legal and Criminal Psychology*）更名爲《犯罪心理學與刑事司法》（*Psychology of Crime and Criminal Justice*），即爲因應此趨勢之變化，故廣義之犯罪心理學範疇乃爲本書探討之重點。

第二章　犯罪心理學之發展與貢獻

犯罪心理學之發展受變態行為研究影響甚大，故有必要針對變態心理學之演進與發展做介紹。事實上，根據周震歐（1973：26）之見解，往昔學者們在犯罪行為與變態行為之研究和處理上，並未明白地劃分，因此對變態行為發展史之引介，實有助於瞭解犯罪心理學研究之成長變化。茲依學者Carson等（1988: 28-51）、Costello與Costello（1992）（趙居蓮譯，1995：11-23）和沈楚文（1989：1-9）之綜合文獻，從古代時期至二十世紀之發展說明之。並在本文後段介紹犯罪心理學科學研究之肇始、發展與貢獻。

第一節　古代時期

有關人類精神異常之際遇可追溯至石器時代。當時對於嚴重頭痛或痙攣之情形，係以圓鋸行開刀手術（trephining），企圖削去某部分頭蓋骨，以作為邪魔之出口，減少腦部壓力；雖然過程和今日的顱骨環鋸手術的技術類似，但古代進行此過程時是否基於腦部病理學的知識，則為一項遭質疑的問題。所幸，在西元前十六世紀兩張記載異常行為處理之埃及紙草紙（papyri）被發現，有關西元前三千年間古世紀時期之醫學觀念始獲得進一步澄清。根據記載，此一時期已視大腦為發揚心理功能之中心，並涵蓋內在醫學與循環系統之紀錄，但因疾病原因不明，故大多依賴咒文、魔法或神奇之力量解釋。

一、魔鬼、上帝與神奇的力量

中國、埃及、希伯來及希臘的早期文獻，大致顯示一個人精神異常與否，端視其個人涉及鬼神或聖靈的特徵。倘一個人之言行具有宗教或奇蹟式之意涵，則被視為正神的化身，而備受景仰，此乃由於其具有超自然神奇力量之故。當然，此種情形畢竟是少數，大部分所呈現的是一個人表現出越軌、過度反應或褻瀆上帝之行為，而此種情形則被視為魔鬼附身（demoniacal possession），須以驅魔（exorcism）之方法方能使患者痊癒。驅魔之方法包括：使用奇術、禱告、咒文、吵鬧之聲音、瀉藥或其他殘酷之措施（如：饑餓或鞭打

等）。

值得注意的是，在此古代時期，除前述驅魔之方法外，在埃及與古希臘之部分牧師，則採行較人道之方法，例如：其要求患者睡在廟祠中，一旦其做夢，即須依夢中之指示，以獲得痊癒。此外牧師亦借用康樂活動、騎馬、走路或音樂等方式，為患者進行祈禱、念咒文，以減輕症狀。

二、早期哲學及醫學之概念

在希臘之盛世，儘管當時人體不可侵犯之觀念仍根深柢固，但對於精神異常患者之探索與處遇仍有很大的進步。此乃希臘早期許多學者、醫學先進努力之成果，茲分別介紹如下：

（一）希波克拉底

被譽為現代醫學之父之希波克拉底（Hippocrates, 460-377 B.C.）指出，大腦病變是精神異常的原因。他強調治療的本質應該是生理的，以沐浴、特殊飲食、放血和藥物等方式治療。希波克拉底倡導遺傳和素質對於精神疾病的重要性。他認為感覺及運動失調和腦部受傷有關。作為現代精神病學的先驅，他也知道分析夢境可用來瞭解個體的人格。在驅魔儀式仍舊盛行之同時，希波克拉底的觀點在當時無疑是具革命性的。

（二）柏拉圖

這位希臘哲學家展現其對人類性格深刻的洞見。他承認智力和其他心理特點存有個別差異，並主張人被自然的欲求所驅使。對於柏拉圖（Plato, 428-347 B.C.）而言，精神異常一部分源自道德，一部分源自身體，以及一部分是神性的。他認為精神異常者主要係由於生病之結果，故須加以照顧而不應使其受罰。

（三）亞里斯多德

亞里斯多德（Aristotle, 384-322 B.C.）係柏拉圖之學生，其接受精神疾病的生理基礎，雖然他曾考慮過挫折、衝突等心理因素的可能性，但拒斥前述之觀點。由於他對於哲學思想的影響力十分強烈，因而其觀點使得沿著心理因素發展的進一步探索幾乎延宕兩千年之久。

三、希臘與羅馬後期思潮

由於受到前述精神醫學先進之影響，醫學在埃及亞歷山大時期（西元332年左右）達到高峰，患者被收容於寺廟中，輔以音樂晚會、舞蹈運動等方式治療。醫師並運用諸如食物療法、按摩、運動、教育等方法治療患者。

在精神醫學界當中，以Aesclepiades、Cicero、Aretaeus與Galen之成就最為顯著。Aesclepiades（124-40 B.C.）係在希臘出生的醫生兼哲學家，最先區分慢性和急性精神疾病。他為精神病人的舒適和放鬆設計了機械性設備；他反對放血、監禁和孤立。Cicero（106-43 B.C.）大概是第一位認為身體之病痛係由情緒因素所造成之先驅者。Aretaeus（A.D. 50-130）係第一個指出心理疾病為正常人格特徵的心理延伸現象，他相信天生素質和某些心理異常有關，而其最初的想法之一（心理異常的位置在大腦和腹部）乃成為醫學的心因性疾病取向之先鋒。Galen（A.D. 129-199）則蒐集許多關於精神和身體疾病的資料，並進行神經系統解剖學的研究且找出和人類的關係。他承認精神疾病源於身體和心理兩種原因，並找出這些各式各樣的原因，例如：腦傷、酗酒、恐懼、青春期、月經變化、經濟惡化和愛情等。

第二節　中世紀時期

隨著古希臘及羅馬文明的沒落與崩潰，科學的探索歷經了巨大的退步。迷信和鬼神學大行其道，當代神學思想無法打消精神疾病的「靈性」（spiritistic）取向，驅邪被視為絕對必要的。此一時期之重大事件，如：集體瘋狂、巫妖作亂等，可一窺端倪。

一、集體瘋狂

在中世紀後半葉，集體瘋狂（mass madness）之病症蔓延各地，一大群人瘋狂舞蹈直到筋疲力盡。根據文獻之記載，在十世紀間，此種情形即發生過。在十三世紀之義大利更是嚴重，其被稱為「蜘蛛作祟」（tarantism），認為瘋狂是因為被有毒的大蜘蛛咬傷所致。歐洲其他地方稱這種瘋狂為St. Vitus的舞蹈。

在鄉村區域，此一時期亦出現「狼狂」（lycanthropy），即把自己幻想為狼，進而模仿其行為之一種精神疾病。據案例顯示，此一病症患者在當時會被

切除四肢，下場淒慘。

無論如何，集體瘋狂等行為持續至十七世紀，而在十四至十五世紀間達到高峰，但此一時期的歐洲大陸，正受到「黑死病」（Black Death）之肆虐，估計約有50%的歐洲人死亡，影響生活至鉅。有趣的是，在十六世紀期間，西班牙之修女Teresa卻對當代思潮之推進有著極大之貢獻。Teresa當時負責管理患有歇斯底里症而面臨審訊危險之修女，並指出這些人並非天生擁有（possessed）此種怪異現象；相對地，其好像是生病（as if sick）。相當明顯地，這並不意味著這些人身體生病，而可能是生理（心智）生病之結果。Teresa之見解在變態心理學之發展觀念上，可謂極具跳躍的一大步。

二、驅魔

在中世紀初葉，精神病之治療大多由寺院之僧侶以較為溫和、仁慈之方式處理，如：祈禱、利用聖水、晉謁聖地、撫摸聖物等。在某些寺院，亦以驅魔之儀式趕走惡鬼。然而在中葉以後，驅魔之手段趨於殘忍，包括使用毆打、鞭笞、火烙等酷刑，希望懲罰占據個人身體之魔鬼，使其無法停駐。

三、巫妖

在十五、十六世紀時期，惡魔占據人類軀體之說法更加根深柢固。許多人認為，這些瘋狂的人乃因背離基督宗教信仰，而為撒旦惡魔附身之結果。那時逐漸流行巫妖（witchcraft）之概念，認為這些人係與魔鬼結盟，並有超自然的力量，足以造成瘟疫、狂風、水災，使人性無能、殺傷敵人、摧毀收成、變成動物等。1484年克拉馬（Kraemer）及司布那格（Sprenger）合著《巫婆教棒》（*Malleus Maleficarum*）一書問世，並以此「經典」打擊魔鬼撒旦，認為身上有不尋常的紅痣、皮膚麻點、幻聽、妄想和不正常行為者，均為巫妖之特徵，應予嚴懲。此書為《天真八世》（*Innocent VIII*）的詔書所強化，為以後兩百年審判官的手冊。具有詔書權威的審判官根據宗教法庭的規則進行審理，被認定巫妖者，即須接受苦刑或處決。

第三節　人道化處遇之開端：文藝復興時期

在中世紀後葉，科學之起步與人本主義之發展，許多國家因宗教、醫學和哲學的開明人士而響起追求理性原因的聲音。這段時期，他們的努力大可以形容成「黑暗中的曙光」。

一、歐洲科學探索之發展

（一）阿克力巴

阿克力巴（Agrippa, 1486-1535）係第一個反對宗教迷信及教廷僞善之學者，並因其觀點而遭受辱罵與迫害，最後因貧困而死。

（二）魏耳

魏耳（Weyer, 1515-1588）是個醫師，深受其師阿克力巴之影響，主張瞭解精神病患，避免濫殺無辜；魏耳於1563年出版《妖魔之誤》（*The Deception of Demons*），痛斥巫婆妖魔之說，並列舉巫妖之各種精神症狀，例如：幻覺、妄想、憂鬱、歇斯底里等，主張應予治療，而非以凌虐之方法折磨。惟其研究結果未被重視，迄至二十世紀始見其偉大。其後來被視爲現代精神醫學之父（Father of Modern Psychiatry）。

（三）史考特

史考特（Scot, 1538-1599）於1584年出版《怪事和影像的概念》（*The Discovery of Witchcraft: Proving That the Compacts and Contracts of Witches and Devils... Are But Erroneous Novelties and Imaginary Conceptions*），但詹姆斯一世（James I）國王下令沒收和焚毀他的著作，並反駁其言論。雖然如此，在這些人士之努力下，魔鬼論與迷信逐漸消失，爲實驗與臨床之發展奠下根基。

二、早期收容所與廟祠之設立

在十六世紀開始，精神病患逐漸被收容於特殊機構。雖然對於變態行爲之科學探索逐漸增加，但大部分的收容所仍處於「瘋人院」（madhouse）之狀況，其情況甚至比不上集中營，許多病患在其內相繼死亡。例如：1547年倫敦Bedlam成立之聖瑪麗精神病院即呈現悲慘之情況，暴力患者被陳列供展覽，一次收取一分錢，較少暴力之患者則被強迫在倫敦街頭行乞；同樣的情形亦發

生成立於1784年之維也納精神病院。這些早期之精神病患之收容所，大多係由刑事矯治機構所改設，患者之處遇形同對待動物一般。此種情形約持續至十八世紀。

在此一慘狀持續之同時，某些發展亦露出一線曙光。例如：基督教教士以按手禮之方法治療精神病患或至聖地朝拜等，均顯現仁慈與關愛；而比利時的Gheel廟祠，在此方面即貢獻至鉅，其對於精神病患之關愛與診治乃有目共睹，成為最著名之案例。

三、人道化處遇之興起（十八至二十世紀）

十八世紀後期，歐美之精神病院明顯地均須加以革興、改善。下列精神病理先驅者之倡導，無疑地具催化之作用（Selling, 1943; Zilborg, 1941）：

（一）畢乃爾

畢乃爾（Pinel, 1745-1826）於法國革命後，因崇尚自由，於負責巴黎貝山特（Bicetre）男性精神病院時，解除了該院精神病人的鐵鍊，並提供其娛樂及衛生之居住環境。後來，其轉調至沙貝特（Salpetriere）女性精神病院任職，將一所原來像監牢的精神病院，規劃成一所具有治療性質之醫療機構，更替法國培養出許多精神醫學專業人才。

（二）特克

英國的特克（Turk, 1732-1822）在法國畢乃爾進行興革之同時，於1796年建立了York Retreat精神病院，患者接受宗教氣氛之關愛與照顧。此對於當時精神病患之非人道化處遇無疑展現另一道曙光。

（三）羅胥

除前述英法等先驅者之人道化處遇外，美國之羅胥（Rush, 1745-1813）在賓州醫院工作時，倡導以人道化立場治療患者心理疾病，後來被大眾認為是「美國精神醫學之父」。羅胥開設了精神病學的第一門課，並在美國出版此學科第一篇有系統的論文。就美國而言，羅胥之做法為走向人道化新思潮重要的一步。

（四）狄克司女士

狄克司（Dix, 1802-1887）女士於1841年在一所女子監獄授課時，目睹

了當時監所設施殘破不堪之慘狀，因而向國會遞交備忘錄，簡述美國至少有9,000名精神病患者居住生活於人間煉獄中。也由於她的努力，喚起了國會的注意，因而興建了許多較現代化之精神病院，改善了醫療服務。她更將其理念拓展至加拿大、蘇格蘭及其他國家。

第四節　二十世紀時期

在前述先進專業之努力下，二十世紀人道化、科學化之處遇逐漸形成，包括：心理衛生觀念之逐漸建立與不斷科學研究之衝擊。分述如下：

一、心理衛生觀念之建立與發展

在十九世紀結束前，雖然精神病院逐漸地被建立，但其仍因地處偏遠，並輔以高聳的圍牆、崗哨，故一般民眾仍認為其乃陰森恐怖處所，對精神病患之處遇印象，僅止於治療瘋子之地域。

精神科醫師在當時亦缺乏對民眾之教育，以減輕其恐懼。所幸，在狄克司女士的影響下，畢爾（Beers, 1876-1943）大力倡導心理衛生（mental health）概念，在其名著 *A Mind That Found Itself* 中，描述三次進入精神病院的痛苦經歷，喚起大眾對心理衛生之重視。由於其努力，心理學大師William James與著名的精神醫師Adolf Meyer受其影響，而在這些人士之倡導下，心理衛生之概念逐漸萌芽、成長。

二、科學研究之成長

大約在心理衛生運動發展之同時，以科學、實驗為取向之精神醫學研究不斷地成長。其中，以身心障礙之生物及組織因素探索，最令人振奮。換句話說，精神疾病症狀之器質（organic）因素逐漸明朗，例如：Kraepelin（1856-1962）在1883年出版之教科書中，以器官病理學的觀點概述精神疾病；而神經系統運作失調更是他對心理異常的一般問題所強調的重點。他將許多種精神異常加以描述和分類，並藉著引發對於症狀叢的注意而提供描述性精神醫學的基礎。而德國的Griesinger（1817-1868）在《精神異常之病理與治療方法》（*Pathology and Therapy of Psychic Disorders*）一書中亦指出，所有之心理異常理論，均應以大腦病變為基礎。

　　除了前述器質因素探索之成長外，心理因素與行為關聯之研究，亦有重要突破。例如：德國之馮德（Wundt, 1832-1920）在李普茲大學首創實驗心理研究室，以科學之實驗方法研究人類知覺、記憶與心智發展過程。其學生衛特梅爾（Witmer, 1867-1956）更在美國賓州大學成立全美第一個心理門診。希利（Healy, 1869-1963），在1909年亦創設少年心理病理研究機構。二十世紀初葉，於前述器質與心理之研究發展下，周震歐教授（1973）指出，由於精神疾病之發生原因至為複雜，非單一因素所能獲致令人滿意之解釋，故學界乃形成集合的研究觀點（holistic），主張將器質與心理研究取向予以併合。

　　總之，二十世紀之變態心理研究是人本及科學取向的，在專家奮力不懈的研究下，已逐漸接受心理衛生及精神疾病患者，需要特殊專業處遇之觀念，精神、心理專業，除了從心理、器質或集合研究之觀點，探索病因，進而提供妥適之診療服務外，近年來並試圖應用更科學之方法，客觀之診斷標準，進行生化檢驗，以及運用各種腦部掃描技術，會診精神疾病，提供更周延完善之醫療服務。

第五節　　犯罪心理學科學研究之肇始與發展

　　在對變態心理學之發展進行回顧後，我們可從其中獲取有關犯罪心理學研究發展的重要訊息。根據文獻，最早開始對犯罪心理學進行科學研究，以1872年德國精神病學家埃賓（Krafft Ebing）出版之《犯罪心理學綱要》為標誌（沈政，1992）。1889年奧大利司法官格爾斯（Gross），1902年渥爾夫（Wulfflen）、1904年薩默爾（Sommer）相繼出版犯罪心理學著作（高漢聲主編，1993）。此外，德國學者阿沙芬堡（Aschaffenburg, 1866-1944）及施耐德（Schneider）亦對犯罪心理學之研究有著特殊貢獻（林山田、林東茂，1990：45-48）。阿沙芬堡係著名精神醫學家Kraepelin的學生，其在1904年創辦犯罪心理學及刑法改革月刊，並著《犯罪及其抗制》等書，對德語系國家及北美之研究影響深遠。施耐德在1923年發表〈精神病態人格〉，探討其與犯罪之關聯，對德語系國家影響極大。

　　在英國，由於心理學者急於建立獨立之科學，故在早期有關犯罪之心理學研究並不多（Blackburn, 1993），在1853年，Mary Carpenter出版的書籍為第一部犯罪心理學探討之著作（Hearnshaw, 1964），大部分之犯罪心理相關研究係

由監獄之醫生所進行。雖然犯罪心理學之發展面臨侷限，但英國在1931年，其青少年犯罪之研究與處遇機構已展開對青少年之臨床診斷服務。

在義大利，犯罪學之父——龍布羅梭（Lombroso, 1835-1909），出版〈犯罪人〉專論，從實際之觀點對犯罪人之生物、遺傳、生理特徵進行研究，爲犯罪人之研究奠定良好的基礎。費利（Freei, 1852-1929）亦撰寫〈殺人〉（The Homicide）專論，對犯罪人進行分類研究，成績斐然；另外，學者加洛法洛（Garofalo, 1852-1934）在所著《犯罪學》（Criminology）一書中，特別強調心理或道德異常之概念，以說明犯罪行爲之發生，其內容被翻譯成數種語文，對後世之犯罪心理學研究影響至鉅。

在二十世紀初葉，美國對犯罪心理學研究較具影響力者，包括：郭達德（Goddard）、希利與布洛妮（Healy and Bronner, 1936）等人（引自Blackburn, 1993）。郭達德不僅就犯罪家族遺傳進行研究，同時亦以心理測驗對犯罪矯正機構中之犯罪人進行施測；希利與布洛妮則運用精神醫學和心理學之方法，對少年犯進行多年研究，成果豐碩，這些十九與二十世紀初葉之研究，爲當代犯罪心理學研究奠定良好基礎。

目前，犯罪心理學之研究在繼承前述學者的經驗下，已在各領域展開研究，歸納研究重點取向大致包括（West, 1988）：
一、重視犯罪人生物（生理）機制在決定偏差行爲上之研究。
二、建議更新研究方法與統計技術，兼採實驗設計、縱貫型研究，並運用高等統計進行分析，以求問題鑑別之精確性。
三、主張應減少單打獨鬥之研究取向，以科際整合（interdisciplinary）之方式代之，使研究臻於周延。
四、提倡實用主義，強調研究成果廣泛應用於刑事司法實務。

第六節 犯罪心理學研究對犯罪防治之貢獻

犯罪心理學研究在晚近發展中已累積豐碩成果，雖曾遭遇犯罪原因詮釋之抨擊及面臨應報主義抬頭及部分曖昧（欠缺公平）矯正實務之衝擊（West, 1988），但並不影響其在犯罪研究中承先啓後之地位，茲扼要敘述其對犯罪防治之貢獻如下：

一、深入探索犯罪行為之成因

在犯罪心理學研究中，晚近發現缺乏MAO-A酶之基因缺陷、注意力缺乏過動疾患（ADHD）、腦部功能受創、反社會人格、妄想型思覺失調症、低自我控制人格（under-controlled）、過度控制（overcontrolled）、認知扭曲、情緒控制失調、自卑感、挫折感、高自我評價、行為之制約、學習、強化與情境因素等與各類型偏差與犯罪行為有密切關聯，有助於揭開犯罪行為之關鍵因素。

二、助犯罪偵查工作

犯罪心理學之原理與技術非常有助於協助犯罪偵查工作。晚近在此領域成效較為卓越者，除可幫助調查人員瞭解罪犯的意圖外，犯罪心理學家還幫助執法部門預測未知罪犯的年齡、社會經濟地位、教育水準、習慣和性格特徵，以及罪犯生活所在社區或鄰里的類型（https://online.maryville.edu/blog/criminal-psychology/）。此外之貢獻亦包括：以心理學原則（psychological principals）觀察嫌疑犯可能說謊與罪疚情緒之心理徵候，進而操縱、引導其自白；運用心理描繪技術（psychological profiling），對特定犯罪人進行犯罪心理痕跡檢視、剖析；以多項記錄器（polygraph，又稱測謊器）對嫌疑犯進行測驗，瞭解其說謊情形；以催眠術（hypnotism）、解讀潛意識之資料，協助目擊證人、被害人恢復記憶，重建犯罪現場，提供偵查之參考等。

三、提供法官審判量刑之參考

在國外，心理學家常被法庭視為作證專家（expert witness），其對於分析目擊證人證詞，改進受害者及目擊者回憶力，提升證詞之品質貢獻至鉅。我國精神醫學專家進行之精神鑑定工作，如生理、心理、精神檢查等，對於判定被告責任能力、瞭解被告訴訟能力、鑑定證人證言能力及鑑定被害人精神障礙程度甚具關鍵之影響。

四、促成有效犯罪矯正管理與教化工作，協助犯罪人成功復歸社會

無論對犯罪人施予心理測驗或對其在監獄生活適應型態與拘禁心理變化之心理學研究，均有助於提供適切之犯罪矯治作為，並協助犯罪矯正管理與教化工作的進行。此外，犯罪心理學專家在設計、實施與評估矯治處遇方案之效能上亦有顯著貢獻，其有助於犯罪人之改悔向上，成功復歸社會。

五、廣泛應用於犯罪預防實務

　　犯罪心理學研究成果已廣泛應用於犯罪預防實務，例如警察人員運用錄影裝置以監控街角型罪犯之做法，即具心理嚇阻之作用。其他情境犯罪預防（situational crime prevention）措施引進於校園、工商場所等，致力於控制與管理衍生犯罪環境與情境，降低犯罪之機會，則對於實際防止犯罪之發生具有實質貢獻（楊士隆，2012；鄧煌發、李修安，2012）。此外，以犯罪人認知扭曲之心理學研究為例，已發展出認知行為療法等處遇技術，以協助偏差與犯罪行為者改變不合乎邏輯與負向之思考，以減少再犯。另從犯罪心理學理性抉擇（rational choice）觀點研究獲致之啟示，對於理性之罪犯，如竊盜常業犯、職業賭場負責人或職業強盜犯等，必須予以嚴正量刑，並且不輕予假釋，在釋放後更須予以密集觀護監督，始能遏止其再犯。

六、有助於適任刑事司法人員之甄選工作

　　由於合乎常理認知判斷、情緒與保持公正無私的態度，對於刑事司法執法人員甚為重要，因此心理學之研究目前亦擴展至執法人員之甄選上，以協助鑑別出不適任執法人員的精神狀況與人格特質，俾有效率且公正的達成執法之任務。

第二篇

犯罪心理學相關理論

第三章　犯罪生物學理論

　　近年來，犯罪生物學之研究日益蓬勃發展，對於瞭解人類犯罪行為之源起提供了重要的線索，鑑於犯罪生物學與犯罪心理學之孿生關係，且研究不斷指出生物因素與許多行為異常問題具有密切關聯（Brenna et al., 1995），故本文擬對影響犯罪發生之犯罪生物學相關因素一併介紹，並說明當代研究之動向。

第一節　身體結構表徵與犯罪

一、身體之表徵與犯罪

　　有關犯罪實證科學之開端，係從探討人類身體表徵與犯罪之關係開始。例如：人相學者（physiognomist）拉法特（J. C. Lavater, 1741-1801），即致力於探討臉部的構造及位置與反社會行為之關係。他發現沒有鬍鬚的男人或有鬍鬚的女人，狡猾的眼神、薄弱的下顎及傲慢的鼻子等表徵，為人類偏差行為之重要指標。此外，義大利醫生龍布羅梭（Cesare Lombroso, 1835-1909）以人類學觀點對犯罪人生理表徵進行研究，發現許多觸犯多次罪行之人係天生之犯罪人（born to be criminal），其從事犯罪行事亦與其與生俱來之獨特生理表徵有關（Lombroso, 1968）。龍氏並進一步指出，這些身體缺陷均是隔代遺傳（atavistic），使他們退化到原始動物之生活方式。犯罪人在生理上尤具有下列特徵：
（一）頭部之大小與同一地區之人種迥異。
（二）臉部不對稱。
（三）顎部及顴骨過度發展。
（四）眼睛有缺陷和異狀。
（五）耳朵之大小不尋常，類似非洲之黑猩猩。
（六）扭曲、向上或鷹勾之鼻梁。
（七）肥胖、腫大和突出之嘴唇。
（八）像某些動物之袋狀面頰。

（九）上顎變形，如：過大、突起或凹陷。

（十）不正常之齒系。

（十一）下巴退縮、過長、過短或扁平，類似無尾猿。

（十二）眾多、早熟、多樣之皺紋。

（十三）頭髮之變形，尤其具有不同性別之髮型特色。

（十四）胸膛之助骨過多或過少，及多餘之乳頭。

（十五）骨盤表徵與正常人迥異。

（十六）過長之手臂。

（十七）額外之手指與腳趾。

（十八）腦半球之不平衡（Vold and Bernard, 1986: 50-51）。

　　龍布羅梭因係以人類學之方法對犯罪人之生理表徵進行研究，其貢獻卓越，後世的人乃尊稱其為犯罪學之父。龍氏之研究結果雖激起甚大迴響，但卻因在研究方法上欠缺科學，引起學者抨擊。英國葛林（Goring, 1972）主持之研究，對3,000名英國罪犯、牛津和劍橋大學學生、病人等身體表徵上之比較發現，與犯罪行為較為相關者為「有缺陷之智商」（defective intelligence），此為遺傳之結果，而犯罪人身體之表徵，諸如：獨特之手臂、眼睛、頭髮等，與非犯罪人之比較並未達到統計上之顯著水準。

　　然而，葛林的研究卻仍然受到哈佛大學教授胡登（Earnest A. Hooton）的質疑。胡登重新對葛林的研究加以驗證，他抽樣研究美國10州的男性犯罪人共13,873人，並取樣其犯罪人共3,203人與之比較。同時亦對5,698名犯罪人做詳細的人類學研究，並將他們依種族分成九類，結果發現每一種族內那些體型及生物條件差的人較易發生偏差行為（Hooton, 1931）。胡登認為生理上的低劣會導致心理發展之失調，而促使犯罪問題更為嚴重。

　　犯罪學學者蔡德輝（2001）指出，胡登的研究亦遭受許多社會學家及犯罪學家之批評，認為他的研究方法論有不切實際之缺陷，且無適當的控制組作比較，而其犯罪組亦無代表性。同時，生物學家及人類學家亦批評其研究無法說明哪些偏差是生理上的低劣所引起。因此，胡登的研究對一般犯罪與少年犯罪之解釋，於今已不具昔日之重要性。

二、體型與犯罪

　　犯罪生物學派之另一發展，係從身體類型探討犯罪行為之樣態。德國精神醫學者克萊茲穆（Kretschmer, 1925）對此有相當貢獻。克萊茲穆認為人類之體

型有四類，各具性格，並觸犯不同之罪行（林山田、林東茂，1990：116）：

（一）肥胖型（pykniker）：此種人身材圓厚、多脂肪、手足粗短、性格外
　　　向、善於與人相處。肥胖型的人不易犯罪，假如犯罪，則大多為詐欺，
　　　累犯很少，容易再社會化。

（二）瘦長型（leptosome）：此種人身材瘦長、手足長而細、性格內向、喜批
　　　評、多愁善感。瘦長型的人，多犯竊盜與詐欺罪，累犯之中，瘦長型占
　　　大多數。

（三）健壯型（athletiker）：此種人健碩強壯、肌肉發達、活力充沛、具有爆
　　　發性格。健壯型的人，屬於暴力財產犯罪與暴力性犯罪的專門犯。

（四）障礙型（oysplastiker）：此種人身體發育不正常或有障礙，或有殘缺，
　　　或為畸型，性格多內向。障礙型的人，大多犯性犯罪。

　　此外，哈佛大學學者薛爾頓（Sheldon, 1949）亦對體型與犯罪之關聯進
行研究，其乃根基於胚胎學（embrayology）觀點，認為人類的生命始於由三
個層次構成的胚胎（embryo），內層為內胚葉（endoderm），中層為中胚葉
（mesoderm），最外層的則為外胚葉（ectoderm）。內胚葉乃負責消化器官
的成長，中胚葉則負責肌肉、骨頭等組織的成長，外胚葉則負責神經系統、
皮膚和其他附屬器官（手、腳等）的成長。由於各部分成長情況不一，薛爾
頓（Sheldon, 1949）乃據此而構造了一相對應的體型說（Vold, 1986: 59；許春
金，1990：191-192），其內容見表3-1。

表3-1　薛爾頓的「體型說」

體　型	性　情
1. 矮胖型（endomorphic） 消化系統良好，呈現肥胖現象，身體圓形，皮膚柔軟。	全身放鬆，隨遇而安；喜好柔弱的事物；和藹可親、寬容而仍屬外向者。
2. 鬥士型（mesomorphic） 身體之肌肉、骨頭及運動器官發達，胸部飽滿，軀幹、手臂、手腕粗壯。	活躍，走路、談話、姿態獨斷，行為具有攻擊性。
3. 瘦弱型（ectomorphic） 瘦弱之身體，骨骼小，下垂之雙肩，臉小、鼻尖、細髮、肌肉少，不中看。	內向，身體不適，敏感，皮膚不良，容易疲勞，對噪音敏感，從群眾中退縮。

　　薛爾頓對波士頓200名少年犯及200名控制組之非少年犯進行比較研究，發現鬥士型少年的生理與心理異常之特徵較易陷入犯罪。因為鬥士型少年較喜冒險、偏差行為以及他們生理之好勇（physical prowess），再加上對別人不關心與不敏銳，較易成為一位掠奪者。葛魯克夫婦亦曾用薛爾頓的身體類型來說明身體結構與類型和少年犯罪之相關性，他們於1956年對500名少年犯與相同環境、相同年齡之500名非少年犯做比較研究，結果大致支持薛爾頓之理論，發現少年犯樣本中有60.1%是屬鬥士型之類型（蔡德輝、楊士隆，2019）。

第二節　遺傳與犯罪

　　犯罪生物學對遺傳在犯罪行為的影響至為重視，其認為倘一般正常行為與遺傳有關，則犯罪行為亦應是如此。本部分擬從基因缺陷、染色體異常、雙胞胎、寄養子女之研究，探討遺傳在犯罪行為上之影響。其他有關犯罪個體因素，請參閱鄭添成（2004）彙整之文獻。

一、缺少MAO-A酶的基因缺陷

　　華裔學者陳景虹認為，犯罪行為可能和人體內缺乏一種名為「單胺氧化酶」（MAO）的物質有關。蓋腦所控制的各種現象，如攻擊性、性行為、睡眠、疼痛、學習與記憶等，都是由神經遞質所引起的一連串生化反應造成的。其中，serotonin便是腦中相當重要的神經遞質，其在腦中量的多寡直接影響到上述酶各種現象，而serotonin的分解則是由MAO-A酶來負責。在以小白鼠為客體的實驗中，陳教授發現除去製造MAO-A酶基因的小白鼠，其腦中的serotonin量呈現變化，並表現出明顯的攻擊性；相對於此，未除去MAO-A酶基因的小白鼠則顯得相當愛好和平，這現象讓我們清楚地瞭解到攻擊行為受到腦子裡神經遞質控制的可能性是相當高的。然而，上述的「動物模式」實驗能否推論、適用到人類的犯罪行為？學者Rain（1993）曾針對神經遞質與反社會行為之研究進行meta-analysis，其發現在眾多研究中顯示反社會行為者，其serotonin濃度較一般正常人為低（引自吳建昌，2002）。而其他研究亦指出，低濃度之serotonin神經傳導物質，較無法抵禦暴力衝動性（Brown et al., 1994）。陳景虹教授則以台北及桃園監獄的119名暴力累犯為受測樣本，結果發現有五人確實缺乏MAO-A酶。雖然我們無法憑此即推論影響、決定人類是否從事犯罪行

為的主因為MAO-A酶的有無，但這個結果卻替犯罪學，特別是犯罪生物學的實證研究，提供了一個值得思考及探索的方向（中國時報1997.4.20；自由時報1998.4.16）。

二、染色體異常與犯罪

根據蔡德輝與楊士隆（2023）之撰述，在行為遺傳（behavior genetics）方面，很少有像XYY性染色體異常與暴力行為關係之研究，能夠引起社會大眾及學界如此之重視。根據研究，得知性染色體中有一個Y染色體，已具備男性特性，如果再多出一個Y染色體，則可能呈現出暴力之傾向（Witkin, 1978）。直到1956年，有關之研究才確立人類正常的染色體數目。染色體是細胞之部分，它們含有基因與生物上之情緒，會影響遺傳特質之傳遞（transmission）、發展與決定。因為1956年新的鑑定技術發現之前，人類均被認定細胞內有48個染色體，而新鑑定技術於1956年之後，才正確地鑑定出有46個染色體。第1對至第22對為體染色體，決定身體的一般性狀；第23對（即XX或YY）為性染色體，決定性別。通常一個男人每一細胞核內具有22對染色體及1對XY性染色體；一個女人每一細胞核內具有22對染色體及1對XX性染色體。亦即一個人從父母親各獲得22個染色體，然後固定從母親獲得X性染色體，再從父親獲得Y性染色體，即為男性；反之，如從父親獲得X性染色體，即為女性。遺傳因素影響異常行為（abnormal behavior）的主要關鍵在於性染色體。部分研究發現，有些男性有三個染色體，即所謂XYY性染色體異常症狀者，被譽為超男人（supermale），較易有暴力性之行為。1968年在芝加哥連續殺死八個實習護士的兇手史培克（Richard Speck）更加深了此項看法，即被證實具有XYY性染色體異常現象。

此外，學者傑克布（Jacobs, 1965）率領一個研究組在英國蘇格蘭一家精神病院檢查196位心理異常之男性犯人，結果亦發現其中有七位是XYY性染色體異常者，而此七位均為暴力犯。又根據麻蘭（Moran, 1978）之研究發現，XYY性染色體異常者，在犯罪人當中的比率是一般正常人口之二倍。同時，傑克布亦指出XYY性染色體異常者之身材均較高，平均超過六呎。

雖然如此，學者威特根（Witkin, 1978）在丹麥對4,000名高個子所進行之研究卻指出，此類XYY性染色體異常者畢竟是少數，並發現僅12名具有XYY性染色體異常現象。也由於XYY性染色體異常與暴力間之關聯，並未獲得顯著的支持，因此植基於此項論點之相關研究逐漸凋零，未獲進一步重視（Ellis,

1982）。

但值得注意的是，晚近研究發現第15對染色體特定區間出現缺失致病，即可能形成普瑞德威利症候群（Prader Willi syndrome），俗稱小胖威利症候群或PWS，而當其進食的慾望受阻時，即有可能出現強烈攻擊性，甚至有自殘傾向（引自黃庭郁，2001）。根據黃庭郁（中國時報2001.8.27）之報導，其身心與行為主要症候如後：

因第15對染色體特定區間出現缺失致病。孩子剛出生時因肌肉張力不足而全身軟綿綿，連喝奶的力氣都沒有，需要仰賴家長以湯匙一口一口地餵，甚至用鼻胃管才能進食。

無力狀態約持續數月到1歲後，出現180度反轉，寶寶的活力、肌張力及進食都有明顯改善。但就在家長們為寶寶的進步感到高興之際，病童無可抑制的食慾也開始作祟，主動尋找食物。

由於是不自主的強迫性進食，病童無時無刻都有吃的慾望，且很難飽足。如果不加以嚴格地節制，在4歲大就可能擁有30、40公斤的體重，甚至引起早期糖尿病、心肺功能障礙等併發症。

在外型特徵上，病童的身材多半比較矮小，手、腳掌都小，外陰部發育不良、不孕，膚色、髮色較淡，體溫偏高及發展遲緩等。另外，由於舌頭與喉嚨的肌張力差，也對病童的語言學習與表達造成影響，說起話來口齒不清。

行為方面，小胖威利平日個性溫和，幾乎總是笑臉迎人，並因為圓滾滾的身材而天賦喜感。但如果進食的慾望受到限制或阻撓，會出現強烈攻擊性，有時甚至有自殘傾向。

三、雙胞胎與領養子女之研究

另一項驗證遺傳因子對犯罪行為之影響，可由雙胞胎之研究窺其端倪。其立論假設是，倘遺傳特質導致犯罪行為，則雙胞胎在反社會行為呈現上應甚為相像。但由於雙胞胎大多在相同的環境中成長，故其行為係受生物、心理或社會因素所左右而不易察知。犯罪生物學學者為克服此項難題，乃對同卵雙生

（identical twins）及異卵雙生（fraternal twins）雙胞胎行為之差異進行研究。所謂同卵生雙胞胎，即受精過程中，係由一個卵子與一個精子結合受胎，而在細胞分裂過程中分成雙胞胎；而異卵生雙胞胎則在受精過程中，二個卵子與二個精子結合受胎，而在細胞分裂過程中分成雙胞胎者。假如遺傳因素對犯罪行為有具體的影響，那麼同卵生雙胞胎在反社會行為之呈現，應比異卵生雙胞胎更為類似（Siegel, 2006）。

　　學者Mendick與Volavka對1929年至1961年間，有關雙胞胎研究加以檢視後指出，大約有60%之同卵生雙胞胎具備（呈現）相同之犯罪行為型態，而異卵生雙胞胎則約僅有30%之類似性（Shah and Roth, 1974）。這些早期的研究提供了犯罪遺傳因素強而有力之證據。另外，丹麥學者克利斯帝安生（Christiansen, 1974）對3,586名男性雙胞胎研究指出，就同卵生雙胞胎而言，其行為同時呈現之比率約為52%，異卵生雙胞胎則約僅占22%。其研究顯示，同卵生雙胞胎由於在遺傳性上甚為相像，故增加了其從事犯罪行為之相似性。最近學者Rowe與Osgood（1984）研究遺傳因素對雙胞胎偏差行為自陳報告亦指出，遺傳之影響比其他因子更具決定性。上述研究大致顯示遺傳在促進犯罪的過程中仍扮演著吃重之角色，忽略遺傳因子之影響恐無法周延地對犯罪行為之成因進行瞭解。

　　其次，被領養者之研究亦有助於澄清遺傳因素在犯罪行為上所扮演之角色。其立論假設為，假如被領養者之行為與其親生父母（biological parents）較相似，而與被領養者之父母（adoptive parents）較不相像，那犯罪遺傳因素之影響即可被證實。相反地，假如被領養者之行為與其領養父母較為相似，則犯罪環境因素之影響即應被採納。

　　部分研究指出，被領養者與其生父即使彼此並不常接觸，但其在許多行為樣態上仍甚為相像。例如：學者哈群斯與孟倪克（Hutchings and Mednick, 1977）分析了1927年至1941年，在丹麥哥本哈根出生之1,145名男性被領養者，在對其中143名具有犯罪行為之被領養者與另143名沒有犯罪之控制組比較後，哈群斯與孟倪克發現生父有犯罪紀錄時，被領養者犯罪傾向亦大增，即其指出生父對於少年犯罪行為具有相當高之預測力。他們更進一步指出，當被領養者之生父及領養父母皆有犯罪紀錄時，其從事犯罪行為之可能性即大大地增加。因此，哈群斯與孟倪克最後認為，生物、遺傳和環境皆可能對犯罪行為產生實質之影響。由此可見，被領養者之研究突顯了遺傳與環境之互動影響，尤其是具有反社會人格特質取向的個人，倘在不良環境中成長（如：父母犯罪之

家庭），將更容易衍發犯罪行為（Fishbein, 1990）。

綜合前述XYY性染色體異常、雙胞胎、被領養者等之研究，不可否認地，生物遺傳因素與犯罪確實具有某些關聯，亦即遺傳扮演著素質因素（predisposing factors）或前置變項（antecedent variable）的角色，在與不良社會環境因子互動下，對於犯罪極可能產生影響。

第三節　腦部功能失常與犯罪

人體腦部遭受傷害引起腦部功能失常的現象，亦可能與犯罪行為有關。其立論主要是腦部受傷極可能導致腦機能不平衡，造成生化上之異常、情緒失控與性格劇變，而衍生暴力行為。雖然如此，學者Blackburn（1993）指出，腦部功能失常與反社會行為間，並不一定有其必然之因果關係。尤其在不同社經環境下，將產生干擾效果。無論如何，腦部功能失常將妨害一個人正常的認知發展與社會化歷程，而此種情形可能與部分犯罪行為之發生產生關聯。茲從以下與腦部功能失常相關研究說明之。

一、腦部控制失調症狀

腦部顳顬葉（temporal lobe）及掌握人類情緒、動機、攻擊慾念主要部位之邊緣體系（limbic system），倘受各類腦傷害（lesions）、發炎（inflamations）或長腦瘤（brain tumor），可能產生腦部控制失調症狀（dyscontrol syndrome），而失去對行為之控制，導致暴行發生（Blackburn, 1993: 155）。例如：學者Mednick等（1982）在哥本哈根對一群少年之研究即發現，腦部受傷與暴力行為間具有某種程度之關聯。雖然如此，腦部邊緣體系因受傷或感染，對人類衍生暴行之必然關聯性，並未完全獲得證實。學者Mungas（1983）之研究指出，這些腦部功能失調與暴行之關聯經常是間接的，依個人成長歷程不同而呈現迥異之變化。

林瑞欽、吳銘庭與蔡宗晃（2004）曾對18至50歲之成年健康男性30名（暴力犯組10名、非暴力犯組10名假釋出獄人及10名警察及一般民眾）進行腦部磁振造影，發現「大腦功能表現存在著組間差異的情形。與控制組相較，暴力犯罪組的大腦右側上顳葉腦迴，以及大腦右側後扣帶迴顯現出活動較少的情形；非暴力犯罪組則在大腦二側的前扣帶迴顯現出過度活動的情形；控制組則

在大腦額葉及眼框皮質的部位有較佳的功能表現」（鄭添成、林瑞欽，2006：1-2）。

陳巧雲與洪蘭（2005）從行為和腦波紀錄（ERP）等實驗，來探討衝動性暴力行為與額葉控制機制之關係，發現衝動性暴力犯罪者在進行動態而即時的控制歷程時，實驗組之額葉神經活動和對照組有明顯的差異，實驗結果呼應腦傷研究及藥物研究的證據，而能進一步提供控制機制即時運作的認知神經心理學證據。另陳巧雲等（2005）以衝動的暴力犯罪者不易控制自己的行為為假設，進行實驗測試，結果發現與對照組相比，確實反應了不同程度的抑制作用，衝動的暴力犯罪者之N2波幅顯著降低。

二、癲癇症

癲癇（epilepsy），又稱為循環發作（recurrent seizures），基本上係大腦電波解組之症狀，其經常伴隨著不同程度之痙攣、抽搐，而有失卻意識或朦朧之症狀出現。由於癲癇之心理運動發作（容後述之）與犯罪行為間之關聯曾被提出探討，故犯罪心理學者亦對此領域予以重視。基本上，癲癇發作之形式可區分成四大類（趙居蓮譯，1995：314-316）：

（一）大發作（Grand Mal）

患者在視覺或聽覺的預兆下，突然大叫並喪失知覺。其可區分成四個階段：1. 預兆階段；2. 僵硬階段：患者手臂肌肉收縮，呼吸亦受干擾；3. 間接性痙攣階段：患者在此階段身體強烈地抖動；4. 患者進入昏睡階段。患者於最後醒來時，會感到混亂且反應微弱，無法回想發作前的事件。

（二）小發作（Petit Mal）

患者突然喪失意識，持續約數秒或十至三十秒，目瞪口呆，固定不動。發作症狀隨即消失。小發作可能重複發生，甚至一天之內發作數十、數百次。

（三）心理動作發作（Psycho Motor Seizure）

患者只有動作與心理二者混合之困擾，其發作內容包括：意識降低，並伴有知覺改變，情緒混亂，偶爾並有幻覺、妄想等現象。

（四）傑克遜發作（Jackson Seizure）

患者主要症狀為手或足之嚴重刺痛和抽筋，接著可能再擴散到身體其他部

位，其係由腦部某個控制區域受到傷害所引起。

　　根據美英學者之估算，一般人口中癲癇所占比率約為0.5%；而研究文獻另指出在犯罪人當中，癲癇所占比率較正常人口為高。例如：學者Whitman等（1984）之研究指出，大約有2.4%之美國男性監獄人口中患有癲癇；Lewis等（1982）在其研究中，甚至發現18%之犯罪少年患有此症。儘管如此，學者Gunn等（1991）之研究卻發現犯罪人罹患癲癇之比率與正常人口並無太大差別。無論如何，有關癲癇與犯罪關聯之研究，學界早期大多著重於探討是否癲癇患者於發作期間喪失知覺而自動地產生暴行，惟研究大多指出此種情形並不多見，反倒是在心理動作階段，因產生知覺、情緒困擾與伴隨幻覺、妄想而衍生暴行。

三、過度活躍

（一）輕微的腦功能失常

　　輕微的腦功能失常（minimal brain dysfunction, MBD）與犯罪相關的主要癥結在於腦的結構。輕微的腦功能失常會引發不能適應之行為，而擾亂個人的生活方式；嚴重的情況則會導致反社會行為發生、腦控制機能的不平衡和生化上之異常。輕微的腦功能失常亦包括一些異常的行為型態，諸如：難語症（讀寫障礙）、視力方面問題、過分活躍、注意力不能集中、脾氣暴躁，以及侵略攻擊性之行為。輕微腦功能失常，有時會間斷地發生狂暴激怒，甚為犯罪生物學所關切。這種症狀有時會引發毆打妻子、虐待小孩、自殺、侵略攻擊性行為，以及其他沒有目的、動機之謀殺行為。然這種病患如果沒有發病，則能保持溫馨、健全與快樂之人格。

（二）過度活躍

　　過度活躍（hyperactivity），又稱注意力缺乏過動疾患（attention deficit hyperactivity disorder, ADHD），罹患此症者極易分心，無法保持安靜，呈現不安，過度活躍，並伴隨著低自尊、學習困難與反社會行為（Lambert, 1988）。

　　學者比較罹患ADHD與無ADHD少年指出，患有ADHD者，其有較高之違法行為（Satterfield, 1978）。研究復進一步指出，過度活躍症本身在與其他行為症候之互動下，更易衍生偏差與犯罪行為。例如：Lambert（1988）之研究即發現，兒童期有過度活躍情形，在同時具有攻擊性之導引下，極易衍生犯罪行為。

四、腦波異常

　　腦波基本上反應出大腦皮層神經細胞的活動。據研究指出，腦波之異常（EEG abnormality）（正常振動約為每次0.5至30 Hertz）可能與個人某些偏差行為有關。1940年代早期研究指出，在犯罪人團體中，大約有25%至50%呈現腦波異常現象；相對地，一般正常人口中約僅有5%至20%（Mednick et al., 1982）。對於暴力犯而言，其間之差異更大，例如：學者Williams（1969）曾隨機抽樣335位暴力少年犯，然後再將這些少年犯區分成習慣暴力犯和偶發暴力犯進行調查，研究結果發現習慣暴力犯中有65%是屬腦波異常，而偶發暴力犯中只有24%有腦波異常。

　　這些研究大致發現犯罪人呈現腦波活動遲緩的現象，尤其出現在少年犯身上更是頻繁。但部分研究則發現，犯罪人腦波速度過快，超乎尋常。無論如何，研究指出與EEG有關之偏差行為，包括：不良之衝動控制、社會適應差、敵意、暴躁之脾氣等（Aind and Yamanoto, 1966），成人若具有較低之腦波將呈現敵意、刻薄、易怒、不守法和衝動性行為等。精神病患若有腦波異常現象，則可能呈現攻擊性和間歇性的憤怒（許春金，1990：221）。此種情形促使暴力行為的發生更臻於可能，但是研究者仍難以腦波異常為犯罪主因下結論。

　　此外，除前述腦波之測量外，心跳亦為測量生理機制變化之重要工具，根據李毓文（2005：13-14）彙整之文獻，「心跳是受自主神經之交感及副交感神經共同支配，某些情況下心跳會由迷走神經所控制。隨著自主神經的變化，心跳立即會產生增加或下降反應，所以心跳是一個偵測喚起狀態的良好工具（Raine, Venables and Mednick, 1997）。由此可知，『高衝動—低喚起』個體受自主神經系統影響較少，故其心跳速率應偏慢；『低衝動—高喚起』個體受自主神經影響強，故心跳速率應偏快。Mathias等（2003）在28位男性成年受試者中，也發現高衝動受試者的心跳顯著低於低衝動受試者。如此一來，便確認心跳與衝動為負關係，即高衝動個體心跳顯著低於低衝動個體。」李毓文（2005）對國中生之研究發現，男生組高衝動國中生心跳顯著低於低衝動國中生，及有違規行為國中生其心跳顯著低於無違規行為國中生。

第四節　　生化因素與犯罪

　　研究指出影響犯罪行為發生之生化因素，至少包括：內分泌、賀爾蒙與人

體某些營養分不均衡。茲分述如下：

一、內分泌及賀爾蒙之影響

內分泌腺分泌之賀爾蒙，基本上乃影響中樞神經體系與行為之發展。在文獻上，學者Schlapp與Smith（1928）在《犯罪學新論》（*The New Criminology*）一書上，首次提及賀爾蒙不平衡與犯罪之論點，並由學者Berman（1938）將其發揚光大。Berman對美國紐約州星星監獄250名受刑人，及以同等數目紐約市居民為控制組進行調查，研究發現受刑人內分泌之缺陷及混亂情形，係控制組居民之二至三倍；對青少年犯罪者之調查，亦出現類似結果（Vold and Bernard, 1986: 96-97）。此外，學者Ellis（1987）之研究亦認為，男性賀爾蒙分泌過多，可能增加了反社會行為的機率。例如：學者Kreuz與Rose對監獄暴力犯受刑人抽樣調查，即發現其固醇類賀爾蒙比其他類之犯罪人還高（Siegel, 2006）。除前述調查外，有關女性犯罪之研究文獻中，曾提出女性內分泌腺控制之月經前及月經期間會影響他們之犯罪行為。默登（Morton et al., 1953）列舉說明58位女暴力犯（如：殺人、侵略攻擊性行為等）之中有62%是在月經來潮前犯的，另17%是在月經期間犯的。此外，根據達爾頓（Dalton, 1978）之研究，指出學校女生在月經期間之學業與行為均陷入較差的表現，而一般女性於此期間亦較易發生意外事故或心理疾病。達爾頓復利用六個月時間，調查訪問監獄新收女受刑人共386位，其中有49%的女受刑人之犯罪，發生在月經期間或月經來潮之前。然如按常態分配，正常情形應只有29%的女受刑人在月經期間或月經之前犯罪。因此，達爾頓之調查研究結果顯示，月經與犯罪有顯著相關。但這些研究並未指出，哪些賀爾蒙層次之不同會發生犯罪，也未指出女性在月經之前及月經期間之症狀，較易引起發怒、興奮、緊張等情緒是導致犯罪之誘因（蔡德輝、楊士隆，2019）。綜合言之，我們應注意賀爾蒙或內分泌失調與犯罪間並無必然之因果關係，僅能說其可能是促使犯罪發生之重要誘因。

二、營養分不均衡與犯罪

人身生化上之不均衡，亦可能由不適當的飲食所促成。根據文獻記載，少年及成年犯罪人具有如下營養分不均衡情形，包括：維他命缺乏症、高、低血醣症等，其與偏差行為具有某種程度之關聯（Siegel, 2006; Vold and Bernard, 1986；許春金，1990；蔡德輝、楊士隆，2019）。茲分述如下：

（一）維他命缺乏症

基本上，倘人體缺乏維他命，極易呈現生理、心理與行為困擾的問題。研究指出，缺乏維他命B3，容易造成少年過度活躍，而有抽菸、喝酒、逃學、逃家、破壞公物、打架等偏差行為出現。如果這種情形在25歲之前未能予以適當之治療，則可能導致更嚴重精神疾病（Hippchen, 1978）。

（二）高血醣症

人體倘飲用過多之咖啡、糖或其他碳水化合物，容易影響知覺與行為，並降低自我控制力。學者B. C. D'Asaro等（1975）之研究即發現，犯罪人比非犯罪人食用更多的咖啡與糖；Lonsdale Shamberger（1980）亦發現偏差行為少年食用過多高醣之速食垃圾食物。

（三）低血醣症

當血液之醣分，低於腦正常有效運作功能所需之標準時，即發生低血醣症之問題。低血醣症患者之症狀包括：易怒、焦慮、沮喪、痛苦嚎哭、頭痛、困惑。關於與低血醣有關的性犯罪、殺人等攻擊行為，亦有研究指出其受刑人有較高之低血醣症（Siegel, 2006）。

雖然如此，國內學者許春金等（1994）調查2,260名少年食用早餐習慣與偏差行為之關聯性發現，少年從未吃各類早餐、不定時吃早餐或吃得不營養者，其偏差行為最高。故營養分不均衡問題是否為偏差或犯罪行為之要因，仍待進一步觀察。

第四章　犯罪心理學理論

　　隨著行為科學研究蓬勃發展，近年來犯罪心理學理論方面之研究亦持續精進。其雖亦遭受抨擊，但由於眾多心理學者之努力，已逐漸建立其理論體系，對偏差與犯罪行為提供較為周延之解釋。

　　在此犯罪心理學之領域中，有從心理分析的角度出發，探討早期生活經驗對偏差與犯罪行為之影響；有從人格理論的觀點，說明犯罪人獨特之徵候；亦有學者從行為主義與學習的觀點，嘗試瞭解人類之攻擊與犯罪行為。此外，部分學者則從認知與道德發展角度，剖析犯罪者之心理。茲分別扼要說明如後。

第一節　心理分析理論

　　心理分析理論（psycho-analysis）以佛洛伊德（Freud, 1856-1939）之作品為代表，佛洛伊德雖然未明確指出偏差與犯罪行為之原因，惟其提出的許多概念對日後之研究卻影響至鉅（Freud, 1963）。佛洛伊德心理分析之主要內容可從下列三個觀點說明：

一、人格結構

　　佛洛伊德認為，人類人格之結構包括三部分：（一）本我（id），係人格中最原始壓抑的一部分，遵循追求快樂（pleasure seeking）原則；（二）自我（ego），則為人格結構中較實際、理性之成分，隨著在現實社會中成長而發展，可協助人類管理其本我之欲求；（三）超我（superego），則屬人格結構中良心之部分，反映出社會之道德標準，係由個人在成長中與其父母及其他重要關係人互動所產生之道德規範結構。佛洛伊德指出，本我意味著慾望與需求，超我係藉著道德規範對本我加以抑制，自我則對前述二者加以理性之評估。假如這些人格結構適當的調和，則個人可以走向一個正常的生活型態；相對地，假如個人為任何前述人格傾向所駕馭，而犧牲了其中任何人格傾向，則個人將呈現異常行為型態。

二、人格發展

佛洛伊德復指出，每一個人在幼年成長當中，皆須經歷下列影響與人格發展階段：（一）口腔期（oral stage）：新生之嬰兒經常以食用、吸吮、咀嚼等行為獲得滿足；（二）肛門期（anal stage）：1至3歲的嬰兒以大小便之排泄為獲取快樂之主要來源，此一時期，對小孩的大小便訓練，為促使其遵循社會規範之壓力；（三）性器崇拜期（phallic stage）：3至6歲的小孩以玩弄自己之性器官獲得滿足，此一時期男性兒童對其母親發展戀母情節（Oedipus complex）之潛意識感情，女孩則對父親產生戀父情節（Electra complex）。佛洛伊德復指出性器期（cenital stage）及潛伏期（latency stage）之概念，惟因人格之形成大致在小孩子5歲前決定，故其重要性遠不如前面三個階段（Siegel and Sienna, 1991）。幼兒在經歷這些階段倘未能順暢適應，將影響其人格之發展與未來之行為樣態。

三、潛意識

佛洛伊德另提及潛意識（unconscious）的概念。他認為人之原始趨力，例如：性（sex）、慾望、仇恨或攻擊行為（aggression），即本我人格結構之部分，因經常受到壓抑，因而轉入所謂潛意識（即自己無法意識到）的部分，而某些攻擊行為，很可能即為這些潛意識行為之具體表現。

因此，依佛洛伊德心理分析觀點觀之，犯罪或偏差行為之來源大致如下：
（一）超我之功能不彰，即個人無法以道德良心、規範對本我之欲求加以約束，則即可能犯罪。
（二）幼兒成長時期未滿足之需求，如在口腔期未能滿足（如：早期斷乳），很可能以酗酒或抽菸代之；倘在肛門期大小便訓練不當，則可能影響個人之偏執個性。
（三）減輕罪疚感，例如：對父母有不正常之戀父、戀母情節，產生罪疚感，為減輕罪疚感，可能以接受懲罰（如：犯罪或其他偏差行為）之方式為之。

佛洛伊德之心理分析理論為其後之學者加以引用到詮釋犯罪行為。包括：艾秋宏（Aichhorn, 1925; 1955）、亞歷山大及史特伯（Alexander and Staub, 1931）、希利與布魯諾（Healy and Bronner, 1936）、艾布罕森（Abrahamson, 1944）、艾利克森（Erikson, 1968）、何立克（Halleck, 1971）等人貢獻最大，

茲逐一介紹：

一、艾秋宏

　　艾秋宏（Aichhorn, 1925; 1955）是第一位運用心理分析的概念解釋犯罪行為之研究者。艾秋宏因曾擔任心理困擾與偏差行為少年的老師，因此對於這些青少年及其家庭之處遇乃特別重視。由於深受佛洛伊德之影響，他在研究偏差行為少年後指出，認為單僅環境因素並無法適當地詮釋犯罪現象；相反地，他發現個體具有某些潛在特質（傾向）（predisposition），稱之為「潛伏性偏差行為」（latent delinquency），此為促使少年走向未來犯罪生涯之重要關鍵。「潛伏性偏差行為」泰半係天生的，惟亦可能係由小孩早期發展之情感關係所決定。艾秋宏認為在小孩初與社會接觸時，會顯現非社會（asocial）之態度；換句話說，小孩子以追求快樂為最高指導原則，僅關心其生活舒適與否。隨著社會化之過程，小孩慢慢依據現實原則而遵循社會規範。然而，艾秋宏指出，部分小孩在社會化之過程中迷失了自我，而允許「潛伏性之偏差行為」成為生活型態之主流，犯罪行為即是心理發展過程失敗之結果，促使潛在之偏差行為駕馭了正常行為。

二、亞歷山大及史特伯

　　亞歷山大及史特伯（Alexander and Staub, 1931）認為犯罪人無法理性地面對事實為其誤入歧途之主因。根據其研究，犯罪人大多無法延遲立即之滿足，以追求長遠之目標。換句話說，犯罪人係無法從追尋快樂之狀況中走向現實原則。

三、希利與布魯諾

　　希利與布魯諾（Healy and Bronner, 1936）應用心理分析概念中之昇華（sublimation），以解釋犯罪行為。根據其說法，昇華係指本能之衝動轉移至思想、情緒與行為。而犯罪行為主要源自於未滿足之慾望需求與不滿，此種情形大多與少年未與父母建立強而有力之感情繫帶有關。因此，犯罪行為主要係此內在歷程昇華或出軌的結果。希利與布魯諾在研究比較非行少年與正常少年之差異後發現，犯罪少年之家庭生活欠缺穩定，並且有較多之情緒困擾問題，而印證其觀點。

四、艾布罕森

另外，心理分析師艾布罕森（Abrahamson, 1944）則認為，犯罪係人格結構中自我與超我衝突無法妥協之結果。其指出，兒童於4至5歲間，潛意識中近親相姦之情感經常伴隨著怨恨、害怕而呈現。假如此時自我與超我未能成功地調和，這些早期趨力（drives）很可能在某些場合中發生。許多精神疾病（從精神官能症至精神病），甚至犯罪行為很可能即是此種樣態之呈現。

艾布罕森明確地指出，少年犯罪之原因乃因這些人無法對其本我加以約束，再加上在幼年期倘遭遇不愉快的經驗，或家庭無法提供適當的愛與照顧。這些因素，均將促使少年之自我功能受損，而無法適應生活。

五、艾利克森

學者艾利克森（Erikson, 1968）指出，許多少年在成長當中經歷了生活危機，這些危機使他們感受到情緒的困擾，及角色扮演之不確定感。為了解決這些危機，許多少年達成自我認同（ego identity）——即清楚「我是誰」與「將來要做什麼」。然而，某些少年卻不能適當地處理其角色衝突的問題而產生了角色模糊（role diffusion）、受制於人的現象，甚至迷失自己。根據艾利克森之見解，自我認同與角色模糊之衝突在認同危機（identity crisis）——即「個人檢視內在價值及生活角色扮演時，所產生之混亂狀況」之促使下，更加惡化。以藥物成癮者為例，其可能使之對個人在社會上角色定位產生混淆，而無法導引其行為至正常途徑。

六、何立克

精神醫學者何立克（Halleck, 1971）則認為，犯罪行為乃個人受壓抑情感之呈現。犯罪可促使這些人繼續生活，因其具有正面之心因性效果。例如：犯罪可促使少年感到自由、獨立、興奮，有機會發揮想像力等。

綜合言之，心理分析學派在這些學者之努力下，地位略有提升。惟此派因缺乏科學之實證調查，且無法加以印證，過度依賴主觀之詮釋，因此亦遭致不少抨擊。

第二節　人格理論

　　除前述心理分析對犯罪行為的詮釋外，亦有學者從人格理論（personality theory）之角度出發，以說明犯罪人獨特之行為特性。此派基本上強調犯罪人與非犯罪人相較，其大多具有病態之人格或人格特性。在此人格理論中，可區分成二大分支（Akers, 1994）：

一、人格特質之觀點

　　此派認為，犯罪人之人格特質（personality trait）具有不成熟、缺乏自制、過於侵略攻擊性、低學業成就、外向、逸樂取向、叛逆、敵對、退縮、逃避現實等特性。例如：葛魯克夫婦（Glueck and Glueck, 1950）之研究發現，非行少年具有外向、邪惡、衝動，更具敵意、怨恨、猜疑心、破壞等特性。相類似的犯罪學者渥德與丁尼茲（Waldo and Dinitz, 1967）對1950年至1967年之少年犯人格特質相關研究加以檢視後，發現多數非行少年具有顯著之前述人格樣態呈現。

二、人格類型差異之觀點

　　此派認為，犯罪人與守法者間在人格類型上具有差異（personality type difference）。犯罪者具有迴異之人格特質，守法者則反應出正常的人格特性。例如：精神科醫生Yochelson與Samenow（1976）對伊利莎白精神醫院之240名精神病人犯調查後發現，這些人與其他正常人不同，其身上存有犯罪人格（criminal personality），且此項特性幾乎在出生時已形成，很難受外界影響，其人格特性大致包括：缺乏忠誠、偽善、無法忍受責難、無情、憤怒、破壞性等。惟值得注意的是，犯罪者與守法者間之差異亦不應過度誇大，蓋部分犯罪人可能與守法者相同，具有類似之心理人格特性。至於各類型犯罪人，彼此間其人格心理特性是否存有顯著差異，則仍待進一步調查。

　　在臨床上，人格異常（personality disorder）之型態根據美國精神醫學會（APA）出版《精神異常診斷與統計手冊》第四版（DSM-IV）之規定，主要包括反社會型人格、邊緣型人格、戲劇型人格、自戀型人格、妄想型人格等五類（Tardiff, 2001；鄭添成，2004），茲援引鄭添成（2004：55-61）彙整之文獻，摘要敘述如下：

一、反社會型人格

世界衛生組織（WHO）認為，在數種人格異常中，反社會人格障礙（dissocial personality disorder）與暴力犯罪行為之關係最為密切，與較古老之心理病態人格（psychopathic personality）很接近，其主要特徵為個案之行為違反社會規範：無情地不去關心別人之感受；缺乏責任感且不理會社會之常規、法則或義務；不能建立持久之人際關係；低挫折忍受力且經常爆發攻擊或暴力之行為；缺少罪惡感且不易從過去的經驗中得到教訓（尤其是處罰）；容易怪罪他人或總是對其偏差行為提出似是而非之見解；持續性的脾氣暴躁可以是一個合併之特徵，青少年及孩童時期之行為障礙症，雖不一定存在，但有則更能支持此一診斷。心理病態人格的個案，很難從外表加以判斷。也就是說，其外觀特徵與常人無異。DSM-IV則稱之為反社會人格異常（antisocial personality disorder, APD），特別強調此種個案之基本特質是，對他人權益不尊重及侵犯之廣泛模式，且其自15歲以前即出現此種現象，並符合行為障礙症之診斷（詳本書第七章）。

反社會型人格異常會忽視並侵犯他人權益，包括暴力行為。其易怒、好攻擊，對象包括兒童及配偶；或有破壞財物、偷竊、騷擾他人等犯罪行為；具衝動而無計畫，對其行為不會自責，而會合理化行為，如暴力行為是被害人應得，或自己應該得到性、財物或權利。他人會責備被害人儒弱或愚笨。另會有不安全駕駛、酒後開車或進行雜亂危險的性行為；會快速做決定而不會考慮自己或他人的後果，常導致危險行為或頻換工作及關係。他們喜歡操控，通常因善辯及表面的吸引力而讓醫師失去治療方向。

二、邊緣型人格

依照DSM-IV的定義，邊緣型人格必須合乎下列標準：從成年前期起，在各種不同情境下，其人際關係、自我形象、情感上呈現不穩定的普遍行為型態，可由下列其中五項（或以上）顯示出來：

（一）全力避免被人拋棄（真實的或想像的）。【註：不含要件5的自殺或自傷行為。】

（二）不穩定又強烈的人際關係，在最理想與最糟糕之間搖擺。

（三）自我角色不確定：不穩定的自我形象或自我概念。

（四）至少有二個自傷領域（花錢、性濫交、藥物濫用、不安全駕駛、大吃大喝）。【註：不含要件5的自殺或自傷行為。】

（五）時有自殺行為、自殺意願、自殺恐嚇或自傷行為。

（六）反應過度以致情緒不穩（如：持續數小時的悲傷、激動或焦慮，但不超過幾天）。

（七）常感空虛。

（八）生氣過度不當或控制不了（時發脾氣、生氣或打架）。

（九）出現壓力有關的短暫妄想意念，或嚴重的解離性症狀。

　　邊緣型人格有不穩定人際關係、自我形象、情緒狀態及衝動。因避免被拒絕而發狂。對其他人而言，這樣的拒絕並不嚴重（如：遲到數分鐘）。照顧者或情人間有強烈關係，期望這些人保護或拯救他。但當不符合其不切實際的期望時，會發怒、口語或身體暴力、自殺或其他自傷行為。生氣是邊緣型人格主要的情緒反應及組成核心。因其認同的阻礙及自我的缺陷，而強烈地需要與照顧者、情人或其他人的關係。長期的感覺空虛或經驗到情緒轉換的迅速，從焦慮到憂鬱到生氣發怒。

　　邊緣型人格者其暴力及自殺行為會因其他因素而惡化。衝動性會嚴重造成暴力、自殺行為，其他自傷行為如危險性行為、不安全駕駛、過度消費、狂飲或藥物濫用。約10%會有自殺危機，隨酒精或藥物濫用會升高自殺危機。衝動性與低血清素有關，因此可用血清素再回收抑制劑治療暴力及自殺行為。邊緣型人格異常在兒童期，可能遭受性虐待或身體虐待；在兒童期遭受身體虐待者，成人期會升高暴力行為。同時，有衝動性及藥物濫用者，也較易有暴力行為（Tardiff, 2001）。

三、戲劇型人格

　　依照DSM-IV的定義，戲劇型人格必須合乎下列標準：從成年初期起，在各種不同情境下，呈現過度情緒化與引人注意的普遍行為型態，可由下列其中五項（或以上）顯示出來：

（一）如自己不是別人注意的焦點，就會感到不舒服。

（二）與他人互動不外是性勾引。

（三）感情快速變遷又淺薄。

（四）慣用體姿引人注意。

（五）說話主要在給人的印象，而非內容細節。

（六）好做戲，好誇張情緒。

（七）易受人或情況暗示。

（八）不怎麼親密的關係，卻被當作很親密。

戲劇型人格異常普遍過度情緒化與尋求被注意，若沒有成為焦點會感到不舒服。透過戲劇化、狂熱及調情行為而獲得被注意。為展現不適當的性勾引而很重視外表、衣著、打扮。戲劇性言語，但沒有內容。常抱怨有許多身體疾病，以吸引照顧者、家人、朋友的注意。表現不自然、過度情緒。

當尋求注意失敗時，會變得生氣或要自殺。企圖暴力行為或自殺是為了成為注意力的焦點，也在懲罰讓患者未成為注意力中心的人。伴隨著憂鬱的感受，則可能會有較嚴重的自殺企圖。

反社會型人格異常與戲劇型人格異常同樣有衝動性、淺薄性、生氣及操控。但戲劇型人格異常有較過度的情緒表現。邊緣型人格異常與戲劇型人格異常同樣尋求注意力及情緒轉變很快，邊緣型人格異常有較頻繁及較嚴重的自殺與暴力行為（Tardiff, 2001）。

四、自戀型人格

依照DSM-IV的定義，自戀型人格必須合乎下列標準：從成年初期起，在各種不同情境下，呈現自大（幻想或行為）、愛被人欽佩，與沒有同理心的普遍行為型態，可由下列其中五項（或以上）顯示出來：

（一）自覺很重要（誇大成就或才能，即使沒有也會自覺高人一等）。
（二）常幻想自己擁有無限的成就、權力、才智、美貌或眞愛。
（三）自認自己很獨特，只有貴人或高官瞭解他、有與他建立關係。
（四）需要過度的讚美。
（五）自感他處處有權利，如無理要求被優待或自動迎合他所好。
（六）剝削他人，占人便宜達到自己的目的。
（七）缺乏同理心，不顧他人需欲。
（八）羨慕他人或說人家羨慕他。
（九）目中無人。

自戀型人格者普遍需要過度的被注意。高估自己的成就及能力。需要他人尊崇，但若沒有會很驚訝或生氣。自認只與其他高官或特殊人物有關係，如臨床人員、律師或其他知名機構。

自戀型人格者自尊很脆弱，而需要他人讚美。因他們需要讚美形式的持續被注意，他們覺得這是其應得的權利；壓榨他人或做過度的要求，而不感到同情或自覺；當其他人談論到需求或感覺時無法忍受。

　　自戀型人格異常的暴力行為有二種形式：一為因未獲自覺應得的讚美、注意或尊敬而變得憤怒，可能會轉為口語或身體暴力；一為較為嚴重及普遍之邪惡型自戀（malignant narcissism），即伴隨有攻擊及妄想病徵。暴力是有目的性的，可能是為了政治、性或其他目的。他們是有能力的，是政治機構、犯罪組織或其他團體的上層。這些人包括會集體屠殺的殘忍政治領導者，或為犯罪組織殺人者。其他的較孤獨的邪惡型自戀，包括有為獲得性滿足而殺人、領導祭祀、為錢或報復而殺害父母或家人等。

五、妄想型人格

　　依照DSM-IV的定義，妄想型人格必須合乎下列標準：

（一）從成年初期起，在各種不同情境下，呈現不信任或懷疑他人的普遍行為型態。可由下列其中四項（或以上）顯示出來：

1. 在沒有充分的證據下，懷疑他人剝奪、損害或欺騙他。
2. 始終懷疑朋友或同事對他的忠誠。
3. 不敢對人交心，怕人會以他的話反害他。
4. 無意批評卻被看成是暗藏惡意或恐嚇。
5. 時時有恨在心，無法寬容污辱、傷害或不公。
6. 別人無意，卻說是污辱其人格與名譽，並將臉轉向、快速反應其生氣及反過來攻擊。
7. 雖無根據，卻常懷疑配偶或性伴侶有外遇。

（二）不只全出現在思覺失調症、帶精神病狀的情緒障礙，或其他精神病的致病歷程上，也不是來自普通醫學狀況的直接生理反應。

　　妄想型人格者普遍不信任及懷疑他人，對他人動機常解釋是傷害的。在沒有證據支持下，他認為別人想利用、傷害或欺騙他；懷疑朋友的忠心、難以相信他人、害怕他人獲取的訊息是要對他不利。對於他人良性的評論認為是威脅。

　　妄想型人格覺得別人將要傷害他，會用傷害他人名聲的方式，或用較具體的方式，如不努力工作；且若覺別人要傷害他，會有怨恨、敵意的感受，他們就會用羞辱、威脅及訴訟對抗老闆、政府機構或其他他們覺得會傷害他們的人。妄想型人格異常者通常是情緒不佳的員工或妄想的員工，他們通常並不暴力，但如果他們這樣做的話，會變得一發不可收拾，如集體謀殺。另一領域是親密關係間妄想想法會產生暴力行為，為避免被背叛，會想持續控制親密關

係。他們會持續懷疑、監控配偶或伴侶的行動、意圖及忠誠。他們會蒐集證據去支持其懷疑。這會造成對情人或被懷疑的第三者有爭論或身體暴力（Tardiff, 2001）。

有關各類型人格之驗證，一般係以人格量表（personality inventory）對犯罪人與守法者施測。而最常用之人格測驗屬明尼蘇達多向人格測驗（Minnesota Multiphrasic Personality Inventory, MMPI）、加州心理量表（California Psychological Inventory, CPI）及美濃臨床多軸量表（Millon Clinical Multiaxial Inventory, MCMI）等。

明尼蘇達多向人格測驗係由Hathaway（1939）所創設，其主要之目的爲偵測精神病患之偏差（變態）人格特性與型態，惟目前已廣泛地運用在刑事司法體系中，作爲鑑別（分類）犯罪人之用。加州心理量表主要可作爲測量偏差行爲者人格特質之用，包括：駕馭、忍耐力、社交能力等。美濃臨床多軸量表則與明尼蘇達多向人格測驗之特性相似，是研究病理心理學之有力工具，其可診斷出受測者基本人格特性、病態人格特性和精神病症狀（沈政，1992）。此外，在臨床上則由專業精神科醫師，依《精神異常診斷與統計手冊》（DSM-IV）或國際疾病之分類手冊（ICD-10），研判與診斷人格異常型態。雖然，這些做法非常有助於犯罪人人格特性的瞭解，但學者Sutherland等（1992）、Pallone與Hennessy（1992）、Akers（1994）卻認爲，依這些量表進行之研究並無法肯定其爲產生偏差或犯罪行爲之主因。

第三節　行爲主義與學習理論

行爲主義與學習理論亦爲犯罪心理學理論中不可忽視之一環。惟本文檢視文獻後，發現在犯罪學、心理學及社會學研究領域中均有述及，茲分別介紹與其相關之理論：

一、差別接觸理論（Differential Association Theory）

1939年蘇哲蘭（Sutherland, 1883-1950）在其教科書《犯罪學原理》（*Principles of Criminology*）提出了差別接觸理論之最早版本。1947年，其七項命題擴增爲較完整之九個命題，其內容如下：

（一）犯罪行爲是學習而來。

（二）犯罪行為是在與他人溝通的過程中（communication），經由互動（interaction）學習而來。溝通大部分係屬口語上的溝通，但亦包括姿態上的溝通（communication of gestures）。

（三）犯罪行為的學習主要是發生於個人的親密團體中。

（四）犯罪行為的學習包括：1. 犯罪的技巧（有時非常複雜，有時非常簡單）；2. 犯罪的動機、驅力、合理化與態度的特別指示。

（五）犯罪動機與驅力的特別指示，乃從法律有利或不利的定義學習而來。

（六）一個人之所以成為犯罪人，乃因認為犯罪比不犯罪有利，此乃差別接觸理論之基本原理。當一個人成為犯罪人，係因其與犯罪型態（patterns）接觸，並與反犯罪型態疏離的結果。

（七）差別接觸因頻率（frequency）、持久性（duration）、先後次序（priority）與強度（intensity）而有所不同。

（八）與犯罪型態或反犯罪型態接觸的犯罪行為學習過程，涉及與其他行為相同之學習機轉（mechanism）；換句話說，犯罪行為的學習並不侷限於模仿（imitation）。

（九）雖然犯罪行為是一般需求與價值的顯現，犯罪卻不為這些一般需求與價值所解釋。

　　有趣的是，蘇哲蘭在早期宣稱差別接觸適合於較有系統的犯罪行為（systematic criminal behavior），而非一般之犯罪行為。較有系統的犯罪行為意味著，犯罪的進行較有秩序並且更有計畫，而不是自發或散漫的。令人訝異的是，由蘇哲蘭門徒所從事的許多研究，卻顯示出很少犯罪人在其犯罪行為上是有系統的、規律的。因此，蘇哲蘭在以後的版本中減少「系統」兩字，以便使差別接觸理論可應用至所有的犯罪行為（Cressey, 1960; Sutherland, 1956）。

　　差別接觸理論對犯罪行為的解釋，乃植基於學習的法則。換句話說，人們必須學習如何去犯罪。一個人不太可能脫離其社會環境而犯罪；相反地，一個人係從其朋友、家庭成員或其他親密的個人習得犯罪行為。個人不僅習得如何犯罪，並且學習到何時去犯罪，及在哪一情形下何種行為最為恰當。然而，僅習得「如何」及「何時」去從事犯罪，並未能充分解釋行為；尚須學習到「為什麼不依此方式做」，方可平衡前述之學習。

　　試舉一例：父母親可能告誡小孩不可使用非法藥物（如：吸膠）。然而，這個小孩很可能恰好瞧見其大哥吸膠，當問及此行為時，大哥可能告訴他吸膠非常刺激且舒適愉快，法律禁止使用實在是愚蠢；因此，這個小孩從其父母

身上習得吸膠不利的看法，同時從其大哥獲得相反的說法，亦從大哥身上習得如何吸膠，並找到了吸膠的藉口。在學校時，老師告知學生吸膠有害健康。然而，同輩朋友卻廣泛地使用，則這個小孩子是否從事吸膠行為，端賴其學習是否獲致平衡。假如小孩之父母親經常告誡吸膠甚為危險，而小孩亦相信之，加上其大哥恰好遠離他，那麼小孩將學習到吸膠不好的定義；然而，倘此刻其最親密的友伴吸膠，他所習得的看法可能超過其從父母習得的定義，轉而從事吸膠行為。其次，吸膠合法性的定義亦賴其從何處學習而定。假如小孩最好的朋友或最親密的家庭成員吸膠，很可能因此強化其對吸膠有利的定義，而認為吸膠的行為是可接受的。換句話說，假如小孩經常與認為吸膠是可行者接觸，他很可能因此認為吸膠較有利，而不問合法與否；相反地，假如小孩的父母親一再強調，吸膠是不合法的並且有害健康，再加上小孩遠離認為吸膠有利的成員，則吸膠是不太可能發生的。

　　前述的例子可延伸至解釋任何其他之犯罪行為。事實上，行為端賴個人與他人之接觸與學習而定。其次，蘇哲蘭認為一個人對於法律條文之定義看法與其生長的環境存有密切相關（Sutherland, 1956）。在某些社群，人們大多傾向於支持法律，差別接觸的結果很可能影響其傾向於支持法律的決定；相反地，某些文化或社群卻可能反對某特定法律。例如：加勒比海Rastafarians民族認為，禁止吸食大麻是不合法的，因此，倘一個在Rastafarians長大者，他將傾向於吸食大麻是對的，而忠誠於其隸屬團體的文化價值。因此，差別接觸亦可能與團體之規範相關，且此對於個人之行為有著巨大的影響。更清楚地說，學習的法則受個人團體文化規範的支配至鉅。

二、制約學習理論（Operant Learning Theory）

　　心理學者史基納（Skinner, 1938; 1953）提出之操作制約學習理論，對於行為主義之成長具有巨大貢獻（Zuriff, 1985）。

　　基本上，此項理論強調行為樣態係由外界環境（刺激）所塑造，如果有機體與環境發生互動，造成有機體行為的增加（increase），此種過程叫做增強（reinforced）或報償，因為此增強會更加強化行為；如果有機體與環境發生互動，而造成有機體行為之減少（decrease），此種過程即為懲罰（punished），懲罰乃用來削弱其行為，使其不再發生。因此，就行為主義學派而言，有所謂的ABC行為理論，即先前之境況（antecedent conditions）提升了行為（behavior），而導致結果之發生（consequences）。

　　根據史基納之見解，增強（reinforcement）可區分成正面增強（positive reinforcement）與反面增強（negative reinforcement）二部分。正面增強係指行為產生了酬賞之結果；反面增強則為行為本身避免了嫌惡之結果。與此相類似的，懲罰（punishment）亦可區分成正面懲罰（positive punishment）及負面懲罰（negative punishment）兩部分。正面懲罰係指行為結果是嫌惡的；負面懲罰指行為導致喜歡標的之排除。

三、差別增強理論（Differential Reinforcement Theory）

　　犯罪學者Jeffrey（1965）以制約學習之原理，將蘇哲蘭之差別接觸理論重新整合成差別增強理論。此理論基本上主張犯罪行為是經由學習而來，並且藉制約行為予以維持（Jeffrey, 1965）。制約的行為不僅包括親密接觸之學習，同時亦涉及與環境之互動。制約行為的核心為增強作用。換句話說，行為必須被強化後始可能被個人所接受。以犯罪活動為例，此類行為的發生常因被強化的結果。例如：一個小孩很可能偷了糖果，並在品嚐後發現非常好吃，假如他沒被逮住並接受懲罰，下次即很可能再犯；此效果乃是一種正面的增加作用（Jeffrey, 1965）。個人被制約（conditioning）的歷史恰可解釋犯罪之不同（Jeffrey, 1965: 296）；換句話說，生長於高犯罪區域之二個人，很可能具有不同的制約過程，其中一個人很可能在偷竊後逃逸無蹤，另一個人很可能被逮住並加以懲罰；逃離者很可能被該食物之甜美或者其他人稱讚其勇敢而強化偷竊行為；被逮住者很可能在被處罰後而放棄偷竊行為。

　　差別增強與蘇哲蘭的差別接觸理論最主要的差異，乃在於行為的增強。事實上，增強在犯罪行為的學習過程中，被認為是非常重要的變數。單憑認為觸犯法律有利或不利之自我定義，並未能導致強化行為之產生。差別增強之學者認為，增強作用對於認為法律有利定義之發展有巨大支配力，而能影響行為的持續性。

四、社會學習理論（Social Learning Theory）

　　社會學習理論對於瞭解犯罪行為之貢獻，分別由心理學者班都拉（Bandura, 1977）與社會學者艾克斯（Akers, 1977）所提及。

　　班都拉（1977）以人類之攻擊行為為其研究重心。其指出，解釋攻擊行為之理論至少應嘗試回答「攻擊行為之型態如何被發展成」、「哪些內容促使人們以攻擊行為呈現」及「攻擊行為出現後其如何被支撐維繫的」。茲分別說明

之：

（一）攻擊行為之取得

Bandura認為攻擊行為並非天生的，而係學習而來。學習之來源包括：生物因素、觀察學習與直接經驗之學習。

1.生物因素

攻擊行為受神經生理機制之影響，影響包括：反應之型態與學習之速度等。

2.觀察學習

透過觀察學習即可獲取大量綜合之行為型態。此種學習基本上受四個相互關聯之次級過程所支配，包括：注意過程、記憶過程、運動產生過程、刺激與動機之過程。目前攻擊行為之型態主要從下列三個來源而來：(1)家庭成員之強化；(2)人們所處次級文化之影響；(3)大眾傳播媒體所提供之表徵仿同影響。

Bandura（1977）指出，最近許多研究顯示暴力電視節目，對於觀眾至少產生四項影響：(1)電視中的暴力鏡頭直接傳授攻擊行為的類型；(2)改變了人們對攻擊行為方面的抑制；(3)它使人們對暴力行為失去敏感的反應，並且習以為常；(4)電視節目中的暴力鏡頭塑造人們錯誤之現實意象——認為是生活之常模。

3.直接經驗的學習

攻擊行為亦可透過自身之經驗而形成，主要是透過認知的過程，而決定何種行為（含攻擊行為）為恰當。

（二）攻擊行為之激起

攻擊行為被激起之因素，主要包括：

1.嫌惡的教唆者（Aversive Instigators）

當身體遭受攻擊、言語侮辱、生活條件不利之變化或行動目標受阻時，即可能呈現攻擊行為。

2.正面效果之引誘（Incentive Instigators）

當人們預期行為將產生正面、有利之效果時，亦可能產生攻擊行為。

3.楷模之教唆者（Modeling Instigators）

看到過他人表現攻擊行為之人，比沒有看到過的人更容易採取攻擊行為。其理由包括：暗示、抑制解除、攻擊情緒喚醒及助長攻擊行為等。

4.教導性之教唆者（Instructional Instigators）

　　透過社會化之過程，個體接受法定權威之指導，而呈現攻擊行為。學者Snow（1961: 24）指出：「當你回顧漫長而黑暗的人類歷史時，你將發現，在服從的名義下所犯駭人聽聞的罪行，遠比在反抗的名義下所犯的罪行來得多。」

5.妄想之教唆者（Delusional Instigators）

　　當個體不能有效地與現實生活經驗相連結，而被幻覺的力量所操縱時，可能因而表現攻擊行為。

（三）攻擊行為之持續與強化

　　攻擊行為一旦發生後，下列因素可強化其暴行之持續：

1.外在增強（External Reinforcement）

　　例如：有形之報酬、社會與身分地位酬賞、減少負面之效果等，均為促使行為增強之重要因素。

2.懲罰之結果（Punishing Consequences）

　　攻擊行為之強化與否，一方面受社會法律之約束，同時亦與個人自我譴責有關。而懲罰的結果，則傳達出攻擊行為是否安全之訊息，而影響行為之進行。

3.替代性增強（Vicarious Reinforcement）

　　觀察到的結果往往與實際體驗的結果相類似。基本上，若個體觀察到某種行為似乎得到了酬賞，那麼他也會學習該行為；若他觀察到某種行為的表現似乎受到懲罰，就會抑制該行為。

　　此外，艾克斯（1973; 1977）之社會學習理論為當前犯罪學理論中最常被引用者（Stitt and Giacopassi, 1992）。此項理論之提出，可回溯至其與Burgess將制約學習原理融入差別接觸理論中，構成差別接觸—增強理論（Burgess and Akers, 1966），經艾克斯（1977）重新命名為社會學習理論，以對偏差與犯罪行為做詮釋。此理論基本上強調，犯罪行為係根據操作制約原理而習得。一般而言，影響犯罪行為之發生主要與行為是否獲得酬賞（reward）（即正面增強）、避免懲罰（負面增強）或受負面刺激之懲罰（即正面懲罰）、減少酬賞（即負面懲罰）有關。習得犯罪行為，主要在那些具有強化個人行為作用的團體中，較易發生。以社會學習觀點為例，控制個人生活之增強團體，對個人行為有巨大的影響力；換句話說，個人的家庭、朋友、學校、宗教皆很可能強化

個人的某些行為。例如：倘家庭是個人誠實行為最大的支柱與強化體，則這個人將受其影響而顯現誠實的特質；但是，如係為了朋友而從事偷竊行為，則這項非法活動將經由對友誼的需求而被增強；故端視哪一個團體控制了這些強化體而定。其次，無論是提供了快樂（如：父母之情愛）或者痛楚之來臨（如：友件的離棄）（Akers, 1985; 1977），假使父母之情愛比友件的喪失更加地被強化，那麼誠實的行為即可能被增強，而小孩即不太可能從事偷竊行為，除非飢餓強化了偷竊行為。值得一提的是，行為強化物可能包括金錢、性的需求與物質的擁有等，而不僅侷限於人際之強化者（interpersonal rein-forcers）。雖然如此，人際之強化者仍最具影響力。

綜合言之，行為主義與社會學習理論在詮釋犯罪行為上，具有特殊之貢獻。雖然理論本身亦不免遭受抨擊，但在研究文獻上大多證實其效能（Akers, 1994），也因此其在犯罪心理學理論中占有一席之地。

第四節　認知與道德發展理論

認知與道德發展之觀點，亦為瞭解犯罪人心理之重要向度。基本上，認知（cognition）涉及記憶（memory）、想像（imagery）、智力（intelligence）與推理（reasoning）等概念（Hollin, 1989）。然而，認知與思考（thinking）的意義最具相關性。早期葛魯克夫婦之研究中，即曾隱約指出凝固之思考（concrete）或衝動性（impulsive）為犯罪人族群之重要特性。而學者Yochelson與Samenow（1976）之研究發現，許多犯罪人具有「犯罪思考型態」（criminal thinking patterns），為認知與犯罪之聯結關係提供更為重要之佐證。其研究係從轉介至醫院做精神鑑定之成年男性犯罪人訪談而得，認為犯罪人具有：不合乎邏輯、短視、錯誤、不健康之人生價值感等偏誤之認知型態。學者羅斯與費比諾（Ross and Fabiano, 1985）之研究亦指出，犯罪人具有至少52種獨特之思考型態，包括：凝固之思想、分離、片斷，未能注意其他人之需求，缺乏時間感，不負責任之決策，認為自己是受害者等。

學者Walters（1990）進一步建構出八類犯罪人思考型態，頗具參考價值，扼要敘述如下（引自蔡邦居，1998：23-34）：

一、自我安慰（Mollification）

自我安慰的技巧在許多方面與Sykes與Matza所提出的中立化理論很類似。自我安慰的思考型態所指的是，犯罪者企圖把自己從事犯罪行為的責任歸到外在環境的不公平與不適當之條件上，而將自己本身所應負之責任排除在外。實際上，這些不公平或不平等的外在條件事實上可能存在，但是犯罪者卻忽略了兩個很重要的因素。所謂的「公平」，其實是種很主觀的看法，因為外在環境的情況，總是無法完全達到自己的希望與要求。利用指責外在環境的不公平，不外乎只是用來減輕、淡化自己對自身行為所應負之責任而已。也許，犯罪者可能真的遭受到不公平與不平等的對待，但是他們必須瞭解，此種理由並非可用來推託自己的犯罪行為所應負起之責任。

自我安慰的技巧常會以幾種形式呈現出來。Yochelson與Samenow指出一種較為普遍的形式，即「受害者的想法」（victim stance）。所指之意是說，犯罪者會利用自我安慰的技巧，設法去減輕犯罪行為所帶來的罪惡感與焦慮狀態；在其內心裡抱持著一種「受害者」的心態，藉此來表達其所表現出來的行為並非自己所控制的，實在是在毫無選擇的情況下逼不得已做出來的，他們其實是這個現實社會環境下的受害者。總之，犯罪者藉由各種不同的理由，把自己所應負起的責任歸諸於媒體、社會環境、政府機構，或是他們早期的家庭教養環境等。很明顯地可以看出，犯罪者對於自己的犯行常不知自我檢討、反省，甚至進一步地把自己當成社會環境下的犧牲者，他在這種環境下是無能為力的；他的犯罪行為皆是因為外在不良環境所造成的，以社會的亂象來當自己的藉口，像是：警察會收受紅包、法官貪污、接受行賄、監所人員濫用權力等，來自圓其說。

另外的一種形式，則是「淡化」的技巧。所指之意是說：盡可能地輕視自己所造成的傷害或是忽略自己行為所可能帶來的負面影響。舉例來說：濫用藥物者可能會選擇性地接收訊息，像是堅信某些研究的結果，顯示出該藥物並不會對人體造成長期性的傷害。

第三種形式則為「常態化」（normalizing）個人的行為。一個失風被捕的偷車少年，可能以他周遭所有的朋友都在從事此行為，來作為藉口，並認為他和他的朋友們唯一不同的地方在於他不幸被抓到而已。上述例子所隱含之意，即犯罪者會認為犯罪行為非常普遍，他只不過是跟著其他人的步伐在走而已，並沒有什麼不對。再者，犯罪者也常會將責任推到被害者身上，認為是被害者

罪有應得。好比「適者生存」，如果一個人不夠強壯或是不夠幸運，那只能說是他自己倒楣或是他的報應。

二、切除斬斷（Cut Off）

切除斬斷的意思是說：犯罪者常會利用各種方法，來消除阻礙其從事犯罪行為的制止力（deterrents）。犯罪者常缺乏良好的自制力且容易被他人所動搖，此種情形，即為切除斬斷。

用「向內爆裂」（implosion）一詞來形容此種思考型態，可能更為貼切。從一些研究中可以看出，犯罪者常無法有效地去處理自身所遭受到的壓力與挫折，且常會替他（她）的家人、朋友帶來麻煩與困擾。因此，犯罪者很容易會依賴「內向爆裂」的方式來幫助其解除焦慮、害怕及其他妨礙其去從事犯罪行為的制止力。「內向爆裂」通常可區分為內在的與外在的切除斬斷兩種型態。所謂的內在的切除斬斷型態，包括了一句簡單的字句、視覺影像或是音樂戲曲等；而外在的切除斬斷型態，則涵蓋酒精及藥物等。

犯罪者常常會使用的措辭便是髒話與三字經，像是：「幹！」（fuck it!）。由於內心的壓力與挫折不斷累積，加上一時氣憤的助燃效果，髒話與三字經很容易地不經思考就脫口而出。就像拉緊的弓箭鬆手後，瞬間就會射出的情形相仿。此外，藉由視覺影像或是音樂戲曲的幫助，也可以達到消除內心恐懼害怕的相同效果。犯罪者在犯罪之前很可能藉由視覺影像與音樂戲曲，來平靜自己的心情或幫助自己提升勇氣。

酒精與藥物則是外在的刺激物，具有犯罪傾向的人會利用飲酒或嗑藥來壯膽，或使用海洛因來安撫神經，或是利用古柯鹼來提高警覺性等。無論使用何種物質，其最主要目的不外乎是幫助自己免於恐懼、增加膽量。

三、自恃特權（Entitlement）

自我安慰的思考型態主要作用是，針對犯罪行為加以合理化；而自恃特權的思考型態，則像是一張提供犯罪者去從事犯罪行為的許可證明。此類型的思考型態根基於兒童時期的自我中心主義思想，包含所有權或特權的概念。大多數的人隨著年齡的增長會逐漸淡化此原始的型態，多數會將其隱藏起來；而犯罪者則與常人相反，不減反增。犯罪者所抱持的自我中心主義，與一般人在程度上存有相當的差異。

自恃特權的思考型態主要包含了三個面向：

（一）所有權（ownership）。

（二）獨特性（uniquness）。

（三）錯誤識別（misidentification）。

「所有權」指的一種心智狀態（mind-set）。犯罪者對於社會規範與個人空間（personal space）並不尊重，並無法自我覺察其所作所為可能會對他人造成傷害，因為他（她）認為只要其足夠強壯、足夠聰明，便可享有特權，從他人身上獲取他所想要的事物，而不用去在乎其所採取的方法或手段。根據Feeney在1986年的研究指出，許多強盜犯堅持其所從事的行為並沒有錯，因為他只是單純地取得財源而已，並未傷害到其他人。許多犯罪者對於公權力與約束力（像是：法律、警察、社會規範、道德等）有著雙重標準的認定。犯罪者認為，社會的確需要法律與規範來維護秩序，但是他們也認為其個人有特權，得以免於遵守一般人所遵循的規範與約束力。許多犯罪者深信，其位於法律之上，可以不受法律所約束。此外，許多吸毒者，面對其年幼的弟妹或自己的孩子吸毒時，常會覺得困擾不已，十分憂心，但卻認為自己的吸毒行為不值得擔憂，因為他有足夠的能力去避免吸食毒品所帶來的負面影響；犯罪者也常會告誡自己的親人或是子女不要去從事違法行為，但是自己卻恣意為非作歹等等的例子時有所聞。

「獨特性」的概念可以追溯到犯罪者早期的家庭教養經驗，由早期的生活經驗累積所形成。個人被塑造出擁有一股與眾不同的優越感，認為自己比起其他小孩顯得更加突出且較具優勢。雖然此早期的經驗並未證明與犯罪行為有直接的關聯性，但卻可能幫助個人形成根深柢固的自恃特權之思考型態，進而認為自己可以去操控他人行動，且免受規範與法律的約束。

「錯誤識別」的意思是指：犯罪者把「貪念」（want）和「特權」（priviledges）視為「需求」（needs）與「權利」（rights）；因此，有必要不計代價去滿足其需求。舉例來說，許多強暴犯常以自己無法控制生理上的需求，才會犯案來當作推卸責任的藉口；此外，有些犯罪者會自我說服，告訴自己需要金錢財源去買新車，或是購買流行服飾、昂貴的珠寶，來提高自己的身分地位。一旦犯罪者以「需求」作為犯罪理由來說服自己，便提供自己一張從事犯罪行為的「許可證」，不論其後續所採取的手段及方法為何，都是正當合理的。

四、權力取向（Power Orientation）

犯罪者對於這個世界採取簡單的二分法觀點，將人們區分為強與弱兩個類別，然後利用此原則去面對他所遭遇到的人事物。如果一個人被認為是弱者的話，則會被威嚇或是被弱肉強食，自身利益便會受損。根據研究顯示，犯罪者常具有低自尊、外控取向、心情容易常隨外在環境而起伏不定等特徵。因此，當犯罪者可完全掌控環境時，便會覺得自己很有權威、強壯且顯得活力十足。Feeney的研究便指出，強盜犯對於人們在其槍口掌控下的情境，感到深具成就感與滿足感。此外，有研究指出：酗酒者常表現出渴求權力，並時常會幻想自己握有大權。這些舉止很可能是為了彌補其內心害怕與無價值感（worthlessness）。當個人對於周遭所處的環境感到無法掌控時，便面臨了Yochelson與Samenow所提到的「零狀態」（zero state），此狀態所反映出的是一個人的無能與無力感，無法去控制他人或是外在事件。

「權力渴求」（power thrusting）則可用以解除無能為力的狀態，其所描述的是一種渴望獲得力量且控制他人的想法。權力渴求是解決零狀態的方法，但是只具有短暫的效果，且會帶來長期負面的影響，使人陷於不斷追求控制力的漩渦裡。由此可知，權力取向的思考型態實則包含了權力渴求與零狀態兩個過程。

一般而言，權力取向的思考型態大致由以下幾種的形式所表現出來：

（一）身體上的形式（physical）：攻擊性、破壞性等屬之。

（二）口頭上的形式（verbal）：例如與人爭辯，且認為自己較優越。

（三）心理上的形式（mental）：於心中編造一個自己可掌控的情境，而於其中，一切劇情皆按照自己的意思來發展。

這三種形式乍看之下，心理上的形式似乎比其他兩者反映出個人具有較佳的自我控制能力；然而，實際上卻非如此。因為，此形式並無法像其他兩者讓處於無能為力下的個人得到滿足，故會一直持續此情形，直到有其他方式來抒解無能為力的感覺為止。權力取向的思考型態並非只侷限於上述三種形式而已，有時候也會以其他形式出現。例如：吸毒者藉由使用藥物來使自己暫時獲得擁有控制權的感覺；有些人則經由特異獨行的穿著打扮或舉止來吸引眾人眼光注意，藉此獲得滿足。

五、虛情假意或情緒補償（Sentimentality）

虛情假意的意思即是Yochelson與Samenow所提及的：犯罪者所表現出脆弱

情感與美學（aesthetic）興趣的傾向。由於個人所從事一些行為可能與其對自己原具有的正面形象有所矛盾，因此必須尋求調和之道來消除已存在的矛盾與差異現象，虛情假意的表現便是其中的一種方式。儘管大多數人或多或少都會表現出虛情假意，但是犯罪者比起一般人來說，在程度與時間上都較為增加。

　　如同自我安慰的思考型態，虛情假意的思考型態也是用來替行為找尋合理化的藉口。兩者相異之處在於，自我安慰所強調的是個人透過對外在環境不公平的指責，來替自己破壞社會規範之行為辯解；虛情假意則是強調個人本身的才能與善良本性，以個人較為正向或軟性的一面，來替自己的行為作辯護。學者Benson在1985年針對白領犯罪者所做的研究發現，犯罪者常以自我安慰與虛情假意來中立化自己的罪惡感。

　　虛情假意的思考型態所隱含的意義是自我中心取向的企圖，希望藉此來增進犯罪者自身的正面形象，用來證明他（她）真的是個好人，並趁機淡化其罪行，通常表現在弱小、受傷者或無助者等對象身上。例如：利用非法獲得的財物購買禮物送給家人、朋友或是做些深具愛心之事，像是照顧受傷的動物等。類似的行為其實暗含著自私的企圖，希望讓別人覺得自己真是個好人。此外，在監獄中，具有此思考型態的犯罪者，常表現出十分關心其他犯罪者的家庭、小孩狀況等，儘管其本身的家庭狀態可能十分糟糕或是對自身家庭狀況毫不熟悉，犯罪者自私與虛偽的個性，由此可見。

　　犯罪者在美學或是藝術方面之表現，亦可看出虛情假意的思考型態。在犯罪矯正機構中，常可看到犯罪者對於藝術、音樂或是文學表現出相當之興趣，專心致力於從事類似活動，樂此不疲。但隨著時空轉換（服刑期滿出獄或假釋），自我縱容的行為便很容易再度出現。

六、過度樂觀（Superoptimism）

　　Yochelson與Samenow認為犯罪者對於自己與其所從事的犯罪行為所帶來的可能不良後果之判斷往往不切實際、陷於自身的幻想中。犯罪者常常對自己過度自信且持樂觀的態度，如同幼小孩童一般，以為穿上超人的衣服之後便會所向無敵、刀槍不入。由於根據數據的推估，假使把全部的犯罪被害人只有約50%報案的事實納入考量後，加上約52%暴力犯罪與16%財產犯罪的犯罪者真正會被逮捕，可以明白看出，犯罪者大約有74%的機率以及92%的機率可從暴力犯罪與財產犯罪的行為中脫逃。這些經驗的累積傳達給犯罪者一個訊息：大多數犯罪人脫逃的機率，往往會大於被逮捕的機率。因此，更增強了犯罪人本

身的樂觀態度，更相信自己有能力去從事犯罪行為而不會被逮捕。

儘管許多犯罪者明白地知道他們終究有被逮捕的一天，但大多數認為不可能是這一次。Feeney的研究便發現，只有21%的強盜犯會考量最近一次行動被捕的風險。由於先前成功的經驗鼓勵了犯罪者去冒更大的風險，並更加堅定自己有能力去避免遭受不良結果的信念。時間一久，此種觀念便深植其心中。最後演變成就算事跡敗露被逮捕，犯罪者仍深信其不會受到任何的法律制裁。

七、認知怠惰（Cognitive Indolence）

犯罪者最初在從事犯罪行為時，可能會花很多時間與精力，審慎地評估其從事犯罪行為的成功機率與利益得失，但隨著時間一久，便變得較為懶散而無法去評估自身的思考內容與犯罪計畫。

由於許多犯罪人本身往往較為懶惰，因此在思考方面也可能如此。犯罪者往往採取最簡單且最不會遭受阻礙的思考方式，因此，常會顯出極度懶惰、容易厭煩或是過於堅持自己的意見，並會尋求捷徑來達到目標，忽略走捷徑所可能帶來的不良後果。例如，犯罪者可能會沉溺於藥物在短時間內可消除焦慮、壓力與挫折感，但卻無法思考到藥物可能帶來的長期性問題，可能使個人的批判能力及解決問題的能力更加惡化。

「快速致富」（get-rich-quick）的想法常深深地吸引著犯罪者，於是許多犯罪者希冀物質上享受，卻不願花費時間與精力經由合法管道去獲得。Walters與White做出一個假設：認為犯罪者不斷追尋外在刺激的行為，背後的原因可能是對內在認知思考的一種補償。認知怠惰的思考型態，阻礙了促使犯罪者發生改變；因此，如何加強犯罪者目標設定與問題解決能力，是個值得努力的方向。

八、半途而廢（Discontinuity）

此類型的思考型態所指的是：犯罪者常忽略長遠的目標，而去追求可獲得立即滿足的機會，對於自己所許下的承諾、立定的計畫與目標往往無法加以實現，且總是無法專心致力於相同的一個目標上。「半途而廢」和Yochelson與Samenow所提到的「分裂零碎」（fragmentation）有相似之處，不過半途而廢的思考型態所涵蓋的層面較廣，包括缺乏持續力堅持目標、欠缺一致性、鮮少設定實際的目標等。

由於放棄目前的犯罪生活型態，而重新去學習適應生活的新方式，對犯罪

者來說是件很費力的工作，必須要兼具極大的毅力與耐心才能達成，因此，對於缺乏內在努力方針與自我訓練能力的犯罪者來說是件相當困難的事。

此外，犯罪者對於自身的行為與思考，往往欠缺努力的方向性。在行為方面可由其較差的學業成績表現、缺乏長期穩定的人際關係、不良的金錢財務管理能力與不穩定的工作情形等特徵看出；在認知思考方面，犯罪者的言語表達前後不一致，無法連貫，嘴上說的是一套，實際做的又是另外一套。當犯罪者遭遇問題時，自身往往欠缺問題解決能力，轉而求助於外力協助。此種外控取向的思考型態，非但不能幫助個人增加問題解決的能力，反而使個人心情常受外在事物所困擾、影響。

學者吳芝儀（2001）以Walters（1990）之「犯罪思考型態心理量表」為焦點訪談，對12名犯罪者進行研究發現，累犯犯罪者傾向於「過度樂觀」、「情緒補償」和「認知怠惰」；暴力犯罪者則顯露出較強烈之「權力導向」傾向。其研究結果有助於瞭解各類型犯罪者之思考型態，而利於個別化處遇之進行。

除前述偏誤之認知思考觀點外，另一派代表Cornish與Clarke（1986）的理性抉擇模式（rational choice model），則從認知之觀點來解釋犯罪。此派主要強調犯罪之決意在於獲取快樂、避免痛苦，故犯罪經常是對行動與事件做成本效益分析之結果。

理性抉擇理論可溯至貝加利亞（Cesare Beccaria, 1738-1794）與邊沁（Jeremy Bentham, 1748-1833）的功利主義學說。例如：貝加利亞認為人類行為的基本動機是獲取快樂與避免痛苦，人是相當理性的選擇自己的行為；同樣地，邊沁亦認為行為的基本目的為產生利益、快樂與幸福，避免痛苦與不幸。這些學者強調不管是否為犯罪人，大多數人具有一般之通性，亦即對於刺激、誘因與嚇阻的反應經常是相當理性的。

此外，理性抉擇理論亦與經濟學者Becker（1968）及Sullivans（1973）所倡導之經濟模式（economic model）相關。此派學者大體上認為犯罪的決意與一般人對事情的抉擇相近。亦即犯罪經常是對行動（事物）做成本效益分析的結果。事實上，對於這些經濟決定論的學者而言，假如被高度誘發或犯罪機會呈現時，一般人從事非法活動的機率是相當高的。學者Cornish與Clarke（1986）強調理性抉擇理論對於解釋個人犯罪之決意，甚至發展或終止犯罪生涯均具效能。目前其已廣泛的應用至解釋竊盜、順手牽羊、搶劫、濫用藥物等行為，甚至包括放棄犯罪之決意等（Hollin, 1989）。

在道德發展（moral development）理論方面，以瑞士心理學者皮亞傑（Piaget, 1932）與美國學者寇柏爾（Kohlberg, 1969）二者之見解最具代表性。基本上，皮亞傑認爲道德判斷的發展是經由無律、他律和自律三個發展階段，循序漸進。無律時期，約在4至5歲以前，行爲以單純之神經感應爲主，以自我爲中心；他律時期約在5至9歲間，此期兒童係以服從權威避免懲罰爲主；自律時期，約在10歲以後，小孩對事理之判斷較具獨立、理性，道德判斷更富彈性。因此，倘道德之成長未能循序發展或停留在早期之無律階段，皆可能因而違反社會規範，形成犯罪或偏差行爲。

哈佛大學教授寇柏爾（Kohlberg, 1969）曾將道德發展理念應用到攻擊行爲的解釋上。他認爲人類在成長過程中，經歷不同的道德發展階段，包括三個層級六個階段，每一層級包括二個階段，依序發展。茲說明如下：

一、第一層級：道德成規前期（Pre-Morality）

第一階段：避免懲罰與服從：行爲取向爲遵守（服從）權威，避免遭受懲罰。

第二階段：功利主義導向：以實利爲出發點，追求滿足自己之需求，不在乎別人之感受。

二、第二層級：傳統服從期（Conventional Conformity）

第三階段：人際和諧導向：順從傳統之規範，獲取他人之讚許。

第四階段：法律與秩序維護：服從社會與宗教權威，遵守法律規定。

三、第三層級：自律期（Autonomous Principles）

第五階段：社會契約：承認個人權力及民主化之制定法律過程。

第六階段：普遍性倫理原則導向：道德判斷係基於正義感、尊重與信任，並且超越法律規定。

根據寇柏爾之看法，許多攻擊行爲與個人之道德認知能力發展停滯於第一層級有密切相關。蓋此項結果，將促使個人無法做到自我控制並抗拒誘惑。

學者Arbuthnot與Gordon（1988）曾對少年暴力犯與非暴力犯進行比較，結果發現暴力少年呈現較低之道德推理層次與抽象推理能力，國內沈六（1993）之研究則證實，犯罪少年之道德判斷層次顯著低於一般少年，且處於成規前期之不成熟階段。

　　陳建安與謝靜琪（2001）則應用學者Gibbs之道德發展測量工具SRM-SF（Sociomoral Reflection Measure-Short Form），對45名一般少年及67名犯罪少年進行道德認知發展比較研究發現，犯罪少年道德認知發展平均在第二層，且犯罪少年較一般少年有自我中心及利益之道德價值觀。陳建安、吳芝儀與李奉儒（2001）進一步以深度訪談法對一般少年、毒品、暴力及竊盜犯罪少年12名進行研究發現，暴力犯罪少年道德認知發展約在不成熟之第二階段，且低於毒品犯罪少年及竊盜犯罪少年之第二、三階段。一般少年道德價值規範發展皆高於所有犯罪類型少年。這些研究提供了此項觀點之重要佐證。

　　綜合言之，認知與道德發展理論提供了前述犯罪行為理論之另一種詮釋，此種發展有助於突破傳統理論之限制。目前，這些理論觀點已逐漸廣泛的應用至對各類犯罪行為之解釋，預期將可對犯罪心理學理論的發展做更大之貢獻。

第三篇

精神疾病與犯罪

第五章　思覺失調症與犯罪

　　思覺失調症（schizophrenia）原稱精神分裂症，係精神病類型中較難理解之一種，其症狀包括：思考、知覺、情感、自我意識與行為等方面之障礙，呈現病態性精神錯亂現象，與現實脫節，並產生幻覺、妄想（如：被害妄想）。由於患者具前述症狀極易衍生犯罪行為，故為當前司法精神醫學探討之熱門課程。

第一節　思覺失調症之意涵

　　思覺失調症係精神病中最複雜與嚴重之一種，最早係由比利時之精神科醫師Morel在1860年從事診斷時，發現13歲之個案呈現情感退卻、道德智力、身體功能萎縮症狀，因而以早期心智頹廢（demence precoce）名詞形容之。其後，德國之精神科醫師Emile Kraepelin於1896年將許多類似之精神疾病統合，稱之為「早發性癡呆」（dementia praecox），此乃指發病於青春期，逐漸頹廢敗壞（deterioration），最後走向癡呆（dementia）之精神疾病。1911年瑞士精神科醫師Eugen Bleuler提出較為廣泛採用之「精神分裂症」名詞，來描述患者分裂（schizo）之精神（phrenia）狀況，其症狀並不一定早發（10至45歲均有可能），亦不一定形成癡呆，而呈現人格解組狀態（Carson et al., 1988: 322）。

　　根據美國精神醫學會（APA, 2013）於2013年5月18日出版之DSM-5對於思覺失調症之定義，思覺失調症之診斷準則包括（張本聖、徐儷瑜、黃君瑜、古黃守廉與曾幼涵，2014）：

一、下列症狀至少有兩個或兩個以上且持續至少一個月，其中（一）至（三）症狀至少要有一項：（一）妄想；（二）幻覺；（三）解構的語言；（四）異常的心理動作行為（如：僵直）；（五）負性症狀（鈍化的情感、無動機、無社會性等）。

二、發病期間，工作、人際關係或自我照顧功能，明顯低於發病前之水準。

三、有病徵的時期至少持續六個月；六個月中至少一個月符合上述症狀；在

前驅期或殘餘期可能只表現負性症狀，或至少符合兩種上述(1)至(4)的症狀，但呈現形式較輕微。

四、思覺失調症之診斷準則中並沒有單一必要存在的症狀。

DSM-5在思覺失調症部分與DSM-IV之差別，經整理後可約略分為下列四點：

一、沒有亞型。

二、對負性症狀的描述更為詳細。

三、新增活躍期之診斷準則，「症狀必須至少包含下列三項中的兩項：幻覺、妄想或解構的語言」。

四、刪除活躍期之診斷準則，「若幻覺或妄想內容怪異，僅需取一個症狀」。

在美國精神醫學會於2013年5月18日出版DSM-5後，台灣精神醫學會於2013年12月出版《DSM-5中英文精神疾病診斷分類詞彙》。將精神分裂症更名為「思覺失調症」。為促進精神病人權益保障、充權及保護，在台灣精神醫學會與社團法人中華民國康復之友聯盟，積極推廣「精神分裂症更換譯名運動」之努力下，衛生福利部於2014年5月8日正式公告將疾病名稱schizophrenia之中文譯名由精神分裂症更換為「思覺失調症」。

第二節　思覺失調症之症狀

許多學者專家植基於其研究之心得，分別臚列思覺失調症之主要症狀。分述如下（林文隆，1993：139-140、153-154）：

一、Bleuler

Bleuler認為思覺失調症之症狀可區分成原發性症狀（primary sympton）與續發性症狀（secondary sympton）二大類：

（一）原發性症狀

1. 思考聯想障礙（association disturbance）：例如語無倫次，答非所問，其思考有怪異不合邏輯或混亂現象。

2. 情感障礙（affective disturbance）：例如冷漠無情，無法感受喜怒哀樂，甚至哭笑無常。

3. 自閉現象（autism）：例如白日夢，脫離現實，與世隔絕而自閉於自己的精神內境之中。

4. 矛盾情感（ambivalence）：例如對人、事、地、物同時存在兩種極端對立或相反的感受與看法（如：愛恨交加、正邪交戰）。

（二）續發性症狀

1. 幻覺（hallucination）。
2. 妄想（delusions）。
3. 錯覺（illusions）。
4. 關係意念（idea of reference）。
5. 自我感喪失（depersonalization）。
6. 拮抗作用（negativism）。
7. 自主性運動（automatism）。
8. 回音症（echolalia）。
9. 回音動作（echopraxia）。
10. 刻板動作（stereotype）。
11. 作態症（mannerism）。
12. 衝動行為（impulsives）。
13. 麻木不仁（benammenheit）。

二、林文隆

　　精神科醫師林文隆（1993：153-154）綜合文獻及臨床之觀察，認為思覺失調症之主要症狀如下：

（一）儀表障礙

　　例如：身邊處理（self-care）差、衣服髒亂、服飾怪異、蓬頭垢面，指甲很長且藏有垢物、不洗澡、身體發出異味、不刷牙、個人衛生差、進食不規則或冷暖不知應變等。

（二）情感障礙

　　例如：情感表現平淡（flattening of affect）、情感表露缺乏（blunting of affect）、漠不關心（indifference）、冷漠無情（apathy）、表情不恰當（inappropriate）、自笑（self-laughing）、傻笑（silly laughing）、矛盾情感（ambivalence）或哭笑無常等。

（三）動作行為障礙

例如：活動量少、僵呆（stupor）、僵直（catatonic）、作態症（mannerism）、怪異行為（bizarre behavior）、蠟樣蜷曲（waxy flexibility）、退縮（withdraw）、回音動作（echopraxia）、獨語症（monologism, self-talking）、拮抗動作（negativism）、攻擊行為、激動不安（agitation）、破壞行為或自殘行為等。由於病人表現出不被社會所期待或所接受之行為，以致病人被認定或給予註冊商標——即所謂「危險人物、定期炸彈」，而加以拒絕與排斥，往往阻礙了病人回歸社會，接受心理重建及享受天倫之樂的機會。

（四）知覺障礙

錯覺與幻覺，即有幻聽、幻視、幻嗅，幻肢、附身症、失真感與自我感喪失。

（五）思考障礙

為診斷思覺失調病主要依據，茲分述如下：

1. 自覺思考障礙：思維被插入，思維被剝奪與抽取，思維被廣播。
2. 思考方式障礙：自閉思考，聯想鬆弛，語無倫次，答非所問，字句拼盤，思維貧乏，新語症（neologism）。
3. 思考內容障礙：即妄想，如：有關係妄想（如：被議、被監視、被跟蹤等）、被控制妄想、被害妄想、誇大妄想、虛無妄想、罪惡妄想、宗教與身體妄想、多情妄想等。

（六）意志障礙

缺乏自我啟發及奮鬥向上的精神，學習不專心，懶惰，生活散漫，沒理想，沒目標，像失去鬥志的癡呆老人。

（七）與外界之關係

退縮、離群，不參與社交活動；孤僻、自閉，對周遭漠不關心。

（八）生活作息不正常

日夜顛倒，白天無所事事便睡覺，待晚上家人回來要休息時，因其白天已睡飽，故不是找家人的麻煩，就是製造噪音、驚動家人，使家人不勝其擾。

三、Kring、Davison、Neale與Johnson

　　Kring等（2012）依據思覺失調症之症狀將其分為正性症狀與負性症狀兩大領域，其中正性症狀又可分為正性症狀（幻覺與妄想）及解構症狀（解構的語言和行為）兩類，其分類情形詳見圖5-1。

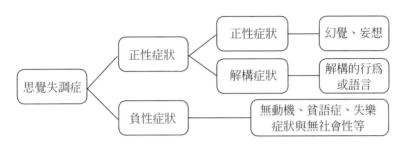

圖5-1　思覺失調症分類圖

（一）正性症狀

1.妄想

　　縱使已有明顯證據可證實，仍堅信與事實相違背的事。常見類型包括：

(1) 被迫害妄想：患者會自覺受到迫害，如言語上的針對、嘲弄、跟蹤及監聽等。

(2) 誇大妄想：患者會誇大自身重要性、權力或知識等。

(3) 關聯性意念：患者會將不重要的事情納入其妄想結構，甚至認為自己在他人瑣碎的日常生活中扮演重要角色。

2.幻覺

　　在沒有接收到任何環境刺激的情況下所產生的感覺經驗，常見的幻覺為幻聽及幻視兩類，而幻聽又較幻視更為常見。

（二）解構症狀

1.解構的語言

　　又稱思考形式障礙，因思想連結鬆散（loose association）或思考脫軌（derailment）等因素，導致患者在組織或陳述其想法時出現障礙。

2.解構的行為

　　有許多行為形式，最常見的形式為僵直症（catatonia）。僵直症又可約略分為下列幾類：

(1) 僵直性靜止：患者維持不尋常的姿勢很長一段時間。

(2) 蠟狀屈曲：他人可以移動患者四肢，擺成某一姿勢，患者會保持該姿勢很長一段時間。

(3) 重複出現某些姿勢。

(4) 激動、用力地揮動四肢。

（三）負性症狀

負性症狀又可加以區分為體驗與表達兩大領域。

1.體驗領域

(1) 無動機：缺乏動機或興趣，甚至能力，持續日常活動。

(2) 無社會性：嚴重的社會關係毀損，社交技巧不佳、不願與他人相處，縱使有互動亦簡短表淺。

(3) 失樂症狀：對愉快的體驗減少，即稱失樂症狀。愉快又可分為即時性愉快感與預期性愉快感。即時性愉快感強調在當下所感受到的愉悅感；預期性愉快感則指預期未來事件或活動所生的愉悅感。

2.表達領域

(1) 鈍化的情感：缺乏外顯的情感表達。此一概念涉及外在情緒表現，而非內在情緒感受。

(2) 貧語症：話量顯著減少，僅使用一、兩個字回答問題。

第三節　思覺失調症之類型

有關思覺失調症之類型，DSM-IV將其區分成僵硬型（catatonic type）、解組型（disorganized type）、妄想型（paranoid type）、未分化型（undifferenti-ated type）、殘渣型（residual type）等五類。但依國際疾病之分類第九版修正版（ICD-9），則將其細分為10大類（林文隆，1993：147-153）。由於DSM-5針對思覺失調症部分之修正在於調整診斷準則與移除思覺失調症之亞型，對於思覺失調症之類型未有更動（歐陽文貞，2013），故本節仍援引DSM-IV之內容扼要介紹之（Carson, 1988: 331-340；林天德，1993：294-295；曾文星、徐靜，1995：208）：

一、僵硬型

此類型之思覺失調症患者常在極端興奮（excitement）與萎縮（withdrawal）之間更替著。在興奮期中，僵硬型患者會突然間說話或大叫，來回走動，衝動而無節制，甚至變得暴力而具危險性；在萎縮僵呆期，患者能保持僵呆姿勢達數小時或數天之久。儘管如此，此類型思覺失調患者在近年來已甚為少見。

二、解組型

此類型思覺失調症者，又稱青春型思覺失調症（hebephrenic）。其與其他類型相較，以年輕人發病者居多，主要症狀為人格喪失統整呈現解體現象。患者在情緒上表達怪異，無緣無故大笑，顯現幼稚行為外，且語不連貫，至為愚蠢。此類型目前已不多見。

三、妄想型

以迫害妄想、誇大妄想或嫉妒妄想為主要症狀，並夾雜著幻聽現象。此類妄想型思覺失調患者在重要之認知判斷上有可能偏誤，而呈現出危險行為。一般而言，其發病期間較晚，多在中年後發生。在各類型思覺失調患者中，其經常出現。林宗義（1990）指出台灣地區之思覺失調症患者，亦大多屬於此類。

四、未分化型

此類型思覺失調患者甚為普遍，但卻因其症狀過於混亂而無法搭配上其他任何一型。其主要症狀包括：妄想、幻覺、思考錯亂、古怪行為等。林天德教授在美國南卡州立醫院工作時面對之患者，亦以此類型居多，其症狀含混，未分化而不明顯。

五、殘餘型

此類型思覺失調症患者至少有發病過一次，目前尚還存留一些症狀，並不明顯，但仍有情感流露之減少與聯想鬆弛等症狀，且從社會退隱，有怪癖行為出現。

第四節　　思覺失調症與犯罪之關聯

　　思覺失調症患者觸犯刑事案件之比例並不低，最主要乃因此類患者具有妄想、幻覺，呈現知覺、情感障礙等，而衍生犯罪行為。

　　思覺失調症患者主要犯罪類型，根據張麗卿教授（1994）之彙整文獻，包括：殺人、縱火、傷害等；但由於其情感麻木、思考遲緩、人格水準及社會適應低，故發生賣淫和竊盜等案件，甚至成為流浪者或乞丐，亦屬多見。但倘依思覺失調症之類型而論，妄想型似較容易從事殺人、傷害等行為；僵硬型亦容易從事暴力行為；青春型則以縱火、強姦案件居多。

　　張甘妹教授（1995a：69）根據犯罪學之觀點，將思覺失調症者之犯罪行為區分為下列二類型：

一、主動的機會性犯罪者

　　此類型分裂症之初期，患者的精神內部失去協調而呈分裂症狀。然其感情、意志等活動尚相當活潑，其人格亦未發生顯著之變化，與周圍之人亦尚保有相當之接觸；故在此時期，易為妄想、幻覺所驅使，或因突發的衝動而突然犯動機不明之重大犯罪，如：殺人、放火等，而犯罪後之態度異常冷靜，此類犯罪往往為機會性或一次性的。不少學者報告思覺失調症患者在其前驅期，在精神內部感到難以忍受之緊張與不安，受強烈衝動之驅使，而突然無緣無故地殺人，但其行為並不感覺為自己的行為。此類殺人犯往往於行為後三至四月內呈現明顯分裂症狀。

二、被動之習慣性犯罪者

　　此類型在思覺失調症之末期，初期時之活潑多彩的症狀消失，感情麻木，意志力減退，失去工作慾，與社會隔絕，呈現精神荒廢狀態而陷入被動的寄生生活。在流浪者、從事賣淫者、犯竊盜及詐欺（白吃喝等）罪之慣犯中常發現此類病人。

第五節　　思覺失調症之成因

　　思覺失調症之成因至為複雜，茲從生物、心理與社會文化觀點，扼要說明（Carson, 1988: 340-355；趙居蓮譯，1995：221-234；林天德，1993：298-

304）：

一、生物因素

（一）遺傳因素

透過對家庭、雙胞胎、養子等之研究，部分心理學家指出，遺傳在促成思覺失調症之先天傾向或弱點上扮演了重要的角色。

（二）生化因素

有一部分學者認為，思覺失調症乃中樞神經體系生物、化學之不平衡所引起。例如：研究曾指出神經內分泌物多巴胺（dopamine）過多，極易產生妄想、幻覺等思覺失調症狀，但其成因仍未獲肯定。

（三）腦結構變態因素

諸如腦室大而不對稱、腦皮質萎縮或半腦反對稱等，均為思覺失調症患者較常見之腦結構變態特徵。

二、心理社會因素

除前述生物因素促成個體易罹患思覺失調症外，近年來另指出，心理壓力環境之產生，亦對於思覺失調症的發展有著催化之影響。例如：充滿拒絕與冷漠的家庭環境、缺乏真誠的家庭關係、父母與子女溝通之曖昧或混淆、過多壓力承受的補償不全等，均為思覺失調症患者呈現心理困擾之重要因素。然值得注意的是，研究人員迄今仍無法證實何項心理社會因素為促成思覺失調症之原因。

最近研究指出，由於生物素質因素長期處於病態生活環境中，個體因此無法發展出適當因應機制，再加上生活壓力不斷增加，個體將更無法因應壓力，而造成罹患思覺失調症之惡化因素。

三、社會文化經濟因素

研究曾指出，思覺失調症與社會階層經濟因素有關，尤其低階社經地位者罹患思覺失調症之比例，比中產或上流社會階層者高出八倍。雖然如此，不同國度或文化族群中，卻仍有差異。例如：美國社經地位較差者，比較容易罹患思覺失調症；印度卻正好相反，上階層的人較下階層者更易罹患之；而愛爾蘭

共和國西部之Irish天主教徒患病率特高，其他地區則不然。

第六節　思覺失調症之處遇

　　思覺失調症患者之處遇，在傳統上多以前葉白質切除及注射胰島素之方法處理。但因前者可能產生副作用（變成如同植物般的安靜），而注射胰島素更適合治療憂鬱症，故已漸捨棄（趙居蓮譯，1995：235）。現代之療法則採兩階段之治療；第一階段著重於生理治療，用來降低患者之幻覺、妄想、過度興奮、攻擊、傷害等症狀，一般係以服用抗精神病劑爲之；第二階段之治療則以心理治療爲主，並配合持續之藥物治療。心理治療包括：人際關係技能訓練、社會適應技能訓練、藝能治療、活動治療、家庭諮商及代幣行爲療法等，以強化患者改善社會行爲與問題解決能力爲主（林天德，1993：305）。奇美醫院精神醫學部成癮防治科主任張志誠指出：「新一代的抗精神病藥物有許多種類可供使用，也有不同劑型如口服藥物、滴劑、口溶錠與長效針劑等。特別是長效針劑可維持數週至一個月，甚至三個月之久，對於服藥不規則的病人來說，可有效減少其復發的機會。」（https://www.chimei.org.tw/main/cmh_department/59012/magazin/vol128/05-5.html）蕭芸嶙身心診所則指出：「思覺失調症的預後，視個人體質、發病年齡、發作次數、病前性格、症狀嚴重程度等，而有所差異。經過治療大約30%的人可以從事簡單的工作，30%的人可以自我照顧，其餘40%人需要長期慢性療養。」其進一步引述研究指出，「思覺失調症的復發與停止藥物治療有很大的關係。一般而言，停藥半年復發率爲50%；停藥一年，復發率爲80%；停藥兩年，復發率爲90%以上。」（http://www.yunlinclinic.com.tw/topic06.php）儘管如此，整體而言，思覺失調症之預後（prognosis）並不佳（林憲，1983），部分患者在出院後數十年仍可能病發，早期發現並早期治療爲防治之首要目標，而減少歧視與污名化則爲其順利復歸社會之重要關鍵。

第六章　情緒異常與犯罪

　　情緒異常（mood disorders）通稱「情感性精神疾病」。此類患者以情感障礙為主，其感情或過高昂（躁），或過低落（鬱），亦可能同時伴隨思考、生理與行為方面之變化（曾文星、徐靜，1995：215）。由於情緒異常具有前述特性，故亦可能因此衍生犯罪行為。但在實務上，其反社會傾向並不濃。

第一節　情緒異常之分類與症狀

　　根據美國精神醫學會DSM-5之界定，情緒異常主要可區分成「兩極型情緒異常」（bipolar disorders）與「單一型情緒異常」（unipolar disorders）兩大類（林天德，1993：251-256；曾文星、徐靜，1995：215-221；范世華，1993：129-131；台灣精神醫學會譯，2014）。

一、兩極型情緒異常

　　不論患者是否有過鬱期，只要曾經呈現躁期（manic episode），則歸於兩極型情緒異常。此類病患會週期地呈現躁期及鬱期。依據DSM-5之界定，狂躁症患者在臨床上必須帶有明顯地情緒高昂、擴張、易怒的情感，持續至少一星期，且此一情緒異常已嚴重影響社交或工作，甚至已有精神病症狀。同時在情緒發作期間，至少出現下列七項中的三個症狀（若只具易怒心情則需至少四項）：

（一）誇大的自尊與自大。
（二）睡眠減少，如：一天三小時之睡眠即可。
（三）比平時多話或不停說話。
（四）思緒飛躍或主觀的感覺思想在奔馳。
（五）注意力分散，極容易被不重要或不相干之刺激所干擾。
（六）目標活動增加，包括：社交、工作、學業或性方面。
（七）參與過多具不良後果之娛樂活動，如：狂買、性濫交或愚昧商業投資。
　　而依躁期與鬱期之出現情形，兩極型情緒異常可區分為：

（一）混合型（mixed）：狂躁與憂鬱症行為交換發生。

（二）狂躁型（manic）：目前呈現狂躁症行為者。

（三）憂鬱型（depressed）：過去有過狂躁症病史，但目前正患憂鬱症者。

至於較輕微而長期（二年以上）循環交替之兩極型情緒異常類型，則屬循環型（cyclothymic）。

二、單一型情緒異常

係指患者偏向憂鬱，而未曾罹患狂躁症者。依據DSM-5之界定，主要憂鬱症（major depression）必須在下列症狀中出現五個以上〔（一）情緒低落；（二）失去興趣或樂趣，此二項症狀至少應有其中之一〕，並至少持續二週：

（一）由外觀察覺患者大部分的時間情緒低落，幾乎整天且每天心情憂鬱。

（二）幾乎整天且每天對日常活動失去興趣或愉悅感。

（三）胃口不佳、體重顯著減輕，或食慾增加、體重顯著上升。

（四）幾乎每天失眠或睡眠過多。

（五）幾乎每天心理行動之激昂或遲滯。

（六）幾乎每天疲倦或無精打采。

（七）幾乎每天自我感到無價值感或有過度、不適當的罪惡感。

（八）幾乎每天思考能力及注意力減退或猶豫不決。

（九）反覆地想死或有自殺意念，企圖自殺或有一自殺計畫。

若依憂鬱症之再發與否，其可區分為下列二類：

（一）單發（single episode）：只發過一次憂鬱症狀，而未有狂躁症狀發生。

（二）重發（recurrent episode）：重發過多次憂鬱症狀。至於輕、中度憂鬱症患者，即長期患有情緒不佳、憂鬱，失卻生活情緒者，大人二年以上，兒童一年以上者，則稱之為「情感障礙症」（dysthymic disorder）。

第二節　情緒異常與犯罪之關聯

情緒異常與犯罪之關聯，並不容易確定。犯罪者可能係在狂躁或心情鬱悶之下犯罪，亦可能在犯罪後因罪疚感或遭監禁之結果，而顯得更加地不愉快（Hollin, 1989）。故其間之因果關係仍待研究進一步檢驗。茲就目前文獻上之發現，扼要說明情緒異常較可能衍生之犯罪型態。

一、狂躁症與犯罪

狂躁症患者中，以財產性犯罪、縱火、傷害為主（這些類型大致平均發展），但很少見到殺人之案例（Gunderson, 1974；周震歐，1973；張麗卿，1994）。此類型係由於性慾亢進之結果，故容易與他人發生性關係，形成性濫交現象（林憲、林信男，1987）。

二、憂鬱症與犯罪

學者Fazel等（2015）在瑞典對2001年至2009年間被診斷為憂鬱症患者47,158名（其中17,249名為男性，29,909名為女性）進行後續追蹤研究，發現在調整社會人口因素後，暴力犯罪的機率增加了三倍；排除有藥物濫用史、任何犯罪行為或自殘史的患者時，這一比率仍然顯著升高。調整家族混合因素後，儘管關聯強度有所降低，但這種關聯仍然顯著。換句話說，即使在調整遺傳和早期環境因素之後，憂鬱症的診斷也會適度增加暴力犯罪的風險。

憂鬱症患者以謀殺（murder）、暴行（violence）及順手牽羊（shoplifting）之案例最常見。在謀殺案件中，以在自殺前殺害自己家庭成員最為常見。學者West（1965）研究78個殺人後自殺之案件，發現這些行凶者在犯罪同時即處於憂鬱狀態。部分憂鬱症患者甚至有「擴大自殺」（extended suicide）情形，而患者在極端憂鬱而萌生自殺念頭之同時，可能出於憐惜動機而將自己子女殺死，產生「利他性殺人」或「慈悲性殺人」（張麗卿，1994：43）。

憂鬱症患者另外常犯的犯罪類型，以順手牽羊居多（Lawson, 1984）。此或與其情緒處於抑鬱、道德破壞、不穩定之狀況有關。

三、狂鬱症與犯罪

在罹患思覺失調並兼具狂躁與憂鬱之循環性情緒異常症狀中，學者另指出極易有縱火案件之發生（Blumberg, 1981）。

綜合文獻，在憂鬱期間所觸犯之犯罪較躁期及狂躁混合期為多，且較趨於暴力。但應注意的是，情緒異常與犯罪證據顯示，並無必然之直接關係（Howells, 1982），許多衍生之犯罪反而與患者之人際關係、社會病理現象密切相關。

第三節 情緒異常之成因

情緒異常之形成因素至為複雜，惟可從生物、心理與社會文化三大層面探討之（Carson, 1988: 294-304；林天德，1993：257-261；趙居蓮譯，1995：196-200）：

一、生物因素

（一）遺傳

從遺傳之相關研究發現，可印證情緒異常與遺傳有關。例如：情緒異常親人罹患此項病症之比例比正常人還高；同卵雙生雙胞胎皆產生情緒異常之機率高於異卵雙生者。另外，即便同卵雙胞胎分別在差異極大之環境下成長，兩人皆罹患情緒異常之機率仍甚高。

（二）生化

近年研究顯示，腦神經接受點呈現過少或過多之腎上腺素或大腦前額葉皮質之葡萄糖代謝比率，皆可用來解釋部分躁鬱症之產生。

（三）神經生理

例如：憂鬱症患者在腦波之移動速率上呈現高度之Beta波，以及季節性患者（如：秋冬較憂鬱、春夏狂躁）之視網膜感光度低。此外，可體松（cortisol）之賀爾蒙分泌亦與情緒異常發展有關。

二、心理因素

（一）壓力

情緒異常患者常有承擔過多壓力情形，諸如：罹患重病、配偶或其他親人死亡、離散、遭更換工作、自尊心受損、工作壓力過重等，均有可能促使個人在情緒身體機能上產生激烈變化。

（二）人格特質

部分研究指出，既定之人格特質亦與情緒異常有關。例如：狂躁症患者先前之人格特質，傾向於凡事墨守成規且以成就為導向。憂鬱症之人格特質，則傾向於自我貶抑，帶有壓抑性之敵意。

（三）習得的無助

　　某些人可能在早期生活經驗中，由於遭遇無法逃避或控制之悲劇，致使其感覺到失望、絕望與無助，而抱持絕望感。

（四）壓力之過度防禦

　　躁鬱症之出現，亦可視之爲因應高度壓力之防禦策略。蓋不論狂躁或憂鬱症患者激動或安靜之情緒，對其而言均是某種形式之紓解。諸如狂躁症患者參與激烈運動或性活動、以工作填滿生活，或是憂鬱症患者在鄉下靜養一段時間，均爲逃避現實生活的方式。

三、社會文化因素

　　從社會文化觀點亦可提供情緒異常部分之解釋。首先，在不同的社會，民眾情緒異常亦呈現差異。例如：東非洲人因文化上不要求個人對行爲成敗負責，故早期罹患較多狂躁症而較少憂鬱症，但在美國社會則恰好相反。

　　中國人罹患憂鬱症之比例亦不高，但卻以身心症候（somatic symptoms）之方式呈現之。最近之研究另指出，社會文明愈趨於西方文化型態，其成員則愈可能顯現西方型態之情緒異常，尤其是離婚者比未離婚者出現更多之情緒異常現象；同樣地，居住於都市者比居住於鄉村者更容易產生情緒異常。

第四節　　情緒異常患者之處遇

　　情緒異常之處遇，一般以心理輔導與生物上之治療爲主。其主要係以患者之病情而定，輕微者以心理輔導即可，嚴重者始接受藥物或電療等生物上之治療並輔以心理輔導。茲分述如下（Carson, 1988: 304-306；林天德，1993：262-263；趙居蓮譯，1995：200-202）：

一、心理輔導

　　就情緒異常患者而言，心理輔導技術之援用以認知行爲療法（cognitive therapy）、人際關係療法（interpersonal therapy）及行爲療法（behavioral therapy）較具成效。其主要之目標爲矯正患者認知上之錯誤，提高自尊、自重，改進人際關係與社交技術，強化社會適應能力，減少可能之情緒異常現象。

二、生物療法

倘患者罹患較嚴重之情緒異常，則可藉由三環抗鬱劑（tricyclics）和單胺酶抑制劑（monoamine oxidase, MAO）等抗憂鬱症藥物減輕症狀。倘抗憂鬱劑欠缺效用，必要時可採用電痙攣療法（electro convulsive therapy, ECT），降低嚴重憂鬱症狀。至於狂躁症患者，傳統係以鋰劑（lithium）治療，以減輕兩極型情緒異常患者之症狀。值得注意的是，這些生物療法之援用應至為慎重，以免產生副作用。

矯正機構對於患有憂鬱症之受刑人仍認識不足，後續治療與相關教化議題未獲重視（黃承章，2009）。教化與輔導內容仍須調整，醫療協助亦較為欠缺。隨著現代人生活壓力逐漸升高，精神疾病患者數量激增，如何在調查分類、教化與醫療等方面協助患者減緩精神疾病之影響，避免精神異常受刑人日後再犯，成為犯罪矯正部門需抑注資源之重要工作事項。

第七章　反社會人格與犯罪

　　反社會人格（Antisocial personality）係人格違常（personality disorder）類型中，與犯罪之發生極具密切關係者（詳DSM-IV及IV-TR），其最顯著之特點為缺乏道德，反社會性強。根據一項流行病學調查，在美國，一般人群中反社會人格障礙（ASPD）的發病率估計在0.5%到3.5%之間（Salyer, 2007）。在美國男性中，其盛行率約為3.4%至4.9%，女性則少於0.7%（Robins et al., 1984），然在監獄中犯罪人屬於反社會人格者，根據估算約占10%至30%之間（McCord and McCord, 1964）。Fazel等（2002）回顧62項研究調查23,000名受刑人，發現47%之男性受刑人及21%之女性受刑人屬反社會人格異常，在另一項研究中，對320名新入獄的罪犯進行了隨機抽樣，發現超過35%的受訪者患有ASPD（Black, 2010）。故對其研討乃成為犯罪心理學研究不可或缺的一項。

第一節　反社會人格之沿革與意涵

一、沿革與發展

　　根據學者Rabin（1979: 322-323）之記述，大約在二百年以前，法國著名之心理醫師Pinel在臨床上遭遇了一件非常特殊、在當時無法歸類之案例，其將之命名為「缺乏譫妄之狂躁」（Manie Sans Delire）。其後之醫生亦遭遇類似情形，1835年英國心理醫師Pritchard乃提出「悖德狂」（moral insanity）之概念描述之。在1888年德國精神科醫師Koch另提出「精神病態卑劣」（psychopathic inferity）之名詞替代之。1904年，Kreplin進一步使用「心理病態人格」（psychopathic Pers önlichkeit），而由施耐德（Schneider）以其為名發表專書後，其名詞始獲得進一步確定（張麗卿，1994：51）。

　　在二十世紀上半葉，心理病態人格（psychopathic personality）為精神醫學界所通用，但卻因概念涵義過廣，成為精神醫學專業之廢紙簍（wastebasket），而備受批評。故美國精神醫學會乃在1952年制定《精神異常診斷與統

計手冊》（DSM-I）時，將此項名詞更以「社會病態人格」（sociopathid personality）之分類術語。

1968年，美國精神醫學會在修訂《精神異常診斷與統計手冊》（DSM-II）時，再度揚棄了「社會病態人格」及「心理病態人格」之專有名詞，而以「反社會人格」（antisocial personality）代之。並將其歸於DSM-II中，係人格異常（personality disorder）類型之一種。1980年修訂之《精神異常診斷與統計手冊》（DSM-III），對於有關反社會人格之概念並未做重大改變；1987年之修正版（DSM-III-R）亦是如此。但在1980年代之修訂版本中特別規定，其認定年齡須在18歲以上，且在15歲以前即至少出現反社會行為，沿用迄今。

二、反社會人格之意涵

反社會人格曾被定義為：「因性格的異常，而自我煩憂並擾亂社會秩序」（呂榮泰譯，1985）。這些定義顯然缺乏清楚意涵，茲引用美國精神醫學會出版之《精神異常診斷與統計手冊》（DSM-IV）之認定標準說明之，其臚列反社會人格之意涵如下（林天德，1993：56-157）：

（一）至少現年18歲或以上。

（二）15歲開始，對他人權益不尊重或侵犯的廣泛模式，表現下列其中三項（或三項以上）：

1. 不能符合社會一般規範對守法的要求，表現於一再做出導致逮捕的行為。
2. 狡詐虛偽，表現於一再說謊、使用化名或為自己的利益或娛樂而欺騙愚弄他人。
3. 做事衝動或不能事先計畫。
4. 易怒且好攻擊，表現於一再打架或攻擊他人身體。
5. 行事魯莽，無視自己或他人的安全。
6. 經久的無責任感，表現於一再無法維持經久的工作或信守財務上的義務。
7. 缺乏良心自責，表現於對傷害、虐待他人或偷竊他人財物，覺得無所謂或將其合理化。

（三）有證據顯示個案15歲以前為品行疾患（conduct disorder）的患者。在15歲之前，至少有下列三項（或三項以上）不負責任與反社會行為：

1. 攻擊他人及動物：
(1) 常欺凌、威脅或恐嚇他人。
(2) 常引發打架。

(3) 曾使用能造成他人嚴重身體傷害的武器（如：棍棒、磚塊、敲破的玻璃瓶、刀、槍械）。

(4) 曾對他人的身體殘忍。

(5) 曾對動物的身體殘忍。

(6) 曾直接面對受害者而偷竊（如：從背後勒頸搶劫、扒竊、強奪、持械搶劫）。

(7) 曾強迫他人與自己發生性關係。

2. 破壞財產：

(1) 曾故意縱火以意圖造成嚴重損害。

(2) 曾故意毀損他人財產（縱火除外）。

3. 詐欺或偷竊：

(1) 曾侵入他人住宅、建物或汽車。

(2) 經常說謊以獲取財物或利益或逃避義務（意即欺詐他人）。

(3) 曾在未面對受害者的狀況下，偷竊價值不菲物件〔如：非破壞闖入狀況下，進入商店偷竊（shoplifting）；偽造〕。

4. 嚴重違反規範：

(1) 經常不顧父母禁止而夜間在外遊蕩，在13歲之前即開始。

(2) 住在父母家或監護人家時，至少兩次逃家在外過夜（或僅一次，但相當長時期未返家）。

(3) 常逃學，在13歲之前即開始。

（四）反社會行為之發作不是來自分裂症或躁鬱症。

在美國精神醫學會《精神異常診斷與統計手冊修訂版》（DSM IV-TR）（2000）中，反社會人格被界定為人格障礙中具戲劇性與背離常理之B群（cluster B）。其在15歲開始，對他人權益不尊重或具有侵犯的廣泛模式；15歲以前多具有品行疾患，同時目前至少為18歲或以上，診斷標準變化不大。

第二節 反社會人格之類型

反社會人格之類型，以德國精神醫學者施耐德之分類被引用較為廣泛，且對各國司法精神醫學影響較大。根據張麗卿教授（1994：52-54）綜合國內外文獻，就施耐德之反社會人格分類及其與犯罪之關聯，說明如下：

一、情緒高昂型（Hyperthymische）

時陷異常爽快之情緒，對自己之能力、命運極抱樂觀，活潑而不負責任，思想多不著邊際，好爭好訴，大膽而不能信賴，時見與無情型或誇張型結合。依希氏之報告，累犯罪人中之30%屬此類，且犯詐欺或竊盜等財產犯罪較多。

二、抑鬱型（Depressive）

生來心情沉悶，有自卑感，遇事則考慮自己是否有責；有時症狀較輕微，亦可能變為躁鬱症。這種人多持有厭世或懷疑的人生觀，欠缺天真之喜悅，純粹這一類型者，不易犯罪，但易於自殺。

三、欠缺自信型（Selbstunsichere）

易於屈服，缺乏自尊心，對環境過敏，為易生強迫性精神官能症的人。通常不易犯財產犯罪，此型人與犯罪之關聯性較少。

四、狂信型（Fanatische）

思想固執頑強，奮不顧身，能為其所信，則不顧自己或家族之安全而甘為犧牲。自我情感、權利意識極強，有時對國家權力或權威採鬥爭態度。在凶惡犯罪人及頑固好鬥的政治犯中多見之。

五、誇張（自我顯示）型（Geltungssühtige）

這種人好為大言，為引人注意，甚至不惜犧牲名譽。虛榮心過強，言過其實，容易使人上當，易犯詐欺罪。

六、心情易變型（Stimmungslabile）

以時發時消之抑鬱性發作為其特徵。具有高度刺激、憂鬱性、意志沮喪的傾向，心情易於動搖、不可捉摸、不易控制，易受浪費之慾動所驅策，缺乏耐性，有時因鬱悶會有平常所不能為之行為出現，社會行動缺乏安定性及恆常性。此型於放火、傷害、竊盜等罪中多見。

七、爆發型（Explosive）

以對刺激之反應不均衡為其特徵。平時雖甚為溫和，但動輒因瑣細的刺激陷於暴怒；亦可能因想像的懷疑心，動輒喪失自制力，而訴諸暴力。如有飲

酒，則這種傾向將更爲擴大。此與激情犯有密切關係。且其事過境遷後即生悔意，但不能保證將來不再犯。與這一類型有關之犯罪，以傷害、侮辱、毀損、放火、妨害公務等暴力犯中多見。根據施頌布爾（Stumpfl）的調查發現，14%的累犯係屬此型。

八、無情型（Gemutlose）

又稱「悖德狂」，爲最危險之類型，以缺乏同情、憐憫、良心、後悔、名譽感等道德感情爲其特徵。因感情遲鈍，無親性本能及情愛，冷淡而殘忍。其智能並無顯著的障礙，但欠缺通盤考慮事物之能力。在暴力犯、風俗犯、原始犯罪及狡猾的財產犯者中多見；職業犯及習慣犯，殆全屬這一類型。根據施頌布爾的調查，在195名累犯中，發現有49%屬此類型者，但在初犯中則僅有2.4%。

九、缺乏意志型（Willenslose）

以意志欠缺持續性與獨立性，易受他人或環境之影響爲其特徵。這種人意志薄弱易受誘惑，且易受挫折，缺乏貫徹自己意志的勇氣與能力，又無抑制內在衝動的能力。在監獄中雖可成爲模範受刑人，但離開監獄後在社會上卻無法堅持自己之意志，立即又陷於犯罪。此類型在一般罪犯及少年犯中均極普遍，施頌布爾曾報告，累犯中之58%屬此類型，初犯者中則有30%。日本之植松正亦曾報告一般累犯中之60%屬此類型。

十、無力型（Asthenische）

有習慣性神經質、神經衰弱等現象，亦稱神經質。神經敏感，心情纖弱而無力，與犯罪較無關係。

第三節　反社會人格之特徵

反社會人格之特徵爲何？英國學者Craft（1976）曾指出反社會人格具有二大主要之特徵（primary features）：一、無法愛人及接納他人的愛；二、行爲具衝動性，無延緩需求的能力。相類似地，美國學者McCord與McCord（1964）在所著《心理病態人格者》（The Psychopath）中，亦認爲其具有：

一、反社會性；二、高度衝動性；三、攻擊性；四、行為由無法控制之欲求所發動；五、缺乏罪疚感；六、缺乏愛人之機制等。

此外，臨床專家Cleckley（1976: 337-338）出版之《神智健全之面罩》（*The Mask of Sanity*）（五版）則曾臚列反社會人格之16項特徵，而廣受學界注意。這些特徵包括：

一、表面迷人和良好的智力。

二、沒有妄想或其他荒謬的思維。

三、缺乏其他神經質、精神官能症的症狀。

四、不可靠。

五、不真實、不忠誠。

六、缺少悔過或羞恥心。

七、反社會的行為，缺乏充分的動機。

八、判斷力貧乏，無法從過去的經驗中記取教訓。

九、病理性之自我中心和不能真正地愛他人。

十、缺乏主要的情感反應能力。

十一、缺乏洞察力。

十二、一般的人際關係不協調。

十三、無論是否飲過酒，均呈現奇異而令人討厭的行為。

十四、很少實現自殺的動作。

十五、性生活具匿名性、輕浮、不規則。

十六、生活缺乏計畫和長遠打算。

綜合前述之見解，並參考學者Rabin（1979: 325-330）及Carson等（1988）之描述，反社會人格主要之特徵如下：

一、超我功能不彰，缺乏道德良心與罪疚感

反社會人格者曾被學者Pritchard診斷為道德發狂（moral insanity）或道德遲緩（moral imbecility），雖然其在智力的發展與正常人無太大區別，但在道德良心之發展顯然具有嚴重缺陷。在從事非法活動之同時，並不感覺緊張與焦慮，事後亦缺乏罪疚感，毫無悔意。

二、情感欠缺成熟：以自我為中心及具有高度衝動性

反社會人格者之情感狀態與幼童之追求快樂行為型態甚為類似，其雖然在

身體外表之發展上趨於成熟，但在情緒上是欠缺成熟的，完全以自我爲中心，且具高度衝動性，挫折忍受力低，無法延緩需求。

換句話說，反社會人格者係現時取向的，完全活在眼前的快樂與慾念當中，對未來缺乏預見，故其經常更換工作，無法順利地獲取成就。學者Lewis等（1985）之研究更發現，其因生活之現時取向（here and now），故罹患酒癮（alcoholism）的情形甚爲普遍。

三、反抗權威，無法從錯誤中記取教訓

反社會人格者之行爲表現與當前社會法律規範格格不入，根本不當法律爲一回事。其在成長的階段與教育或執法當局經常是對立的，但即使其走入犯罪生涯，反社會人格者仍無法達成職業犯罪者之境界。儘管因犯罪事件被捕，其行爲好像是免疫似的，無法從錯誤中記取教訓，因而屢次犯罪，無藥可救。

四、無愛人及接納他人愛的能力，人際關係不良

反社會人格者由於缺乏同情心，行爲不負責任，毫無悔意，以自我爲中心，因此無法與他人建立親密關係，故人際關係不良。其具有冷漠、孤僻之特質，與他人相處僅係爲自己尋求逸樂的對象，與他人共事則是爲了某種特定犯行（周震歐，1973：129），無愛人及接納他人愛的能力。

五、虛僞多詐，極易剝削人，並合理化其行爲

反社會人格者常以迷人之外表、言態，欺詐他人，從中獲利；倘被識破，即虛僞因應之。由於瞭解他人之需求與弱點，故經常剝削他人，毫無悔意。從事非法活動後，常找藉口或歸罪他人，合理化其行爲。

第四節　反社會人格之成因分析

在閱讀完前述反社會人格者之特徵與行爲樣態後，讀者或許想瞭解，爲何這類反社會人格者會如此呢？令人遺憾的是，文獻顯示這項問題並不容易回答，常隨個案不同而異其原因。在學者持續不斷努力下，其成因逐漸被揭露出來，但實證資料之支持仍待進一步提升。茲依Carson等（1988: 241-245）及Rabin（1979: 332-342）之綜合文獻，說明其成因。

一、生物之因素

（一）情感喚起之缺陷

　　研究顯示，反社會人格者大多具有情感喚起之缺陷。此種情形，使其在壓力情境中不會害怕與焦慮，並且在社會化過程中缺乏道德良心之發展。這類情感喚起之缺陷，除來自生理因素外，亦可能是學習而來。

（二）追尋刺激

　　反社會人格者在生理上接受喚起之程度，呈現低檔狀態（a low level of arousal），並處於較不愉快之境界。因此，極可能藉刺激之追尋，以強化喚起程度，增加舒適感（Hare, 1970）。研究曾指出，反社會人格相關之行為型態，例如：脫逃、吸用毒品或其他犯罪，呈現較高之追求感官刺激程度，並且無法忍受無聊。

（三）認知功能之缺陷

　　反社會人格者往往注意力不集中，在認知過程中存有迥異、缺乏理性之想法，而顯現認知功能之缺陷，此可能與遺傳或腦部受傷有關。

二、家庭因素

（一）早期喪失父母及情感之剝奪

　　反社會人格者大多在幼年時期經歷父母分居、離異之創傷；然成為單親子女，並非為反社會人格形成之關鍵。根據學者Hare（1970）之研究，父母分離前長期之失和，感情不睦，造成家庭氣氛惡劣，始為反社會人格形成之重要因素。

（二）父母之拒絕與管教不一致

　　研究指出，父母的拒絕與管教不一致，為形成反社會人格之重要成因（Buss, 1966）。在父母之拒絕、缺乏關愛，與子女保持距離之情形下，極易促使子女形成類似之行為型態；父母管教不一致則使子女不易發展正確之自我認同，並且缺乏穩定之行為模式模仿，在行為型態上形成以避免懲罰為主的行為，故這些子女較易藉說謊及使用非法之方法來逃避懲罰，無法發展正面之人生方向，形成反社會人格。

（三）錯誤之父母行為模式及家庭互動

錯誤之父母行為模式與家庭互動，亦為形成反社會人格之重要因素。例如：父親極端成功，事業有成，但為子女敬畏、害怕，保持距離；母親則極端地溺愛其子女、輕浮、喜好享樂；這類父母行為型態極易為維持其和諧家庭形象，而展現表面、虛偽之做法。子女在此情況下，逐漸學習到外表比事實來得重要的觀念，而以美麗的糖衣外表與人相處，從中剝削、獲利，形成反社會人格之行為型態。

三、社會文化因素

社會文化環境呈現社會規範失調與解組、不良之同儕行為模式，以及反社會敵對狀態、社會疏離等，極易促使個人無法發展道德、良心，缺乏對他人之同情，形成具破壞性之反社會行為型態。在前述家庭負因，如：父母之感情剝奪、拒絕、錯誤之行為模式下，極易促使子女對他人產生不信任感，產生敵意，形成反社會人格。

第五節　反社會人格之防治

反社會人格者之處遇與矯治面臨相當的難題，關鍵在於其無法信任他人、瞭解他人之感受並從錯誤中記取教訓，因此往往在預後（prognosis）上顯得極度地糟糕（Charney, 1979）。更令人感到頭痛的是，反社會人格者並不認為自己是錯誤的，因而缺乏自我改變的動機，甚至拒絕改變，使得處遇之契機無法開啓（McCord and McCord, 1964）。因此，有關反社會人格者之防治工作，以發生前之預防最為重要，次而尋求較具成效之處遇方案因應。

在預防工作上，宜避免各項家庭與社會環境負因之形成，強化家庭功能（如：親職教育）與社會文化環境之建設，發揮正面教育功能，建立祥和社會，使兒童有一優良之成長環境。在處遇上，則應廣泛應用初具成效之行為療法（behavior therapy）（Bandura, 1969; Sutker et al., 1979）、團體療法（group therapy）、環境療法（milieu therapy）及治療性之社群（therapeutic community）等，以減少其對社會之侵害。

綜合言之，反社會人格之防治應著重於預防工作而非事後處遇之進行，傳統監禁懲罰的方式只帶來更多副作用，並無法達成其矯治之目標。在尋找更妥

適、具成效方案之同時，推行初級犯罪預防保健工作，是防治工作不可或缺之要務。

第八章　智能不足與犯罪

在犯罪心理學研究中，智能不足（mental retardation）與犯罪之關聯一再被提及，尤其部分智能不足者極易造成縱火罪與從事性犯罪，引起民眾極大恐慌。因此，筆者認爲有必要將智能不足之意涵、分類、成因與犯罪之關聯等做扼要介紹，並在文後提出妥適防治對策，以供讀者參考。

第一節　智能不足之定義

美國精神醫學會出版的《精神疾病診斷與統計手冊》第五版（DSM-5）認定智能不足，又稱智能發展障礙症，爲一種在發展階段中發生的障礙症。智能不足之認定，下列三項準則皆須符合：一、智力功能缺損：智力功能是否缺損，須經由臨床評估及個別準則化智力測驗加以確認；二、適應功能缺損：以個人在獨立與擔當社會責任方面能否發展爲準則。若無法得到持續支持，適應功能之缺損會造成個人在多重環境中的日常活動功能受到限制，無法達到該年齡層之適應能力；三、智力與適應功能缺損在發展期間發生（台灣精神醫學會譯，2014：17-18）。

此外，根據美國智能缺陷協學（American Association on Mental Deficiency, AAMD, 1973: 11）之定義，智能不足係指一般的智力功能顯著的低於平均數，同時存有行爲適應之缺陷，並且發生於成長階段。從這些定義觀之，智力低並非智能不足唯一的評斷標準，患者必須在行爲適應上有遲緩、適應不良的情形且在18歲之前發生，始能稱智能不足。18歲以後發生者，一般應考慮其是否罹患癡呆症（dementia），屬器質性心智異常（organic mental disorder）的一種。

第二節　智能不足之分類

有關智能不足之分類，在林憲（1983）之臨床精神醫學著作中指出，可依以下三大群加以分類：一、依智能障礙程度之類型；二、依智能不足病因論

的類型；三、依臨床疾病的類型。林天德（1993）則指出，有三個主要分類系統：一、美國心智缺陷學會分類系統；二、醫學分類系統；三、教育分類系統。

美國心智缺陷學會主要是依智力損傷的程度，將智障區分成輕度、中度、重度與極重度四類；醫學體系之分類則係依起因將智障區分成10類；教育體系之分類主要係依預期之教育成果將智障區分成鈍常、可教、可訓、須人監護四類。由此觀之，依專業需求不同而採行不同之分類，乃無可避免之趨勢，為便於讀者瞭解，本文採行精神醫學界共通使用《精神疾病診斷與統計手冊》第五版之分類，將智能不足之嚴重程度依據個案在概念、社會及實務領域的表現分為輕度、中度、重度與極重度四類（台灣精神醫學會譯，2014）：

一、輕度智能不足（Mild Mental Retardation）

智商在50～55到大約70之間，占智能不足人口之80%至85%，約在學齡前3至4歲方可確定，此類係屬可教育的（educable）。在學齡前兒童階段，可能與同儕沒有顯著差異，在學齡兒童與成人階段則會有學業技巧之困難。其社交與溝通技巧稍差，與正常發展之同齡者相比，較不成熟，但仍與正常兒童無太大區分。他們的詞彙非常有限且發音不佳。雖然其學習走路和說話較延遲，但他們的感覺動作並無太大受損。至成人時，通常能夠發展充分的社交和職業技巧，可扶持他們某些方面的自立。但是他們終生都需要被引導和社會支持（林玉財，1993：318-319；趙居蓮譯，1995：321-322）。

二、中度智能不足（Moderate Mental Retardation）

智商在35～40到50～55之間，約占智能不足人口之12%，即使在所有發展階段，其個人概念能力顯著落後於同儕，在教育上仍屬可訓練的（trainable）。中度智能不足者在家裡經過照顧，可被訓練獲得簡單的溝通技巧，但複雜度遠不及同儕，且對於課業教導的反應很差，其學業發展往往侷限於小學程度。在最好的環境下，學校教育可提供他們獲得職業和社交技巧，使他們成人以後能夠於他人的監督下在庇護工廠工作。

三、重度智能不足（Severe Mental Retardation）

智商在20～25到35～40之間，約占智能不足人口的3%至4%，幾乎不瞭解書寫文字或有關數字、時間與金錢等概念。在學齡前，可發現嚴重之運動發展

遲滯，語言能力亦差。在兒童後期，可以學會簡單的說話技巧，但口語的字彙與文法非常有限，言語可能以字詞為主，有時候甚至只是單音節。他們無法發展職業技巧，唯有在高度保護的環境下他們或可從事簡單的工作，例如：將東西放進容器裡。

四、極重度智能不足（Profound Mental Retardation）

智商在20或25以下，約占智能不足人口的1%至2%。極重度智能不足兒童在學齡之前只發展出極少感覺動作的能力，對於言語或手勢符號之溝通瞭解非常有限；長大成人後，在所有日常活動、健康與安全層面仍必須依賴他人。一生幾乎都必須完全依賴他人一天二十四小時的照顧和監督。

第三節　智能不足之成因分析

智能不足之成因至為複雜，惟可從生物及社會文化因素二層面說明（Carson et al., 1988: 476-484）：

一、生物因素

至少有下列五個生物因素與智能不足有關，其彼此間亦可能互相關聯：

（一）遺傳染色體因素

例如：在體染色體方面，由於在第21對染色體增加，即可能造成唐氏症（Down's syndrome），兒童即成為蒙古兒。此外，在第23對性染色體方面（只限於女性），倘呈現一個X情形，則形成透納氏症候群（Turner's syndrome），導致成長遲滯及缺乏第二副性徵。另外，幼童因隱性基因與另一半隱性基因的結合，促成代謝失調，即可能形成苯酮尿症（簡稱PKU）、矮呆症（cretinism）及Tay-Sachs病症，而嚴重傷害腦神經。

（二）感染與中毒因素

智能不足亦可能與感染之某些情況有關，例如：懷孕之婦女倘得梅毒或德國麻疹，則胎兒極可能造成腦部受損。而毒氣的媒介，如：一氧化碳及鉛等，均可能在胎兒成長期間造成其腦部之傷害。此外，母體懷孕期間飲用過多酒精或服用某特定藥物，則可能造成胎兒形成先天的畸型。另外，倘胎兒與母體之

血型不合，亦可能造成胎兒腦部受損。

（三）早產與生理之傷害

早產兒體重過輕（少於5磅），極可能出現腦神經異常與智能不足現象。幼兒出生時之受創，亦可能導致智能不足現象。胎位不正致出生時難產，經過產道時受到過多擠壓引起腦瘀傷流血，或胎盤太早剝落，新生嬰兒呼吸太慢，造成腦部缺氧，亦可能造成腦部之重大傷害。

（四）電離輻射

近年來，部分人士注意到大量放射線照射對幼兒腦部組織之不良影響。有害之放射線包括診療期間之高能量X光照射等。

（五）營養不良及其他生物因素

在母體懷孕期間，營養不良、缺乏蛋白質和其他營養分，可能對胎兒造成腦部傷害，影響智力之發展。此外，有些案例顯示智能不足亦與其他生物因素有關，例如：腦瘤之發生極可能直接影響腦部組織或造成頭蓋骨過大的壓力，而傷及腦部。在某些情況下，重度或極重度智能不足者，其成因是無法確定的，但其大腦病變之症狀均相當的明顯。

二、社會文化因素

雖然智能不足之生物成因不容置疑，但近年來卻有許多學者認為負面之社會文化因素，如：正面刺激之剝奪，亦對智能不足之情形有著舉足輕重之影響。在此項議題上，與智能不足相關者大致包括下列二項因素：（一）社會之剝奪，例如：在兒童成長階段，剝奪其與他人或環境接觸之機會，無法得到適當的感官刺激；（二）文化熟悉度退卻（cultural-familiar retardation），即幼童並非遭受社會隔離，而係與社會環境及人們產生卑劣品質之互動，例如：在貧困家庭環境中成長，而未給予適當管教即為一例。

第四節　智能不足與犯罪之關聯

有關智能不足者與犯罪之關聯，在早期由於研究方法之欠缺精進，故相信智能不足導致犯罪之說法至為普遍。今日由於研究方法與工具之科學化，逐漸

證實犯罪者比正常人口擁有較高比率智能不足之現象（周震歐，1973），並依犯罪類別不同而呈現迥異之智商。茲援引相關研究扼要說明如後：

一、犯罪人之智力研究

英國醫生Goring早期研究3,000名犯罪人後，發現其大多為低度智商者，但其後之研究乃逐漸駁斥此項觀點。例如：Woodward（1955）之研究顯示，犯罪人之平均智商大約僅低於正常人口的八個百分點，亦即IQ 92比IQ 100。台灣洪宜芳（2001）以瑞文氏圖形推理測驗對少年暴力犯167名、少年非暴力犯106名、一般少年171名進行施測後發現，未曾犯罪少年在非語文智力上的得分（44.36分）較暴力少年犯（41.84分）及非暴力少年犯（41.57分）為高。學者Denkowski與Denkowski（1985）之研究則指出，僅約有2.5%的犯罪人有智能不足現象（IQ小於70）。雖然犯罪人中低智商者並沒有吾人想像中的多，然值得注意的是，1960至1970年代之研究一再證實智商與犯罪間確實存有相關。例如：美國學者Hirschi（1969）對西雅圖青少年犯罪的研究即發現，智商與少年自陳報告非行存有統計上之顯著相關，即使在加入人種及社經地位影響後亦同。類似地，由學者West與Farrington（1973）在倫敦所進行之一項縱貫型追蹤研究再次證實，智商較低之男孩其將來再犯之比率更高。Hirschi與Hindelang（1977）因而認為，低智商為瞭解青少年犯罪發展之重要因素。

二、智能不足者與犯罪種類之關聯

根據學者Hollin（1989: 112-114）之彙整文獻，智能不足所從事之犯罪類型以性犯罪及竊盜居多。

例如：學者Walker（1965）比較305名心智有缺陷之犯罪者及其他類型之犯罪人，一年以後，發現心智缺陷之犯罪者在性攻擊犯罪項目上，比其他類型之犯罪人高了六倍。Shapiro（1969）亦在其樣本中發現心智有缺陷之犯罪人，大約有35%觸犯了性犯罪。Robertson在對300名心智有缺陷之犯罪人追蹤，則發現觸犯竊盜罪者占最高比率，其次為性犯罪。

然而另有研究指出，性犯罪、放火罪及竊盜罪為智能不足犯罪類型之大宗（Day, 1993；張麗卿，1998；郭壽宏，2000）。然值得注意的是，智能不足是否為前項犯罪之主因，則不明確（Blackburn, 1996），強化國內本土實證研究似有其必要。

三、女性智能不足者之性侵犯罪被害

　　楊士隆等（2009）以12名女性智能不足者性侵害之犯罪受刑人進行訪談，瞭解對智障者性侵害犯罪之犯罪動機、手法、目標之選擇、犯罪情境、歷程與案發後之感想等。研究結果發現，多以熟識者性侵害為主，製造有利的犯罪情境，另發現近半數受訪者先察覺被害者的智能不足，而引發其犯罪動機；因人力監督保護不足，中午或下午時段易遭受性侵害。最後，並對智能不足者之性侵害防治提出諸多建議，如強化其監督保護機制等。

四、智能不足者犯罪之因素

　　雖然智能不足者之犯罪類型有所侷限，然其可能衍生之犯罪，如縱火、性犯罪、竊盜等對一般民眾之生命、財產安全亦構成巨大威脅，亟待正視。根據馬傳鎮（1983：90-91）綜合動機心理學與社會學之觀點，智能不足者之所以可能犯罪之主因為：

（一）其判斷力較低，無法預見犯罪行為的不良後果。

（二）他們對於慾念（如：食慾、性慾、占有慾等）缺乏抑制能力，對情緒也不善控制，因而易由細微動機轉為衝動性的行為，如：放火、傷害或違反社會規範之性行為。

（三）他們缺乏對職業與新事物的適應能力，因而在生存競爭中立於不利的地位，成為社會的落伍者，使其採取反社會行為，力謀補救。

（四）由於其學習能力、社交能力與語言能力太低劣，易受他人輕視、虐待，使其心懷怨恨與不平，因而付諸以不正當的報復行為。

（五）有些智能不足者伴有性格異常的特質，易於發生反社會行為。

第五節　智能不足犯罪者之防治

　　依據前述智能不足之成因分析，「預防重於治療」之理念，對智能不足犯罪者之防治而言甚為重要，茲從預防及控制生物遺傳負因和減少剝奪幼童正常學習與發展環境二層面，說明防治對策（Carson et al., 1988: 486-487）：

一、預防及控制生物遺傳負因

　　生物遺傳之缺陷，往往為促成智能不足之重要因素。因此，如何預防及控

制滋生乃成爲防治之重點，具體之努力措施包括：

（一）強化心理衛生教育，做好預防之工作。

（二）提供懷孕婦女及嬰幼兒妥適之醫療保健服務，尤其應針對高危險群孕婦進行羊膜穿刺檢查，及早診斷，減少遺傳疾病發生。

（三）倡導優生節育政策，透過立法，鼓勵教育素質高者多生育（如：新加坡之減稅措施），減少低能者之結合。

二、減少剝奪幼童正常學習與發展之環境

家庭貧困，缺乏妥適醫療照顧及適當社會刺激，常爲促成智能不足發生之因素。故如何剷除這些幼童成長負因，並提供良好社區成長環境及妥適醫療、教育服務，則爲防治智能不足犯罪者之重點。

另外，對於智能不足者法治教育之重要性亦逐漸受到重視（邵慧綺，2005；2009）。經由法治教育之教學內涵，幫助智能不足者瞭解社會規範，不僅有助於預防智能不足者之犯罪行爲，亦有助於協助智能不足者順利適應社會生活。

至於有關智能不足犯罪者之矯治，非一般監禁所能妥適因應。必要時宜成立專業之處遇部門，提供適合智能不足犯罪人特殊需求之訓練，如：語言病理學、聽覺學及語言發展等（Santamour and West, 1977），並發展輔助其回歸社會之服務，如：強化生活知能與職業訓練，以減少未來適應之困難。

第四篇

各犯罪類型之研究

第九章　藥物濫用與犯罪

　　近年來，由於急速社會變遷，加上都市化快速、人際疏離、家庭產生解組，藥物濫用問題趨於嚴重。鑑於藥物濫用情形對民眾健康危害至鉅，且與犯罪行爲密切相關，故本文以蔡德輝與楊士隆（2013）之撰述爲架構，進一步蒐集最新藥物濫用相關文獻，對其做綜合性之探討，供讀者參考。

第一節　藥物濫用之定義

　　迄今，藥物濫用（drug abuse）之涵義仍不甚明確，其常隨時間之推移、不同社會環境及個人之主觀詮釋而呈現差異。例如：美國「全國大麻與濫用藥物委員會」（National Commission on Marijuana and Drug Abuse）指出藥物濫用涉及：一、非醫療之目的（nonmedical prupose）；二、有過度或超量使用之傾向（prone to excess）；三、形成習慣（habit forming）；四、損害健康；五、尋求快樂感（to get high）（高金桂，1984）。

　　美國精神醫學會（American Psychiatric Association）出版之《精神異常診斷與統計手冊》（DSM-I），在早期將其定義爲「藥物成癮」（drug addiction），後又改稱爲「藥物依賴」（drug dependence）（DSM-II），迄至1980年，復修正爲「物質使用違常」（substance use disorder）（DSM-III）（廖榮利，1993）。依照《精神異常診斷與統計手冊》（DSM-IV）之分類，物質使用違常（substance use disorder）可區分爲物質依賴（substance dependence）與物質濫用（substance abuse）二大類：

一、「物質依賴」之診斷、衡量標準

（一）一種適應不良的物質使用模式，導致臨床上重大損害或痛苦，在同一期間內出現下列各項中三項（或三項以上）：

1. 用藥量較多，使用時間較長。
2. 渴望戒毒或戒毒數次失敗。
3. 花很多的時間去得到藥、去使用藥或從藥效中恢復過來。
4. 有中毒或戒斷現象。

5. 放棄或減少重要的社交、職業或休閒活動。

6. 明知吸毒有害健康，仍繼續使用。

7. 明顯地耐藥性增加，必須使用更多的藥量，才能達到相同的效果。

8. 使用不同的藥物去減輕戒斷症狀。

（二）症狀至少持續一個月。

二、「物質濫用」之診斷、衡量標準

（一）下列症狀中，至少出現一個：

1. 明知藥物對社交、職業、心理或身體健康有損害，仍連續使用。

2. 重複於身體有害的情況中使用藥物，如：重複在酒醉時駕車。

（二）症狀至少持續一個月。

（三）未達到藥物依賴的診斷標準（林家興，1991）。

參酌學者、專家之見解（高金桂，1984；廖榮利，1993），筆者認為藥物濫用可界定為：「非以醫療為目的，在未經醫師處方或指示下，不適當或過度的強迫使用藥物，導致個人身心、健康受損，影響社會與職業適應，甚至危及社會秩序之行為。」惟依據《毒品危害防制條例》第2條第1項之規定，所稱毒品，指「具有成癮性、濫用性、對社會危害性之麻醉藥品與其製品及影響精神物質與其製品」。

第二節　藥物濫用成癮之歷程與特徵

一、成癮之歷程

濫用藥物之嚴重性，可由成癮之程度一窺端倪。一般而言，藥物之成癮係漸進的，約可區分為下列幾個階段：

（一）起始階段：係指在好奇心之驅使或為解除憂慮痛苦，開始嘗試吸食或施打藥物。

（二）繼續階段：係指週期性或間歇性地繼續使用藥物，尚未達到成癮之階段。

（三）沉迷階段：重複使用藥物而成為習慣性，且有部分之心理依賴性產生。

（四）成癮階段：在重複使用藥物後，產生生理、心理之依賴（physical and

psychological dependence）及耐藥性（tolerance）情形，而有持續使用之衝動。

（五）戒斷症狀：此階段為成癮者最嚴重的成癮階段，為身體（生理）產生藥物依賴之直接證據，此時藥物已改變行為人之生理狀態，倘不繼續用藥，將產生噁心、嘔吐、腹瀉、流鼻水、發抖等戒斷症狀（withdrawal symptons or abstinency syndromes），危及生命安全（林漢堂，1992；廖榮利，1993）。

二、成癮之特徵

根據世界衛生組織（WHO, 1964）之介紹，藥物成癮之特性包括：
（一）強烈之慾望想重複使用某種藥物。
（二）有增加藥物劑量之傾向。
（三）產生生理與心理之依賴。

楊士隆等（2020）提及藥物成癮者應具有成癮症狀與耐藥性之特徵。成癮症狀主要為：對藥物有強烈意識之需求；有復發之現象（生理依賴性消除後，仍會繼續使用之）；對藥物有恆常性的心理依賴；藥物需求上過度衝動，不斷增加其藥物用量；不惜代價維持藥物之供給。其次，耐藥性係使用者須不斷增加其藥物用量，才可維持初次使用特定藥量的效果，不同的藥物則有不同的耐藥性，且耐藥性程度也會因人而異。

第三節　藥物濫用之分類及危害特性

迄今，藥物濫用之分類仍然趨於複雜，無法獲致共識，常隨著各國對毒品之定義不同及各種非法毒品如GHB（笑氣）、K他命、神奇蘑菇等興起（黃徵男，2002），而有不同之分類。

一、國外之分類

（一）世界衛生組織之分類

世界衛生組織（WHO, 1964）將藥物分為四類：
1. 麻醉劑（narcitics），如：鴉片、嗎啡、海洛因等。

2. 鎮定劑類，如：紅中等巴比妥劑。

3. 迷幻劑類，如：大麻、LSD等。

4. 興奮劑類，如：安非他命、高根等。

（二）美國司法部之分類

美國司法部將列入管制之心理活動藥物，區分為五大類：

1. 麻醉劑（narcotics），又稱鴉片類止痛劑，可細分為：(1)天然成品，如：鴉片（opium）、可待因（codeine）、蒂巴因（thebaine）、嗎啡（morphine）等；(2)半合成品，如：海洛因（heroin）等；(3)合成品，如：methadone、meperidine、pentazocine等。

2. 中樞神經抑制劑（central nervous system depressants），如：三氯乙二醇（choral hydrate）、巴比妥酸鹽（barbiturates）、精神安定劑（tranquilizes）、紅中、白板、青發等。

3. 中樞神經興奮劑（central nervous system stimulants），如：古柯鹼（cocaine）、安非他命（amphetamines）、其他強心劑之衍生物及甲基之衍生物等。

4. 幻覺誘發劑（hallucinogens）亦稱精神興奮劑（psychedelics），如：LSD、梅斯卡林（mescaline）、MDA、PCP等。

5. 大麻類（cannabinoids），如：大麻煙（marijuana）、大麻脂（hashish）、大麻油（hashish oil）等。

（三）聯合國之分類

聯合國於1988年發布《禁止非法販售麻醉藥品及影響精神藥物公約》（簡稱《聯合國反毒公約》），其將毒品區分為麻醉藥品（narcotic drugs）及影響精神藥物（psychotropic substance）兩類（詳如表9-1）：

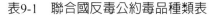

表9-1　聯合國反毒公約毒品種類表

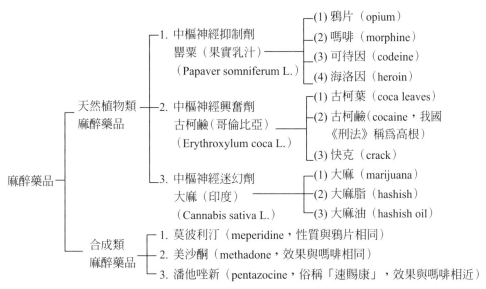

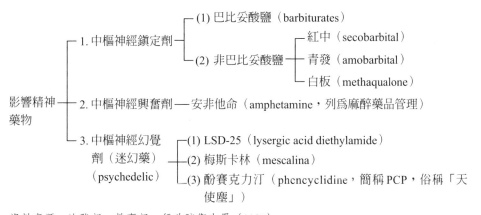

資料來源：法務部、教育部、行政院衛生署（1995）。

二、台灣之分類

　　依2020年1月15日新修訂公布之《毒品危害防制條例》，該條例所稱毒品指具有成癮性、濫用性及對社會危害性之麻醉藥品與其製品及影響精神物質與其製品。毒品依其成癮性、濫用性及對社會危害性分為四級，其品項如下：（一）第一級：海洛因、嗎啡、鴉片、古柯鹼及其相類製品；（二）第二級：罌粟、古柯、大麻、安非他命、配西汀、潘他唑新及其相類製品；（三）第三

級：西可巴比妥、異戊巴比妥、納洛芬及其相類製品；（四）第四級：二丙烯基巴比妥、阿普唑他及其相類製品。

前項毒品之分級及品項，由法務部會同衛生福利部組成審議委員會，每三個月定期檢討，報由行政院公告調整、增減之。醫藥及科學上需用之麻醉藥品與其製品及影響精神物質與其製品之管理，另以法律定之。茲扼要敘述台灣常見之毒品類型如下：

（一）第一級毒品

1.嗎啡

嗎啡係由鴉片提煉而成，其對大腦皮質的知覺中樞及隨意運動中樞具有麻痺作用，會使脊髓的反射作用及副交感神經呈興奮狀態。另嗎啡對腦也產生影響，使用少量時呈現麻醉、鎮痛、催眠作用，可暫時排除精神及生理上的痛苦與不安，繼而造成某種程度的陶醉、茫然安樂感。吸打嗎啡在生理及心理上都會造成強度的依賴，同時也會逐漸發展出耐藥力。微量使用嗎啡所造成的一般反應是：安樂感、昏昏欲睡、呼吸平緩、瞳孔縮小、想嘔吐。長期使用嗎啡會形成食慾不振、體力衰弱、顫抖、運動協調功能障礙、耳鳴、尿蛋白、下痢與便秘交替出現等生理症狀；另外也會導致精神方面的頹廢，如感情遲鈍、意志薄弱、情緒多變、注意力不集中、容易疲勞等現象。使用過量造成呼吸慢而淺、皮膚冰冷、痙攣、昏睡、可能導致死亡（范珍輝、蔡德輝等，1994）。

2.海洛因

海洛因係從嗎啡經乙醯化作用後，改變原嗎啡的化學結構式提煉而成，呈結晶狀或結晶性粉末。海洛因所造成的中毒症狀與嗎啡大致相同，但其毒性約為嗎啡的六倍，其發生的反應更快、更強，反覆使用時也比嗎啡更容易發展出成癮性。海洛因使用之一般效果、耐藥力的形成及戒斷症狀與嗎啡大致相同，但因毒性過強，危害亦更大，為醫學界所排除使用。

3.古柯鹼

古柯鹼是由古柯葉提煉而得，有古柯鹼、顆粒狀古柯鹼。為白色結晶性粉末，主要以吸入方式，對中樞神經有興奮刺激作用，會產生愉快、幸福感，作用迅速且激烈，毒性強，大量攝取會因痙攣、呼吸困難而致死。最近美國以顆粒狀古柯鹼，俗稱快克（crack），濫用情形甚為嚴重。此類藥物已在南、北美洲產生很嚴重的醫學、社會、保健與治安的問題。此類藥物目前除造成生理症狀外，並有耐藥性之現象，其症狀特徵為：

(1) 急性中毒，包括愉快感、陶醉感、好鬥、誇大、多疑、有被害妄想及幻想、脫離現實感、判斷障礙而容易導致危險行爲的出現。

(2) 身體上之症狀有脈搏跳動快速、瞳孔放大、血壓上升、腹痛、噁心、嘔吐及呼吸困難等現象。

(3) 大量服用會產生譫妄，甚至造成延腦麻痺及呼吸衰竭而導致死亡。

(4) 長期服用會成癮，而導致人格異常或妄想性精神病症狀；若突然停用，可能發生嚴重的憂鬱及昏昏欲睡現象。

(5) 幻覺，大多數爲原始性視覺幻象（即光、影等），也有味覺或聽覺等幻象。

　　本劑如以鼻子吸入之方式使用，會引起鼻腔上皮細胞之發炎潰瘍，文獻上有因此而引起腦脊髓液由鼻孔流出之病例。當然，首當其衝的嗅覺神經所受的傷害仍爲最深。

（二）第二級毒品

1.安非他命

　　由於安非他命具有高度提神效果，能興奮情緒、消除疲勞感，故許多卡車司機、運動員及學生較易濫用；甚至不少醫師處方經常用以控制飲食、減輕體重及治療抑鬱症者，故會不知不覺產生習慣性而上癮。安非他命使用後會產生三種主要效應：

(1) 警覺作用（alerting action）：是種大腦皮質效應，爲救生員、特攻隊、音樂家、太空人及運動員等用以提神，創造成績。

(2) 欣快作用（euphoric action）：是下視丘愉快中樞效應，追求快感爲濫用之原因。

(3) 食慾抑制作用（appetite supperssion）：是下視丘飲食中樞效應。臨床上用來治療偏頭痛、發作性睡病、照顧急難病及減肥之用。但因已有更好的藥物，故現在比較少用。

　　安非他命經吸食或注射進入體內後，其血中濃度的半衰期平均爲二十（十至三十）小時。安非他命自體內消失所需時間遠比欣快效應持續時間爲長，以至有的濃度升高且急劇變化，並出現嚴重的中毒症狀，甚至導致死亡。由於安非他命的重複使用，使耐藥性上升，形成對藥物依賴性，逐漸出現慢性中毒的精神症狀。多數的慢性中毒者都會發生精神障礙，有些人即使停止使用安非他命，仍會有精神障礙的後遺症，因爲安非他命會產生被人加害或對其不利的種

種幻覺、妄想。

2.大麻

　　大麻是印度大麻（Cannabis sativa）類之植物，其抽出物及衍生物統稱為大麻，吸用者通常利用其葉、花或其他部分切碎，製成煙捲，故稱大麻。其中含THC主要之成分。此類物質有心理依藥性，也有耐藥性，其症狀特徵為：

(1) 急性症狀包括：陶醉感、飄飄欲仙的意識狀態、無方向感、對時間事物皆置身事外、產生所謂的「動機缺乏症」、妄想及疑心，導致行為障礙。

(2) 對身體生理之影響有頻脈、發汗、雙目結膜紅腫、步行不穩、眼球振盪。大麻在動物實驗中或人類使用者，會使雄性動物睪丸素下降、性能力下降；在女性使用者，月經週期之障礙也會發生。此外，長期使用，肺功能也會受到傷害，氣管之切片有上皮細胞之病變性。雖然大麻不會引起思覺失調，但如果思覺失調病人吸大麻，則會使精神病症狀加劇，不可不防。如果懷孕婦女吸用大麻，其嬰兒會體重下降，而其神經系統之活動可能有變化。

3.速賜康

　　速賜康的濫用在國內曾是非常嚴重的問題，其影響深入社會，國內稱之為孫悟空。這種藥品本來是一種便宜而非常有效的鎮痛劑，但因其使用後會產生欣慰感、陶醉感與脫離現實的感覺，故過去在台灣一直被青少年（或成年人）濫用。鑑於其產生嚴重的社會問題，行政院衛生署於1979年8月8日將其納入麻醉藥品管理。此類藥品長期使用會導致成癮，並且對肝、腎臟功能以及中樞神經系統有實質性的傷害；服用者常有違反社會秩序與法律之行為，使用過量會抑制呼吸中樞致死，由於有生理上之依賴性，停藥後會有戒斷症，此與巴比妥酸鹽、酒癮等之戒斷症狀相似。國內外之病例，常有因藥品間的加強作用，或因毒梟為使人急速成癮，將速賜康與嗎啡等合併使用，作用更烈，故使得戒除之過程更為複雜，非常不容易戒治。

4.FM₂

　　國內近年來亦有其他新型藥物濫用之型態產生，例如：繼安非他命後，FM₂安眠藥儼然成為國內少年崇用藥物的新寵。FM₂係一種含有2毫克fluni-trazepam成分的安眠鎮靜劑，俗稱「約會強暴藥」，其具有抑制大腦皮質知覺及運動中樞的不正常興奮，與預防、治療或減輕神經過敏、神經衰弱、頭痛、嘔吐及運動亢進等特性。常為歹徒用以降低女性反抗能力，促進激情之用。

爲能適時遏阻此一藥物濫用災難，衛生福利部已將FM₂列入毒品管制第二級管理。

5. MDMA

俗稱「快樂丸」之MDMA晚近亦在國內受到青睞。MDMA商品名爲Ecstasy，係MDA毒品衍生物，服用後易產生欣快感及迷幻作用，副作用包括重心不穩、噁心、嘔吐等，並使高血壓、心臟病等疾病惡化；過量使用將造成患者藥物依賴，耐藥性增加，甚至導致死亡。

6. LSD（搖腳丸）

LSD屬於中樞神經迷幻劑，爲麥角黴菌生物製劑，學名爲麥角二乙胺，俗稱搖腳丸、加州陽光、白色閃光及方糖等，目前爲《毒品危害防制條例》列管爲二級毒品。爲無嗅、稍帶苦味之白色結晶體。可以做成錠劑、丸劑、膠狀、溶於飲料或注射劑之用。使用後三十至九十分鐘內會發生效果，瞳孔放大，體溫、心跳及血壓上升，使用者會有震顫、欣快感、判斷力混淆、脫離現實、錯覺及幻覺等感受，嚴重者會有焦慮、恐慌、思覺失調、自殘及自殺等暴行。施用過量，會導致腦部及周邊循環血管攣縮、身體抽搐、昏迷、甚至死亡。目前臨床上禁止使用（李志恒，2002）。

7. GHB

GHB屬於中樞神經抑制劑，英文全名爲gamma-hydroxybutyrate，中文譯爲迦瑪一烴基丁酸，自然存在哺乳動物組織之短鏈脂肪酸衍生物，俗稱液體搖頭丸、液體快樂丸、笑氣。目前爲《毒品危害防制條例》列管爲二級毒品。GHB具有欣快感與幻覺作用，常被濫用者與其他藥物合併使用，尤其是酒精，以增加效果。然而服用後十五分鐘內即產生昏睡、暈眩、噁心、暫時性記憶喪失、血壓心搏減緩、痙攣、呼吸抑制等現象，高劑量會讓人睡覺，最後昏迷或死亡，因爲其個別純度和強度不同，很容易造成過量，可能很快失去意識昏迷及死亡，與酒精併用更危險。1999年美國聯邦緝毒局（DEA）宣布GHB、K他命與FM₂併稱爲三大「強姦藥」（李志恒，2002）。

8. 神奇蘑菇（Magic Mushroom）

神奇蘑菇是指迷幻性菇菌類（hallucinogenic mush-room），其特色是食用後會有類似迷幻藥作用的菇類植物。事實上人類使用迷幻性菇類的歷史，相當久遠。近數十年來（1958），科學家才從其中分離出其主要的作用成分爲西洛西賓（psilocybin），目前被《毒品危害防制條例》列管爲二級毒品。從1958年起，迷幻性菇菌類自美國西岸開始被濫用，流傳到澳洲、英國、歐洲大陸、日

本等國家。磨菇可以直接生吃或混入食物調味或泡入茶中飲用，氣味與食用磨菇類似。食用二十分鐘後，會有肌肉鬆弛、心跳過速、瞳孔放大、口乾、噁心感及迷幻作用，藥性持續六小時。大量食用會有嚴重幻覺、精神失常、陷入惡幻旅行——會驚慌、焦慮與恐懼。然而目前並沒有證據顯示會產生生理上成癮之副作用（李志恒，2002）。

9. PMMP

2006年台灣出現新型毒品PMMP，台北榮總醫師楊振昌稱其為「另類搖頭丸」或「要命搖頭丸」，其學名為「對甲氧基甲基安非他命」，根據榮總毒物課之資料，其臨床症狀包括欣快感、幻覺、食慾降低、心跳快、下顎緊繃、冒汗等副作用，而中毒之表徵則包括高燒、抽搐、昏迷、腦出血、腦水腫、多重器官衰竭；另可能導致低血糖及低血鈣等。一般服用五十毫克以上即可能導致嚴重毒性，乃至於死亡（毒性為MDMA之二至三倍以上）。由於其價格低廉，為home party俱樂部用藥之聖品（吳俊陵，2006）。

（三）第三級毒品

巴比妥酸鹽類常被濫用者主要為secobarbital（Seconal），因其藥品膠囊外觀為紅色，故俗稱紅中；amobarbital（Amytal）則因藥品膠囊為青色，所以俗稱青發，原來均用於治療患失眠之病。

本類藥物會抑制中樞神經，造成意識障礙，偶爾有欣快感，具有成癮性及耐藥性的問題。服用過量會造成運動失調、暈眩、呼吸困難、低血氧、酸中毒、循環障礙、視覺障礙、昏迷、甚至致死。突然停藥會有戒斷症狀發生，如：頭痛、噁心、虛弱、焦慮不安、盜汗、顫抖、腹部疼痛、甚至產生發燒、痙攣、昏迷致死。由於benzodiazepine類之新型鎮靜劑出現，這類藥品在臨床使用上，已日益少見。

另屬於安眠鎮定類常被盜用的藥品為methaqualone（Norminox），因其藥品為白色錠劑，所以俗稱白板，亦有上述巴比妥酸鹽類之副作用，常被青少年當作迷幻藥。也會抑制中樞神經，造成意識障礙，易產生習慣性及耐藥性，服用過量會造成運動失控、暈眩、呼吸困難、視覺障礙、昏迷等，甚至可能致死。

此外，K他命（ketamine）近年亦甚為流行，K他命屬於中樞神經抑制劑，俗稱special K或K，與PCP（phencycline）同屬芳基環己胺類結構，為非巴比妥鹽類，俗稱愷他命，目前為《毒品危害防制條例》列管為三級毒品。K他

命原是用於人或動物麻醉之一種速效、全身性麻醉劑，常用於診斷或不需肌肉鬆弛之手術，尤其適合用於短時間之小手術或全身麻醉時誘導之用。然而於1970年代在美國西岸開始濫用，早期使用均為MDMA混合使用，惟近年來逐漸單獨使用。K他命可以口服、鼻吸、煙吸與注射方式施用，施用後會產生幻覺、興奮感、意識混亂、與現實解離或是有所謂靈異旅行的經驗。較常見之副作用為心搏過速、血壓上升、震顫、肌肉緊張而呈強直性、陣攣性運動等。部分病人在恢復期會出現不愉快的夢、意識模糊、幻覺、無理行為及譫妄等現象。長期使用會產生耐藥性與心理依賴性，不易戒除（李志恒，2002）。

（四）強力膠及有機溶劑

吸食強力膠（glue）及其他有機溶劑是以往國內青少年最常見者，以國中生年幼及低收入者較易濫用，這些有機溶劑包括汽油、煞車油、潤滑、油漆釋劑、油污清除劑及去指甲油等溶劑。其內含有許多揮發性物質，如：苯、二甲苯、四氯化碳、乙酸戊酯、三氯乙烷、石油精、乙醇、異丙醇等。這些物質有些是中樞神經抑制劑，在高濃度下會產生麻醉現象，甚有致死的作用。青少年在吸食時，通常將強力膠或揮發性物質裝在塑膠袋，蓋住口鼻，將其揮發性氣體吸入體內。常見的意外事件，就是吸食者在迷幻、意識不清的情況下，忘了將塑膠袋拿開而造成窒息。慢性的毒性，則以致命、再生障礙性貧血、造成智力減退、脾氣暴躁，甚至永久的腦病變等最為常見。

其濫用所引起的身體、精神、神經症狀包括：

1. 急性中毒時，精神上會產生情緒轉變、知覺遲鈍、注意力無法集中，對外來刺激認知上有障礙，有陶醉、脫離現實感，並有飄浮在空中或游泳的感覺、無方向感、失去自我控制能力，而易導致一些反社會的危險行為。
2. 在神經系統方面，有視覺模糊、步行失調、運動失調、講話不清等運動知覺障礙，嚴重時會產生全身痙攣而導致昏迷。
3. 身體方面有頭痛、腹痛、噁心、嘔吐等症狀。
4. 長期使用會產生心肺功能障礙，呼吸困難。
5. 末梢神經系統的變性，如：肌肉萎縮、運動或知覺的障礙與視神經病變。
6. 也有中樞神經之變性，產生智能減低，步履不穩等症狀。

（五）新興濫用物質

　　楊士隆、李思賢、朱日僑與李宗憲（2020）依衛生福利部食品藥物管理署出版之「藥物濫用防制宣導教材」，彙整出台灣近年較為常見的新興濫用物質如下：

　　1. N$_2$O（笑氣）

　　學名為一氧化二氮或氧化亞氮，又稱笑氣、吹氣球；常溫常壓下為無色、無味氣體，為短效、吸入性全身麻醉劑，一般僅用於手術前的麻醉誘導或牙科手術。濫用者將氣球放氣，以鼻吸入肺中，約十五到三十秒即可產生欣快感，並可持續二到三分鐘，同時可能會伴隨著臉潮紅、暈眩、頭臉的刺痛感、低血壓反射心跳加速、產生幻覺，甚至暈厥。吸入過量或長期慢性使用約二到三個月，則會產生周邊神經病變，如麻痺、耳鳴、不能平衡、衰弱、反射減弱及亞急性脊髓合併退化等症狀，並可能產生精神疾病，如幻覺、失憶、憂鬱等。若濫用者未使用氧氣，加上PUB內的酒精或併用其他藥物，更易有中毒危險，會造成嚴重身心傷害。

　　2. Mephedrone（喵喵）

　　屬卡西酮類（Cathinones），施用者常與K他命併用，用來緩和其藥效消失後所產生的副作用。施用後有欣快、興奮等作用，產生類似甲基安非他命與搖頭丸的效果，但因作用時間短，故施用者會不斷追加劑量。根據研究報告指出，Mephedrone會造成嚴重的血管收縮、心臟病發作、心律不整、焦慮、幻覺、妄想、痙攣等副作用。

　　依據國外資料顯示，現已造成多起死亡個案。英國（2010年4月列為B級管制）、德國（2010年1月）、愛爾蘭（2010年6月）、紐西蘭、法國、丹麥（B級化學物質）、以色列（列為管制化學物質）、瑞典（危險化學物質）等國家已將其列入毒品或化學物質加強管理；加拿大、美國、歐盟等亦將陸續納管。台灣在2010年始發現Mephedrone的蹤跡，並有使用後暴斃的案例。已於2010年7月27日、7月29日新增列管為第三級毒品及管制藥品。

　　3. Ritalin（利他能）

　　分類上屬於中樞神經興奮劑，為安非他命類之衍生，可使腦內多巴胺與正腎上腺素更加活躍。醫學上為治療過動兒症候群的孩童，或是患有無法控制睡慾問題的患者。利他能口服效果迅速且良好，半衰期約一至三小時，其作用可維持四至六小時；利他能的副作用，可能會有失眠、食慾不振、頭暈、噁心、嘔吐、便秘、口渴等症狀。因為利他能在治療過動症的療效上是使用低劑量的

口服藥劑，實務上很少發生濫用的情況，除非大量服用之下才易成癮，我國將其列爲第三級管制藥品及毒品。

4. 5-Me0-DIPT（火狐狸）

屬色胺類（tryptamine），具有幻覺效果，爲安非他命類之衍生，副作用包括使瞳孔放大、噁心、下顎緊閉、肌肉緊張過度、高血壓及心跳過速等症狀，過量使用具致命危險。國外多數案例均證實5-Me0-DIPT具有顯著之毒性，目前國內尚未發現致死案例，但已有使用5-Me0-DIPT之案件，故對該藥物之危害性應提高警覺。

5-Me0-DIPT在國外常被當作俱樂部藥物，因其潛藏之致命危險性，德國、美國與新加坡等國家分別於1999年、2003年及2006年將5-Me0-DIPT列爲第一級管制物質；此外，希臘、丹麥、瑞典及日本亦陸續將其列爲管制物質。我國已公告列入第四級毒品與第四級管制藥品管理。

5. JWH-018（合成大麻）

外觀狀似菸草，由一些乾燥植物組成，並混合多種化學物質，俗稱爲K_2或Spice，吸食後會有類似大麻的迷幻作用。根據國外調查結果指出，吸食後會出現嘔吐、妄想、精神恍惚、心跳加速等現象，情緒特別容易激動。令人更擔憂的是，K_2含有大量未知藥效的不明化學物質，一經吸食或過量吸食，有可能導致中毒、死亡等危險後果。因大麻早已被世界各國列爲管制物質嚴禁使用，且吸食少量即可令人產生如大麻般的迷幻效果，因此K_2逐漸取代了大麻的地位，主要透過網路管道進行販賣，聯合國毒品和犯罪問題辦公室（United Nations Office on Drugs and Crime, UNODC）發表聲明，呼籲各國須注意K_2的濫用情形。自2008年起，美國、澳洲、紐西蘭、法國、德國、瑞士、英國、芬蘭、俄羅斯等國已陸續將K_2列爲管制物質，台灣已於2011年4月26日經行政院公告列爲第三級毒品加強管制。

6. Nitrites（亞硝酸酯類）

其用途爲治療心絞痛、氰化物中毒的輔助治療制，其具有平滑肌鬆弛劑之作用。近年多非法使用於男同性戀中性享樂之用途。常見作用爲頭暈、心悸、視力模糊、頭痛、嘔吐、鼻子灼傷、變性血紅素貧血症、低血壓、反射性心搏過速等。

此外，因揮發性亞硝酸酯類具有可燃性與爆炸性，甚而導致灼傷；其次男同性戀者過度於性行爲中使用揮發性亞硝酸酯類，則易可能成爲羅患愛滋病和卡波西氏肉瘤（Kaposi's Sarcoma）的高危險群。

第四節　藥物濫用與犯罪之關聯

　　濫用藥物之結果除可能影響身心健康外，亦可能因此衍發偏差與犯罪行為。惟在學理上藥物濫用與犯罪行為之關係卻仍然不甚清楚，尤其在因果關係上更存有迥異之看法。

　　後續之研究為釐清毒品使用和犯罪行為之因果關聯，曾提出三大解釋模式，分別為心理藥物模式（psychopharmacological model）、經濟動機模式（economic motivation model）、組織系統模式（systemic model）（Goldstein, 1985; BJS, 1994; White and Gorman, 2000; ONDCP, 2000）（引自顧以謙，2016）。

一、心理藥物模式

　　心理藥物模式係指因毒品之藥理學上作用而從事犯罪行為，如因吸毒失去理智而殺人。心理藥物模式於解釋毒品與犯罪之關係並未獲得完全確認，因為毒品的化學作用不一定會讓人呈現興奮，有些反而會讓人覺得安詳、幸福感。相關研究指出，毒品如巴比妥酸鹽類毒品和鎮定劑、精神安定劑（tranquilizers）之使用，可以顯著預測個體之攻擊行為（Miczek et al.,1994; Parker and Auerhahn, 1998）。Miczek等（1994）之實驗發現，因海洛因或大麻之化學作用和酒精相反，所以當個體在施用海洛因或大麻時，其攻擊行為反而會被暫時抑制住。此外，PCP（phencyclidine）和LSD（lysergic acid diethylamide）等幻覺劑、古柯鹼皆無證據支持導致個體攻擊行為之發生（Behavior et al., 1993; Miczek et al., 1994; Al and Nolen-Hoeksema, 2014）。至於安非他命部分，Behavior等（1993）指出，因為長期使用安非他命和精神病疾患有關係，容易導致妄想性思考、恐慌等情緒，因此和衝動性暴力犯罪有顯著之關聯性。

二、經濟動機模式

　　由於使用海洛因之戒斷症狀十分嚴重且痛苦，包括噁心、眩暈、焦慮、搔癢、失眠、厭食、腹瀉發冷、腹痛、肌肉疼痛等等。所以，許多重度海洛因成癮者，為了儘速解決戒斷症狀，容易不擇手段去取得毒品。因此，經濟動機模式受到海洛因成癮常引發犯罪之啟發，成癮與否被認為是重要的關鍵。相關研究也指出，在成癮後之犯罪行為會顯著地比成癮前之犯罪行為嚴重。雖然，海洛因之使用並不會觸發犯行，但海洛因成癮卻是加速犯罪性的關鍵因子

（Nurco et al., 1988; Chaiken and Chaiken, 1990）。

　　然而，經濟動機模式並不適合於解釋所有施用毒品者犯罪之原因，要視個體之前是否曾有過嚴重犯罪紀錄。如果個體於成癮前便具有嚴重犯行紀錄，則經濟因素便無法解釋成癮者進一步從事之犯罪行為，即使該行為是較明顯之掠奪性犯罪（Nurco, 1998）。事實上，當除去毒品交易犯罪後，大多數的毒品使用者，並不會進一步從事犯罪行為（Chaiken and Chaiken, 1990; Hunt, 1990）。

三、組織系統模式

　　組織系統模式指出，毒品交易市場的負面互動歷程會導致許多毒品相關犯罪之產生。White（2000）認為此模式可以解釋大多數毒品使用所衍生之暴力犯罪行為。在紐約1988年的一項調查中，四分之三的毒品相關謀殺是具有組織系統性的，而非隨機性的發生。其中，最主要的便是塊狀古柯鹼（crack），而粉末古柯鹼（powder）次之。此外，在組織系統性模式之中，可以發現毒品販賣者不但可能是暴力犯罪加害人，也是暴力犯罪被害人。在動機上，Goldstein（1997）指出在組織系統模式下，犯罪者從事暴力事件的動機來源有三方面：維護或擴張毒品的來源及產量、維持或擴張幫派的毒品交易範圍、顧全幫派的顏面。然而，有些學者卻不認為暴力犯罪的增加和幫派販毒有關係。其指出許多幫派根本不販毒，也不施用毒品，也沒有發現和毒品相關的活動會增加幫派從事的暴力行為（Levine and Rosich, 1996）。也有學者指出，幫派分子和非幫派分子販毒的流行率，並無顯著差異（Waldorf, 1998）。統合有關組織系統模式之研究可發現，幫派於毒品市場操控行為和犯罪行為之關係是混合的（mixed）成果，並非單一的因果關係。

　　根據學者White（1990）及Yen（1988）之說明，藥物濫用與犯罪的關係，學說上約有四種不同的觀點（詳圖9-1）。

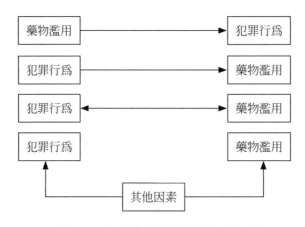

圖9-1　藥物濫用與犯罪行為之關係

資料來源：White (1990).

一、藥物濫用導致犯罪行為

　　許多藥物本身常易刺激中樞神經，導致幻想，甚至激起犯罪之勇氣與膽量，或造成神智不清之狀態而引發攻擊性之犯罪行為。同時，濫用藥物者為了支應日益龐大之購藥費用，避免戒斷症狀之痛苦，很可能從事犯罪行為（如：偷竊、詐欺等非法手段）。此外，Goldstein並提出藥物濫用導致暴力犯罪之三因素，分別為精神藥物病理、經濟因素與犯罪副文化（Goldstein, 1991）。Bolesa與Miottoa（2003）之研究進一步發現，藥物濫用者於戒斷後，致使其更加發怒、焦慮，產生暴力行為；而Neale等（2005）研究發現，500名藥物濫用者中，約有五分之一在過去三個月內有攻擊行為。澳洲犯罪學研究所（Australian Institute of Criminology）所出版之文章中提及約三分之一遭逮捕者，自陳報告其犯罪行為源自於毒品（AIC, 2008）。為了確保非法藥物之來源，甚至可能與藥物次文化團體為伍，久而久之，吸毒者很可能提升至販毒活動，轉售藥物圖利，增加犯罪行為之次數與嚴重性（林銘塗、萬維堯，1978）。而台灣研究中，蔡鴻文（2002）以接受戒治之藥物濫用者為樣本進行實證研究，發現藥物濫用會引發暴力犯罪與財產犯罪；林安倫（2008）以毒品犯、受戒治人與一般犯為樣本，發現超過五成之藥物濫用者於施用藥物後會發生犯罪行為，並更易觸犯暴力犯罪與財產犯罪；廖建堯（2010）之研究也支持此一論點，發現藥物濫用與犯罪行為存在關聯性，更易觸犯竊盜犯罪與毒品販賣犯罪。

二、犯罪行為導致藥物濫用

　　部分學者認為，雖然濫用藥物很可能引發偏差或犯罪行為，然而部分濫用藥物之行為卻在偏差與犯罪行為開始後才發生。隆巴度（Lombardo, 1980）對美國芝加哥地區500名麻醉藥品成癮者之犯罪歷程加以調查，發現有74.6%之樣本在未進入販售非法藥物前，即已發生其他犯罪行為。蘇東平醫師於1981年間對212名青少年濫用藥物之個案進行研究，發現有三分之二在使用藥物之前即曾犯過罪。Auld等（1986）則認為，1980年代中的社會經濟因素致使產生犯罪，因而有管道可以連結至藥物濫用。Burr（1987）於南倫敦地區犯罪次文化研究中即發現，相當程度的次文化已有犯罪網絡之存在，而導致海洛因施用者與衍生性犯罪的增加。因此，若處於環境情境因素的社會解組區域中，則更易獲得毒品、技巧與施用藥物之資金來源（劉勤章，2002）。因此，此派學者認為藥物濫用之結果導致犯罪之說法，並不完全正確；因為許多犯罪行為在濫用、販售藥物之前即已發生。

三、濫用藥物與犯罪行為交互影響

　　前述兩種濫用藥物與犯罪行為關聯之說法互異，另一派學者指出，其間之關係可能是交互的（reciprocal）。Seddon（2000）指出藥物濫用與犯罪之關聯性，需要考量到各種特殊因素間的交互作用，並無法直接說明藥物濫用導致犯罪。不僅犯罪行為活動可能導致濫用藥物，這些濫用藥物行為可能進一步促使行為人走向偏差與犯罪行為型態。例如：杭特（Hunt, 1990）之研究發現，賣淫者可能因工作關係而濫用藥物，而藥物濫用者在使用藥物前亦從事各類偏差（如：性濫交）與犯罪行為。

四、濫用藥物與犯罪行為之關聯係不存在的，其同時由其他因素所促成

　　最後一派學者指出，濫用藥物與犯罪行為係由第三者（其他因素）所促成，彼此間並未具因果關係。易言之，兩者可能由共通或不同之因素所解釋。例如：艾利特與哈金葛（Elliott and Huizinga, 1985）對1,725名11至17歲少年研究指出，藥物濫用與犯罪行為無論是個別進行或集體發生，都與許多社會心理因素相關（例如：同儕），此二項行為具有共通之原因結果；學者曼恩（Mann, 1985）之研究亦指出，酗酒少年犯與一般少年犯罪者在飲酒行為與心態上，並無太大差別。二者表現之偏差行為，大致具有相同之因果過程。

　　綜合言之，藥物濫用與犯罪行為的關係至為複雜，一派認為濫用藥物導致犯罪行為，一派則持相反看法；另一派則認為兩者之關係是交互影響的，最近之研究復指出，濫用藥物與偏差行為可能由其他共通或不同之因素所促成，其並未具明確之因果關係。筆者認為，這些複雜關係之認定與嗑藥犯罪歷程之個別差異有關，端賴個別情況與情境而定，並無法做單一之因果論斷，惟濫用藥物與犯罪行為間具有密切之相關（relationship）已為大部分研究所證實（張學鶚等，1996；彭惠慈，2010）。

第五節　藥物濫用者之類型

　　藥物濫用者以不同形式出現，茲依使用目的、藥物需求程度、與傳統、犯罪世界之關係及嬉痞文化傳承之角度，說明藥物濫用者之類型（Winick, 1979: 385-386）：

　　藥物使用依其使用目的分為二種：「heads」與「freaks」。前者使用藥物是為了增加自己對事物的洞察，擴充敏感度，以便適應社會行為；後者使用藥物則是為了享受藥物帶來的快樂與逃避現實。

　　其次，根據對藥物需求的程度，可將藥物使用者區分如下：

一、嘗試者（experimenters）：偶爾使用藥物，為生活中的插曲。

二、社交／娛樂使用者（social/ recreational users）：使用藥物係他們社交生活的一部分，偶然發生並受情境影響。

三、經常使用者（committed users）：使用藥物是其生活的重心。

四、功能失調使用者（dysfunctional users）：其生活已完全被藥物所控制。

　　另一種分類是根據藥物使用者與傳統生活及犯罪世界的關係而區別：

一、遵奉者（conformist）：一種高度沉溺於傳統生活而非犯罪生活的人。

二、活躍者（hustler）：一種高度沉溺於犯罪生活而非傳統生活的人。

三、兩種世界者（two worlder）：同時高度沉溺於以上兩種不同生活的人。

四、非沉溺者（univolve）：對以上兩種生活都不沉溺者。

　　此外，根據嬉痞運動與海洛因使用的關係亦有如下之分類：

一、新毒癮者（new junkie）：從1967年以後開始吸毒者，此時嬉痞運動已經結束，其對於反文化開始覺醒。

二、轉型的毒癮者（transition junkie）：1964年至1966年間吸食迷幻藥之藥

使用者。

三、老式煙毒癮者（old-style junkie）：1964年以前經濟被剝奪之吸食者。

第六節　藥物濫用之江湖術語

　　在煙毒犯之次級文化體系內存有許多江湖術語（黑話），其作用除作為同道間聯絡及溝通之工具外，亦有助於逃避執法人員偵查與起訴。為使讀者對煙毒族群之江湖術語有進一步認識，茲以陳賢財（1992）、小午（1993）及蔡維禎（1997）之撰述，從販賣、吸食施打與毒品之計量層面，介紹煙毒族群慣用之江湖術語。

一、販賣毒品之江湖術語

　　走私毒品者稱之「走」或「粉仔」；販賣毒品者稱之「發」或「粉仔」或「藥頭」。依貨物來源，毒販可區分為：（一）小盤或小賣；（二）中盤；（三）大盤或頂手；（四）最頂手；（五）國際線。所謂「最頂手」，即是貨源的幕後老闆；本省北部毒犯稱之為「老闆」，南部則多使用「頭仔」一詞。至於「國際線」，即指台灣的大盤商直接與國外人士接洽者；若貨源是與華僑接洽者，稱之「僑仔」。

二、吸食、施打毒品之相關江湖術語

　　吸食、施打毒品者，北、中部本省話稱呼為「火雞」、「雞仔」或「小雞」；老吸毒犯或毒癮深者則叫「老火雞」。至於南部則大多叫「吃粉仔」或「嗎啡仙仔」；而毒癮深者呼之「大隻嗎啡仔」；煙毒族群者則戲稱為「白蓮教」。

　　毒品之名稱，例如：嗎啡與海洛因等，統稱為「白粉」或「白麵」，本省話通稱為「粉仔」。四號，泛指純度較高之海洛因。安仔或安公子，係指安非他命而言。其次，有關吸食、施打毒品之相關工具亦有特定術語，例如：注射針筒或器具，本省話稱之為「筒仔」或「槍」（南部使用），或簡稱「筆」（北部使用），國語則稱之為「書套」；催發劑「美娜水」稱之為「美娜」或「汽水」。有關吸食及注射毒品方式之術語則包括：以注射器具施打靜脈者，稱之為「水路」；注射雙邊鼠蹊部或雙肘靠腋窩處，以及兩膝蓋之後彎等動脈

者，稱為「打燙」或「打淌」；因長期注射致血管「鈣化」或「下沉」而無法做靜脈注射，改以皮下肌肉注射，稱為「打皮膚」，由於常見兩手臂僵硬、肌肉萎縮之故，「機器人」即為其通稱。另外，由口鼻吸入者，稱之為「走」；摻入香菸吸食者，稱為「當煙」，國語另稱為「追龍」、「搬薰」或「吸白粉」。

此外，毒品外形屬「重骨仔」，即經壓縮而質量較重之粉末，其品質良好；屬「澎裝仔」或「澎粉仔」，即較鬆散之白粉末，通常品質較差；而外形屬「螞蟻卵」，即形如洗衣粉顆粒，乃毒品中品質最佳者。

最後，毒癮發作時，稱之為「難擋了」，本省話稱為「哈」或「啼」。施打後產生藥效稱為「搬高了」，本省話稱之為「茫了」。一般而言，除了「茫」的程度外，尚有「味」。尤其是，以菊花味道之程度為衡量藥效之重要參考。至於發作後的痛苦症狀，本省話稱「摔」；吸毒過量，導致抽搐、休克或死亡時，本省話稱「拔筋」。

三、毒品之計量黑話

(一)「本省人」之用語

1. 本省人所用「一」至「十」的代用語：一—建；二—耐；三—鍾；四—賜；五—ㄇㄚˋ；六—離；七—新；八—反；九—ㄙㄨㄛ；十—卡。例如：二十就代稱「耐卡」；五磅嗎啡就叫「ㄇㄚˋ磅」；一兩海洛因就是「建兩」。

2. 百—鼓。如：百磅毒品可匿稱「鼓貨」。

3. 千—猜。如：三千則叫「鍾猜」。

4. 萬—本。在過去百元鈔面額為最大時，道上場子所謂「一本」就是一萬塊「孫先生」，「二本」就是二萬。今由於千元鈔為最大額，所以現在稱「一本」則是十萬了。

5. 錢—飽、ㄆㄧˋ或孫先生等代號。如：問某人有錢嘸，則說對方「有飽嘸」。

6. 支票—符仔。如：開張支票就是「畫張符仔」。

(二)「外省人」之用語

1. 「一」至「十」之代號是：一—柳；二—月；三—五；四—折；五—中；六—申；七—新；八—張；九—愛；十—菊。簡舉一例：罵人十三點不正

經，則可稱呼對方是「柳菊五」。

2. 百—牌。如：一百則是「柳牌」。

3. 千—千。兩千則叫「月千」。

4. 萬—丹。三萬就是「五丹」。

5. 錢—鄉。如：問對方錢多不多時，就簡單地問說：「海不海」。所謂「海」就是「多」的意思；而「鍊」就是「少」或「沒有」之意。如沒有毒品，則可說「鍊貨」了。另如：「我柳毛掛個大鍊了」，也就是表示自己連一塊錢也沒有了。

6. 支票—火葉子。

第七節　藥物濫用犯罪者之心態及在監生活特性

濫用藥物者具有獨特之心態與價值觀，在獄中更衍生迥異之生活型態，茲分述如下：

一、心態

根據張伯宏（1997：163）之分析，煙毒犯具有下列心態：

（一）好奇型：想親身體驗各種經驗，以便印證他人所說或書中所提之事。

（二）刺激型：不滿當前生活單調乏味，尋求聲色刺激及不同變化。

（三）夢幻型：不滿現實世界的固著，藉毒品誇張擴大自我刺激之效果。

（四）逃避型：承受不了家庭、學校、社會給予的壓力，又擺脫不了道德約束，想暫時脫逃一陣。

（五）孤僻型：強烈感覺與這世界有疏離感，身邊四周的人又不瞭解他（她），他（她）也不願意降格以求，而寧願獨善其身。

（六）無情型：缺乏家人關愛、師長重視或同學接納，對自己失去信心，對自己存在的價值感到懷疑。

（七）報復型：不滿父母對待或教養方式，又不敢對他們表達內心感受，積壓久了，便採取激烈的方式來警告或反抗家人，或一心一意想讓他們也嚐到痛苦的滋味，而先傷害自己以傷害親人。

（八）自殺型：覺得人生乏味，生命無意義，一切都是虛情假意。反正不想活下去又不敢跳樓、跳水、割腕自殺，而以吸毒為慢性自殺之方式。

（九）失意型：遇挫折、困難，懷疑自己的能力，缺乏實質之成就感。

（十）焦慮型：神經過敏、容易緊張、無法放鬆自己，失眠頭痛而常吃安眠藥、鎮定劑，以維持工作效率及生活步調。久而久之，藥愈吃愈重而嘗試更強烈之毒品。

另外，其實吸毒者也有可能同時具有二、三種心態。

其次，美國獄政專家Irwin（1970）則對煙毒犯做如下之觀察（林茂榮、楊士隆，2012）：

（一）一日為煙毒犯，終身為煙毒犯。（Once a dope fiend, always a dope fiend.）

（二）與其他受刑人迴異，具有獨特之用藥次文化與價值觀。

（三）不在乎他人感受，以自我為中心。

（四）認為世界是沉悶的、例行性的，缺乏刺激。

（五）由於無法合法獲取藥物，普遍認為社會缺乏公平。

二、生活特性

參照黃徵男（1990）之見解，下列諸點為煙毒犯之一般特性：

（一）好吃懶做、好逸惡勞、生活懶散、缺乏意志力。

（二）道德觀念低落、欠缺廉恥心、善於掩飾且容易撒謊。

（三）喜好搞小團體，易隨聲附和，而有集體行為發生。

（四）陰險狡猾，疑心重、善用心計。

（五）因無被害人，故多半不承認自己是罪犯。

（六）受毒品之害，身體健康與性能力普遍較差。

（七）經常感到無奈、無力、無助等三無感存在；怨天尤人、自怨自艾。

（八）欺善怕惡，見管教人員懦弱則盛氣凌人；反之，則有如龜孫子般，卑躬屈膝。

（九）三情蕩然，即親情淡薄、感情虛假、無情澈底。

第八節　藥物濫用之防治

基本上藥物濫用者一旦成癮，即須花費無數時間、精力、金錢進行戒治。而一旦觸法，進入刑事矯正機構，政府亦須斥鉅資（拿納稅人之稅款）對其加以矯正與治療。故藥物濫用之防治，仍以預防重於治療為最高指導原則，茲分

別說明防治之具體做法如下：

一、預防

　　美國國家藥物濫用研究所（NIDA）研究指出，每花費1元在預防上，可節省7元處理藥物濫用之相關費用。以美國白宮為例，2012年聯邦政府花費17億美元致力於教育與預防及宣導方案，此較2010年經費成長近1.2億美元。目前UNODC，亦在經費分配上著重於預防及宣導作為，其乃基於預防勝於治療與處理之理念。UNODC（2013）在藥物濫用預防之國際準則（International Standards on Drug Use Prevention）中，進一步指出應針對高風險藥物濫用之群體，採取選擇預防策略（selective prevention strategy），進行分眾宣導，且聚焦於高風險場域。藥物濫用預防場域必須從家庭擴展至工作場所、學校、娛樂場所和社區環境（楊士隆、郭鐘隆主編，2023）。此有賴教育部與法務部、衛福部、內政部及勞動部等結合地方政府積極努力。

（一）健全家庭組織功能與強化親子關係

　　家庭在濫用藥物防治上，扮演著重要的角色。倘家庭趨於解組、夫妻失和、父母缺乏和諧、父母與子女親子關係不良致無法有效溝通、父母未能採行適當管教等，皆易使行為人瀕臨吸毒危險。因此，對解組家庭之介入、輔助並規劃、施行親職教育，甚至進行家族治療，乃為預防濫用藥物之重要工作。

（二）加強學校教育與宣導

　　學校應扮演比以往更積極的角色，以教育、輔導青少年來抗拒、摒除毒品入侵。一般而言，學校防治濫用毒品方案包括：認識毒品教育與宣導、抗拒毒品之技巧、社交與人際處理之生活技巧訓練、學生康樂休閒活動之規劃等（Bukoski, 1985）。宣導時多運用反毒微電影及有獎徵答等以吸引學生，亦可找戒毒成功更生人演講親身經歷，減少講座授課等宣導形式（楊士隆、曾淑萍等，2022），此外，對於高危險群少年，必要時更宜進行專業心理諮商與社工輔導，避免濫用藥物行為更加惡化。

（三）強化社區藥害衛生教育及宣導

　　除應透過各媒體及自媒體積極宣導藥害教育，更應定期在各地區舉辦違禁藥品講座或研討，並推動民間反毒活動，讓少年或社會大眾瞭解有關藥物濫用對身體之弊害，進而拒絕其誘惑。

二、處遇

（一）藥物控制與治療

最著名的是梅沙酮維持療法（methadone maintenance）。此方法在1960年代末期，被用來代替嗎啡與海洛因。其係一種化學合成之麻醉劑，本身亦是一種成癮之藥物，但其有助於嗎啡與海洛因成癮者在使用該藥物之後，逐漸脫離對原成癮藥物之依賴，且副作用較小；惟使用時應謹慎避免成癮，並配合其他醫療服務，以達成較佳之功效。此外，亦可採用拮抗劑（antagonist drug），例如：拿淬松（naltrexone hydrochlride），以阻絕成癮者腦部感覺器官對麻醉藥品的需求，避免產生安樂感及藥物依賴（馬英九等，1995）。最後，一種由中藥提煉名為「金不換」之藥物，亦曾在中國大陸陝西省被實際應用至成癮者身上，而有助於減輕成癮症狀，且較無副作用，值得密切注意。

（二）心理輔導與行為療法

前已述及以藥物控制之方法，對濫用藥物成癮者之生理依賴加以治療。惟鑑於成癮者常因周遭之人事或環境因素，意志力薄弱無法摒除誘惑而再犯，因此，加強心理層面建設或更進一步的對其潛在動力（如：潛意識）予以重塑，乃成為處遇之重點。其中，有關心理輔導部分可以個人心理療法、團體療法、現實療法、內觀法等加強其心理建設。此外，亦可使用催眠療法（hypnotherapy）或前世催眠（hypno-pastlife-therapy）之技術，以澈底去除成癮者再犯，永遠脫離藥癮之毒海（陳勝英，1996）。有關行為療法部分，可以嫌惡治療（aversive technique）、代幣法（token economics）與行為契約法（behavior contracts）等加以運用。輔導、治療之重點應注意：1. 把握治療契機、愈早愈好；2. 提供長期、持續性之診斷治療；3. 處遇分階段性，以磨鍊成癮者心性並培養責任感。此外，另有研究復指出，認知行為療法（cognitive-behavioural interventions）之相關技術，如行為自我控制訓練（behavioral self-control training）、社交技巧訓練（social skills training）、復發預防（relapse prevention）及生活型態之修正（lifestyle modification）等，對於藥物成癮者之改善甚有助益（McMurran, 1996）。此外，近年各國犯罪矯正機構也運用正向心理學（positive psychology）於藥癮處遇中，如「增進藥癮者正向情緒、教導因應壓力與困境的技巧以及強化自我效能等，以避免藥癮者以藥物來紓解情緒及壓力，影響處遇的成效」（朱群芳，2019）。

　　最後，亦可借重已戒除毒癮、悔改向上之更生人及宗教界人士協助推動各項輔導工作。例如：美國麻醉藥品成癮者匿名組織（Narcotics Anonymous, NA）、希納農組織（Synanon）以實際行動主動協助毒品勒戒、輔導工作，以及基督教福音戒毒中心牧師與戒毒成功者，不定期赴煙毒專業矯治機構現身說法，以激發受刑人戒毒意志及決心，即為最佳之例子。

（三）社區治療法

　　又稱治療性社區（therapeutic residential），係指在社區中運用社區資源與居民力量，協助藥物成癮者順利復歸社會。其乃基於下列三項假設：

1. 藥物成癮者係在其所居住環境中成癮。
2. 係將經常停留或居住在該環境中。
3. 治療方式並非改變該環境，而係加強藥物成癮者面對環境壓力之能力；其須參加會心團體，而社區民眾應予以支持與協助（廖榮利，1993）。

　　「De Leon（2000）指出治療性社區為對一個物質濫用者，在日常生活中所面臨到的問題之強而有利的治療方法，它的基礎為自助方式（self-help approach），是獨立於精神、心理、醫學外逐漸發展出來，透過物質濫用同儕所組成的社區來治療人的問題，然後再擴展到家庭、教育、職業訓練、醫療及精神健康服務，今日的治療性社區是一個複雜的人類服務模式（sophisticated human service modality）。NIDA則定義為治療性社區是沒有用藥物（drug-free）的居住性機構，應用階級制度（hierarchical model）治療模式，以反應在個人（personal）及社會（social）責任（Hanson, 2002）。社區內的治療透過各種團體過程以產生同儕影響力，有助於個人學習及內化社會規範，以及發展更有效的社交技巧，並提供道德及倫理界線。運用懲罰、想法、角色模仿去加強個人改變及正向發展，故治療性社區與其他治療模式的不同在於應用由治療者與病人共同組成的社區力量，達成病人改變的重要因素。」（林春旭，2012）

三、強化社區追蹤輔導與監控

　　鑑於藥物成癮之再犯可能性甚高，故當其經勒戒、矯治後，仍須予以追蹤輔導，甚至由觀護部門進行「密集式之觀護監督」（intensive probation supervision），並增加尿液篩檢次數，以確保這些人不致再度嗑藥。而警察人員除加強查察外，亦可強化社區座談與監控措施，如居民訪談、告知檢舉電話及宣導，以斷絕毒品供給，並減少需求（Albert et al., 1993，引自潘昱萱，2004）。

美國毒品法庭之發展，可供參考。其主要做法包括：毒品犯篩選測驗（screening）、風險與需求評估（assessment of risks/ needs）、司法之互動（judicial interaction）、監測（如驗尿）及監督逐步之制裁與動機鼓勵（graduated sanctions and incentives）及治療處遇與矯治服務等（National Institute of Justice, 2012）。另外，毒品法庭全國協會（2019）（National Association of Drug Court Professionals, NADCP）指出：毒品法庭協助毒品犯接受一定期間之處遇，同時緊密地監督他（她）們至少一年。參與者被要求：接受所需之密集治療／社心處遇與各項服務；為毒品法庭法官要求其善盡對法院、社會、個人及其家庭之責任；定期與隨機檢測毒品使用情形；須經常在法庭出現，由法官審酌其進步情形；並對表現優良者提供獎勵，未善盡責任者給予懲處。

四、設立藥物濫用監測中心，進行長期預警監測與調查分析

目前先進諸國如美國、歐盟等及澳洲均設有藥物濫用監測組織，監測藥物濫用之發展，以瞭解濫用趨勢並早期預警與介入，包括：NIDA從1975年起委託密西根大學社會研究所，每年針對全美公私立國高中學校8、10、12年級學生，進行抽樣調查之計畫「監測之未來」（Motoring the future, 2012；楊士隆、郭鐘隆主編，2023），透過學生使用的藥物種類（處方藥物、非法藥物、酒精、香菸等）以及價值判斷（毒品危害性的認知、不贊成使用毒品的態度、獲得毒品的難易度等）之自陳報告，來長期掌握國高中學生藥物濫用的趨勢。此外，歐盟毒品與成癮監控中心（European Monitoring Centre for Drugs and Drug Addiction）屬跨國藥物濫用監控機制，透過查獲的毒品（供應面）及處遇中心的註冊人口（需求面），達到在對於歐洲的毒品問題有所掌控與因應的目地。目前約有30個國家參與該監控中心，資料除了呈現歐洲全貌外，由於監測指標一樣，可供跨國比較（EMCDDA, 2013）。澳洲政府則設澳洲犯罪研究所（Australia Institute of Criminology）執行非法藥物使用之監控計畫（Drug Use Monitoring in Australia, DUMA, 2012）。自1999年起，每季將警察拘留所（截至2010年已超過4,000個拘留所）中調查犯罪被逮捕者的自陳報告與尿液檢測，對於即時瞭解毒品吸食與犯罪之趨勢發展貢獻至鉅。

五、加強國際合作，強化管制藥品之進口與流動

首先應加強國際合作，以斷絕毒品走私來源並管制非法藥物之流通。尤其應強化國際合力打擊犯罪之合作，因2022年台灣查獲9,916.4公斤毒品中，

4,059.8公斤來自大陸，771.8公斤來自加拿大，280.1公斤來自泰國，另183.5公斤來自馬來西亞（台灣高等檢察署，2023）；其次，應致力於加強機場、港口之檢查工作，尤其在偵緝毒品上之技術應尋求改進，例如：精密鑑定儀器及電子鼻之應用；第三，對管制販賣及使用之醫療上藥物，經進口或製造後，應建立一套完整之流動紀錄制度，並加強督導與查核，以免藥物淪為非法買賣及使用；第四，藥物管制單位應與司法單位及執法部門合作，詳細編製列管藥物之圖片及說明書，供查緝藥物有關人員參考，以提高執法效果（高金桂，1984）。

第十章　酗酒與犯罪

酗酒基本上係藥物濫用之一種型態，酗酒的結果不僅對人體之身心健康造成傷害，同時在酒精之作用下，極易促使個人自我控制力與明辨是非的能力降低，並增加冒險的意念，而呈現攻擊行為（Critchton, 1986; Jaffe et al., 1988; Roth, 1994）。2011年世界衛生組織（World Health Organization）《全球疾病負擔報告》指出，酒精飲用導致全球每年約250萬人死亡，酗酒不僅會提高飲用者多種慢性疾病（如癌症、心血管疾病等）與傷害的風險（如跌落、車禍等），也會對家庭、社會安全與生產力構成威脅（如家暴、曠職等）（林忠穎等，2014：197）。為此，探討其成因並研擬妥適防治對策，乃成為重要之課題。

第一節　酗酒之意涵

酗酒或酒癮之界定並不容易，主要乃因考量之角度不一。例如：飲酒量、頻率、機能之受損、妨害正常活動等，均為界定之重要指標（Winick, 1979）。無論如何，學界與政府部門慣用之定義仍可提供參考。

一、世界衛生組織

超越傳統習慣及吃飯時飲酒，或超越社會上一般飲酒習慣的任何飲酒型態，即屬癮；又不論個人之遺傳體質、後天的生理疾病因素、新陳代謝及其他因素如何，凡因飲酒而導致個人健康及社會關係障礙者，均為酒癮（林憲，1983：236）。

二、美國國家酗酒標準委員會

美國國家酗酒標準委員會所訂定的酗酒認定標準如下：
（一）酒精斷除症（withdrawal symptoms）。酗酒者在需要酒的時候若是沒有酒，身體感覺很痛苦，以致於有顫抖、昏迷、中毒等現象。
（二）容忍度（tolerance）愈來愈高。例如：本來喝一杯就會醉，現在喝兩杯才會醉，表示他對酒的容忍度增高了。

（三）持續性飲酒。

（四）重大的疾病。例如：肝硬化（廖榮利，1993：393）。

三、學者Winick（1979: 349）

酒癮（alcoholism）係指超越正常飲食及社會習慣之飲酒，而產生的一種慢性疾病。其對個人社交、健康或經濟功能帶來負面影響，包括每次飲酒必喪失自我控制之狀況。

四、美國精神醫學會（American Psychiatric Association）

依照《精神疾病診斷與統計手冊》（DSM-5）對於酒癮（又稱「酒精使用障礙症」）之定義，若個案因長期使用酒精而造成個人、家庭及職業上的困擾與傷害，在一年內出現至少二項下述情形，即符合（台灣精神醫學會，2014）：

（一）比預期的還大量或長時間攝取酒精。

（二）持續渴望或無法戒除、控制使用酒精。

（三）很多時間花在購買、飲用酒類或從其效應恢復。

（四）對於喝酒有強烈渴望。

（五）因反覆喝酒造成無法完成工作、學業或家務等義務。

（六）儘管喝酒導致持續或反覆的社交問題產生，仍不斷喝酒。

（七）因喝酒而減少，甚至放棄重要的社交、職業或休閒活動。

（八）在會傷害身體的情境下反覆喝酒。

（九）儘管知道喝酒恐引起持續或反覆的生、心理問題，仍持續喝酒。

（十）酒精耐受性改變：1. 顯著增加喝酒量之需求而致想要的效果或酒精中毒；2. 持續飲用等量的酒而效果顯著降低。

（十一）出現酒精戒斷症狀，藉喝酒或使用安眠藥等相近物質解除戒斷症狀。

第二節　酗酒之影響

適度飲酒有其正面功能，但倘飲酒過量，酒精即可能對人體產生負面效果，包括：外顯行為之破壞、形成與犯罪有關聯之心理現象，及造成非社會化（如：乞丐、流浪漢）之生活型態（張麗卿，1994：76-78）。根據台灣大學廖榮利教授（1993：389-392）之綜合分析，飲酒過度（或酗酒）之負面影

響，至少包括下列各項：

一、發生意外事件

　　酒會使人興奮、壯膽、知覺模糊而暫時逃避痛苦，但若飲用過量或飲用後從事一些需要心智集中的活動時，即會有不良甚至危險的影響。血液內酒精濃度過高，對意識的影響詳如表10-1。

　　一個人假如喝了過量的酒，協調作用即會消失，於是步態不穩、笨手笨腳、視力不能集中、眼球震顫、天旋地轉。此時，最易發生車禍及其他受傷事件，如：一般跌倒、工業受傷、休閒活動意外等。因此，台灣近年在取締酒醉後駕車的法定濃度標準乃日趨嚴格。刑罰方面，依照《刑法》第185條之3，不能安全駕駛罪，吐氣所含酒精濃度達0.25mg/L或血液中酒精濃度達0.05%，處三年以下有期徒刑，得併科30萬元以下罰金。另依照《道路交通安全規則》第114條之規定，吐氣所含酒精濃度達0.15mg/L或血液中酒精濃度達0.03%以上，不得駕車，處罰鍰及吊扣駕照等，屬行政罰。

二、犯罪行為

　　喝酒並不必然引起犯罪，但據許多臨床實例顯示，酒會導引犯罪的相關度是很高的，以下五點是許多犯罪學學者研究所得的看法：

表10-1　飲酒的效果：測量血中酒精濃度判斷身體受損程度

每小時飲酒量	血中酒精濃度（BAC）	效果
1-2	0.02	放鬆、輕微感受身體溫暖
3	0.05	鎮靜作用、平靜、反應時間變慢
6	0.10	說話含糊、協調度差、思考緩慢
12	0.20	走路笨拙、明顯的酒精中毒（酒醉）
18	0.30	可能醉倒、顫抖、嘔吐
24	0.40	昏迷、可能死亡
30	超過0.50	死亡

資料來源：社團法人台灣酒與社會責任促進會（http://www.tbaf.org.tw）；潘昱萱（2004：221）。

註：每小時飲酒量：一單位為1.5盎司威士忌或白蘭地、5盎司的葡萄酒，或12盎司的啤酒。
　　BAC：血液中酒精含量因人而異，依體重、飲酒時飲食的量及對酒精的耐受性。

（一）失業、被社會隔離及慢性中毒的酒鬼，為獲取飲酒以符其需要，易在神智清醒時，竊取財物和酒類。

（二）經常犯法的慣竊，時常於行竊前飲酒少許，以壯膽的習性。

（三）不良少年常常與一群同夥共飲，進而產生一些不良後果。

（四）男性大多會在酗酒的憤懣狀態下，施暴於他人或殺戮他人。

（五）搶劫犯為達犯罪目的，常痛飲烈酒以堅定意志。此外，美國一次資料紀錄顯示，殺人案件有近半數是飲酒後發生的，自殺者也約有四分之一是飲酒後發生。楊士隆（1998a）調查1,682名台灣地區殺人犯罪受刑人則發現，案發前喝酒者近48%，與國外研究相似。

三、生理疾病

適量的酒對身體有正向功能，但若飲用過量，極容易對身體造成傷害、產生疾病，影響層面包括：神經系統、肝臟、心臟、血液、腸胃系統等。此外，酒精中毒的婦女所生的子女為畸形或低能缺陷的可能性甚高。

四、人際關係與社會、家庭喪失功能

酒精可以使大腦皮質變性，因而引起謔語、顫抖、酒精失憶症狀之克沙克夫精神病（Korsakoff's psychosis）和人格的改變。由於人格產生改變，酗酒者常會有行為喪失功能的現象，變得性情不穩定、儀容不端、行為邋遢、疑心重重、容易發怒、好戰狡猾、感情用事；此外，他會對周圍的人咆哮、野蠻和無情，特別是對他原先所喜愛的人。上述的種種表現，往往是因為酗酒者產生嚴重的罪惡情結（guilt complex）。酗酒者在嚴重時會對家人施行暴力、亂倫，以及虐待兒童。美國另有資料顯示，離婚率之於酗酒者與一般人之飲酒量是七比一。另外，酗酒者容易曠職，工作能力減低和故意逃避工作，致使生產量減低，帶來人事上的困擾。

第三節　酒精中毒與酒癮戒斷症候群型

酒精中毒係指，最近開始喝酒的飲酒者，在喝酒時或喝酒之後，很快地產生臨床上顯著問題行為或心理改變（如：不宜的性或攻擊行為、情緒轉變或判斷力受損），且症狀之產生無法歸因於其他身體病況或精神疾病，若個案出現

下述至少一項症狀，即符合酒精中毒之診斷準則（台灣精神醫學會，2014）：

一、言語不清。

二、不協調。

三、步伐不穩。

四、眼球震顫。

五、注意力或記憶減損。

六、呆滯或昏迷不醒。

　　酒精戒斷症狀係指，酒癮者在大量和長期喝酒後，停止或減少飲酒數小時至數天而出現，且症狀之產生無法歸因於其他身體病況或精神疾病，造成臨床上顯著不良影響，或社交、職業及其他重要領域功能減損。若個案出現下述至少一項症狀，即符合診斷準則：

一、自律神經功能過度活躍（如：大量流汗或脈搏加快）。

二、手抖增加。

三、失眠。

四、噁心或嘔吐。

五、短暫的視、觸、聽幻覺或錯覺。

六、精神動作激動。

七、焦慮。

八、泛發性強直（即陣攣癲癇）發作。

　　根據方文芳等（2010）對於酒精戒斷症候群其臨床症狀，依據時序發生所做之整理，其發現酒精戒斷症候群大多發生於停止喝酒（即最後一口酒喝完時）後二十四至四十八小時，且嚴重程度與個案對酒精之依賴程度呈正相關。相關症狀整理如表10-2。

表10-2　酒精戒斷症候群臨床症狀與時序之關係

	症狀	停酒後所發生的時間
輕微	失眠、手抖、輕度焦慮、腸胃不適、頭痛、冒冷汗、心悸與食慾不振等	6至12小時
↓	酒精性精神症狀：視覺、觸覺及聽覺之幻覺	12至24小時
	戒斷性癲癇、全身性僵直、陣攣性發作	24至48小時
嚴重	酒精戒斷性譫妄：視幻覺、認知感損失、意識混亂、心跳加速、高血壓、輕微發燒等	48至72小時

第四節　酗酒者之類型

一、類型

酗酒者呈現多種類型，學者傑林庫（Jellinek, 1960）指出酗酒者至少具有下列五種類型（廖榮利，1993：406-407）：

（一）α型：指為消除內心的不適而大量飲酒，並有強烈的心理依賴者。這類人所飲用的酒量，可能超過傳統許可範圍；且可能因飲酒帶給自己和別人不便。但一般說來，他還未達到不能控制的地步，當他停酒後沒有戒斷症狀（withdrawal symptoms），也沒有轉變成慢性酒癮的現象。

（二）β型：也是指有酗酒引起的身體併發症，如：多發性神經病變、胃炎、肝硬化等。但是他不一定會有身體或心理依賴，當他停酒時戒斷症狀並不多見，這類人以營養不良的酗酒者居多。

（三）γ型：對酒精的耐性（tolerance）愈來愈高，要喝更多的酒才能達到預期的效果；並且產生強烈的心理和身體上的依賴，會積極地找酒喝，以滿足其心理需要。只要一停酒，就會有戒斷症狀，但無法克制自己不喝酒。

（四）δ型：其特徵與γ型相似，但比γ型更嚴重，已無任何控制自己的能力，不可一日無酒，否則立刻出現戒斷現象。

（五）依丕浠（ipsilon）型：亦稱暴飲型（dipsomania），是指「陣發性」（episodic）暴飲，不飲則已，每飲必爛醉如泥者。

此外，學者Kennedy（1962）對於酒徒則有以下之分類：

（一）社交型（social drinker）：此類酒徒大致在週五晚至週日間飲酒過量。

（二）醺醉型（spree drinker）：此類型酒徒每週約醉幾天，然後醒來，回到正常生活。

（三）神經官能型（neurotic or psychotic）：此類型酒徒極易提升至酒癮（alcoholism）之境界，呈現各類神經生理症狀。

（四）高原型（plateau drinker）：此類型酒徒並不常飲酒，酒量亦不大，但卻為酒所緊緊地束縛，其常徘徊流連於街頭。

二、特性

吳金白（2011）以曾於發生酒駕肇事，並移送法辦之行為人為對象，進行

焦點團體訪談，瞭解行為人再犯肇事、再犯危險因子、歷程與親身經驗。研究發現酒駕肇事再犯之行為人，以中年男性居多，查獲原因均為肇事後於警察處理時現場查獲，肇事時間多為夜間至凌晨；喝酒的原因以習慣性飲酒、同事、朋友聚會居多，而肇事再犯之行為人中，以每天須駕車者的情形最為嚴重，因此可印證飲酒的機會與次數愈多，其再犯酒駕肇事機率就愈高。從被查獲的案件中，再犯之比例高達59%，原因則以僥倖心理最多，其次是風險認知不足。

第五節　酗酒之成因分析

酗酒之成因相當複雜，有許多理論或觀點嘗試對其提供解釋，但沒有一個理論觀點能做充分說明（Bartol, 1995）。茲參酌學者Winick（1979: 352-355）之見解，說明酗酒之可能成因。

一、心理分析的觀點

酗酒者在幼童時期，常因母親之放任，父親有時禁止、有時滿足小孩的需求，此種矛盾的管教情況，造成其無法習得自我控制。對於這些人而言，酒精提供他們一種接受外在現實或自我評價的機會。此外，另有心理分析學家指出，在兒童時期因無法解決許多內在之衝突，而影響到成年之行為，包括：大量飲用並且極端依賴酒精。心理分析觀點強調，幼年時期之需求沒有滿足，是造成酗酒之主要原因。

二、人格理論

此派強調酗酒者的一些人格特質，為酗酒提供了出路。這些人格特質包括：高度焦慮、欠缺成熟的情感、感情衝突、孤獨、衝動性、罪惡感增加、性別角色的混亂等。這些特質特別需要依賴酒精，以減輕焦慮。

三、家庭的因素

酗酒的起源，家庭因素影響非常大。在一群嚴重的酗酒者中，其父母、兄弟經常亦是酗酒者。此與遺傳、角色模仿密切相關。此外，酗酒者通常是家中的老么，因為老么在過度保護的環境中成長，較為依賴，並表現在飲酒行為上。

四、自我概念之觀點

　　酗酒者大多缺乏整合的自我概念，飲酒主要是爲了改變與其他自我形象不一致的人格觀念。藉著飲酒可避免面對自我概念的矛盾。酒精比其他方法更可使酗酒者擁有較高的自尊。事實上，無法處理挫折和焦慮的年輕人，極易被酒精吸引，藉由酒精減輕其症狀。

五、成熟論

　　此派認爲飲酒係爲了使自己覺得成熟，尤其喝酒所產生錯亂的感覺，容易產生幻想，使自己覺得獨立而成熟。

六、生理的因素

　　部分嗜好喝酒者，其身體上有適合飲酒的生理因素。例如：對酒精有過敏反應、特別變化或生理之需求者，較沉溺於酒精。酗酒的結果，將造成大腦的傷害、破壞判斷能力，更加使行爲人無法停止酗酒行爲。

七、學習理論

　　根據學習理論之觀點，酗酒者藉飲酒來減輕內在緊張，並獲取愉悅的經驗，此種情形與行爲之報酬與強化有關。

八、環境文化觀點

　　大部分的人係在社會習俗中學習到喝酒，倘長久地在有喝酒的文化背景中成長，即可能受文化影響而飲用更多的酒。例如，各國原住民之飲酒文化或美國人習慣在短時間內大量的飲酒，其他國家人民則較分散（Bartol, 1995，引自潘昱萱，2015）。

第六節　　酗酒之防治

　　酗酒之成因至爲複雜，故防治之方向亦應是多方位的（Multi-dimensional），但防治之重點仍是預防勝於治療。茲分述預防與處遇之努力方向（Carson et al., 1988: 380-385; McMurran, 1996: 211-242; Winick, 1979: 362-363；呂榮泰譯，1985：117）：

一、預防

（一）一方面以課稅、限制販賣等手段來控制酒類的流通，另一方面則鼓勵製造、販賣不含酒精成分的飲料。

（二）嚴正執法，吊銷酒醉駕駛人的執照，並提高肇事者刑度。

（三）應該對酒精中毒者早期發現、早期治療，故醫生、法官、牧師、教師、長官、同事、治療團體等單位間應該同心協力、協調一致。

（四）增加治療酗酒者的場所。

（五）加強對酗酒問題的研究。

（六）以教育的手段來克服酒精犯罪的危險性，藉由灌輸人民克制利己主義、快樂主義，而以艱苦奮鬥來肯定自己的價值體系，來預防酒精作祟。

（七）倡導健康的飲酒禮儀，減少豪飲。

二、處遇

（一）藥物治療：具體措施包括：急性酒精中毒時，從人體消除酒精之醫療（detoxification）、減少戒斷症狀與緊張焦慮之各類藥物之服用。此外，亦可使用disulfiram之藥，使酗酒者嘔吐、反胃、頭痛、心悸，使其在往後喝酒時有不舒服的感覺，減少酗酒之意願。

（二）團體治療（group therapy）：此技術應用於酗酒之戒治，顯然較個別治療為佳。蓋在團體中，酗酒者可獲支持力量，洞察問題本質，強化治療之信心。

（三）行為療法（behavior therapy）：係治療酗酒有效方法之一種。諸如：嫌惡制約（aversive conditioning）、認知行為法（cognitive behavioral approach）等，均可運用戒除酒癮，但應注意倫理道德原則，避免濫用。

（四）匿名戒酒團體（alcoholics anonymous）：係透過曾經是酒徒，但已戒除酒癮之人士所組成之戒酒組織，協助酗酒者戒酒。其優點在於，藉戒酒成功者之現身說法、關懷，可強化酗酒之戒治信心，免受酒精之害。

（五）復發預防（relapse prevention）訓練及環境干預：酗酒者除面臨個人問題外，其戒治成功之關鍵，尚須對其負面之家庭、社交情況加以改善。換句話說，假如酗酒者之周遭環境是敵對、負面，則重點應放在教導酗酒者以理性周延之措施因應。此外，假使外界之環境是惡劣的，不利其戒除酒癮，工作重點即應消除這些不良環境負因或尋找較優良之戒治環境（如：中途之家或診療醫院）協助之。

第十一章　賭博行為

賭博罪近年來略為減少，依據法務部之統計，2011年被偵查起訴之人數達9,921人、2015年維持9,451人被起訴、2019年降為5,523人被起訴，惟賭博行為是否真正減少仍存疑義。鑑於病態之賭博行為極易衍生許多家庭與社會問題，如失業、遭人恐嚇、殺害、自殺及涉及侵占與其他詐欺行為等（Rambeck, 1993），本文擬探討其成因本質與類型，並研擬適當對策因應。

第一節　賭博之意涵

美國內華達州（1991）定義賭博：係指任何一種為了贏得金錢、不動產、支票、有價債券或其他有價物品，而以撲克牌、骰子、任何機械或非機械裝置、電機、電子設備或機器，所進行的比賽（曾紫玉，1994）。

《刑法》第二十一章賭博罪，自第266條至第269條有相關規定，其中第266條第1、2項指出，普通賭博罪係指「在公共場所或公眾得出入之場所賭博財物者，處五萬元以下罰金。以電信設備、電子通訊、網際網路或其他相類之方法賭博財物者，亦同」。第268條規定「意圖營利，供給賭博場所或聚眾賭博者，處三年以下有期徒刑，得併科九萬元以下罰金」。

學界則基本上認為，賭博是一種遊戲，而其中遊戲參與者財物的輸贏，主要取決於偶然之結果，而非事前所能預知（林山田，1995）。

第二節　賭博之型態

依據Brown等（1994）之介紹，賭博之運作型態包括：數字賭博（numbers）、賭場型態賭博（casino-style gambling）、彩券（lotteries）及賽馬押注（parimutuel betting）等四類。除前述國外流行之賭博型態外，賭博在台灣地區更以各種形式出現。除傳統之賭博如麻將、四色牌、天九、骰子、撲克牌之梭哈及賽鴿賭博外，晚近彩券、電動玩具賭博、證券交易哈達賭博、職棒賭博

等，亦受許多民眾青睞。

以中央警察大學之研究為例，主要賭博實況如後（孫義雄主編，1996）：

一、彩券賭博

彩券賭博主要係透過政府或有公信力之機構主辦，以搖出之數字號碼對獎，獲取獎金之賭博。例如，香港之六合彩或美國之強力球彩券屬之。此項賭博之特色在於，透過政府之介入監督，確保遊戲之公平性，以吸引眾多之參與。

二、電動玩具賭博

電動玩具賭博多由業者以多層次傳銷手法，用散落方式將賭博電動玩具寄放於各店面、撞球場、卡拉OK或夜市路邊等，供民眾參與賭博。

其機種甚多，包括：小Bar機種、巨無霸大機種、吃角子老虎、金撲克水果盤滿天星、跑馬、拉把、21點、輪盤、賓果、比大小、十八仔、大型瑪利等均在市場中受到歡迎。但在爆發官商勾結案後，政府強力取締，盛況已大不如前。

三、職業棒球賭博

在職棒賭博方面，由於每年近三百場比賽，幾乎天天比賽，故已成為台灣賭徒之新寵。除傳統之分數比外，立即樂之賭博方式使每場賭局更臻於熱絡。其係在比賽中隨時下注插入賭博，項目包括一個失誤、安打、全壘打或三振、四壞球等均可下注，其特色在於毋庸等待比賽完畢，始能拿到賭金，可享受立即之快感。

除前述外圍球迷之職棒簽賭者下注外，檢調方面並發現部分黑金勢力，利用暴力脅迫球員或斥資收買球員放水，幕後操控賭局，賺取暴利。

四、證券交易哈達賭博

空中交易俗稱哈達，一般由於莊家與賭客對賭上市股票之漲跌，或加權股價指數隔日之漲跌進行賭博。其係以買空賣空之方式（買賣股票未進入交易所撮合成交）行空中交易，對賭方式則多為當日沖銷，屬短線操作，輸贏極大。但因此項空中交易賭博行為，屬體制外之證券交易違法活動，缺乏法律保障，故常衍生財務糾紛。

其他賭博形式如賭場之設置等，因限於篇幅，不克詳細陳述。但值得注

意的是，這些活動因涉及暴利，故在幕後均有人支撐，甚至政商與黑幫聯手涉足操控，均分利益。另值得一提的是，賭場之設置與否與當地治安、犯罪率高低，卻也在研究與各國經驗中有不同之呈現（莊德森，2001）。目前在西方國家對賭博採取寬容之態度，已開發國家如：英、美、德、澳及日本等較傾向於將賭博合法化（詳表11-1）（孫義雄，2006）；是否予以嚴禁，仍待凝聚共識。

表11-1　各國及地區賭博現況及項目

	中國大陸	台灣	日本	德國	英國	美國	澳洲	香港	澳門	備註
彩券	◎	◎	◎	○	◎	◎	○	◎	○	香港主要是六合彩
賽馬	×	×	○	○	○	○	○	◎	○	
賭場	×	×	×	○	○	○	◎	×	○	英國、香港為俱樂部型式
競賽場外下注	×	×	○	○	○	○	◎	×	○	
電動玩具賭博	×	×	○	○	○	○	○	○	○	
麻將賭博	×	×	○					○	○	
其他	麻將、天九牌、骰子等傳統性的賭博種類	麻將、天九牌、骰子等傳統性的賭博種類	賽艇、賽車、足球比賽、小鋼珠等賭博	賭博俱樂部、輪盤賭博、擲骰子、吃角子老虎	賓果	賓果、船賭	TAB賽馬場外簽賭		賽狗、回力球	
政府是否經營賭博項目	◎	◎	◎	×	◎	◎	◎	◎	◎	

資料來源：孫義雄（2006：209）。

註：○表示該國許可這項賭博。

　　×表示該國禁止這項賭博。

　　◎表示該國政府至少經營一項以上賭博項目。

第三節　病態賭博行為之影響

病態賭博行為無論對賭徒本人之個人身心財物等產生諸多負面影響，同時亦波及賭徒之配偶、小孩及社會各層面，其影響是多層面，難以估算的。依邱珍琬（2010：14-16）之引介，賭博之影響如下：

一、賭徒個人之影響

首先在個體呈現上癮行為型態，而持續地麻痺自己、逃避壓力，並呈現身心症及說謊行為。在性格上則顯現衝動性、自戀性格，並且較常出現極端的情緒變化，並有憂鬱、人格違常、人際關係不良，甚至有自殺傾向等。此外，許多賭徒累積了諸多債務，並因此進而觸犯了許多財產性犯罪，例如：詐欺、逃稅、侵占等。

二、賭徒的配偶或伴侶

根據Wanda（1971）之研究，賭徒的配偶或親密伴侶有將近一半是在結婚多年之後，才發現賭博的問題；其他的配偶則認為，賭博只是暫時的，在配偶重拾家庭責任之後，問題就會自動消失了。而當賭博問題已經摧毀了這個家庭生活的許多方面之後，配偶們就會自「共依存」的角色，變成受害者的角色。

有研究者把病態賭徒配偶的經歷做了一個觀念性的發展架構：（一）否認——不承認配偶有賭博的問題、認為只是暫時的現象，這是典型的「自欺」行為；（二）壓力——覺得被賭徒拒絕，也因此常常與賭徒吵架、對質、危機出現，也開始了「共依存」的關係；（三）生氣與驚慌——覺得對配偶沒有任何影響力，對於自己不能遏止配偶的賭博行為而生氣，因為無能阻止而驚慌；（四）枯竭、絕望——覺得無助又無望，許多身心徵狀出現，也想過離婚與自殺。

學者檢視病態賭徒的配偶，發現這些配偶通常會認為自己「不適任」或情緒低落，覺得被背叛、不切實際的自我形象、不當的處理問題與溝通技巧、常常否認自我的需求，而以迎合他人需求為主。病態賭徒的配偶，常常是一個「受迫害者」或是「膽小鬼」（Heineman, 1987）。一言以蔽之，有關文獻顯示病態賭徒的配偶（通常為女性）是：被動依賴或是「共依存」、自我形象差、缺乏自我肯定、覺得自己不適合做配偶與母親、專注於或忽略自己外表、否認對配偶或婚姻有不務實的期待、幻想自己是個援救者或是有婚外情、可能

遭受配偶的精神或肉體虐待、有家庭虐待史、對配偶有肢體暴力的行為、試圖自殺、想過與配偶分居或離異、有心理困擾或身心症、財務問題、缺少人際技巧與性需求、孤立自己、與配偶交換矛盾的訊息、聯合孩子對付配偶、在自己的原生家庭中的父女關係曾有情感剝奪或未解決的問題、受到逼債者的壓力或迫害等等。

三、病態賭徒的小孩

Wanda（1971）認為病態賭徒的小孩是所謂的受害者，主要是因為：目睹家庭經常的爭吵，父親對父親角色的忽略與逃避，被迫早熟、挑起成人的責任，目睹母親的情緒波動與行為的急遽變化，以及父母親規避正面衝突和無力感。

病態賭徒的孩子會遭遇到角色的衝突（像「代罪羔羊」、做父母親的夾心餅乾或者是負太多責任）、情緒上的激烈反應、較差的人際技巧、不一致的學業表現（高成就或低成就者）、家中的「小丑」、與母親連線或是母親的保護者、嗑藥、逃家逃學、嗜吃、孤立、賭博、性行為紊亂、覺得自己與人不同、討好賭徒、害怕被拋棄、覺得被拒絕、憤怒、寂寞或罪惡感、不快樂的童年、牽涉法律上的問題、自殺的想法、尋求其他的男性成人以為模仿對象。

四、病態賭博對社會的影響

學者估計病態賭博在社會成本上的影響，分成間接的（包括生產力降低、罪犯調查花費、監禁花費，以及濫用的錢）與直接的影響（犯罪之預防、調查與治療）。在社會成本方面的預估是1988年有8兆美金或是每年超過330億美元（Politzer et al., 1992）。美國保險機構（American Insurance Institute）的報告指出，超過40%的白領犯罪是與賭博有關的；而街道犯罪（street crimes）對於病態賭徒而言，更是常見（Lesieur, 1988; Rosenthal and Lorenz, 1992）。研究也顯示，每位病態賭徒可以影響到周遭10到17位他人（Lesieur, 1984）。這也表示，有更多間接的社會成本牽涉在內。

第四節　賭博者之心因類型

從賭博之專業化程度觀之，賭博者可區分為職業賭博（professional gamblers）及一般賭博者二大類。前者主要是以賭博為生，無其他謀生方式。其特

色在於精通各式賭博，深諳賭博專業術語、行規，認同其行業……。後者參與賭博係屬業餘性質，賭博非其生活之重心，只能說是生活的插曲。

除前述類型外，學者Roserance（1986）將賭徒區分為以下五類（引自邱明偉，1998：24-25）：

一、職業型

職業型賭博者視自己為一具知識及技術的專業工作者，其事前蒐集相關賭博的資訊供作判斷，並使用先進科技設備如電腦作為輔助工具，以提高其賭贏之機率。職業型賭博者自我控制力強，在經過精密計算贏錢的機率較大時，才會考慮下注。

二、嚴重型

嚴重型賭博者係一轉換型角色（transitional role），其放棄本職工作而致力追逐賭博活動，期待成為職業型賭博者，卻又無力承擔挫敗之賭博經驗而再次被迫求職謀生。嚴重型者自我控制力薄弱，賭輸的殘酷事實使其古怪異常，而不斷增加賭本，債台高築的沉重經驗負荷與企圖翻本非理性的做法，形成惡性循環，而此賭博活動中追逐損失（chasing loss）的階段，正是強迫性賭博者（compulsive gambler）的特色之一。

三、狂歡型

狂歡型賭博者通常沒有固定職業，偶爾打零工，長期處於經濟匱乏的狀態，而將荷包僅存的錢作為賭本。他們通常也具備賭博的若干知識，但由於賭技（betting strategies）欠佳，無法等候最佳時機而匆促下注，因而多會輸光所有的錢，但卻不曾想要戒賭。

四、規律型

賭場中絕大多數的人為規律型賭博者，他們多為從正常職業退休的老人，在此消磨大半時光，並不期望贏大錢，但也不會輸光，在此可找到聊天的對象和話題，生活較有寄託。此外，規律型中有自營職業者，如計程車司機、夜班工作者，他們與退休老人不同，重視冒險性與刺激性，彼此討論賭博話題遠多於職業或家庭生活。

規律型賭博者是賭場最大的族群，雖然其涉賭程度甚高，但他們是愉快而

適應良好的賭徒，並不被認定是病態的，規律型並不計較眼前的輸贏，也不會無法抑制賭博的衝動而尋求協助，更不會掏空家產而無止境地賭博。

五、業餘型

業餘型賭博者多半為白領階級，平時在週末赴賭場賭博。在這之中，許多人期望退休而成為規律型賭博者；部分業餘型不滿於現職，而寧可放棄工作，成為職業型賭博者。因為他們難以接受賭輸的結果，穩定的職業及生活又使其難以割捨，僅有少數能如願。

此外，賭博者可區分為病態性賭博者（pathological gambler）及正常或社交型賭博者（normal or social gambler）兩大類，分述如下（Gowen and Speyerer, 1994: 36）：

一、病態賭博者

個體長期持續性無法控制賭博的衝動，且賭博行為促成個人、家庭及職業上的困擾與傷害。依照第五版《精神疾病診斷與統計手冊》（DSM-5）對於病態賭博行為（又稱「嗜賭症」）之量度分為賭博失調（gambling disorder）的不同程度，即賭博失調輕度、中度及重度（論盡，2022）。以減少污名化。若個案因持續和復發的賭博行為，在一年內至少出現四項下述情形，即符合診斷準則（台灣精神醫學會，2014）：
（一）為金錢使用量增加，以滿足想要的興奮感與賭博需求。
（二）試圖減少或停止賭博時，會感到坐立不安或易怒。
（三）多次無法控制、減少或停止賭博。
（四）經常執迷於賭博（例如：想盡辦法找錢賭博或不斷計畫下次賭博）。
（五）情緒苦惱（如：無助、焦慮、憂鬱或內疚）就賭博。
（六）賭博輸錢後，常想著要討回損失。
（七）說謊以隱瞞自身賭博涉入程度。
（八）賭博已危害或喪失重要人際關係或工作，甚至影響教育或生涯發展。
（九）因賭博而必須仰賴他人提供金錢援助，以解決財務困境。

二、正常或社交型的賭博者

此類正常或社交型賭博者是指，個人在日常生活中偶爾小賭一下，純粹以娛樂為主，且能掌控進一步賭博的欲求，並不會對其家庭、職業與人際關係產

生負面影響。與前述病態賭博者相較，其屬正常社交生活的一部分。

第五節　賭博之成因分析

　　個人從事賭博之因素往往是生理、心理與社會環境互動的結果，而非單一因素。根據學者Walker（1992: 123-128）綜合賭博成因文獻，其推論出賭博行為從鉅視至微觀層面之相關因素如下：

一、文化（Culture）

　　文化對賭博的影響可區分為三方面：不同歷史文化背景呈現不同類型與範圍之賭博；不同文化的態度與風俗鼓勵或禁止賭博之發展型態；法律的制定與文化規範決定了何類賭博型態是否須受處罰。例如：在白人尚未殖民前，澳洲原住民是不會賭博，因為當時並無賭博。此外，新型態賭博的引進與立法對賭博人口的增加，亦有推波助瀾的作用。文化的態度面向也是很重要的。例如：宗教信仰的差異對賭博程度的不同也有相當的關聯。而文化鼓勵賭博，更是賭博助長之因素。例如：在澳洲不賭博被視為一種「古板」（wowser）的代表。因此，歷史和文化因素被視為影響一個人是否賭博的重要因素。

二、參考團體（Reference Groups）

　　參考團體是指個人對一團體之認同程度，而不論此人是否為此團體的一員與否。參考團體對個人賭博的態度影響很大。在傳統上，男性必須負責家計，是家中經濟的主要來源，而賭博被視為一種賺錢養家的方法；也因此男性參考團體多為鼓勵賭博，而非女性參考團體。工作團體可能是另一影響賭博與否的重要參考團體。工作團體提供賭博之社會壓力，同時在此類工作團體中，可能提供了賭博的休閒環境。許多文化和階層因素透過參考團體，間接影響個人賭博行為。例如：在透過商業的接觸中，中產階級較可能購買股票，而勞工階級較可能對運動比賽下注。

三、社會學習（Social Learning）

　　社會學習係指透過觀察和仿同的過程，而學習賭博行為。即使是最簡單、直接的賭博也需要學習。例如：初賭者對吃角子老虎之機器賭博除須學習操作外，亦須瞭解其遊戲規則。社會學習主要發生於參考團體內，而家庭則是訓練

賭博最重要的參考團體。例如：小孩子通常是在觀察父母賭博的快感後，而學習賭博。另外，父母也常常藉詢問小孩子的協助，而使小孩子參與賭博。如：要求小孩子填數字，或是叫小孩子拿錢及找尋彩券等。此外，在許多西方媒體中，充斥許多賭博的廣告，並教導觀眾賭博有多刺激，及某人贏得鉅額錢款等。因此，社會學習似乎是影響個人是否賭博及鼓勵賭博的一個重要因素。

四、人格（Personality）

學者Zuckerman曾提出傾向於感官刺激（sensation seeking）之人格傾向者，較易從事冒險刺激之活動（含賭博），亦有學者指出賭徒在人格特質上傾向於追求權力、成就與獲得肯定；但值得注意的是，是否其為賭博之素質因素，或賭博行為容易受情境與機會之影響，仍待進一步研究。

五、危機和壓力（Crises and Stress）

賭博就像其他活動一般可以提供紓解與逃避壓力。生命中呈現的危機不應被視為是促使個人賭博的因素，而導致增加賭博強度。例如：親人死亡或婚姻生活不和諧等，賭博滿足了個人許多的需求，使個人轉移壓力源並提供逃避社會責任。因此，危機與壓力具有賭博之催化作用。

六、休閒時間（Leisure Time）

一般而言，單身、年輕以及失業者往往較易涉及賭博行為，但學者亦指出，當已開發國家提升至科技化時代時，人們的閒暇時間將增加，而參與賭博的人口也會增加。此外許多研究也顯示，在退休的人口中，賭博的人數也不少，賭博行為似乎與一個人是否有閒暇具密切相關。

七、社會酬賞（Social Rewards）

賭博並不會孤獨地發生。當然若個人從家中下注賭馬或選擇吃角子老虎，那有可能不與他人接觸。但除此種情形，賭博者周遭通常有一群同好者，而在頻繁地接觸下發展出友誼與賭博之社群，進一步獲得認可與掌聲，此種酬賞對賭博者而言是一種正向的回饋，因而持續其賭博行為。

八、認知（Cognition）

此項觀點係指賭博者對於賭博所抱持之信念，包括對賭博本質的信念、

賭博時的策略及對賭博結果的解釋等。一般而言，賭徒之認知主要包括下列各項，而為其賭博之重要因素（引自邱明偉，1998：33）：

（一）個人只要擁有賭博的知識和技術，並持續不斷地嘗試，就有可能從賭博中贏更多的錢。

（二）雖然有人在賭博中輸錢，但自己絕不像其他人倒楣、自己有實力能賭贏。

（三）個人只要全心全意投入賭博，終究會有賭贏的一天。

（四）過去的生活經驗告訴自己，自己並非是個倒楣的人。

（五）有些人一定能賭博贏錢，自己也有機會賭贏。

第六節　病態賭博行為之預防與處遇

在賭博人口中，病態賭博者由於嚴重干擾個人與職業生涯，同時易造成嚴重家庭與社會問題，因此亟待介入，以減少其負面衝擊。根據Gowen與Speyerer（1994）之綜合文獻，病態賭博行為由於涉及層面甚廣，因在預防與處遇上並未有萬靈丹，必須對賭博者之個人、家庭、職業、休閒與財務管理等一併介入，始能獲致較佳之效果。扼要敘述如下：

一、預防

（一）加強休閒教育與輔導

一般民眾常因個人認知或在友人之邀約下，而有意或無意間參與賭博活動，忽略了其他健康休閒，進而沉溺於賭博。因此，在家庭、學校與社會教育上，應致力於休閒教育宣導與實施，使民眾有健康休閒觀與活動伴其一生。

（二）強化理財與生涯輔導

對於病態賭博者而言，其最後結果經常是債務高築，而呈現財務危機。而相當諷刺的是其為扳回來，多數進一步賭博，而致無可挽回。因此，政府應加強一般民眾之理財與生涯輔導，以確保不致陷於家破人亡、萬劫不復之境界。

（三）加強對病態賭博犯罪者之監督，防止再犯

對於因病態賭博而犯罪者，首先應對其下班時間進行密集觀護監督，以確

保不致再犯。同時應與賭徒的家人、雇主等密切聯繫，以瞭解其工作、生活情形，進而透過諮詢與監督等，減少病態賭博行爲之復發（relapse）。

二、處遇

（一）賭徒匿名團體治療

賭徒匿名團體（gamblers anonymous, GA）係繼匿名戒酒團體（AA）的療法，其將賭博視爲一種疾病，可加以掌控的。賭徒們彼此可在團體中分享賭博與戒賭之經驗，而戒賭成功者對新加入者而言，提供了支撐的力量與鼓勵，使得戒賭更容易成功。

賭徒匿名團體是不收費的，其與治療併用的話，將獲致最佳戒賭效果。然而值得注意的是，病態賭博行爲往往伴隨其他債務與家庭問題，故賭徒之治療仍須諮詢律師、理財專家。

（二）家庭治療

病態賭博者往往無法面對現實，沉溺於賭博行爲，逃避責任。同時，與配偶及其他家人之間缺乏適切溝通；因而，在持續賭博行爲中，缺乏支撐力量以中止其上癮的行爲。顯然，家庭治療對於修補損傷之成員關係是相當重要的。因爲信任、溝通及財務之穩定性對於整個家庭之穩健是極具關鍵性的。

（三）認知行爲療法

學者指出，病態賭博者往往具有「控制妄想」或「自我欺騙」等思考扭曲情形，而使得賭博行爲持續（邱珍琬，2010）。因此，有必要以認知行爲療法，教導賭徒挑戰其不合乎邏輯與非理性之信念，學習衝動控制與問題解決之技巧，以避免再犯。

第十二章　性交易行為

　　嫖妓與賣淫之性交易行為係人類行為中違反善良風俗之行為，其常為衛道人士鄙之為「社會罪惡」（social evil），並加以口誅筆伐。儘管如此，此類行為仍有其市場需求，故部分國家雖嘗試予削弱、管制，但私娼卻仍然以各種形式出現，並大興其利。

　　台灣性交易行為受2009年11月大法官釋字第666號解釋影響，認為《社會秩序維護法》第80條第1項第1款「罰娼不罰嫖」的規定，違反《憲法》平等原則。因此，2011年11月通過修法，《社會秩序維護法》改為在「性交易專區內娼嫖不罰、專區外娼嫖皆罰」，專區外從事性交易者處新台幣3萬以下、媒合性交易者處1萬到5萬罰鍰。惟目前各國針對性交易行為有擴大除罪化之趨勢（張碧琴譯，1999）。近年亦致力於去污名化，例如台灣立法院於2022年4月19日修訂《刑法施行法》，將妓女戶改為性交易場所。鑑於性交易市場利益極大，且極容易衍生各項社會問題（如遭剝削、融入犯罪組織、副文化等），故本書臚列專章予以探討。

第一節　賣淫之意涵

　　賣淫（prostitution），依據學者Winick與Kinsie（1971: 3）之見解，係指給予非婚姻關係之性接觸管道，其係由婦女、恩客及（或）其雇主相互協議而建立；McCaghy與Capron（1994: 437）則另指出，無論賣淫以何種形式出現，所有賣淫行為具有以下三項共通之要素：

一、該行為本身對於購買者而言，具有性之特殊意義：此包括性交易行為與單純之從事色情行業婦女接近嫖妓者。

二、經濟上之交易：一般在進行性服務之前，涉及金錢及其他具有經濟價值之交易。

三、情感之冷漠：性交易本身係屬商業化之行為表現，無論購買者與賣方認識與否，其不具情感之深切互動。

　　沈美貞（1990）則認為，娼妓（賣淫者）具以下特點：一、以肉體供他人

為性交之用；二、性交行為係有償的，性交行為並非因雙方情投意合或其於婚姻關係，或為享樂等其他無償之目的，而係為取得財產上之利益；三、雜交：性交對象是不特定人或特定的多數人。

第二節　嫖妓與賣淫行為之現況

　　根據亞洲日本婦女資源中心於1997年8月至10月間對2,500名日本成年男性的調查發現，46.2%坦承至少有過一次性交易（嫖妓）行為。其中70%曾光顧日本綠燈戶，24%表示曾赴海外或出差時發生性交易行為（www.lofaa.org.tw/group/gay/japanman.html）。此外，北京中國人民大學性社會學研究所潘綏銘（1999）採用分層隨機抽樣的方式，於1991年、1995年及1997年分別郵寄調查北京和大陸所有本科生，亦發現大陸全國的本科生中，想找私娼（嫖妓）的人高達46.8%，另發現45.7%的本科生想過賣淫。國內台北市政府研考會曾委託文化大學從事「台北市遏止色情氾濫途徑之研究」，對1,200名民眾做問卷調查（含男性943名，女性257名），其中有510名去過色情場所，占42.57%，而男性曾出入色情場所買春者，有54.08%。然而，就整個台灣社會曾經嫖妓的人口比率，是否略同或更高，則不得而知。但媒體曾報導，國內近百萬男性曾有嫖妓的念頭與行為，值得密切注意。

　　在賣淫行為方面，美國《基督教世紀》（*The Christian Century*, 2000）雜誌報導指出，國際間婦女與小孩遭販賣成為性奴隸之非法活動日益嚴重。例如：每年約有近200萬婦女與孩童受害，其中大約有50萬之巴西小孩被迫賣淫，另在印度大約有20萬之女性（多數在18歲以下）在妓女戶上班。至於台灣從事賣淫之女性人口，根據McCaghy與Hou（1993）之推估，大約有17萬名婦女從事色情特種行業，其占當時930萬婦女人口總數之1.84%；梁望蕙（1992）則估算，約有19萬名女性進入色情行業工作；新近實際賣淫之女性人口，仍待進一步估算之。

第三節　男性嫖妓行為

　　嫖妓行為雖然普遍存在於不同社會，但其人口特性、性接觸之經驗與動機為何，仍待釐清。以下在有限的研究中，歸納出以下特性：

一、嫖妓者之人口特性

根據澳洲犯罪研究所Roberta Perkins（1999）對667名男性受訪者電話調查發現，恩客（client）之中有超過40%已經結婚；其中57%結婚超過十年，教育程度爲中等以上，職業涵蓋白領與藍領階層，而多數爲無宗教信仰。

二、嫖妓者之擇妓條件與性接觸

在以前，一般認爲嫖妓者選擇對象多爲大胸脯、年輕、貌美者；但研究卻發現多數者卻較在意對象之人格特質（personality trait），較少關注其外表身體之徵候（Holzman and Pines, 1982）。

在性接觸方面，Perkins（1999）之研究則發現有289名（43.3%）男性在過去六月間有過二位以上之性伴侶，另288名（43.2%）則僅有過一位性伴侶發生性行爲，僅約90名（13.5%）在過去半年未曾有過性伴侶。在性活動方面，其並未如傳統想像般頻繁，低於半數（49.3%）的男性，每週與其伴侶發生性關係約僅一次。此外，多數的男性並不汲汲與從事色情行業女性（sex workers）發生性關係，低於半數（48.2%）之已婚男性與未婚男性（46%）約僅二個月接觸色情行業女性一次。至於在嫖妓行爲活動中，是否使用保險套，此項調查顯示，僅約有105名（15.9%）之嫖妓者表示，在實際性接觸中曾攜帶保險套，比例甚低。其罹患性病，甚或造成愛滋病蔓延之危險相對提升，亦值得有關單位正視。

三、嫖妓之動機

基本上，每位嫖妓者均有令人玩味之理由去尋歡，但亦有動機至爲單純、直接者，其中已婚與未婚者之動機更呈現明顯差異。根據Perkins（1999）之研究，嫖妓之動機主要包括：與賣淫女性之性關係較爲單純（33.7%）、喜好與不同之對象性交（31.2%）、喜愛與賣淫者作伴（20.1%）、特種行業賣淫女性較專業、做愛技巧較好（13.8%）、只有她（或他）可與其發生性關係（13.3%）、性工作者可紓緩緊張與壓力（11.4%）及有較好之性慾望（11.2%）。其中，已婚者嫖妓多數因喜好與不同對象發生性關係（42.4%），及配偶拒絕提供性樂趣（20.7%）而選擇嫖妓。至於未婚之嫖妓者，則以性關係較單純爲主（38.6%），如其認爲嫖妓僅爲單純性交易而已。

此外，學者Jennifer James（1977）在其〈妓女與賣淫〉（Prostitutes and Prostitution）一文中，指出嫖妓之動機包括以下各項：

（一）藉性經驗印證自己之價值感與性能力。

（二）滿足對特定性伴侶之偏好，如大胸脯、身材姣好之女性。

（三）可提供特殊之口交、肛交或塗抹油脂之服務。

（四）滿足個人特殊之性偏好，如要求對方扮成小男生、穿著護士服裝等。

（五）有助於性功能障礙者之自尊需求，減少挫折感。

（六）紓緩個人問題。如：部分嫖妓之動機，僅為想找人聊天。

（七）可直接與其發生性關係，無須浪費時間於約會上或擔心對方懷孕。

（八）滿足個人長期離家之性需求（已婚者）。

（九）提供殘障者、低智商者、年老或鰥夫者之性需求。

（十）純為單身漢在婚前或特定日子（如生日）之性樂趣，屬社交性活動。

第四節　女性尋歡行為

　　台灣近年來隨著東西文化的迅速交流，一些與色情相關的社會現象層出不窮，甚而推陳出新；如東洋日正風行的在學少女利用課餘或寒暑假日，積極投入街頭，從事色情交易，其稱之為「援助交際」；另有源自歐美國家，以「男性」為主體的性產業，如「第三性公關」、「午夜牛郎」（Midnight Cowboy）、「星期五餐廳」等，也在台灣蓬勃發展。特別是「牛郎業」（俗稱giglo），在台灣大約有十餘年歷史，最早是以男公關的型態，分散在鋼琴酒吧內，有時兼營色情交易。而地下舞廳則是以牛郎崛起的第一階段，那些舞藝不俗的牛郎，專門伺候前往地下舞廳尋幽的鶯鶯燕燕。由於這類場合之女性恩客出入方便，且業者經常遊走於法律模糊地帶，因此該行業在台北、台中、高雄等大都會區正趨於昌盛。據報導，台灣現今大約有15,000名（大多屬年輕力壯者）男性，投身於牛郎業（http://140.109.16.4/gem/gg20-1.htm）。

　　由網路資料得知，午夜牛郎的市場需求由下列因素所致（www.women-clinic.com.tw/book09-8.htm）：

一、女性性權力與性意識的覺醒，卻又未能獲得滿足。

二、女性追求自尊，追求「使喚」男性的快感。

三、女性以兩性平等之名，對男性的報復行為。

四、好奇心的驅使、受同儕團體的驅使，而涉入其中。

　　再者，根據近年來警方破獲的星期五餐廳、牛郎酒店、應召站等，可知

消費者多為中年富婆，其身分背景大致可區分為以下幾類（www.womenclinic.com.tw/book09-8.htm）：

一、姨太太、情婦。

二、寡婦、離婚婦女，也就是二度單身族群。

三、風塵女子。

四、丈夫性無能者。

五、一般有偶婦女。

為人姨太太或情婦，多因性生活不滿足，加上對同居人的報復心態，而找上牛郎；因丈夫完全不能人道而找男妓的案例，似乎不多見；二度單身的婦女，如果過去曾擁有過愉快的性經驗，其性需求自然比一般女性要強烈得多，乃是自然的生理發展。她們找上牛郎的主因，除了心理及生理上的滿足外，也包含幾分好奇的成分。風塵女子多因平日被男客擺布，覺得沒有尊嚴，藉著「花錢是大娘」的心態，找上牛郎，享受使喚男性的快感。而最令人擔憂的是一般有配偶之婦女，其有些只為報復丈夫的花天酒地或金屋藏嬌之行為，或因性生活不協調，而為一時情緒上之宣洩而涉入（www.womenclinic.com.tw/book09-8.htm）。

女性召男妓，除了可能因罪惡感造成性功能失調、家庭解組、染患性病之外，還比男性嫖妓多了兩大問題：一是萬一懷孕，尚需冒著墮胎的危險；其次亦可能被拍裸照，其而遭受恐嚇勒索的暴力事件（www.womenclinic.com.tw/book09-8.htm）。

第五節　賣淫行為

賣淫行為殊不論其型態為何，一向為道德主義者所苛責，其行為係道德無可饒恕？抑或有其不得已之因素，本節嘗試窺探其神秘面紗。

一、賣淫者之類型

根據學者Jackman等（1969）和Davis（1971）之研究，賣淫者可區分為以下類型（引自黃淑玲，1997：167）：

（一）罪犯型態者（criminal type）：其生活圈以職業犯罪者為主。

（二）橫跨正常與偏差世界者（dual-worlds type）：強調自己是好母親，動機

為維持家計，小孩是其生活重心。

（三）精神恍惚者（alienation type）：完全不認同任何人。

（四）純交易型（hustlers）：其往來圈子是特種行業婦女和皮條客，酒精是她
們生活的必需品。

此外，Sheehy（1973）在對阻街女郎之研究中，則發現以下三類型：

（一）每日為生者（day timers）：其必須每日從事賣淫，以維持生計者。例
如：失業、三餐無以為繼，且需負擔家庭重擔者。

（二）早晚型之女郎（early evening）：此類女郎經常在飯店間走動，尤其是
在開會期間，其工作是相當獨立且專業，一般於晚上11點前即收工。

（三）剩餘型（all the rest）：主要包括年紀較大、缺乏魅力或其他型態者，其
工作甚晚，且常在工作期間展現許多騙術。

二、賣淫者之地域分布與經營型態

賣淫常以各種型態出現於不同地域，依據研究文獻之記載，主要之經營型
態如下（McCaghy and Capron, 1994: 438-443）：

（一）綠燈戶（Brothels）

綠燈戶，為一般所泛指當地政府所許可設立之妓女戶（cathouse），我國
則稱之「公娼」。其主要係由娼妓在公娼館內〔由鴇母（madam）經營〕與前
來之恩客進行性交易，並有公定之交易時間與金額。綠燈戶所聚集之特定區域
又稱之為「紅燈區」（red light dustricts），在美國內華達州境內許多郡（Clark
和Washoe郡除外）即有許多「雞場」（chicken ranch）存在，並且經常門庭若
市。

（二）應召站（Call House or Escort Service）

賣淫者並不居住在應召站內，而係由鴇母負責聯絡恩客，前往特定之地
點，如飯店、賓館或汽車旅館等（亦可由顧客自行選定）。目前此類應召站配
合高科技之電話與電腦網路傳訊系統之發展，而日益興盛，且其傳播更是無遠
弗屆。美國加州柏克萊區域之「The Cloud Nine Escort Services」，其往來顧客
之資料建檔（如顧客之姓名、住址、信用卡號碼及性偏好等）超過5萬名；亦
有不少應召女郎（call girl），則在各特定地域跑單幫，隨時等候應召（多由熟
識者或熟客引介），極具神祕性，不易為警方查獲。

（三）理容院、護膚中心（Massage Parlor）

色情賣淫亦可潛藏在理容院、護膚中心等進行，俗稱「馬殺雞店」，一般係由馬殺雞女郎（massage girl）透過按摩、護膚、油壓、指壓等方式，對前來消費之恩客進行性挑逗與刺激，遂而進行性交易。基本上，類似此色情活動極具商業色彩，不僅效率高、服務周到，同時花招百出，以吸引更多樣之顧客上門。

（四）酒吧（Bar）

酒吧亦為媒介色情交易之場所。許多酒吧常僱用女服務生以促進消費，除單一推銷酒類供客人飲用消遣外，部分酒吧並媒介色情，甚至暗藏春色，經營色情以供那些醉翁之意不在酒的顧客。

（五）街頭拉客（Street Walkers）

一般在軍營、貨運集散地及其他大規模營造工地附近，常見此種濃妝豔抹之街頭拉客者（俗稱流鶯或站壁）搭訕，此種型態係最古老的賣淫雛形。一般而言，其處於尊嚴階梯之最底層，為了生計，下海是不得已的選擇。

三、從事色情（賣淫）之相關動機因素

從事賣淫行為背後，往往存在許多特殊因素，甚至可能與特定族群、社經地位（階級）、年齡等有關，茲引述黃淑玲（1997：124-139）之研究，扼要說明如下：

（一）未成年少女進入色情特種行業之動機（因素）

1. 被父母販賣至妓女戶：部分少女因父母積欠鉅額賭債或家庭急需，而遭販賣；其中以原住民族群中的泰雅族少女最常受害。

2. 為了支持家庭或者想追求高收入而自願加入：部分少女在家人以「孝道」之勸說下，同意被賣；而部分則因貪圖逸樂，認為色情行業錢多好賺而進入。

3. 蹺家時被熟人脅迫或陌生人綁架而墮入風塵：部分少女被熟人、陌生人以及集團組織以綁架、暴力脅迫、詐欺拐騙，或為了還債亦或為「愛」犧牲等情形下，開始賣淫。

4. 蹺家時，經由報紙廣告、自己找上門、友人引薦或在男友言語說服推波等因素下，無意間闖入特種行業：部分少女蹺家時，因無錢花用，或因好

奇，貪圖賺大錢，而進入特種行業；或在朋友之慫恿、煽動下而步入賣淫生活。

（二）成年婦女進入色情特種行業之動機

1. 一時經濟急需：例如因家庭變故而重擔加身，在走投無路之下，一時急需而進入色情行業。
2. 追求富裕生活及輕鬆刺激的工作：部分婦女因愛慕虛榮，貪圖物慾享樂，在社會笑貧不笑娼的偏差價值底下，淪為拜金女郎。
3. 發洩痛苦與憤怒：部分婦女因遭凌虐、強暴或惡意遺棄，在其身心遭受傷害後，以自我否認與自我作踐方式（如從娼），發洩內心的痛苦與憤怒，在象徵意義上，對男性施展報復。

第六節　老鴇之角色與特性

　　在整體色情性交易的行業結構中，包括娼妓、飯店服務生（或女中）、保鏢、皮條客（龜公）、綠燈戶及其他特種行業之負責人等，均從該性交易的機制中獲取暴利，尤其是老鴇（pimp），更是整個組織結構中的大贏家，其以逸待勞，從中剝削娼妓的皮肉錢。

　　根據McCaghy與Capron（1994: 450-452）之撰述，老鴇主要工作內容包括：購買娼妓之衣物與營業所需之家具、支付娼妓之房屋租金與醫療費用，及娼妓遭警方逮捕時亦須負責支付保釋金或聘請律師等，有時還得提供情感與道德上的支持；相對地，娼妓則不論是否獲得公平待遇，亦願將所有的積蓄供老鴇調配，老鴇的世界也因此而欲顯發達。當老鴇累積的財富愈多時，則其更具有「魅力」去吸引或遊說漂亮的女孩加入行列，只要有綿延不斷的新血加入，其所能掌控及支配的權力也就更大了。

　　顯然地，老鴇之角色獲得許多娼妓之認同，其提供了商機指引、人身保護，並成為娼妓們的生活導師。整體而言，老鴇扮演的不僅是女性尋求安全感之需求，同時亦包括解決男性對性的需求。他（她）嘗試著自訂遊戲規則，操控整個營生體系，並最終成為一個剝削體系中的剝削者。

第七節　　嫖妓與賣淫行為之預防與控制

　　前述內容已對嫖妓與賣淫行為現象做了概括論述，而從中亦獲知嫖妓與賣淫行為存在於每一社會的各個角落，且無法完全消除。事實上，目前各國基於刑罰無法有效抑制嫖客及娼妓之體認，而將嫖妓（或賣淫）行為除罪化（不罰），轉而致力於減少「妓業」對社會公共秩序之干擾，並降低對娼妓各種型式的剝削（張碧琴譯，1999）。

　　但筆者也在此呼籲，嫖妓與賣淫行為本身雖然無嚴苛刑罰之適用，但吾人仍有必要深入探討其行為背後所蘊含之文化結構不均衡因素。例如：黃淑玲（1997：141-142）之研究指出，台灣男性顧客以走酒家、玩女人為正道且必須的應酬、社交、休閒及娛樂活動，台灣法令特意區分「賣笑」與「賣淫」的色情行業，深化此種父權社會之陋習。大量合法的賣笑色情行業提供男性所喜好的非法性交易伴侶，有別於廉價、冷漠、機械式的合法「公娼」。另外，黃淑玲（1997）之研究另發現，許多未成年少女因結構性因素，如階級、父權意識等，而被迫賣淫，或在蹺家時被綁架脅迫或誘使而從娼。楊士隆與楊裕雲（2003）對大陸女子來台賣淫之調查研究亦發現，其月平均收入雖可達8萬元，但卻也遭人蛇集團壓榨、買春客惡意傷害，及面臨感染愛滋病、性病之風險與各層次之剝削。因此，如何預防其發生，除端賴完善縝密之法律保護外（如西德致力於避免娼妓被剝削），整體社會文化、道德信念與價值體系更須重整，始有預防與控制之可能。

第十三章　竊盜犯罪

　　財產性犯罪（property crime），尤其是竊盜犯罪，一向是世界各國主要之犯罪類型，也是各國在抗制犯罪最棘手的問題之一；其不僅可能造成民眾財產之鉅額損失，同時更易造成其對犯罪之恐懼感及生活不安全感。鑑於竊盜犯罪危害民生至鉅，且存有高犯罪黑數（dark figure of crime），本文特予研討，並提出有效防治對策建議。

第一節　竊盜及其集團之特性

　　竊盜犯在所有犯罪類型當中較易形成次文化團體，而成群結黨、互通聲氣。綜合學者Sutherland（1937）、Maurer（1940）、Irwin（1970）及楊士隆（1997a）研究之心得，竊盜及其集團之特性如下：

一、職業竊盜以犯罪為職業。

二、竊盜犯在行竊時，除被害者之疏忽外，多經細密之規劃。

三、竊盜犯智商高，善於利用、操縱人。

四、竊盜犯及其集團具有共通之黑話，以便獲取認同。

五、竊盜犯經常收買或賄賂執法人員，以逃避偵查。

六、竊盜犯除犯罪機會呈現或臨時起意之外，通常亦與其他同伴聚集在適當之地點、商議交換情報。

七、竊盜犯對於受害者並不同情，並合理化其行為。

八、竊盜犯對同夥誠實、有義氣，絕不告密。

九、竊盜犯行竊時大多能保持冷靜、沉著，泰山崩於前而面不改色。

十、強調高超之行竊技術，並迅速奪取鉅額金錢。

十一、竊盜犯與其他行業相同，獲得成員之認可。

十二、竊盜犯普遍認為世界欠缺公平，反社會傾向甚濃。

十三、竊盜犯不能擁有正常的家庭生活，集團成員與組織即為其家庭。

十四、竊盜犯禁止使用金融卡，以避免為執法人員偵破。

十五、竊盜犯不能公開地參與社交活動，必須隱姓埋名。

　　至於傑出的竊盜犯，根據學者Shover（1971）之見解，其須具有下列特徵：

一、行竊技術高超。

二、人格統整，聲譽卓越。

三、行竊技術專業化（專精化）。

四、結局成功（以收入之高低或是否因案入獄情形衡量之）。

第二節　　竊盜犯之目標物選擇

　　一般人心中存有選擇良好居住環境的意念；同樣地，許多犯罪人，尤其是竊盜犯，亦在其內心世界中描繪出理想之犯罪地域（Kennedy, 1990）。例如：人口眾多複雜、人際隱匿性高、個人特徵不易突顯之地區，即為理想之做案地點。另有學者提及，脫逃容易且不易引起民眾群起反抗之地域，亦為罪犯之最愛（Wilson and Kelling, 1982）。該地域之考量，主要係以地點是否秩序維護良好、垃圾亂倒及對於人們社會衝突的冷漠為指標（Murray, 1983）。但最令人擔憂的是，當竊盜犯四處遊逛、觀察、掃描時，其內心世界中即可能已意識到某些理想之做案地域，從而進一步規劃未來之犯罪活動。

　　無論如何，竊盜犯，尤其是職業竊盜，在決定是否從事犯罪行為、在何處及何時犯罪或目標物之同時，大多對各項因素予以周延分析、考量。學者Taylor與Gottfredson（1986）即曾提出如圖13-1之架構，來說明街角型罪犯對犯罪地域選擇與決定之過程。

　　首先，Taylor與Gottfredson（1986）提出下列五個主張：

一、許多犯罪人在從事犯罪行為時是相當理性的（Clarke and Cornish, 1985），但其理性並不是漫無限制，經常受到個人之喜好、經驗及社會之影響（Rengert and Wasilchick, 1985）。

二、如同潛在犯罪者所意識到的，在目標區域之物理與社會環境經常是互相交織的。

三、目標之選擇是多重層級，且是連續的過程。

四、在選擇目標地域或犯罪時間時，潛在犯罪人經常受到其接觸之其他犯罪人風俗及喜好之影響。

五、選擇犯罪之區域與地點被視為係同一件事。

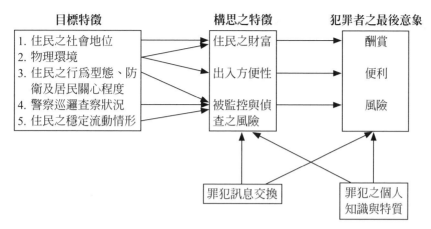

圖13-1 竊盜犯選擇犯罪地域之考慮因素及發展過程

資料來源：Taylor and Gottfredson (1986: 396).

Taylor與Gottfredson進一步指出，某一地域為犯罪人選中之原因與該地域特徵給予潛在犯罪人之意象（image）有關。這些特徵包括：物理環境特色、住民之社會人口特徵與行為型態、警察之勤務（巡邏、查察狀況）、犯罪人之訊息交換及犯罪者個人之知識與特質。茲分述如下：

一、物理環境特色

倘地域之環境特色顯得非常富裕、奢靡或可通暢無阻地進出，缺乏防衛空間之設計或管制，或者具有物理環境頹廢、空屋雜陳、垃圾亂倒、廢棄之汽機車林立、街道坑坑洞洞、缺乏管理等特色，則極易吸引竊盜犯之入侵（Brown and Altman,1981; Hunter, 1978; Newman, 1972; Skogan, 1990）。

二、住民之人口特色及行為型態

當然，倘住民具有良好之社經地位，其自然具有吸引力，而成為犯罪之首要目標。此外，倘住民流動性高，則極易影響及其是否願意協助治安之意願（Cohen and Felson, 1979），而易成為歹徒選擇做案之良好標的。最後，倘住民缺乏對公共事務之關心，經常抱持冷漠之態度，則易吸引潛在犯罪人之注意，甚至啟動其做案之動機。

三、警察之巡邏、查察狀況

強化警察對社區之巡邏、查察情形，對於社區治安之維護亦有相當貢獻。

倘社區缺乏警察之關心，潛在犯罪者極易認為該社區是被遺棄、沒有防衛的，則其被逮捕之風險顯然降低許多，故可能提升其做案之動機與意願。

四、犯罪人彼此間之訊息交換

除了前述之區域特徵外，犯罪人彼此間亦可能交換犯罪相關訊息，例如：瞭解犯罪之困難度、可能遭遇之反抗等，俾以選擇合適之犯罪標的，順利達成犯罪之目的。

五、犯罪人個人之知識與特質

犯罪者個人的專業知識與特質亦可能影響及其對區域標的物之選擇。例如：職業竊盜者對於犯罪區域之選擇相對挑剔，諸如偷竊對象、周遭環境之防禦情形、逃跑路線的選擇等各項考慮均趨於縝密，這些特質將影響犯罪區域的選擇。這些目標區域之特徵，促使許多竊盜犯進一步構思、評估犯罪可能之酬賞（rewards）、便利性（convenience）、容易到手與否及被偵測逮捕之風險（risks），而對未來的犯罪活動做最後之研判與規劃。

第三節　竊盜及其集團之江湖規矩與黑話

竊盜集團是一個嚴密的地下組織，其存有共同之語言、風俗、江湖規矩，一般外人並無法深入瞭解其組織運作狀況。在竊盜集團的世界裡，遵循江湖規矩是最起碼的條件，乃獲取同夥認同與支持的第一步。相反地，破壞江湖規矩者將淪為犯罪人社會結構之最底層，備受輕視與責難。根據犯罪學學者Sutherland（1937）之研究，竊盜及其集團之江湖規矩大致包括：

一、竊盜犯必須互相協助

基本上，職業竊盜不管是否與其他竊盜犯或集團存有嫌隙，當其他竊盜犯或集團面臨執法人員監控或逮捕之危險性時，其會直接或間接地透過第三者知會。此種情形並非罕見，天天都可能發生。職業竊盜不願其他同伴或集團因此而被執法人員瓦解，並認為此舉對彼此都有好處，因為任何竊盜在工作時，皆可能面臨此項危險之情境。

二、竊盜犯須與獄中夥伴分享所得

倘竊盜集團成員因案入獄，職業竊盜仍應輪流將部分所得寄給難友充當禮物，此項做法除有助於維繫感情外，亦反映出其集團生死與共、富貴同享之價值觀。

三、竊盜犯須與其他同夥互通有利情報

竊盜犯須與其他同夥交換有關利潤高、適合做案之地點與警察活動之情報。假使竊盜犯發現不良之做案地點，大多會彼此相互勸告，以避免被逮捕。當然，假使竊盜犯發現利潤高、非常適合做案之地點，亦會彼此交換情報，甚至提供寶貴之資訊，例如：適合做案的時間、注意隔壁之老婦或巡邏警網等，以避免被逮捕之噩運。

四、竊盜犯絕不告密、出賣朋友

竊盜犯，尤其是職業竊盜，即使彼此不和或互相打擊，亦絕不出賣朋友或互相告密。蓋倘告密對彼此皆沒好處，則將使集團陷於崩潰、瓦解之危險境界，該竊盜犯亦會淪為此行社會地位最底層而備受輕視。如果其中一名有密告行為，竊盜集團即可能散發其消息，導致同道同聲譴責，不願接受他，使其無立足之地。

五、非法所得須與竊盜集團夥伴同享

竊盜犯獲取之所得必須與集團夥伴同享，以建立生死、命運與共之情感，強化組織的凝聚力。

六、竊盜犯不對其同伴詐欺

基本上，詐欺手段之行使，就竊盜犯而言，僅可對潛在獵物（受害者）為之，在同夥間則絕不允許。蓋倘如此，將促使竊盜集團的社會秩序帶來巨大之破壞，危及成員之情感及組織之凝聚力，更易為警方所分化、偵破，產生無窮之禍患。

七、竊盜犯絕不陷其他同伴於不利

竊盜犯絕不妨礙其他同夥之竊盜行為或因不當之行動致其同夥陷於被逮捕之危險境界。行竊時可能遇到的麻煩，多半來自業餘竊盜犯之好奇或因其他極

少數竊盜犯之疏忽，導致遭執法人員逮捕之危險。因此，以職業竊盜之工作準則而言，乃絕不妨害同夥之行竊行爲；倘發現同夥正進行工作時，其將迅速離開。

八、竊盜犯彼此相互信任

竊盜犯彼此必須相互信任，不可存疑，否則不僅無法建立深厚之革命情感，同時將危及集團之生存。事實上，彼此相互信任之結果，可進一步交換犯罪與被執法人員偵察訊息，有利於安全的獲取巨大利潤。

至於竊盜犯之黑話，根據台北市刑大偵五隊累積辦案之經驗，發現竊盜犯及其集團具有下列之江湖術語（中國時報，1995）：

一、窩裡雞：扒手之總稱。

二、跑輪子：在車上的扒手。

三、跑大輪：在火車上行竊。

四、雞老闆：扒竊集團之首領。

五、凱子或點子：行竊之對象。

六、藍頭：鈔票。

七、跑小輪：在公車上行竊。

八、跑檯子：在銀行裡行竊，又稱高買。

九、金鋼：眞的。

十、老四：扒手對刑警之稱呼。

十一、眩的：假的。

十二、插頭：西裝褲兩邊之口袋。

十三、後門：後褲口袋。

十四、推車：在扒竊行動中，前後左右製造擁擠的人，其任務爲掩護雞老闆下手。

筆者（1997）對台北監獄竊盜累犯之訪談研究，大致證實這些特殊江湖術語的存在，但其用語略有出入：

一、歐里雞：扒手的通稱。

二、雞老闆：扒竊集團之領導人。

三、推車：行竊時擋人者。

四、老闆：行竊時實際下手者。

五、顧門或照水：把風者。

六、抓雞：偷機車。

　　另外，張清芳、游再順（1998）亦蒐錄以下竊盜集團暗語：

一、殺肉場：進行贓車解體的場所。

二、殺肉：拆解。

三、穿衣：借屍還魂改造車子。

四、塔仔車：借屍還魂車。

五、回收：賣出去的車子、再偷回來殺掉。

六、欠前腿：需要前半部的料。

七、叫牛仔去做：請監理站黃牛去檢車。

八、一支：一部車。

九、師傅仔：偷手。

十、做幾工：偷幾部車子。

十一、鬥紡：幫忙開贓車。

十二、傢俬：贓車。

十三、傢俬頭：做案工具。

十四、灣曲仔：L型開鎖工具。

十五、沒空莫來：前面有臨檢不要過來。

十六、過來泡茶：沒有路檢。

第四節　竊盜集團之犯罪勾結

　　為成功地獲取大量財物並轉化成鉅額錢款，竊盜集團必須進行某種程度之犯罪勾結，以達其目標。根據學者Abadinsky（1983）引自Sutherland（1937）及1967年「The President's Commission on Law Enforcement and Administration of Justice」之見解，缺乏買收贓物市場及對執法人員之賄賂，職業竊盜是無法大展身手或存在的。茲分述如下：

一、竊盜買收贓物市場

　　銷贓之重要性在1795年學者Patrick Colquhoun之著作中曾提及：「在考量各種不同偷竊者、強盜及詐欺犯特性時，毫無疑問地，收買贓物者是當中最具

邪惡者，如果缺乏他們協助購買偷來或詐欺來的贓物，竊盜犯則必須放棄其交易（Walsh, 1977: 1）。」

國內柯義民（1993）在對台灣地區112名汽車竊盜犯進行問卷調查後，發現大部分被竊汽車都有其銷贓管道（占93.8%），足見買收贓物市場（the fence）在竊盜上扮演重要之角色。根據學者Steffensmeir（1986）之研究，買收贓物市場之維持須具有下列條件：

（一）現金交易。

（二）具有做好買賣之知識，俾以創造賺錢機會。

（三）與提供贓物者維持長期之密切關係。

（四）具有良好之管道與買主接觸，確保價錢與安全。

（五）與執法人員共謀。

至於買賣贓物之行情，國內目前大約是批發價之三至五成，例如：2萬元價值之電視，銷贓價錢約為3,000元至5,000元，錄影機銷贓價錢大約為5,000元至7,000元，紅蟳（半紅）大約為10萬元，勞力士錶約為4萬元，金鍊子為一錢900元。

二、賄賂執法人員

賄賂執法人員（the fix）之行動經常在買收贓物者或竊盜集團中發生。蓋此可避免為執法人員逮捕、起訴之風險，並可乘機擴大交易，使市場更趨於熱絡，賺取鉅額利潤。賄賂手法除典型之金錢賄賂、協助執法人員修理貴重物品外，有時並充當執法人員之線民，協助破案（Steffensmeir, 1986）。惟值得一提的是，在實務上買收贓物者比職業竊盜更願意與執法人員合作，以保持其優良形象，並遂其特定目的。

楊士隆（1997a）訪視台北監獄時，一名竊盜累犯曾有以下之陳述：「以少報多，減少損失；花錢消災，誰都願意。從事賄賂的贓物犯賄賂之方式，多靠平時聯繫或飯局酒局來增進情誼，甚至略施小惠。養兵千日用在一時，到出事時，警察定會代為奔走，找人事、找關係，盡可能將案情壓到最小、最輕的程度。」

另一名竊盜累犯則指出：「買收贓物者賄賂執法人員並非人人可為，有關係、勢力的人方可與警方攀上交情。一般而言，買收贓物者多利用三大節日送禮，如有特殊事情則另有議價空間，一般都需有可靠的中間人代為保證，方能達成協調。還是一句老話，這是少數人才可能辦得到。」

第五節　竊盜犯之刑罰認知

竊盜犯之累（再）犯比例一向偏高，目前刑罰是否產生應有的嚇阻效果，似為決定其重操舊業之關鍵。事實上，在當前財富充斥之物慾社會中，欲使懶散、好逸惡勞成習之竊盜犯改邪歸正恐非易事。茲以筆者（1997：155-163）之研究，說明竊盜犯對刑罰之認知。

一、刑罰之威嚇性

許多竊盜犯基本上並不特別擔心遭判刑，尤其是短刑期者。蓋監獄目前有服刑超過刑期三分之一即予假釋之制度存在，刑罰並不太重，但多數竊盜犯卻認為保安處分較嚴厲。

一名竊盜累犯即指出：「我不會擔心遭判刑，反而較怕保安處分。刑期為二年半，現在只要三分之一即可假釋，應該很快就能出去了，刑罰還算可以。」

另一名竊盜累犯則指出：「我認為竊盜罪大致上都是判不會超過三年，一般人所怕的並不是刑期，而是保安處分，不過現在保安處分時間也不長，就算延長亦不會超過四年半。我這次判一年二個月算是很合理，與我所想像的差不了多少。」

二、犯罪矯治之效果

竊盜犯之矯治在實務上一向面臨許多挑戰，或由於竊盜犯獨特之行為樣態（如：道德感低落、反社會傾向濃）及迥異之成長歷程，加上外界各項巨大財富誘因之影響，其矯治成功比率一向偏低，累（再）犯情形甚為普遍。讓我們傾聽竊盜犯之看法：

一名竊盜犯提及：「就矯治成效而言，我想大概是沒有效，人家都是在這裡混日子，想快點出監，獄方有什麼規定就依規定辦理，只要在這裡不要違規就能很快出監。」

另一名竊盜累犯亦指出：「我認為矯治成效不好，在這裡只要不犯錯，好好工作，也不必太出鋒頭，過一天算一天，只要能早點出去才是真的，其他都是假的。」

第六節　竊盜犯之防治

　　有關竊盜犯之防治，傳統以犯罪成因為導向（如：偏重犯罪者家庭、學校、社會背景因素）而提出之「肅清社會病源策略」（root-cause approach）與「個別處遇之犯罪防治策略」（individual treatment approach），並無法遏止竊盜犯罪持續猖獗惡化之事實。相對地，從犯罪者本身之理性抉擇（rational choice）、認知（cognition）與決意（decision making）觀點導引之對策，則非常務實且具防治效能（楊士隆，1996）。根據筆者之研究，較具前瞻性、效能之防治竊盜犯罪策略，乃必須強化嚇阻（deterrence）效能並兼採情境犯罪預防（situational crime prevention）措施。分述如下：

一、強化嚇阻效能

　　係指強化刑罰之力量，包括貫徹刑罰之迅速性（swiftness or celerity）、確定性（certainty）與嚴屬性（seriousness）（Gibbs, 1975），加強對竊盜犯之制裁。其具體措施，如：常業竊盜入勞動場所強制工作、加重竊盜慣犯刑度，不輕予假釋等規定均是。

二、採行情境犯罪預防策略

　　「情境犯罪預防」，係指對某些獨特之犯罪類型（尤其是竊盜犯罪），以一種較有系統、常設的方法對犯罪環境加以設計、管理（楊士隆，1995a），俾以增加犯罪者犯罪之困難與風險、減少酬賞之降低犯罪機會的預防措施（opportunity-reducing measures）（Clarke, 1980）。其措施包括：目標物強化（target hardening）、防衛空間設計（defensible space）、社區犯罪預防（community crime prevention）策略，如：鄰里守望相助（neighborhood watch）、民眾參與巡邏（citizen patrol）及其他疏導或轉移犯罪人遠離被害人之策略等（Clarke, 1988；楊士隆，1990a）。目前，隨著學理與實務發展，情境犯罪預防進而拓展成五項原則、25項技術，其具體內容包括（Clarke and Homel, 1997; Clarke and Eck, 2003；楊士隆、何明洲，2015；楊士隆，2012；蔡德輝、楊士隆，2023）：

（一）增加犯罪之阻力（increasing perceived effort）：1. 目標物強化；2. 通道控制；3. 出入口檢查；4. 轉移潛在犯罪人；5. 控制犯罪促進物。

（二）提升犯罪之風險（increasing perceived risks）：1. 擴充監控；2. 自然監

控；3. 減少匿名性；4. 職員協助監控；5. 正式監控。

（三）降低犯罪之酬賞（reducing rewards）：1. 隱匿目標物；2. 移置目標物；3. 財物之辨識；4. 搗亂市場；5. 拒絕利益。

（四）減少犯罪刺激（reducing provocations）：1. 減低挫折與壓力；2. 避免爭執；3. 減少情緒挑逗；4. 減少同儕壓力；5. 避免模仿。

（五）移除犯罪藉口（removing excuses）：1. 設立規則；2. 敬告規則；3. 激發良心；4. 協助遵守規則；5. 管制藥物與酒精。

　　總之，竊盜犯之防治應從瞭解犯罪者本身之認知與行動綱領出發，在知己知彼的情況下，始能研擬妥適因應對策。而強化刑事司法嚇阻之效能，並籲請政府與民眾重視採行情境犯罪預防措施，則為減少竊盜犯罪、降低被害機會之必要做法。

第十四章　詐欺犯罪

　　近年來亞洲地區各類詐騙事件頻傳，對民眾之財產安全構成巨大危害，尤其隨著科技與網路之發展，更使各類詐欺犯罪推陳出新，不易防備。台灣在2003年以後，有組織的跨境詐騙集團逐漸成形，大量搜購人頭帳戶及電話，結合電子金融服務轉帳之匯款功能，進行詐騙行為；手法並逐步轉型，於近年透過網際網路與電信科技，結合境外，遂行詐騙不法活動，引發亞太各國關注（江慶興，2012）。本文蒐錄新近文獻，臚列常見詐欺犯罪型態，並研擬防制對策以供參考。

第一節　詐欺犯罪之意涵

　　《刑法》第339條規定，普通詐欺犯罪係指意圖為自己或第三人不法之所有，以詐術使人將本人或第三人之物交付者，或以前項方法得財產上不法的利益或使第三人得之者。《刑法》第341條另規定，意圖為自己或第三人不法之所有，乘未滿18歲人之知慮淺薄，或乘人精神障礙、心智缺陷而致其辨識能力顯有不足或其他類似之情形，使之將本人或第三人之物交付者，成立準詐欺罪。

　　以下進一步簡述各類型詐欺犯罪之意涵。

第二節　詐欺犯罪之型態

　　詐欺犯罪之型態至為多元，周震歐教授（1991：22-61）曾依據犯罪方式及行為特徵，將詐欺犯罪類型區分為以下幾類：

一、票據詐欺：票據為代替貨幣流通的有價證券，常被不法之徒作為詐斂財的工具；如以空頭支票詐欺或以人頭方式向銀行詐領支票供詐欺之用。

二、身分性詐欺：即利用假冒的特殊名義或冒充身分（如假冒警察、檢察官、法官、稅務、調查員等司法人員或公務員；假冒慈善團體四處募款；假冒親友、同事、鄉親或華僑身分或假冒未婚而招搖撞騙等），使人在真假難

辨的情形下陷於錯誤而為財物之交付，以達詐財目的。

三、勞務性詐欺：即利用《民法》上的對價關係，藉口提供對方某特定勞務行為，使對方信以為真，陷於錯誤而預付報酬（財物）者。事實上，詐騙者在取得財物後並未實際提供勞務。此類型詐欺又包括：巫術詐欺、普通勞務詐欺及居間詐欺等。

四、買賣性詐欺（又稱商業性詐欺）：此類詐欺最為常見，包括：詐購財物、假貨騙售（押）、虛設行號、度量衡詐欺及網路詐欺等。

五、經濟犯罪性詐欺：經濟犯罪係指行為人利用其社會地位、經濟地位與現行法律漏洞，並濫用經濟活動中的相互信賴關係，所為圖謀不法利益的犯罪行為。其主要型態包括投資詐欺、倒會詐欺、惡性倒閉、不動產售押詐欺、保證詐欺、對政府經濟補助性詐欺、貸款詐欺、假股票詐欺、廣告詐欺及國貿詐欺等。

　　另根據台灣內政部警政署刑事警察局（2003）編印《預防詐騙宣導手冊》之資料，台灣地區常見之詐欺犯罪型態摘要如下（http://www.gio.gov.tw/info/publish/2000adv/921113.htm）：

一、信用卡詐欺

（一）歹徒設法先行得知消費者信用卡內碼後，據以偽、變造該信用卡，再勾結商家大肆消費。

（二）歹徒以偽造、拾得他人遺失之身分證，向銀行申請信用卡後盜刷。

（三）歹徒在原申請人未收到銀行寄出的信用卡前，將其攔截後盜刷。

（四）歹徒以空白信用卡，用打凸機、錄碼機、燙印機打上持卡人身分資料、卡號及發卡日期，複製猶如真品的信用卡，再和廠商勾結刷卡，嗣向銀行要求理賠後對分利益。

（五）被害人利用信用卡在電腦網路上購物消費，致信用卡卡號遭到網路駭客入侵攔截，繼而被冒用盜刷。

二、行動電話簡訊詐欺

　　歹徒利用電腦傳送「中轎車」、「中大獎」之手機簡訊，使手機簡訊接收者誤以為中獎，該詐騙集團即要求民眾必先提供稅金，以保有中獎之禮品，騙取民眾之錢財；或在簡訊留下一組0941、0951、0204、0209等加值付費電話號碼，要求民眾回電給他，有的用戶會真的用手機回電給對方，對方可能會藉故

跟被害人哈啦許久，藉機詐取電話費用。

三、金融卡匯款方式詐欺

歹徒在一般媒體、網路或散發傳單以超低價格販售賣相良好之商品，待民眾電話詢價時，即以時機不再須即刻以金融卡轉帳方式購買，再利用一般民眾不懂轉帳程序，而設計出一套繁複的操作順序指示，按照其指示操作後，轉成功的金額往往數十倍於原來之費用，以達到將一般民眾之存款詐轉的目的。

四、網路購物詐欺

歹徒在網路上刊出非常低廉的商品誘使民眾匯款，再以劣品充數，交易完成後即避不見面。

五、網路銀行轉帳詐欺

歹徒在報紙刊登廣告或散發傳單，宣稱可幫助民眾貸款、加盟、購買法拍車等，要求被害人先行到其指定銀行開戶，存入相當之權利金或保證金，並設定電話語音約定轉帳帳戶（網路銀行服務及語音查詢帳戶餘額），然後歹徒再要求被害人提供語音查詢餘額密碼及身分證件、地址等相關資料以便確認，再行利用電話語音轉帳功能（網路電子交易）將被害人之存款轉帳領走。

六、金光黨詐欺

以二人或三人一組，向被害人謊稱其中一人為傻子，身懷鉅款或金飾，激起被害人的貪念，以「扮豬吃老虎」騙取財物，配合「調包」等手法，利用人性貪小便宜弱點，用假鈔或假金飾詐財。

七、虛設行號詐欺

（一）刊登廣告虛設行號，廣招職員，以就業為餌，詐取就業保證金。
（二）虛設行號出售統一發票，便利他人逃漏稅之詐欺犯罪。
（三）虛設公司行號，以空頭支票對外購貨或舉債，達到詐財目的。
（四）假稱經營事業利潤優厚，並以缺乏資金為由，利用人貪圖暴利之心理弱點，引誘入股，四處吸金詐財。

八、保險詐欺

（一）病患以行賄或其他不法方法取得不實之健康證明書，簽買人壽保險，旋

即病故，由受益人領得保險金。

（二）將投保之房屋、汽車等產物故意破壞或謊報失竊，致使保險標的滅失，以詐領保險金。

（三）為親人、他人或自己簽買保險契約，而後謀害親人、他人或找人替死，以詐領保險金。

九、巫術或宗教詐欺

利用他人迷信心理，以鬼神之說恐嚇受害人，再偽稱能為人作法、消災去厄、解運、祈福等；以提供命相、卜卦等勞務，遂其「騙財騙色」之目的；或以建廟、寺等為名，向信徒募款詐財。

十、假身分詐欺

如假冒檢察官收紅包；冒用警察、刑警身分臨檢或辦案斂財；假借公益團體騙取善款；假社工員以發放老人年金之名，騙取存摺、印章進而盜領存款；冒充星探，向欲往演藝界發展少女騙財騙色等皆是。

十一、打工陷阱詐欺

刊登廣告以高薪、工作輕鬆求「公主」、「男公關」或「影、歌星」為餌，向應徵者騙取訂金、保證金、置裝費或訓練費或車輛（替代保證金）等。

十二、謊報傷病救急詐欺

向被害人謊稱其親人、朋友或同學遭逢車禍或其他重大變故，急需用款，在被害人一時心慌、不及思考、查證情況下，倉促間誤信歹徒而受騙破財。

十三、假募款詐欺

以某某校友總會或知名企業、公益團體或民意代表名義散發賑災傳單，利用民眾行善的心態，或多或少會依指定帳戶匯款行騙。

十四、非法炒匯期貨詐欺

以投資公司名義，辦理投資講座，吸收追求高薪和喜好投資理財的年輕學子和社會新鮮人投入，以提供「外匯保證金交易」能夠獲取厚利為餌，慫恿不知情的客戶，下海加入外匯、期貨交易買賣，由客戶與該投資公司進行非法外匯、期貨對賭，利用不實操縱的外匯、期貨行情變動詐騙客戶，讓客戶血本無

歸。

十五、瘦身美容沙龍詐欺

瘦身美容中心騙術四部曲——誘惑、促銷、推託、恐嚇與假成功案例（自己人客串）。瘦身中心為突破消費者的心防，常以速戰速決方式，讓結伴而去的客人誤以為同伴已簽約，因此也跟著簽約。同時，業者對外宣傳的課程聽來物美價廉，但業者常故意批評顧客身材，迫使顧客花錢購買更多課程。

十六、網路交友詐欺

女學生在網路聊天室認識多名男性網友，冒稱某知名大學研究生，課餘兼職拍攝廣告，並將電視廣告模特兒照片寄給對方，最後假借理由向男性網友借錢，款項到手後不知去向。

十七、網路虛設行號詐欺

網路上虛設高科技公司，以低價販賣高科技新產品，並在網路上展示MP3隨身聽等產品，該公司及網站俟收到網友所寄購買產品之款項後，公司便人去樓空，網站亦隨之關站。

十八、假護膚真詐財手法

這種是以「色情」為幌子的詐騙手法，即先由身材容貌姣好的妙齡女郎替被害人進行全身按摩，再由店內人員向被害人誘稱「只要刷卡付費加入該店會員，便可享受店內小姐再一步全套的性服務」，但被害人付費後並未享受該店承諾之性服務，損失之金額約在新台幣5萬元至10萬元之間。

內政部警政署刑事警察局165反詐騙諮詢專線曾發布以下常見之詐騙手法（https://www.165.gov.tw/list_fraud.aspx?page=1、https://www.165.gov.tw/news.aspx?id=1298、https://www.165.gov.tw/fraud.aspx?id=242/243/244）：

一、假廣告詐欺

利用露天拍賣平台，以「○○寶貝屋」為名刊登販售較市價便宜之奶粉廣告，初期正常出貨，以建立良好之賣家評價，並透過網路通訊軟體及拍賣平台與被害人聯繫，待被害人匯款後，即一再拖延出貨或退款時間，最後失去聯絡，被害人始驚覺遭詐騙。

二、投資貿易博覽會詐欺

自稱與大陸高層熟識，可以幫助台灣廠商打入中國大陸舉辦之中國中部投資貿易博覽會（簡稱中博會），並保證可以有新台幣2,000萬元之訂單，在其公司或租借飯店會議室召開說明會，向有意願參加之廠商收取10萬元之平台勞務費，惟各廠商繳交10萬元後，至今均未參加中博會，亦未接獲中國大陸之訂單。

三、假冒律師，利用雲端服務，對外招攬訴訟詐欺案

假冒律師身分，利用動漫、遊戲社群網站及私設之網路上，利用Google雲端服務空間架設廣告網頁，宣稱具十年以上訴訟及行政公文往來經驗，協助各類案件無數，其成功率極高，藉此手法招攬民眾詐欺。

四、網路假借轉賣票進行詐欺

忠實歌迷擬參加知名歌手演唱會，門票於推出一小時已售光，擬碰運氣到知名拍賣網站看看是否有人割愛，剛好看到有賣家願意讓票，立刻下標並匯款至指定帳戶，但在匯款多日後遲遲未收到門票，直到收到拍賣網站通知信，表示賣家帳號已被停權，才驚覺被騙。

五、網路手遊買虛寶，撿便宜不成遭詐騙

被害者玩知名手機遊戲時，看到張貼「台幣1,000元可換80萬鑽石，用LINE聯繫」的訊息，遠低於一般行情，便與對方聯繫，對方表示虛寶張貼在寶物交易平台，並傳了網址，受害者不疑有他至超商購買新台幣1,000元遊戲點數儲值來支付，沒想到對方說因為平台規定購買1,000元的商品必須先儲值5,000元才能出貨，等被害者儲值5,000元遊戲點數後，對方又說被害者帳戶被凍結了，必須以2萬元的點數儲值後才會解鎖，解鎖後點數會全數退還，被害者依照指示操作，陸續被詐騙。

六、國際租屋詐欺

此類國際租屋詐騙手法常見於歐美地區，歹徒慣用手法是盜用飯店或出租公寓的照片，再以低於行情的價格刊登租屋訊息，甚至會提供假房契、假護照來取信被害人，等被害人上鉤後就表示自己人在別的國家，需委託國際物業公司處理租屋事宜，要求被害人以西聯匯款（Western Union）或速匯金（Money

Gram）等跨國匯款管道交付一筆擔保金，藉此騙取財物。

　　2019年10月28日內政部警政署刑事警察局針對詐欺犯罪進行分析，統計台灣前四名詐騙手法分別為猜猜我是誰、假冒公務機關、ATM解除分期付款及假網路拍賣（https://www.cib.gov.tw/News/BulletinDetail/8220）。摘述如下：（刑事警察局打擊詐欺犯罪中心新聞稿，2019；刑事警察局犯罪預防寶典，2020）

一、猜猜我是誰

　　其手法係詐騙集團隨機撥話給被害人，假冒被害人之親朋好友，藉機博取信任後，再以借錢、投資等話術詐騙取得財物（https://www.cib.gov.tw/News/BulletinDetail/8220）。

二、假冒機構（公務員）詐財

　　假冒健保局、醫院及中華電信來電，謊稱民眾證件遭人冒用，疑似被作為詐騙人頭帳戶。或假冒警察人員謊稱將協助於電話中製作筆錄，再告知涉嫌刑案，須配合偵辦並遵守偵查不公開原則，要求將金錢交由法院監管，否則帳戶將被冒領或凍結。另要求民眾至超商收取法院傳真，請民眾提領存款交給假書記官或匯款至監管帳戶等均屬此類詐欺型態（https://www.cib.gov.tw/Crime/Detail/997）。

三、ATM解除分期付款

　　民眾透過電子商務平台進行消費，因部分網站資安防護措施不足，遭駭客攻擊入侵系統竊取訂單個資。詐騙集團佯稱網路賣家客服，以電話聯繫顧客，聲稱訂單誤設為分期、批發商或會員等級設定錯誤，將從顧客銀行帳戶溢扣款項，接著要求提供提款卡（信用卡）客服電話，再出另名歹徒佯稱銀行客服來電表示要協助解除設定，請民眾至ATM操作或購買遊戲點數（https://www.cib.gov.tw/Crime/Detail/993）。

四、假網路拍賣

　　民眾於網購平台購買商品（高價3C、演唱會門票、時下熱門搶購商品等），遭詐騙。賣家於網路商品刊登頁面要求加入LINE、Facebook等作聯繫，雙方私下約定交易金額，賣家以各種理由請買家勿直接下標，並提供個

人金融帳戶給買家匯款，匯款後賣家卻人間蒸發。此外，買賣雙方透過貨到付款方式交易，買家取件後，發現內容物與商品刊登頁面不符且物品價值有明顯落差，賣家卻置之不理或無法聯繫均屬之（https://www.cib.gov.tw/Crime/Detail/994）。

　　陳玉書等（2023）曾抽取1,897名民眾進行調查，發現曾遭受網路購物詐欺被害者有455人（占24%），被害比率甚高，值得各方關注。

　　內政部警政署於2023年1月13日公布2022年詐騙手法前三名，分別為「假網路拍賣」、「假投資」及「解除分期付款」（https://www.moi.gov.tw/News_Content.aspx?n=4&s=275532）。內政部警政署指出：「假網路拍賣排名第一，詐騙集團看準民眾想撿便宜心態，在拍賣網站或臉書社團推出低於市價的商品，等買家下訂匯款後就人間蒸發失去聯絡。其提醒，商品價格明顯低於市價，極有可能是詐騙，民眾網購應選擇具有第三方支付功能，且商譽良好的正規網購平台，並使用平台提供的安全交易機制，不要與賣家私底下用通訊軟體交易。假投資排名第二，詐騙集團常利用濫發簡訊吸引民眾點擊連結加入LINE，或以社群軟體丟陌生訊息主動認識，慫恿民眾操作外匯期貨、虛擬貨幣及博奕遊戲等，用高獲利吸引民眾投資，初期小有獲利，等被害人追加投入大筆金錢後，歹徒立即音訊全無，讓被害人求償無門。其提醒，高獲利必定伴隨高風險，在投資前應做足功課，只要標榜穩賺不賠、保證獲利的一定就是詐騙。解除分期付款排名第三，詐騙集團竊取網路個資後，假冒客服及銀行人員的模式詐騙，佯稱訂單出錯導致重複分期扣款，需配合操作ATM才能取消，藉機詐財得逞。內政部提醒，ATM或網路銀行都沒有解除扣款或取消訂單功能，要提高警覺，勿輕信來電資訊。」（https://www.moi.gov.tw/News_Content.aspx?n=4&s=275532）

第三節　　詐欺犯罪之特徵

　　上述新興詐欺模式具有以下之共同特徵（引自http://www.phpb.gov.tw/mk/html/c-c4-c7.htm）：

一、詐騙規模龐大、組織集團化、分工細密、詐騙時地無設限。

二、向遊民或信用破產者收買個人身分證件，並於金融機構開設人頭帳戶。

三、透過網路或各項不法管道搜購民眾之個人資料作為聯絡之用。

四、以冒名律師、會計師或知名人士做見證。

五、以大眾傳播媒體為媒介工具：搭配簡訊、報紙分類廣告、信函、電話 CALL-IN、CALL-OUT、網路等方式通知民眾。

六、以手機、網路、傳單、郵寄或其他大眾傳播媒體為媒介工具。

七、以退稅、中獎，獲得其他財物、利益為由，要求被害人透過網路或提款機 轉帳匯款。

八、被害人未曾與該詐欺集團人員見面。

九、被害人匯款後皆未獲得應得的獎金或財物。

十、加害人於收到贓款後，大多重複以各種理由或藉口要求被害人再繼續匯 款，或失去聯絡，或恐嚇、騷擾被害者。

十一、透過各種不法管道進行洗錢。

十二、與時事結合，以中獎、獲得利益為由要求民眾轉帳匯款，例如SARS或 COVID-19盛行，即通知民眾領補償金；繳稅時節就通知民眾退稅，令 民眾不疑有他。

第四節　詐欺犯罪手法之流程

根據網路蒐錄之資料（引自http://ksbo.kmph.gov.tw/ksbo_page_16.htm）， 詐騙犯罪手法之流程大致如下：

> 1. 人頭帳戶：詐欺集團以公司節稅或股票抽籤等為理由，每一帳號 以2,000元至5,000元不等之金額向不知情的民眾收購。

> 2. 寄發彩券與宣傳海報：以郵寄、投遞信箱、夾報或至大賣場整箱 之飲料貨品上夾單，誘騙不知情民眾受騙。

> 3. 提供律師、會計師、公司電話號碼供查詢、查證。例如手機簡訊 中大獎：(1)傳送簡訊到被害人手機；(2)被害人回電080聯絡電話 （要求被害人留聯絡電話及姓名）；(3)被害人聯絡見證律師； (4)會計部門主動聯絡被害人；(5)提款機操作程序；(6)先輸入轉 帳銀行代號；(7)輸入轉帳帳號。被害人輸入第一組內碼（即是轉 帳金額）被害人輸入第二組內碼（即是轉帳金額）重複謊稱帳戶 有問題獎金無法匯入。

第五節　詐欺犯罪之防制

　　詐欺犯罪涉及加害者之理性抉擇與計畫性犯案，而其發生更與被害者之貪念與疏忽密切相關。因此，防制詐欺犯罪必須加強對詐欺犯罪之法律懲罰（legal punishment）與嚇阻作為，同時做好被害預防與宣導措施（Lab, 1992），始能紓緩前項犯罪問題。分述如下：

一、法律懲罰與執法嚇阻作為

　　目前《刑法》規定普通詐欺犯罪處五年以下有期徒刑、拘役或科或併科50萬元以下罰金，並於112年5月於《刑法》第339之4條第1項第4款增訂加重詐欺類型：以電腦合成或其他科技方法製作關於他人不實影像、聲音或電磁紀錄之方法（深偽影像或聲音）而犯詐欺罪者，增訂為加重處罰事由，處一年以上七年以下有期徒刑，得併科（新台幣）100萬元以下罰金。儘管如此，相關刑罰仍難與詐欺犯之非法暴利所得相稱，而整體詐欺犯罪之平均刑度並不高，更反映出前項事實。在監獄服刑期間，詐欺犯多數表現良好，以期早日獲得假釋，故應對詐欺犯加強考核，不輕予假釋，強化懲罰與嚇阻作為，善用「嚇阻理論」的三項特性——刑罰迅速性、確定性及嚴屬性來對抗跨國境電信詐欺犯罪，避免其再次詐欺。

　　其次，電信詐欺犯罪主要利用資通訊匯流的漏洞，將非法電信機房及基地轉移到各國，利用當地國民為人頭，向當地電信公司申請企業公司用戶，以及縝密組織分工，對兩岸民眾進行各種態樣詐騙，犯嫌多數為高中學歷以下且不具專業通訊知識，而能架設機房的技術都是來自第二類電信業者（系統商）通過Skype或微信等教導裝設與使用（楊士隆、陳順和，2015）。因此不管是詐騙電話機房或是篡改發話號碼，主要仰賴詐騙產業中的通訊技術專家，以及不肖二類電信業者以合法掩護非法之作為，未來應加強打擊這些協助詐騙的不法二類業者。

二、政府與民間強化預防宣導與監督管理（楊士隆、鄭凱寶，2012）

（一）強化標的物——增加犯罪阻力

1. 謹慎提供個人資料予各種場所：所有詐騙起因於歹徒掌握個人基本資料，所以應加強宣導民眾應養成不隨便留個人資料給別人。

2. 校園及相關單位加強宣導詐騙案例：詐欺犯罪被害者不乏高知識分子，惟大多涉世未深、容易相信他人，倘能利用各種方法加強宣傳詐騙案例，則能強化潛在被害者之預防。

3. 教導民眾不幸被詐騙，冷靜查證：不幸將金錢匯出後，可向親友諮詢查證，倘不願意讓親友知曉，可撥打165反詐騙專線，由專業的警察人員協助辨認是否爲詐騙事件。

（二）增加監控機制——增加犯罪風險

1.電信業者

從嚴審查申請：由於犯罪者常利用人頭帳戶加以取得詐騙金額，故金融單位在核發帳戶時，應加強審核，例如建立徵信機制確實審核申請人姓名、居住地址等資料是否屬實。對外包電信工程人員從嚴把關，以防不肖業者與詐騙集團勾結，盜轉接民眾電話。

2.金融機構

(1) 從嚴審查申請：由於犯罪者常利用人頭電話（手機）聯繫、行騙，故電信相關單位核發電話時，應加強審核，例如：建立徵信機制確實審核申請人姓名、居住地址等資料是否屬實。

(2) 訓練員工：應訓練員工使其具備辨識詐騙手段，及時通知警察人員阻止被害者交付金錢的管道，並進而讓警方接手偵破詐騙集團，對於績優員工設立獎金鼓勵表揚。

3.警察機關

(1) 加強宣導：利用各項勤務，將新的防詐騙訊息傳達至轄區每位民眾，強化潛在被害者的防衛功能。

(2) 加強巡守聯繫：加強巡視ATM與相關金融機構，並與電信、金融業者取得密切聯繫，聯合防止被害者被詐騙。

4.學校校安單位

(1) 加強宣導：利用各種機會將新的防詐騙訊息傳達至轄區每位校園成員，強化潛在被害者的防衛功能。

(2) 加強巡守聯繫：加強巡視校園ATM，並與電信、金融業者及警察取得密切聯繫，聯合防止被害者被詐騙。

綜合言之，詐欺犯多屬理性之罪犯，目前對詐欺犯罪之懲罰仍嫌過輕，民眾在貪婪心之作祟與疏忽無知下，未能做好被害預防措施，以致詐欺犯罪一

再發生，造成許多青少年觸法與家庭悲劇，因此強化對當前詐欺犯之懲罰與嚇阻作為，同時政府與民間加強犯罪預防宣導措施，始有助於舒緩詐欺犯罪之發生。內政部警政署提醒國人遇有任何可疑狀況，或是面對不熟悉的投資模式應謹慎判別，再三考量切勿急躁，並立即撥打110或165反詐騙諮詢專線主動求證。

第十五章　擄人勒贖犯罪

自1997年台灣地區白曉燕案發生，擄人勒贖案件成為眾所矚目的犯罪，警方投注大批警力，終於使綁匪陳○○等獲得制裁。但擄人勒贖事件卻未停止，不但贖金屢創新高，手段愈演愈烈，綁架的對象也從平民百姓轉移至商人及企業家，對整體社會治安造成巨大衝擊，亟待正視並研擬對策因應。

第一節　擄人勒贖之型態

美國學者Alix（1978）曾將綁架（kidnapping）細分成15種型態，但都有相同的基本構成要素：非法的挾持和違反他人自由意志的拘留。

美國聯邦調查局（FBI）在1970年代把人質的挾持、擄人方面的犯罪人區分成四大類：恐怖活動者（terrorists）、以俘虜為目的者（prisoners）、一般犯罪者（criminals）、心理異常者（mentally disordered）。典型的擄人勒贖，是由有組織的集團藉由暴力的手段來從事犯罪，其目的是藉由威脅被綁者的生命安全來獲取金錢。

未成年被害者的綁架之分類可區分為兩大類：家屬的和非家屬的綁架，主要是依據NIBRS（Information about the National Incident-Based Reporting System）的報告而來。但Finkelhor與Ormrod（2002）則同樣引用NIBRS的資料針對未成年被害者的綁架去分類，其研究認為當代的未成年綁架分類並不恰當，應從綁架者的身分方面來分類。從熟識者到陌生人可分為下述三類：一、親人綁架型；二、認識者綁架型；三、陌生者綁架型。

根據Marongiu與Clarke（1993）的研究，其認為擄人勒贖需考量該地的地理因素、民情風俗、歷史傳統、社會結構等，其以副文化理論和理性選擇論來研究此一現象，歸納出以下兩種不同本質的犯罪類型：一、同質性的擄人勒贖（internal ransom kidnappings）：犯罪人和被害人有著相同的地理因素、民情風俗、歷史傳統、社會結構；二、異質性的擄人勒贖（external ransom kidnappings）：犯罪人和被害人有著不同的地理因素、民情風俗、歷史傳統、社會結構。被害者主要是當地或者其他地方的有錢群體：商人、企業家、觀光客

等。

另外，Miron與Goldstein依據犯罪人的動機分成兩類：工具性的與表現性的。在工具性的挾持方面，擄人的動機是針對物質上的獲取（金錢）；而表現性的挾持，擄人則是一種心理上的問題，犯罪者的動機是想要變有名或是想要去享有控制他人的事實，或是想要利用媒體對其行動的報導（如劫機、恐怖活動），以達成他們某些目標（Bartol, 1993: 355）。

第二節　擄人勒贖之犯案歷程與犯罪模式

台灣地區擄人勒贖犯罪仍以「集團模式」居多。而集團的組成，通常由一位經濟遭遇急迫性困境者發起（如被追債、吸毒、假釋期間、逃亡通緝等），其吸收之成員多為兄弟、同居人及熟識友人或友人引薦，但其成員不一定遭遇相同或類似之經濟問題。通常犯罪者會以郊區或山區隱密廢棄之建築物，或以偽造之證件租賃房屋，甚至以行動車輛作為組織運作、囚禁人質之基地。至於目標設定，通常由成員提出，經團體商議後決定，但亦有隨機選取下手目標（少數）；一旦決定目標之後，犯罪者便著手準備相關運輸、通訊、制伏及控制被害人之工具，並積極觀察目標物之生活作息，以尋求適當下手時機，以守候跟蹤為最多的方式，而且會因犯罪者與被害人之關係而有所不同。當犯罪者擄獲被害人之後，有些直接將其殺害或意外殺害，有些以藥物或恐嚇的方式，甚至暴力相向，逼迫人質就範。至於取款的方式，則有定點式、透過高速公路或鐵路運輸，以「丟包」的方式為之，及新興的利用金融漏洞以人頭帳戶或ATM提款機取款，前述擄人勒贖之犯罪歷程與犯罪模式，詳如圖15-1。

第三節　人質與綁匪之特殊心理症候：
倫敦症候群與斯德哥爾摩症候群

在人質遭挾持並與綁匪互動過程中，學者指出實務上呈現「倫敦症候群」（London syndrome）與「斯德哥爾摩症候群」（Stockholm syndrome）二類特殊心理症候，值得關注。

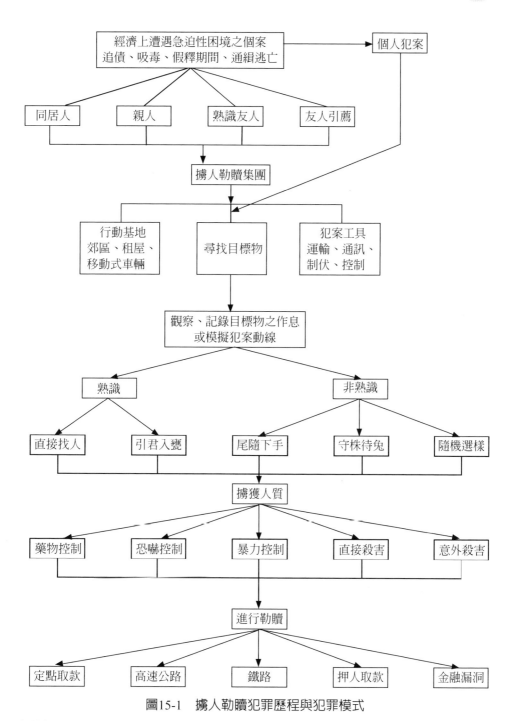

圖15-1　擄人勒贖犯罪歷程與犯罪模式

資料來源：楊士隆（2004：81）。

一、倫敦症候群

根據人質談判專家張文瑞（2004：284-285）之撰述：

倫敦症候群（London syndrome）的引申意義係指一種人質持續與暴徒爭吵或威脅暴徒，結果導致人質遭暴徒殺害的情境。1980年5月，6名伊朗綁匪占領位於英國倫敦的伊朗大使館，挾持26名使館人員為人質，英國反恐特種部隊（SAS）經過六天和綁匪對話談判之後，擬訂攻堅計畫拯救人質。正當特種部隊擬定攻堅拯救計畫之際，1名人質遭綁匪槍殺身亡，屍體被拋到街道上。人質身亡成為特種部隊發動攻堅搶救其他生還人質的導火線，攻堅救援行動只經歷11分鐘，警匪槍戰中，6名綁匪中的5名被警方當場擊斃，1名綁匪被警察逮捕，特種部隊少數人員受傷，人質則毫髮無傷。

根據特種部隊檢討報告指出，該名遇難人質早在警匪談判破裂後、警方攻堅行動前，即遭綁匪殺害，這是唯一慘遭暴徒殺害的人質。當時該名被殺人質和暴徒爭吵不休，甚至還以肢體挑釁暴徒，經過數個小時不斷地騷擾、惹火暴徒，導致暴徒動手殺害人質，屍體從人質所在現場被丟出。後來，人質談判專家史春智（Strentz）首先稱此案為「倫敦症候群」，意指人質與暴徒爭吵後，導致暴徒殺害人質的情境。

一件與倫敦症候群效應相關的最有名案例為「柯林河夫（Leon Klinghoffer）謀殺案」。1985年10月7日，69歲坐著輪椅的乘客柯林河夫搭乘義大利「阿奇羅洛號」（The Achille Lauro）遊艇旅行，遊艇航行中遇上4名巴勒斯坦人劫持，乘客被挾持為人質，暴徒控制船艇後，提出「釋放被監禁在以色列監獄的50名巴勒斯坦人」的條件。正當談判開始進入膠著狀態，人質之一的柯林河夫和暴徒吵架，辱罵暴徒，向暴徒吐痰，雙方進而發生肢體衝突，柯林河夫的行為激怒暴徒，促使暴徒凶殘地槍殺了行動不便的柯林河夫，並將他的屍體連同輪椅推落海中，其他人質則安然無恙（Poland and McCrystle, 1999）。

二、斯德哥爾摩症候群

「斯德哥爾摩症候群」，基本上係指「人質與擄掠者合而爲一，被視爲一種生存的策略（Kuleshnyk, 1984）」（張淑茹、劉慧玉，1998：130）。根據前述專家撰述，其由來源自於1973年間，「瑞典的斯德哥爾摩市發生一椿銀行搶案，搶匪爲2名男子，3名女子與1名男子被挾持了六天。在這段期間，4名人質與綁匪建立了雙向的緊密聯繫；這些人質甚至認爲，綁匪是保護他們以免受到警方的傷害！事後，其中1名綁匪被問及他爲什麼沒有殺死人質來增加其談判籌碼，他答說他下不了手，因爲他與人質間已培養起深厚的感情（Lang, 1974）。在人質重獲自由之後，據說其中1名女子與1名綁匪已然彼此相許（Hacker, 1976）。」

另根據人質談判專家張文瑞（2004：278-279）之撰述，斯德哥爾摩症候群呈現以下三種現象：
（一）挾持者對人質產生正面的感覺和情感轉移。
（二）人質對挾持者產生正面的感覺和情感轉移。
（三）人質與挾持者對警方與政府產生負面的態度。
張文瑞進一步闡述：

> 人質談判專家史春智（Strentz）指出，當人質處在極度依賴和恐懼的情境下，人質的心理會回復到嬰幼兒成長時期依靠父母的襁褓並接受保護狀態，對挾持者產生認同和情感；因而，人質的生命獲得保障。在人質危機初期，人質感激挾持者延長他們的生命，因爲歹徒沒有殺害他們，人質深覺欠歹徒一份人情債。因此，人質開始對挾持者產生正面的、友好的感覺。這種現象有學者稱爲生存認同（survival identification）或是侵略者認同（aggressor identification）（Poland, 1988）。

> 除了依賴挾持者保命之外，人質依賴挾持者提供其他物質、安全、自尊心等基本需求。一旦危機經過一段時間，挾持者的心情較平靜，情緒回到正常狀態後，挾持者和人質之間開始如同人類般互相對待關係，人質會變得溫順而聽話，挾持者會變成一個「好人」，雙方產生認同和情感轉移現象（transference）。綁架人質及挾持人質案件

中，情感轉移現象常發生在人質與劫持者之間或警察談判官與歹徒之間；但是，警察談判官與人質之間則很少發生（Bolz, Dudonis and Schulz, 1990）。

　　斯德哥爾摩症候群的第二種現象是人質危機結束後，獲救人質對劫持者的正面感覺。獲救人質有時拒絕與警方合作，拒絕對他們的檢警人員提供證據，拒絕到法院作證或接受訊問。此外，人質可能會關心歹徒，安撫歹徒及其家屬，以宗教信仰勸歹徒重新向善，爲歹徒祈福，與歹徒通信聯絡或到監獄探視，爲歹徒籌款設立辯護基金，還努力使歹徒免於被監禁。

　　斯德哥爾摩症候群的第三種現象是人質產生反警察、反政府的情結與行爲。警方的槍枝跟挾持者手中的武器一樣具殺傷力，身爲平民的人質對警方的訓練方式、談判策略、處理程序和攻堅戰術是完全陌生的。對人質而言，警方是否可以辨別出挾持者或人質，令人質憂心；假如警方開槍攻擊，人質的感覺他會和劫持者一樣很可能受到傷害或殺害。這種恐懼心理造成人質反對警察的攻堅救人行動，甚至辱罵警察、阻止警察的處置行爲。

　　另外張淑茹與劉慧玉（1998：134-135）則指出，如果某人呈現斯德哥爾摩症候群，可能會出現下列這些徵兆：
（一）受害者與施虐者呈雙向的密切結合。
（二）受害者對於施虐者施予的小惠，感激得五體投地。
（三）受害者否認施虐者對自己施暴，要不就是會爲其暴行找理由。
（四）受害者否認自己對施虐者感到憤怒。
（五）受害者對施虐者的需求極端敏感，並試圖隨時滿足他；爲了達到這個目的，受害者嘗試從施虐者的角度來看待事物。
（六）受害者從施虐者的角度來看世界，可能失去自己原有的立場。
（七）當受害者有了前述的狀況，受害者會把外界企圖拯救自己出去的力量（如警力、父母）當成「壞人」，而施虐者則是「好人」；認爲施虐者是在保護自己。
（八）受害者即使重獲自由，卻發現自己很難離開施虐者。

（九）即使施虐者已經死亡或坐牢，受害者仍害怕他會回來找自己。

（十）受害者出現「創傷後壓力疾患」症狀。

第四節　擄人勒贖與被害金額

　　根據楊士隆（2005）對1996年至2003年間，台灣最高法院有關擄人勒贖案件判決確定的31起判例進行分析發現，台灣地區擄人勒贖主要是工具性的動機，「擄人」僅是手段，其最終目的是在於贖款。然而勒贖金額的多寡，並無一定的比率或規則，端視犯罪者人數、被害人的身分、經濟條件而定。但其中有一特殊現象值得進一步關注與探討：犯罪者往往錯判（高估）其犯罪所得。如研究的31起案例中，其最初所預期勒贖之金額分布在50萬元至7,000萬元之間，經與被害者家屬多次商議之後，其最後確認之贖金，則降至50萬元至2,000萬元之間，而整體勒贖金額（累計31起案例）亦由最初的3億9,000餘萬元，降至1億5,000餘萬元，平均每案勒贖金額為1,700萬元，實際取得金額約為690萬元。而真正取得贖款者，仍為少數，多數犯罪者均在取得贖款之前，已遭警政單位偵破。

　　此外，研究亦針對全國各監獄中，因涉及擄人勒贖罪而遭入獄服刑的176名受刑人從事問卷調查發現，大部分的勒贖金額都為百萬至千萬數字，只有少數為上億金額。在最後確認贖金方面，對勒贖金額預估差距的認知上，除了沒有拿到贖金的部分外，只有近四成的受訪者達到他原先想要的勒贖金額，在這種不對稱的交易中，犯罪者往往誤判其犯罪所得。

　　最後，在對八組擄人勒贖集團之個案研究中則發現，集團成員大多知道家屬會提出降低贖金的要求，所以向家屬開口索取贖金時，會把金額提高，等到與家屬講價到自己可以接受的金額後，就答應成交。不過，也有家屬並未開口殺價，因為時間關係使得集團成員不得不降低贖金。但無論是以上何種情形，最終議定的贖金金額皆比成員的預期要來得低。贖金數目的決定主要有三種：一、集團成員所需償還的債務或生活費用；二、被害者的身價；三、未事先決定，而是臨時講價。至於集團成員打算如何利用贖金，與當初的動機有關。有債務壓力的成員會將贖金用來還債；若是本身沒有債務壓力，加入集團是因為受人之託或一時貪心，則會打算將贖金拿去花天酒地或用來做生意。

第五節　擄人勒贖犯罪之防制

針對擄人勒贖犯罪之犯罪型態，在預防及控制上筆者歸納出四方面建議：

一、被害預防方面

針對民眾如何預防成為被害的措施，建議如下：

（一）密切注意居家附近或工作場所是否連續數日出現可疑車輛、人物，若有，則儘速與地方警政單位聯繫，避免成為擄人勒贖之目標。

（二）在擄人勒贖犯罪中，「熟識者犯罪」多為大宗，認識被害人比例甚高。故多年未曾聯繫之同學、軍中同袍、職場同事、親戚等，突然連日拜訪或打探自己現在的就業情況、經濟情況時，則應特別留意，且勿單獨與其外出。如無法避免，則應清楚與家人交代去向、與何人相約，並隨時保持聯繫。

（三）平日生活應保持儉樸、低調，避免與人為惡；單獨外出時，儘量避免駕駛高級房車過度炫耀或過度華麗之裝扮，以免成為歹徒隨機下手的目標。根據研究結果顯示，擄人勒贖犯罪者在過濾被害人時，若為事先尋找，會打聽或觀察有錢的對象，以確定其經濟狀況後鎖定目標。

二、遭遇被害之應變方面

對被害人與其家屬的建議——當不幸地成為擄人勒贖的被害人時，一切應以保命為首要，並提出下列幾項準則：

（一）當民眾一旦不幸成為歹徒下手的目標，一定要保持高度的冷靜，並應避免無謂的抵抗，以免激怒歹徒而引發其殺機。因為根據研究發現，除了直接殺害外，擄人勒贖者大部分都是因為被害人反抗、逃跑或呼救而意外殺死被害人。

（二）千萬不要明顯揭穿歹徒的身分（許多被害人均會被蒙住眼睛），縱使已得知其身分，僅牢記心中即可，以免歹徒為了避免被捕而殺人滅口。

（三）擄人勒贖犯罪動機上幾乎都屬於工具性的挾持，也就是針對物質上的獲取（金錢）為目的。故被害人與其家屬要儘量與歹徒建立表面的合作關係，甚至與綁匪有同理心（蔡俊章，2007），儘量配合其要求，再伺機脫逃求援。

（四）案發後，被害人家屬應該立即報案處理。國內歷年來，擄人勒贖犯罪的

破案率均維持在90%以上，故民眾應該對警方保持信心，儘量配合警方要求以利破案。

三、行政機關回應方面

（一）加強相關法治與公民養成教育。對擄人勒贖罪刑期的理解，只有少數綁匪知道會被判重刑，其餘大部分並不知道會被判重刑；因此，必須要加強相關法治與公民養成教育，以建立刑罰的威嚇性，並可宣導不要殺害人質。

（二）加強金融控管之功能。隨著科技進步，歹徒的取款方式也愈來愈狡猾。例如：利用金融漏洞以人頭帳戶或ATM提款機取款方式進行取贖。因此，有必要實施ATM提款機匯款與提款的限制，以防止洗錢。

四、警政機關應變方面

最後是警政部門對擄人勒贖犯罪的因應措施。除了確保人質安全外，更要維護治安。因為，擄人勒贖是很引人注目的，可能產生強烈的社會反應和媒體的廣泛報導。茲提出下列幾項建議：

（一）強化通信監察之措施

部分擄人勒贖犯會預先準備通訊工具進行犯案，且大部分以電話方式通知家屬取贖金額與地點。這部分需要各家民營系統業者馬上配合，通信監察系統的整合要達到立即馬上顯示基地台的位置，以縮小偵辦範圍。還有，如歹徒使用大陸或香港之行動電話系統，以漫遊的方式在台灣作為犯案聯繫的工具，警政單位之偵察即受到限制，必須強化防治措施，以為反制。

（二）建立陸空聯合辦案模式

因為研究發現，歹徒往往有相當的地緣關係、熟悉環境，如以三度空間的偵察網路，將能有效因應我國日益發達之運輸系統所造成犯罪偵防的死角。必要時，若能配合空中的監控勤務，將能有效掌握歹徒的去向，以利後續營救人質、逮捕嫌犯之行動。

（三）加強系統偵察之功能

歹徒以直接押人取款為多數，但仍相當重視取贖方式的複雜性與隱匿性、機動性，盡其所能擺脫警方的追蹤；而且，絕大多數的擄人勒贖犯罪者其所要

求贖金之支付，均以「現鈔」為主。宜儘量運用新科技如GPS（全球衛星定位系統），將追蹤器置入贖金中以追蹤歹徒行蹤，並避免正面衝突，傷及人質或警務人員之安全。

（四）政府相關單位應仿效美國聯邦調查局籌設贖款準備金

研究也顯示，部分被害人只是被誤以為有錢，而並不一定能短時間內籌募贖金。當警政單位接獲家屬報案之後，應善盡籌湊贖款的責任，以利援救人質。其次，亦可作為一種偵察手段，如可在贖金中裝置GPS、鈔票染色裝置或預先記錄鈔票編號。

（五）強化警察裝備並進行攻堅演練

在預先準備的擄人相關工具方面，綁匪多以交通工具的準備較多，其次是槍械，因此警方在跟監綁匪或對峙時，不能掉以輕心。

（六）加強取締賭場及地下錢莊

擄人勒贖犯罪者大多因沉溺賭博或在地下錢莊欠下大筆債務，而在龐大債務壓力下從事擄人勒贖行動；故警察機關應戮力取締台灣各角落之賭場與地下錢莊，以肅清犯罪之根源。

第十六章　殺人犯罪

在各類型犯罪中，最令民眾感到恐懼、害怕者為殺人等致命性犯罪案件之發生（Zimring and Hawkins, 1997）。犯罪學學者Sellin與Wolfgang（1964）曾編製一份有關141項不同犯罪類型之犯罪嚴重性量表（serious scale），對近千名警察、法官及大學生施測，研究發現各職業團體對犯罪嚴重性之衡量趨於一致，殺人犯罪被衡量為最嚴重的犯罪行為，二倍半於性侵犯罪（許春金，1990）。

此外，研究發現台灣各犯罪類型中與他國相較均較低，唯獨殺人犯罪比率偏高，此等高殺人犯罪比例情形，值得探究。

第一節　殺人犯罪之境況

關於殺人犯罪可從殺人的方式、地點、時間、動機等方面扼要介紹。

一、方式

在殺人的方式方面，依Wolfgang（1967）之費城殺人犯罪之研究，有39%的殺人方式是以利刃殺死、33%使用槍械射擊而死、22%遭鬥毆而死，只有6%是以其他方式致死，如毒害窒息等。

二、時間

殺人犯罪的案件在炎熱的夏季月份有明顯地增加，但卻與每週的天數及每天的某一時段有顯著的關聯。一般來說，每週特別是在週六晚上殺人案件集中發生在此時段；而每天的時段中，則是集中在晚上8時至凌晨2時。根據Wolfgang（1966）對殺人案件做為期五年的研究中發現：有380件是發生在週五晚上8時至週日午夜，在這短短的五十二小時占所有殺人犯罪的65%，而從週一早上開始至週五晚上8時卻只發生208件，在這長達一百一十六小時只占所有殺人犯罪的35%。

三、地點

殺人犯罪發生的地點，總體而言是以家中高於戶外；但男性則不論是加害或是被害則是以戶外街頭爲多，女性則多發生於廚房及臥室。若是加入種族及性別因素則有明顯差異，黑人男性被害者多數是在街頭被刺死；白人男性被害者，則多數是在街頭被毆致死；多數女性加害者是使用菜刀將男性殺害；大多數的女性被害者是在臥室遭受男性毆打致死。楊士隆（1998a）之殺人犯罪研究顯示，殺人犯罪發生於住宅中者占23.1%。侯崇文（1999）之研究則顯示，發生在家裡者占35.7%，發生在公共場所者占30.8%，發生在街道上者占33.4%。

四、動機

殺人犯罪之動機，有時至爲單純，如爲錢財或因憎恨；但亦有隱含複雜之動機，如隱蔽罪行而殺人、精神病態殺人或政治性謀殺等。根據美國統一犯罪報告（UCR, 1996）之資料顯示，自1991年至1995年全美殺人犯罪者的動機平均以爭吵占第一位；之後依次爲不詳、強盜殺人、毒品交易時所引起的殺人等。而在1995年，被害者被害的動機以不詳占第一位；之後依次爲爭吵、強盜殺人、因毒品交易所引起的殺人等。楊士隆（1998a）之研究發現，殺人動機以爭吵占首位（60%）；其次爲錢財者（13.7%）；再次爲仇恨（10.9%）。

第二節　殺人犯罪之類型

在我國《刑法》上將殺人犯罪區分爲：普通殺人罪、殺害直系血親尊親屬罪、義憤殺人罪、母殺子女罪、加工自殺罪及過失致死罪。在犯罪研究文獻上有關犯人犯罪之分類，則依殺人犯罪之人數、殺人期間、動機、加害者與被害者之關聯性等而呈現差異，其分類扼要敘述如下：

一、系列殺人與集體殺人

系列殺人（serial murder）與集體殺人（mass murder）是屬於較爲特殊並引起大眾關心的殺人類型。系列殺人係多重殺人（multicide）之亞型（subtype），一般係指在歷經一段時間（如週、月或年），持續但不是很密集、活躍地殺人。其重要之要素如下：

（一）重複地殺人（repetitive homicide）。

（二）一對一殺人爲主。

（三）加害者與被害者間通常不熟識，或僅稍許認識。

（四）系列殺人係被啓動的，有別於傳統之激情表現。

（五）缺乏明顯、清楚的動機（Holmes and DeBurger, 1988: 18-19）。

　　1981年至1986年間共計殺死16條人命之吳新華及1977年間持續犯案殺害白曉燕及警察人員之陳進興、高天民等犯罪集團屬之。根據Holmes與De Burger（1988）之見解，系列殺人可細分爲：幻想殺人者（visionary killers）、任務取向殺人者（mission-oriented killers）、享樂殺人者（hedonistic killers）及權力取向殺人者（power/control-oriented killers）四大類。幻想殺人者多數係在聽取神的旨意下，對特定族群如娼妓、同性戀等下毒手；任務取向殺人者主要基於任務，對特定之人毫不留情的（非基於幻想或瘋狂）加以殺害；享樂殺人者以殺人爲娛樂方式，藉此追求快樂與刺激；權力／控制取向殺人者，則以追求完全的駕馭、控制被害者之生死爲滿足。惟值得注意的是，犯罪學家基本上對於此類型的殺人犯罪可說所知不多，各種不同的因素如心理疾病、性挫折、思覺失調症、孩童忽略及不良的親子關係等，皆有可能是殺人犯罪的原因。但大部分的專家認爲，系列殺人犯具有反社會人格病態傾向；享樂殺人，對於被害者的痛苦和折磨無動於衷，且於被逮捕後沉溺於閃光燈或大眾傳播媒體的大幅報導下。

　　與系列殺人相反，集體殺人是在同一時間內殺死數人。例如：1984年間發生於美國聖地牙哥麥當勞之瘋狂殺人案件屬之；J. O. Huberty一人殺死21條人命；1996年國內發生劉邦友等九名遭槍殺血案亦屬集體殺人類型。Lunde（1976）從精神醫學之觀點將集體殺人犯區分爲：妄想思覺失調型（paranoid schizophrenia）及性虐待型（sexual sadism）兩類型。妄想思覺失調型具有被迫、誇張、嫉妒等妄想症，極易在妄想及幻聽覺之情況，激情失去自我控制而殺人；性虐待型則以凌虐、切割肢體方式殺害他人以獲取性滿足爲樂。Fox與Jack（1985）在檢視156個涉及675條人命之個案指出，集體殺人犯並無心理、精神或基因上的異常；相反地，他們認爲集體殺人犯常是「邪惡勝於發狂者」，少有精神妄想症者。大部分表現出社會病態人格傾向，缺乏良心和罪惡感。

二、依犯罪動機區分之殺人犯罪

Polk（1994）曾指出殺人犯罪具有多種動機，並以各種型態呈現，分述如後：

（一）美國聯邦調查局之統一犯罪報告（Uniform Crime Reports, UCR）區分殺人犯罪為如下類型（李璞良譯，1996：14）：

1. 重傷害之謀殺。
2. 有重傷害嫌疑的謀殺。
3. 起因於雙方爭執的謀殺（無犯罪預謀）。
4. 其他動機或狀況而起的謀殺（非屬前一項的任何已知動機之謀殺）。
5. 動機未明的謀殺。

（二）V. Hentig依殺人犯罪之動機區分殺人犯罪，包括下列各類型（張甘妹，1995a：359）：

1. 利慾殺人（gewinnmord）：以獲得財產上之利益為目的之殺人，即謀財害命。如強盜殺人，為詐取保險金殺人等是。
2. 糾葛殺人（konfliktmord）：因戀愛、憎恨、嫉妒或其他個人的情緒糾葛而生之殺人，如殺害配偶、情侶、尊親屬等屬之。
3. 隱蔽殺人（deckungsmord）：為隱蔽自己之其他罪行，而殺害對自己不利之目擊者以滅口。如：強姦後殺害被害者以滅口；社會上有地位者惟恐自己使未成年少女懷孕醜事被揭發而殺害少女等均是。
4. 性慾殺人（sexualmord）：以殺人為滿足性慾之手段者。如：有變態性慾之所謂嗜虐症（sadism）者之淫樂性殺人屬之。此類殺人往往以殺人行為本身作為性的代償現象。
5. 出於多種複雜動機之無型群（amorphe gruppe verschiedenster beweggrunde）：如精神病患者及政治性刺客之殺人等不定型之殺人者屬之。

三、加害者與被害者關聯之殺人分類

學者Williams（1985）等人在殺人犯之分類中依加害者與被害者之關係分為：家庭殺人、熟識者間殺人與陌生人間的殺人；而在聯邦調查局所出版的統一犯罪報告（UCR）亦採同樣的分類。各類型的殺人犯罪分述如下：

（一）家庭間的殺人

所謂家庭間的殺人，係指被害者與加害者之間具有親屬關係（relative）或

是家庭中的成員間發生的殺人犯罪行為。而一般論及家庭殺人可區分為：夫妻間殺人（spousal homicide）、殺害尊親屬（parricide）及幼兒被殺（infanticide）等方面。

（二）熟識者間的殺人犯罪

所謂熟識者（acquaintance），依Williams與Straus（1985）的定義，係朋友或是彼此認識之人而言。在Wolfgang（1958）的研究中，雖其分類較為詳細（分為親密朋友、熟識者），但所研究的結果發現，在550件殺人犯罪中就占了293件（41.7%）。Rojek與William（1993）的研究亦有相類似的結果，如在1979年至1988年十年中全美與亞特蘭大的殺人案件比例中，家人與熟識者就超過54%；陌生人間的殺人犯罪占二成以下。而其中，尤以熟識者占第一位將近四成。

（三）陌生人間殺人

係指加害者與被害者間未具親屬關係或彼此不相熟識，而在犯罪之情境中由陌生者殺害被害人而言。

Riedel（1991）研究陌生人間的殺人犯罪發現，兩項特質因素是有密切相關。首先是與被害者或加害者的特性有關；再者是與其出入的場所相關聯（如酒吧、運動場所）。有許多在自發性的（spontaneous）造成彼此間話題或言語上的不快，使得兩人之間的熱度升高，若是在飲酒之後，更是容易造成殺人行為。

Rojek與William（1993）的研究則發現，許多陌生人間的殺人犯罪是以經濟取向為主因。換句話說，殺人並非其本意，而是其手段；再者其種族間發生的比例高於其他類型。

侯崇文（1999）則指出，有關加害者與被害人之傳統分類過於簡化，可援引學者Decker（1993）之五種關係分類較為細膩。包括：陌生人（stranger）、普通朋友（acquaintances）、熟識朋友（friends）、親戚（relatives）與情感有關者（romantically linked）等。

第三節　殺人犯之心理、人格特性

　　傳統上，殺人犯被認為是被激怒的個人，在喪失理智與衝動的情況下，突發地殺人。然而，卻有其他學者認為殺人犯具有某些獨特之心理與人格特性，容易在特定情境中以暴力方式反應。美國紐約州立大學犯罪心理學教授Toch（1969）在《暴力男性》（Violent Men）一書中即指出，許多暴力犯罪之衍生係行為人從人際衝動中習得，以慣性之方式暴力相向獲益。此外，Megargee（1966）則指出，高度攻擊性者具有低度控制（undercontrolled）及過度控制（overcontrolled）兩種心理人格特性。低度控制者無法抑制攻擊行為，當被激怒或面臨挫折時，即暴力相向。至於過度控制者，基本上具有高度挫折忍受力，能禁得起一般之挑釁，並接受社會規範約制；但在超過其容忍度之情況，其可能比前述低度控制者更具暴力反應。此項見解，在Miklos等（1992）的研究中獲得證實。Miklos等針對南斯拉夫S. Mitrovica地區監獄中的112名殺人犯，進行訪談、以MMPI施測及官方資料等進行人格類型研究，結果發現有三分之一的殺人犯並沒有心理異常的現象，反而呈現過度控制之情形。另外，Baumeister等（1996）指出，暴力之衍生並非完全係與行為者之低自我肯定（low self-esteem）有關；相對地，高自我評價者其在面臨外在貶抑與負面評價而自我受到威脅（ego threat）時，更易引發暴行。

　　其引述Polk對陌生者殺人之研究指出，多數陌生者殺人行為係受到他人之羞辱後，自覺面子掛不住，而以暴力攻擊行為因應。

　　除前述殺人犯心理、人格特性說明外，Hickey（1991）曾就如下之殺人犯心理特性深入探索：精神疾病（mental Illness）、解離性疾患（dissociative disorders）、精神分析因素（psychoanalytic factors）及心理病態人格（psychopath-sociopath）等（Hickey, 1991）。分述如下：

一、精神疾病

　　殺人犯是否具有精神相關疾病，亦為犯罪研究人員所重視。首先就較嚴重之精神病（psychosis）而言，一般人可能認為精神病與殺人犯罪間有相當的關聯性；但據Henn與其同事（1976）的研究結果顯示：從1964年至1973年被評估具有精神疾病的殺人嫌犯2,000人，只有1%的人真正患有精神病。再就精神官能症而言，與前者相較精神官能症較不具有暴力本質，但是二者皆具有高度焦慮、強迫及偏執行為。Brodsky（1973）在檢驗九項有關監獄受刑人的研究發

現：在受刑人之間只有1%至2%具有精神病，4%至6%具有精神官能症。

二、解離性疾患

　　解離性疾患與殺人犯罪間的研究是近幾年來才開始，該類與殺人犯罪有關的心理疾病有：解離性漫遊症（dissociative fugue）、多重人格疾患（multiple personality disorder）、解離性失憶症（dissociative amnesia），以上的症狀主要障礙為一或多次的發病，不能記起重要個人資料，通常本質與創傷或壓力有關，諸如早年不愉快的經驗、人生重大的變故等。此等疾病與殺人犯罪上的相關研究，多屬個案臨床的研究，且所占人數並不多。

三、精神分析

　　依精神分析的觀點，殺人犯罪是因為在犯罪人成長的階段，其超我未習得社會規範及良好的自我，以致於無法控制本我的衝動。Gallagher（1987）指出，由於本我與超我之間的衝突產生了不正常的行為，而不正常的行為通常源於早年不良經驗，其中以雙親及子女間發展出不良的關係為最多。

四、心理病態人格

　　臨床心理學家認為心理病態人格（DSM-II版後稱之為反社會人格）具有下列症狀：攻擊危險、行為少經過思考、對自己的犯罪行為不具有悔意及不具有情感應性。雖然心理病態人格不全都具有暴力行為，但研究卻證實與他人相較其較有暴力傾向。此外，亦較他人具有危險性。Hickey（1991）指出，在犯罪矯正機構的受刑人中，大約有20%至30%具有心理病態人格特質。

　　此外，許多文獻發現，大多數之暴力行為者具有下列特性：男性、年輕、單身（Mouzos, 2000）、來自下階層之家庭（James and Carcach, 1997）、情緒不穩、性格衝動、人際關係不佳、生活適應不良等。殺人犯罪者似乎亦不例外。常見之特徵包括：一、幼年遭受暴力或虐待；二、與其他小孩或兄弟姊妹作對；三、與他人只有表面關係或虛偽關係（例如：許多系列殺人犯與成年異性建立關係有障礙，其對性之罪惡感使他們視女性為淫蕩及誘惑者）；四、大多數之殺人犯很年輕，約在20至40歲間，且較集中於20歲；五、大多數殺人犯為男性（Silverman and Kennedy, 1993），僅約12%為女性（Holmes and Holmes, 1994）（引自謝文彥，2002：53）。

第四節　殺人犯與被害者之關聯

　　殺人犯與被害者之關聯一向為殺人犯罪研究探討之重點。本節將綜合文獻扼要介紹其中被害者之特性、加害者與被害者之關係，及被害者所扮演之角色。

一、被害者的基本特性

　　綜合台閩刑案統計、法務部之犯罪狀況及其分析及筆者之研究，被害者以18歲以上30歲以下者占最多數，30至40歲未滿者次之。性別上則以男性占最多數（75%至80%），女性僅占小部分（20%至25%）。職業分布上以無業者占最多數；次為技術工、營建工職業者。受害者之教育程度，則集中於國、高中程度。

二、加害者與被害者之關係

　　在美國1992年統一犯罪報告（UCR, 1992）的統計資料顯示以下重要訊息，絕大多數的加害者事前已認識被害者。因此，一個人較易為所知悉的人殺害，而非完全是陌生人。在加害者與被害者關係上，加害者是家庭中成員者占26%，而加害者是熟識者則占52%。

　　楊士隆（1998a）之調查結果顯示，被害者與加害者關係為陌生人者占57.2%、關係為朋友者占30.4%、關係為家人者占2.2%、關係為親戚者占1.2%、關係為夫妻者占5.2%。與美國的統計資料相較，台灣地區被害者為陌生人者仍占多數，為被害者的主體；若就熟識者與陌生人二者加以區分，則二者之差異情形則減少。

三、被害者所扮演的角色

　　研究殺人犯罪一重要的課題為：殺人犯罪中，被害者扮演之角色為何？Wolfgang（1958）所提「被害者引發之殺人」（victimprecipitated homicide）概念為檢視之重點。根據Wolfgang（1958: 252）之定義，「被害者引發之殺人」係指被害者在犯罪事件中係一個直接、正面的催促者。其角色為：在殺人之情節中爭吵率先對其後之加害者使用肢體暴力或武器攻擊。

　　Wolfgang在費城對558名殺人犯之研究，發現約有150件（26%）係由被害者所引發之殺人案件。其後之研究雖大致證實其間之關聯性，但被害者所發動

之殺人犯罪比率並不高。例如：Sobol（1995）在美國水牛城之研究，僅證實13%屬之。在澳洲Wallace（1986）之研究及丹麥由Wikstrom（1991）所主持之研究則發現，被害者引發之殺人犯罪比率分別爲10.4%及11%。

楊士隆（1998a）之台灣地區殺人犯罪研究則顯示，案發前發生爭吵者占21.5%、案發前發生攻擊者占58.4%、案發前有飲酒者占47.7%；而案發前加害者與被害者相互認識者占37.3%、不認識者占60.4%。部分符合Wolfgang所提「被害者引發之殺人」概況。

第五節　殺人犯罪之成因分析

許多研究並未針對殺人犯罪之成因進行統合分析，其主要係因殺人犯罪之成因依各殺人犯罪類型（如家庭殺人、朋友與熟識者間之殺人及陌生者殺人等）而呈現部分差異。基於許多項對攻擊行爲之研究，殺人犯罪主要之成因分述如後（Zahn, 1990: 379-385）：

一、生物因素

殺人犯罪之衍生與犯罪者本身或具有XYY性染色體異常、缺MAO基因，下視丘邊緣體長腦瘤或遭傷害、兒童期間呈現注意力缺乏過動疾患（attention deficit hyperactivity disorder, ADHD）及生化上不均衡（如低血醣、內分泌異常）等有關。但專家指這些因素，並不必然與一個人之反社會性有直接關聯，充其量爲前置因素（江漢光，1997；Santtila and Haapasalo, 1997），其常須與後天環境與行爲者心理因素互動，始可能產生暴行。

二、心理因素

犯罪心理研究指出，行爲人各層面認知與思考因素與其暴力行爲之反應密切相關。首先從犯罪者理性抉擇（rational choice）角度觀之，殺人犯罪之衍生可能係加害者在進行成本效益分析後，認爲殺人對其較爲有利，而在預謀或有利犯罪機會之情況下，從事殺人行爲。

其次，文獻指出犯罪人常有認知曲解（cognition distortion）情形。包括：欠缺理性與邏輯、短視、以自我爲中心、未能注意他人需求、歸罪他人、不負責任、認爲自己是受害者等（Yochelson and Samenow, 1976; Ross and Fabino,

1985）。而在這一些錯誤認知型態下，無法妥善處理人際衝突而產生暴行。另外，部分研究指出，殺人犯之認知自我調節機制（cognitive self-regulatory mechanisms）呈現明顯失常，故而在面臨壓力情境下，以攻擊方式因應。例如：早期Dollard等（1939）之挫折攻擊假設（frustration aggression hypothesis）指出行為人在朝向某一目標的系列行為遭受挫折時，即可能衍生攻擊行為。而Bandura（1973）之研究則指出，行為人在如下情況之誘發下易衍生攻擊行為（含殺人行為）：

（一）楷模的影響（modeling influence）：當個體看見他人表現攻擊行為後，受到楷模學習，亦可因此呈現攻擊行為。

（二）嫌惡的遭遇（aversive treatment）：當個體遭受身體的迫害、言辭的威脅或受到侮辱時，容易表現攻擊行為。

（三）激勵物的引誘（incentive inducements）：當個體預期攻擊行為會產生積極的效果時，就可能引發攻擊行為。

（四）教導性的控制（instructional control）：透過社會化的過程，個體接受法定權威的指導，決定是否表現攻擊行為。

（五）奇異的表徵控制（bizarre symbolic control）：當個體不能有效與現實生活經驗連結時，常被幻覺的力量所操縱，因而表現攻擊行為。

三、行為互動因素

　　許多殺人犯罪之衍生係因殺人犯與被害者行為產生互動，進而提升至爭吵暴行與殺機。學者Wolfgang（1958）研究費城1948年至1952年的殺人犯罪案件，其結果發現有將近26%的殺人犯罪，是由所謂的被害者所引起（victim-precipitated）。而且，這些被害者往往是首先挑起爭執、毆打加害者或是拿出武器者。Luckenbill（1977）的研究亦有類似的結果，Luckenbill曾對70件殺人犯罪案件之情境轉換（situated transaction）歷程進行研究，其指出殺人犯罪之衍生常與殺人犯及被害者之一連串動作（moves）與情緒反應（如傷害自尊），激怒彼此，進而提升至暴行與殺人之層次。

　　此外，Athens（1997）亦有類似論點。其指出，暴力殺人行為之衍生往往是加害者被置於一定的境況（situated），認為對方對其不利、有害、產生挫折而發生嚴重的衝突。

四、社會結構因素

對於殺人犯罪之解釋，社會結構因素中：歧視（discrimination）、財富分配不均、貧富差距擴大、個人長期被經濟剝奪、絕對剝奪（absolute deprivation）、相對剝奪感（relative deprivation）擴增而衍生挫折與憤怒，轉而產生暴力行為（殺人犯罪）之機制，晚近受到學者之正視（Messner, 1989; Messner and Tardiff, 1986；周愫嫻，1997）。

五、暴力副文化與不良友伴、團體接觸因素

Wolfgang與Ferracuti（1967）在對費城之殺人犯做系統性研究後，提出「暴力副文化」（subculture of violence）之概念。所謂副文化，即社會中某些附屬團體所持有之一套與主文化（dominant culture）有所差異之文化價值體系。他們認為，在某些社區或團體裡可能因暴力副文化之存在，導致暴力為現存規範所支持，並滲入到生活方式、社會化過程及人際關係之中（Thomas and Hepbur, 1983），而殺人犯罪即為此類副文化之產物。

其次，在少年犯罪相關研究上顯示，不論少年是否具有犯罪傾向，少年結幫之結果，其從事偏差與犯罪行為之頻率即大增。而幫派中殺人等暴力行為之衍生往往被合理化，少年從事是項行為可減輕刑罰；對部分少年而言，為效忠與可饒恕之行為。此外，鑑於少年集團犯罪（group delinquency）之特性，在集團壓力（group pressure）下，少年可能從事許多非理性之暴力，甚至殺人行為。

第六節　殺人犯罪破案之因素

在殺人犯罪案件中，警政及其他司法人員運用科學辦案及其他方法嘗試偵破結案，但每年台灣地區仍約有10%的案件無法偵破。事實上，國外之研究亦顯示，近年來隨著警察資源、權限之縮減及都會區目擊證人不願意提供訊息，使得許多殺人犯罪案件之偵查更加困難（Wellford and Cronin, 2000）。

值得注意的是，晚近之殺人犯罪研究多聚焦於殺人犯罪成因與犯案模式，未針對案件本身破案之關鍵進行調查，致使辦案人員無法從中習得較具效能之犯罪偵察經驗。所幸在部分研究人員之努力下，殺人犯罪案件破案與否之關鍵因素逐漸被揭開。例如：美國學者Wellford與Cronin（1999）曾辨識出51項影

響案件偵破之特徵，而其中約有14項與警察實務無關。主要破案關鍵在於以下二項：

一、資源的投入（例如：刑警人數、解剖時刑警在場的人數，以及刑警到達現場的時間）。

二、情報（情資）之品質與取得與否（例如：目擊證人、密告者及電腦查驗之結果）。

此外，美國犯罪現場調查之技術工作團體（Technical Working Groups on Crime Scene Investigation, 2000）則指出，犯罪案件本身對於案件偵破與影響力不大，反而警察所採行之政策與偵查程序具有實質之影響。

另Reidel與Rinehart（1996）發現，在芝加哥案件偵破與否之關鍵在於，案件本身是否為正在從事其他犯罪所觸發有關（Whether or not the homicide was committed in the course of another crime）。Keppel與Weis（1994）則認為，犯罪地點與犯罪階段的時間為偵破與否之關鍵。其指出，瞭解犯罪發生之地點較屍體丟棄之地點，有助於犯罪偵破。

澳大利亞學者Mouzos與Muller（2001）援用1989年至2000年之澳洲殺人犯罪資料，對3,292件已偵破及430件未偵破之案件進行分析，並對11名刑事偵查人員進行調查後發現，無法偵破之殺人案件大多為其他犯罪案件所引發。如：搶劫或陌生者入侵，非有明確之關係者，且犯罪地點非一般住宅區域。至於無法偵破案件之被害者，多數為槍枝犯案之結果，且多數為30歲以上。Mouzos與Muller（2001）並指出，警察偵辦殺人犯罪案件並未有一定公式可援用，但倘有經驗豐富且具效能之刑事偵查人員，並具備卓越分析證據能力，且有足夠時間投入犯罪偵查，外加長官支持、同僚合作及便利之通訊設備等，為破案與否不可或缺之要件。

第七節　殺人犯罪之防治

殺人犯罪之成因如前述至為複雜，故其防治對策應是多面向的（multi-dimensional），而非偏重於一方，茲依據國內外研究心得，說明妥適防治對策如下：

一、預防腦部功能受創並加強保護與治療

　　殺人犯腦部常有受創情形，故應在胎兒形成、嬰兒分娩成長及未來生活各階段注意防護，避免腦部受傷，進而影響及情緒控制，衍生暴行。而對於腦部受創之個案，社政、醫療單位及犯罪矯正機構應予適當監管與診療，以避免暴力行為之發生。

二、發揮教育功能，避免潛在惡性發展

　　殺人犯罪者有精神疾病之比例並不高，故研究者認為殺人犯罪之防治重點不應由改善犯罪者之精神狀態著手；相反地，在各級教育學程中透過適當教育措施，改善潛在犯罪者邪惡之意念，灌輸正確的法治及人權觀念，進而提升公權力，重建社會秩序，為防治殺人犯罪之重點。

三、加強緊急安置與親職教育，落實兒童少年保護工作

　　殺人犯常來自破碎與欠缺和諧之家庭，並曾遭性虐待及凌虐，同時其家庭成員並有酗酒情形，此為其子女反叛與暴力行為製造了危機。因此，建議社政機關應依《兒童及少年福利與權益保障法》第56條之規定，兒童及少年有下列各款情形之一，非立即給予保護、安置或為其他處置，其生命、身體或自由有立即之危險或有危險之虞者，直轄市、縣（市）主管機關應予緊急保護、安置或為其他必要之處置，包括：（一）兒童及少年未受適當之養育或照顧；（二）兒童及少年有立即接受醫療之必要，而未就醫；（三）兒童及少年遭受遺棄、身心虐待、買賣、質押，被強迫或引誘從事不正當之行為或工作；（四）兒童及少年遭受其他迫害，非立即安置難以有效保護。疑有前項各款情事之一，直轄市、縣（市）主管機關應基於兒童及少年最佳利益，經多元評估後加強保護、安置、緊急安置或為其他必要之處置。同時應加強親職教育，擴大舉辦「爸爸、媽媽教育」活動等，促其成功地扮演父母角色，發揮家庭功能，強化監督子女，並予適當管教，此為防止殺人犯罪發生之根本工作。

四、學校傳授人際溝通與憤怒情緒管理課程

　　殺人犯具高度攻擊性，而研究相繼指出，暴力行為與暴力犯本身具有非理性之認知、人際溝通拙劣及憤怒情緒之缺乏控制與管理有密切關聯（楊士隆，1997）。例如：暴力犯在人際衝突中，常認為都是別人的錯，不回擊回去表示自己懦弱，不同意別人意見時咒罵他人等，故有必要在就學階段強化社交技巧

訓練（social skills training）與憤怒控制訓練（anger control training），或辦理提升情緒智商（EQ）之講習，以減少暴力行為之衍生。

五、淨化大眾傳播媒體

研究發現，殺人犯在接觸不良傳媒（如閱讀不良書刊、觀賞色情錄影帶、暴力影片等）的頻率上以填答「有時如此者」占多數（楊士隆，1998b）。由於目前許多電影、電視、錄影帶濫製一些誨淫誨盜以及暴力之節目，加以報紙、雜誌對於犯罪新聞與犯罪技術過分渲染描述，無意中在人們內心播植一些不正確之觀念：解決問題的最有效方法是使用暴力。

因此建議政府應依《兒童及少年福利與權益保障法》第49條之規定，禁止利用兒童及少年拍攝或錄製暴力、血腥、色情、猥褻或其他有害兒童及少年身心健康之出版品、圖畫、錄影節目帶、影片、光碟、磁片、電子訊號、遊戲軟體、網際網路內容或其他物品。同時參酌第91條、第92條、第93條及第94條之規定，供應有關暴力、血腥、色情或猥褻出版品、圖畫、錄影節目帶、影片、光碟、電子訊號、遊戲軟體或其他物品予兒童及少年者，加強罰鍰、公布其姓名或名稱及命其限期改善。情節重大者，予勒令停業。

六、提升優良社區文化與社區意識

從Wolfgang等所提暴力副文化概念所獲之啟示，改造不良社區文化，致力於社區精神文化建設，提倡正當休閒活動，端正社會風氣之努力，為建立祥和社區、減少暴力之重要方向。此外，對社區環境妥善規劃，加強居民歸屬感，動員社區居民參與社區事務，加強守望相助等，均有助於提升社區生活品質，減少犯罪發生。

七、改善貧富不均、資源分配不公等機會結構問題

Walker（1989）在其名著*Sense and Nonsense about Crime*一書中，檢視犯罪抗制相關文獻後指出，優良的經濟政策，有助於治安之維護與改善。事實上，根據犯罪成因分析，筆者認為我國所得分配不均、貧富差距日益擴大，此無形中製造出許多社會與治安問題。因此，有必要採行必要措施，如：健全稅制稅收、加強社會福利、貫徹經濟自由化政策，以抑制財富分配不均現象。此外，鑑於解嚴後之社會秩序紊亂現象，筆者認為其與政府各項資源分配未臻於均衡有關，包括：政治、社會、經濟、文化資源等。因此，應致力於妥適分配資源

以滿足各方需求，始可減少衝突及暴力行爲之發生。

八、及早從事少年偏差行爲輔導

　　殺人犯在青少年時期即從事許多偏差行爲活動，如：抽菸、無照駕車、進出聲色場所、觀賞暴力影片等，占相當高的比例（楊士隆，1998b）；因此防治殺人犯罪之重點工作之一爲：必須重視少年（兒童）犯罪防治工作，及早對其偏差行爲予以輔導，避免行爲進一步惡化。

九、致力酗酒預防宣導與戒治工作

　　Goetting（1995）之研究顯示，28.2%的加害者在案發前飲酒，而被害者飲酒則占29.7%。本土研究發現，殺人犯在案發前酗酒者高達54%（楊士隆，1998a），顯然酗酒的結果極易促使行爲人降低自我控制與明辨是非之能力，增加冒險的意念而呈現攻擊性（Jeffe et al., 1989）。因此，筆者建議政府應致力於倡導健康、合宜的飲酒禮儀，減少豪飲；同時鼓勵廠商製造不含酒精成分之飲料，供民眾選擇。最後並應致力於酗酒預防宣導與戒治工作（McMurran, 1996），以減少過量飲酒導致之心理、生理失調，甚至暴力攻擊行爲之衍生。

十、援用環境設計及情境預防策略

　　殺人犯罪之發生集中於特定地點、範圍及時間內。因此，透過環境設計情境預防措施（Clarke, 1992），以各種有系統常設的方法對犯罪可能衍生之環境加以管理、設計或操作，降低犯罪機會，即屬防範暴力行爲發生的有效方法之一。其具體措施包括：增加犯罪的阻力（increasing the efforts）、提升犯罪的風險（increasing the risks）、降低犯罪的酬賞（reducing the rewards）、減少犯罪刺激（reducing the provocations）、去除犯罪的藉口（removing the excuses）等25種防範犯罪之技術（楊士隆主編，2012）。諸如：在極易衍生暴力事件（如酗酒鬧事）之海邊渡假據點，要求酒店經營者取消部分優惠措施，如不再提供折扣售酒期間，傾銷販賣酒類，改採酒精含量少之飲料，訓練酒吧服務人員應對酗酒者等；在球場或其他具暴力性質比賽場合不准販賣酒精類飲料；強化錄影監控及光線亮度（Grabosky, 1998）；加強出入口管制，強化自然監控效果等均屬之。

十一、杜絕走私，嚴懲槍枝犯罪

殺人犯罪中槍殺占一定比率，而2011年違反《槍炮彈藥刀械管制條例》案件遭起訴人數646名，台灣警方並查獲槍砲1,538支及各類型彈藥13,457發、刀械211把，此尚不包括未緝獲之人數。故政府應強化海防、嚴防走私，並加強對製造、販賣、運輸槍炮彈藥、刀械者之追訴；同時對前項意圖供自己或他人犯罪者加重懲罰，以減少暴力犯罪之傷亡。

十二、加強檢警偵防犯罪能力，強化嚇阻效能

台灣重大殺人犯罪案件之發生，包括：桃園縣長劉邦友等集體遭槍擊案件、民進黨婦女部主任彭婉如疑遭姦殺等案件均無法早日破案，緝獲兇手，甚至讓彼等歹徒繼續犯案，造成社會極度恐慌，故有必要強化檢警偵防犯罪能力，如可透過調查研究，掌握破案之關鍵因素（Mouzos and Muller, 2001），提升偵防效能。同時加強刑事鑑識能力，運用心理描繪（psychological profiling）、DNA檢定、測謊器測驗等科學辦案方法，甚至催眠偵查（investigative hypnosis）等，以使殺人犯無所遁形，並收嚇阻之效。

十三、重視暴力犯之犯罪矯治與預防再犯工作

研究發現，殺人犯有前科紀錄者高達54%（楊士隆，1998a）。顯然，殺人犯在犯案前已前科累累。因此，筆者認為有必要強化犯罪矯治工作，以避免其再犯。目前在暴力犯之矯治方面，學術與實務界大致認為以著重於改變暴力犯扭曲認知、拙劣社交技巧及憤怒情緒之認知行為處遇法最具效能（Browne and Howells, 1996; Serin and Brown, 1995）。國內犯罪矯正機構有必要積極引進、評估、試驗，對暴力犯進行干預（intervention）（楊士隆、吳芝儀等，2010），以協助其獲得適當處遇，減少再犯。

十四、加強殺人犯罪問題研究

殺人犯罪具血腥、恐怖之特性，對社會各層面衝擊甚大，為最嚴重之犯罪行為，故有必要進行深入研究，俾提供政府防治殺人犯罪之參考。筆者除以科際整合（interdisciplinary）精神進行「台灣地區殺人犯罪之研究」外，另在國立中正大學贊助下從事「台灣地區少年殺人犯、暴力犯及非暴力犯犯罪危險因子之比較研究」。另有侯崇文（1999）進行殺人犯罪加害者與被害者之研究；許春金等（2010）及謝文彥（2002）等紛紛投入弒親及親密關係殺人犯罪研

究；侯友宜（2003：95）深入探討性侵害殺人犯罪之研究。這些研究有助於揭開各型態殺人犯罪之神祕面紗，未來學術與行政部門更可強化殺人犯或其犯罪集團之個案研究，並仿美國司法部全國暴力犯罪分析中心（National Center for the Analysis of Violent Crime, NCAVC），建立重大刑事案件資料庫，俾對其犯罪防治做最大之貢獻。

第八節　殺童案件之分析與防治

一、全球現況

近年，兒童遭殺害案件持續發生，引發民眾極度恐慌與不安。根據世界衛生組織的調查報告（Krug et al., 2002），每年因暴力行為喪失生命的人數約在160萬以上，因暴力而受傷害的人口更是數以百萬計。暴力已是全球15至44歲人口之主要死亡原因之一，約有14%的男性與7%的女性之死亡肇因於暴力。全球平均每天約有1,424人遭殺害，每小時約有35人在武裝衝突中死亡。世界衛生組織指出，全球有相當多的兒童遭受身體及性虐待的侵害。根據統計資料，在單一年度中，約有5萬7,000名未滿15歲之兒童遭殺害，死因以頭部受傷為最多，腹部受傷與窒息次之。

此外，2006年8月聯合國大會秘書處研究暴力侵害兒童（Pinheiro, 2006）引述世界衛生組織資料指出，全球約有1.5億名18歲以下女童和7,300萬名18歲以下男童，在2002年期間曾經被迫發生性交或遭遇其他形式的性暴力。另約有1億到1.4億名女童和婦女曾經遭受某種形式的生殖器官切割、180萬兒童捲入賣淫和色情業、120萬兒童被販賣。

另根據聯合國毒品和犯罪問題辦公室（UNODC, 2013）所進行之全球殺人犯罪調查（Global Study on Homicide）顯示，2012年全球約有43萬7,000人被殺害，平均每十萬人約有6.2人被殺。其中零至14歲的兒童被害男女之比例為每十萬人2.1人及1.9人，兩者比例差別不大。其指出部分國家如芬蘭及瑞典之殺人犯罪大約為20%係在吸食毒品與酒精之影響下犯案。而英國之UNICEF（2015）報告更指出，全球數以百萬計之兒童無論在家中、學校或社區均遭到安全之嚴重威脅，其被害風險與戰場之士兵一樣，一天中可能有近345名兒童遭殺害，及大約每五分鐘即有1名兒童被殺。這些數字顯示，不僅僅在台灣，

全世界皆面臨嚴重之兒少暴力犯罪被害問題，進而激發眾多學術研究針對殺害兒童之主要類型與特性、成因、預防策略進行分析與研擬因應策略。

二、殺害兒童之主要類型與特性

對兒童殺人之犯罪類型，一般以家庭間的殺人、熟識者間的殺人，以及陌生人間的殺人等三類較常見。此外，學者另指出憎恨偏見、遭人欺壓情緒抒發、功利性之金錢目的及隨機殺人，亦為常見之類型。在台北市內湖兒童於2016年遭砍頭之案件中，王嫌基本上係隨機隨性且漫無目地選擇被害者，未有情感、金錢或其他利益糾結或長期預謀而發生的。

學者歸納殺人等暴力犯之主要特性如下（楊士隆，2015）：

（一）暴力之歷史（前科）。

（二）精神疾病之證據。

（三）物質依賴。

（四）憂鬱。

（五）病態歸咎他人之型態。

（六）神經系統功能之損傷。

（七）挫折忍受力低。

（八）人格違常之證據。

（九）幼年遭受暴力或虐待

（十）與其他小孩或兄弟姐妹作對。

但對於一個人之獨狼式犯案，一般認為有其具有以下特性（楊士隆、王俸鋼，2015）：

（一）自認受到社會組織或大企業、政府的壓迫而長期受苦。

（二）受某種隱疾所苦、有妄想症狀或有其他持續而慢性的精神疾病。

（三）病態的自我中心。

（四）缺少朋友（不管男、女性皆是），離群索居。

（五）以青、中年占多數。

（六）無穩定工作。

（七）對男性威權很不信任、鄙視，對父親有恨意。

（八）心理發展狀態未通過伊底帕斯情結。

（九）可能有慢性疾病，從心臟疾病、癌症、肺結核等，都有可能。

綜上所述，針對暴力犯及獨狼式犯案之特性描繪中，諸如暴力前科、妄

想、受毒品影響、無穩定工作、缺少朋友等，初步符合2016年台北市內湖殺童案之王嫌特徵。

三、殺害兒童之成因

基本上殺害幼童之發生有其犯罪之前置因素（antecedent factors）、誘發因素（precipitating factors）與情境詮釋（interpretation of situation）（Athens, 1997）等因素相關。在成因方面有時看似直接單純，但深入探討後卻發現其成因亦至為複雜，包括：缺陷的基因、腦部功能受損、認知偏差、低自制力、相對剝奪感增加、暴力犯罪副文化、失業、媒體充斥暴力、色情等微觀與鉅觀之因素，均有可能。除前述前置因素之長期影響與醞釀形成外，研究顯示其他誘發因素對於殺人行為之啟動，具有實質之影響，包括：吸毒嗑藥、酗酒、槍枝與刀械之容易取得及遭遇羞辱、自尊受損等。最後，殺人行為之實際發生仍須透過個體對當時所處情境事件之解釋而定，如挫折、有害的詮釋及可能受妄想幻覺等驅使。

以台北市內湖2016年殺童案為例，王姓嫌疑犯認為殺害女童可謀得四川女子傳宗接代，並且曾有吸食安非他命成癮及毆打母親、毀損公有財物之紀錄，為社區內一號頭痛人物。再者，王嫌案發前仍於國小前徘徊不定，最後於內湖區隨機選擇被害者犯案。王嫌在前置因素上具備失業、鄰里疏離等因素；在誘發因素上，可能受到毒品之影響。最後於情境詮釋下，可能又受妄想症狀驅使進而隨機性犯案。

四、預防之作為

此類隨機殺童案件，在防範上難度極高，筆者建議由下列四個面向著手（蔡德輝、楊士隆，2023）。

（一）加強肅清社會病源

首先，防治類似隨機殺人事件必須從根本做起。家長與老師及相關專業人員應注意個體是否交友複雜、最近經常逃學或蹺班、自我封閉、沉默不語、行為輕佻、常口出威脅或做出攻擊的姿態等，並及時予以介入，以避免個體犯下暴力犯罪與不可彌補之傷害。晚近研究指出，暴力行為與個體本身可能血清素濃度過低或具有認知偏差、缺乏人際溝通技巧與欠缺憤怒情緒之控制及管理等有密切關係。因此，對於行為有異狀者，有必要轉介給精神科醫師治療或援引

適切藥物或認知行為治療技術，著重個體社交技巧與情緒智商的改進，並著重憤怒控制訓練，讓個體在面臨挑釁等負面情況時，能控制自己當時的憤怒及激動。此外，政府應妥適分配資源，注意失業者問題並建構合宜之就業與社會福利措施，以滿足各階層需求，減少衝突及暴力行為之發生。

（二）嚇阻之作為

警政司法部門則仍應加強檢肅毒品，2022年台灣執法部門查獲9,916.4公斤毒品，再創新高；而毒品犯之累再犯比例甚高，為治安惡化留下許多不確定因素伏筆，未來應加強毒品吸食人口之監控及強化戒癮治療資源之挹注。另重刑化嚇阻性之《刑法》執行措施，仍應留意目前監所是否挹注足夠資源，可負擔長刑期受刑人之安全維護與教化工作。高雄大寮事件殷鑑不遠，死刑執行係屬不得已之措施，但非唯一選項，仍須依個案犯罪動機及精神心理狀況，依法量刑。

（三）情境預防措施之應用

犯罪發生有三要件：有動機的犯罪者、合適的標的物及監控者不在場；而讓前述三者缺一，犯罪便很難發生。除依兒童福利聯盟及警政署之預防建議外，可運用情境犯罪預防之技術與策略，包括：增加犯罪之困難，像是目標物強化（如校園警衛之加強巡邏）、提升犯罪之風險，如降低匿名性（如兒童顯著之服飾識別、錄影系統之提醒與加強）、隱藏與移除目標物（如提供兒童與女性安全車廂）、降低挑釁（如不主動刺激及通報神情怪異、四處遊蕩之陌生人），及移除犯罪之藉口（如藥物、酒精之控制等）。

（四）挹注資源，加強提升矯治成效

過去研究曾指出，長期使用安非他命易導致妄想、恐慌等副作用，也在實證上與衝動性暴力犯罪有顯著關聯性。有鑑於此，建議政府強化現有毒品施用者戒治之專業人力，提升戒治處遇與社區矯正之成效，使得毒癮者能順利戒除毒癮及復歸社會，降低再犯比率。

第十七章　強盜、搶奪犯罪

　　強盜、搶奪犯罪係暴力犯罪中較受矚目之一項，其屬街頭犯案之重罪。由於強盜、搶奪案件常造成受害者極端恐懼與反抗衍生之傷亡（Katz, 1988），故為民眾評估治安良窳之重要指標。如何預防其發生，並且在發生後立即破案，為檢警部門防治犯罪之重點工作項目。

第一節　強盜、搶奪犯罪之意涵

　　依聯合國之定義，強盜、搶奪（robbery）係指以武力或威脅使用武力，克服被害者之抗拒從其身上取走財物（the taking away of property from a person overcoming resistance by force or threat of force）。美國司法部則將強盜、搶奪定義為使用武力或暴力威脅而企圖奪取其所控制、監督或保管下之財物（the taking or attempting to take anything of value from the care, custody, or control of a person or persons by force or threat of force or violence and/ or putting the victim in fear）。其並未就強盜、搶奪罪做區分。《刑法》第328條第1項則規定強盜係指「意圖為自己或第三人不法之所有，以強暴、脅迫、藥劑、催眠術或他法，至使不能抗拒，而取他人之物或使其交付者」。此外，《刑法》第325條第1項另規定搶奪罪為——「意圖為自己或第三人不法之所有，而搶奪他人之動產者」。依此區分，強盜罪與搶奪罪之法律定義並不同。強盜係指使用強暴、脅迫等手段，使人不能抗拒而強取；搶奪則使用暴力乘人不備、不及抗拒而掠取，雖未使用不法腕力，但並未至使人不能抗拒之程度（林山田，1988）。

第二節　強盜、搶奪犯罪之型態

　　強盜、搶奪犯罪常因地域特性之不同而呈現迴異之型態，茲列舉英、美及我國犯罪型態如下：

一、英國

麥克林塔克（McClintack）和吉普生（Gibson）根據其對英國倫敦強盜搶奪犯罪之研究，將前述行為劃分成以下五大類（許春金，1996：341）：

（一）對以保管財物或金錢者進行搶奪，如珠寶店、銀行、郵局及各種金融機構等金錢交易的場所。超級市場、銀樓及商店行號亦均屬之。

（二）在公共或公開場所之強盜搶奪，包括市街、搶皮包等。

（三）對私人住宅之強盜搶奪。

（四）短暫相識之後進行搶奪。如在酒吧、宴會中偶然相識一陣子後，進行搶奪或強盜行為。

（五）行為之前曾相識一段時間之搶劫。

二、美國

美國聯邦調查局（FBI）之統一犯罪報告（Uniform Crime Reports, UCR）將強盜、搶奪犯罪類型區分如下：

（一）街頭（street）。

（二）住宅（residence）。

（三）商業區（commercial horse）。

（四）加油站（gas station）。

（五）便利商店（convenience store）。

（六）銀行（bank）。

（七）其他雜項（misc）。

除前項類型外，1980年代末期以後在美國底特律、邁阿密等地興起汽車搶劫（carjacking）（Wisniewski, 1991），搶匪要求車主將汽車鑰匙交出，倘拿鑰匙動作太慢，即可能遭射殺。因多數針對外國旅客及陌生者行搶，造成人心惶惶。

三、台灣

刑事警察局編印之《台閩刑案統計》將強盜、搶奪犯罪之型態區分為下列七項：

（一）住宅。

（二）市街商店。

（三）特定營業場所。

（四）交通場所。

（五）文教衛生機關。

（六）金融證券機構。

（七）郊區及特殊場所。

　　在台灣強盜、搶奪犯罪類型中，以市街商店區域最易受到攻擊，住宅區次之，其中以街道馬路搶劫、強盜、搶奪案件發生爲最常見之型態。此與英、美之統計相雷同。

第三節　強盜、搶奪犯罪之類型

　　在強盜、搶奪犯之分類上，以美國犯罪學學者Conklin（1972）對麻州監獄67名搶劫犯及90名被害者之調查分類最富盛名。其係以犯行之計畫程度（amount of planning）區分強盜、搶奪犯爲以下四類型：

一、專業搶劫犯（Professional Robbers）

　　專業搶劫犯，誠如其名，係以搶劫爲生。他們比其他類型的搶劫犯展現了更多的技巧，且其目標大多爲數目相當大的非法利益。在著手犯罪行爲前，他們仔細地計畫如何克服保全設施與如何順利脫逃。根據Conklin的說法，並不是所有的專業搶劫犯單單只從事搶奪，一些人另外也涉及其他財產犯罪，如竊盜。一般說來，專業搶劫犯與其他類型犯的區分點在於，專業搶劫犯對於犯罪生涯具有高度的投入與獻身。調查專業搶劫犯的研究者發現，他們往往擁有一些以言語表達的動機（verbalized motives），使他們認爲自己的所作所爲並沒有不當，反而是合理的。研究武裝搶劫犯的學者Werner J. Einstadter發現，專業搶劫犯時常避免搶劫個人或利益較少的目標；相反地，他們的目標往往放在有被保險的大企業或可以彌補其損失的公司組織。

二、毒癮搶劫犯（Addict Robbers）

　　此類型搶劫犯經由搶劫犯行取得金錢藉以維持其毒癮。與專業搶劫犯不同，他們並不會想要大撈一票，相反地，他們擔心的問題往往是在下次注射毒品前獲取足夠的財物。由於他們知道在某個時候他們必須要有錢，所以在犯罪之前，他們通常會有所計畫。儘管如此，與專業搶劫相比，他們的技術、組織

及計畫仍屬較差。吸毒者可能企圖透過計畫降低風險，然而，他們卻因魯莽與缺乏專業而被捕。

三、投機搶劫犯（Opportunist Robbers）

根據Conklin的說法，投機性搶劫犯是所有搶劫中最常見的類型，對這些投機性搶劫犯而言，「情境」在其犯罪行為裡扮演著相當重要的角色。他們少有計畫與組織，且此類搶劫案件的發生相當依賴「易受攻擊客體」之存在，如醉漢、年老婦女等。對投機性搶劫犯來說，雖然他可能偶爾涉及其他形式的財產犯罪，但是他們並不常搶奪。搶劫主要是適當之機會所形成，它並非是長期的投入。

四、酗酒搶劫犯（Alcoholic Robbers）

此類型搶劫犯因酗酒導引搶劫行為發生。他們並不會投入竊盜犯罪作為其生活方式，也不會為其搶劫行為做先前的計畫，甚至對被害者的找尋也常思慮欠周。

第四節　強盜、搶奪犯罪之歷程

在強盜、搶奪犯罪中，以職業犯（professional robber）最令執法人員頭痛，其係以強盜、搶奪為職業，犯案時不僅謹慎規劃，並且評估犯案風險與困難度，以避免為執法人員偵破。根據Barlow（1996: 158-161）之見解，職業強盜、搶奪犯一般透過下列犯罪歷程進行其搶劫行動：

一、結夥（Going into Partnership）

無論是初犯亦或曾搶劫過，一般在行搶前經常必須結夥，組成團隊，以利進行犯罪行為。夥伴之形成有可能係由熟識者介紹或陌生者因相同背景而在偶然機會下促成。Jackson（1969: 20-21）之研究指出，搶劫犯在犯案前會商討要去進行何種犯罪（偷車、竊盜、搶劫或其他）。在決定前，他們會花時間研究何種犯罪能最快獲得最多錢且最安全，之後他們決定搶劫是最佳的方式，一來容易脫逃，二來不似竊盜，偷來的東西還要去換成現金，搶劫直接就可獲取現金，且在任何情況下都可以花用。Einstadter（1969: 68）發現，結夥搶劫可能

是在具有相同背景及興趣的陌生人之間，偶然互動所產生的結果。有經驗的搶劫犯在行搶前也會結夥，有時會進行一連串搶劫的最初動機是來自於一次短暫的城鎮搶劫，而在此時和其他人有了接觸，可能會依特定搶劫所需要的技能種類爲基礎來結夥。

二、擬定計畫與目標（Setting Up the Score）

　　一旦結夥之後，就開始計畫接下來該怎麼安排，他們甚至會確定一旦發生意外事故時，有何人予以尋求協助，包括醫師、律師，還有付保證金的保證人。計畫會隨不同的結夥而有所改變，且會有一些典型的活動是相同的，包括：

（一）決定目標物——銀行、超市或便利商店或酒店。
（二）任務角色的分派——有人負責開車、把風，有人要負責搶劫行動。
（三）偷車、僞造的牌照及路線規劃。
（四）分贓的時間及地點。
（五）最重要的是要探查目標物及演習。

　　目標物的探查可由主謀或所有成員一起進行，若是由開車環繞探查整個區域時，會特別注意一些因素，包括：停車機會、出入口、警察出現的情形、進出目標物及在目標物四周的人的動作。Letkemann（1973: 94）發現，有些搶劫犯會特別注意建築物的布置，如：銀行搶劫犯就很依賴銀行的建築劃一性，銀行通常座落於街角方便脫逃；玻璃門可讓搶匪知道誰進來了，且銀行行員所偏好的低櫃檯是銀行搶劫的最愛。在探查目標物時，他們也會注意銀行的警報系統、是否有保全人員、銀行雇員的數目、保險箱及收銀機的位置。而且搶劫的時間安排也很重要，在鄉下的銀行搶劫會有額外的時間來進行，在都市的銀行則因警察介入的危險且出入的人員多而較困難。

三、強盜、搶奪行動（The Robbery）

　　眞正的行動程序會隨團體及情境的不同而有所改變。若在城市進行，搶匪至少會在眞正行動之前，儘量避免引起他人的注意。他們會將車停至合法地方以避免警察的注意，或是在要進入目標物之後才戴上面具或僞裝；若在小城鎮進行，就不會有如此的限制。要至銀行或其他目標物時，最常見的手法就是使用偷來的車，改變其車牌，在事後通常就將其棄置。有時搶匪會因應突發狀況而安排兩輛車，司機就一直待在車上隨時待命，在有狀況時按喇叭通知同夥。

一旦進入目標物之後，個人就各司其職，一個人安排去看門，且監督整個行動的進行，另一個人就負責隔離銀行行員及顧客，以免麻煩發生。有時會將他們趕到小房間或地窖內以利監督，且不會花費個人全副注意力；其他人則負責搜刮錢財。Letkemann發現若搶匪想要有最大的收穫，就要注意一些小麻煩。搶匪們必須控制情況且處理所引起的緊張狀況，他們必須處理歇斯底里的雇員、頑強的出納員等等。處理的方式隨情況而異，依一般說來，他們較常採取的方式是口頭喝令、武力的出示及使用。通常搶匪想要讓自己看起來似乎非常凶狠的樣子，而頭罩與面具除了隱藏身分外，還有建立權威及處理緊張的功能。職業搶匪可能在行動即將完成但遭到拖延時使用暴力，脫逃雖可能使用暴力，但他們盡可能避免用槍，除了聲音大、吸引注意力外，他們不太希望傷害或殺害他們的受害者；他們只想要錢，並不想傷人。雖然如此，但在面對警察的情形下，不可避免地有時也會有開槍的情形。

四、擬定脫逃路線（The Getaway）

擬定脫逃路線是任何搶劫中最重要的步驟，不論任務是否成功，搶匪們必須脫逃。在搶劫的過程中，速度是主要的考量，在現場待愈久，被逮捕的危險就愈大。在棄置他們安排脫逃的車輛之後，他們陣地移至成員所有的車中，如果一切順利，他們會分散開來，到不同的城鎮去或較為祕密行動直至風聲過去。暴力最可能發生於脫逃的過程中，可能開槍射擊、衝撞道路障礙或抓人質。搶匪在此階段所做的即是清理現場，且盡可能逃得愈快、愈遠愈好。因此，擔任司機的同夥其技術就非常重要（Conklin, 1972）。把搶劫當成工作來研究時，它和其他很多合夥的生意並無太大不同；雖然可將搶劫看成一群無情暴力之人，在某些情況下所從事之無感覺的、暴力的掠奪行動。但較正確來說，搶劫可看成具有某些特徵的事件。最主要的三個特徵是：計畫、組織及被害者管理之技巧。職業搶劫犯在此三方面所展現的特質較高；而零星犯案的搶劫犯屬機會犯者，在計畫及組織方面所展現的特質較低，且在犯案時較常出現混亂、害怕及失常的情形。

在台灣，楊士隆與程敬閏（2003）曾針對一組強盜集團六名罪犯進行個案訪談研究，發現此犯罪集團犯案多因經濟、同儕壓力及僥倖心理而啟動，且在目標物選擇、結夥、行搶路線、工作分配、行動過程、風險評估上均有相當考量與專業，幸該犯罪集團僅成軍二星期即為警方偵破，否則極可能發展成更具組織與規模之強盜集團，造成更大危害。

第五節 強盜、搶奪犯之犯案特性

　　一般而言，強盜、搶奪犯犯案之特性，依其犯案專業程度而呈現差異。專業型之搶劫犯基本上花更多心思於犯案計畫、準備、分工與脫逃之安排上。相對地，業餘或臨時起意者則較魯莽、草率，缺乏前項準備。茲分述此二搶劫犯類型之犯案特性，供執法人員與民眾參考。

一、專業搶劫犯之犯案特性

（一）專業搶劫犯在犯案時，除仔細調查合適目標外，並從事各項演練，以確保做案之成功機率，降低被逮捕之機會。

（二）專業搶劫犯犯案之地域距離愈遠，亦較可能尋找困難度較高、利潤豐富之目標。

（三）專業搶劫犯在犯案時常結夥，分工趨於細密，包括：發動搶劫、擔任控制場面者、威脅經理取款者及擔任把風與駕駛者等（Koppen and Jansen, 1997）。

（四）專業搶劫犯在實際犯案時常偷竊車輛，作為運輸錢款及警示、脫逃之用。同時使用偽裝道具，以隱藏身分。此外，其行搶時會避免開槍，以減少旁人注意。

（五）專業搶劫犯在開始進行搶劫行動時，較少高聲喊叫「這是搶劫」（This is a robbery），而以遞交紙條之方式進行居多（Kroese and Staring, 1992）。

二、業餘搶劫犯之犯案特性

（一）業餘搶劫犯多獨自犯案，缺乏分工，同時犯案較為直接（如直接喊叫「這是搶劫」），未經偽裝、演練。

（二）業餘搶劫犯使用之犯案武器較為簡易，甚至未刻意準備脫逃工具即犯案。

（三）業餘搶劫犯在實際犯案時，較不注意標的物之周遭環境及防禦能力，一時興起即可能犯案。

（四）業餘搶劫犯較容易傷及民眾，但相對地被逮捕之機率亦相對地提高。

（五）業餘搶劫犯較常以便利商店、餐館為行搶目標，同時犯案地點較靠近其居住地。

除前述不同之犯案特性外，此二類型強盜、搶奪犯亦同時具下列共通之犯案特性。

（一）犯案以鄰近地域為主。學者Capone與Nichols（1976）之研究顯示，33%之搶劫犯在住家附近1.6公里內犯案，其中超過50%係在住家3.2英里內犯案。Koppen與Jansen（1997）之荷蘭研究則顯示，超過半數之搶劫犯係在其住宅3.5公里內犯案。

（二）強盜犯被害者以男性從事商業及金融業者占最多數，搶奪犯罪之擇定則以女性家庭主婦居多。

（三）搶劫犯與被害者鮮少是熟識者，行搶對象多為陌生人。

（四）行搶時以市街商店最易受到攻擊，而街頭馬路之搶劫為較常見型態。

第六節　強盜、搶奪犯與被害者之關聯

　　強盜、搶奪犯與被害者之間關聯如何，在犯罪研究上亦受到重視。本部分分別從被害者特性、強盜、搶奪犯與被害者之熟識程度及互動情形，扼要說明其關聯。

一、被害者之特性

（一）性別：強盜案件被害者之性別以男性居多，女性受害者次之。搶奪案件之受害者則以女性居多，男性次之。

（二）教育程度：強盜案件被害者之教育程度以高中程度占較多數，其次為國中程度。搶奪案件受害者之教育程度則以高中程度占最多數、其次為大專程度及國中程度。

（三）職業：強盜案件被害者以服務工作人員（含售貨員）為最多，其次為無職、再次為學生。搶奪案件被害者則以無職者為較多，其次為服務工作者。

　　如前述台閩刑案統計之資料呈現外，研究顯示成為被害者之機率因人而異（Cohen et al., 1981）。基本上成為犯罪被害者之機率，隨著年齡之增加而降低；但卻隨著失業而升高。然而倘收入增加，成為搶劫被害者之機率即降低；但倘獨居，其被害之機率又跟著升高。

二、強盜、搶奪犯與被害者之熟識程度

基本上，強盜、搶奪犯與被害者間很少是熟識者。研究顯示大約有四分之三之強盜、搶奪犯並不認識被害者（Gurtis, 1974; Hindelang, 1976; Timrorts and Rand, 1987）。其主因乃因倘為熟識，即可運用偷竊或其他方式達成獲取財物之目的；且如彼此認識，則較容易被舉發，而為執法人員逮捕。王佩玲（1990）對強盜、搶奪犯罪被害者研究顯示，強盜犯與被害者間大多為不認識之陌生人（79.1%至87.8%不認識），搶奪犯亦同，甚至更多為不熟識之情形（84.4%至91.3%不認識）。楊士隆（2001）接受高雄市政府警察局委託從事之「高雄市搶奪案件被害之研究」，亦發現多數被害者與搶奪犯並不熟識。

三、強盜、搶奪犯與被害者之互動

根據Feeney與Weir（1975）之研究指出，在強盜、搶奪犯罪發生被害者反抗時，常增加了受傷害之機率；然而大聲喊叫之結果，卻往往促使搶劫犯停止行搶，同時減少許多傷害。楊士隆（2001）對高雄市搶奪犯罪被害者687名研究則發現，近27%之民眾曾試圖反抗搶匪，而其中23.8%引發搶匪進一步攻擊，其中42名造成輕重傷。

第七節　強盜、搶奪犯罪之防治

在防治強盜、搶奪犯罪上，雖經警察機關持續部署勤務進行防搶工作，但搶案仍持續發生，未見紓緩。筆者以為除搶匪妄想一步登天，貪圖立即享樂，且多數認為被逮捕之機率相當低而無法阻止外，民眾之疏忽與機構缺乏自我防衛設計與訓練皆亦為要因。惟在防治強盜、搶奪犯罪上，筆者在回顧前述強盜、搶奪犯犯案之特性後，提供如下之防治建議：

一、機構之防搶作為（蔡中志、陳靖平，1992、1993；黃富源，1986）

（一）硬體安全設備之改進

1. 強化櫃檯安全結構與高度（阻絕）。
2. 普設錄影監視系統（嚇阻、偵測）。
3. 裝置按鈕式催淚瓦斯噴射器或強烈鎂光燈（反擊）。
4. 使用雙鎖保險櫃，兩人始得打開（阻絕）。

5. 進出口設置護欄或旋轉門，以拖延犯罪者脫逃之時間（延遲）。

（二）加強人員之訓練、管理與配制

1. 勿暴露機構內部結構與作業流程。
2. 加強訓練，培養員工觀察力及臨場應變能力。
3. 做好每日安全檢查工作。
4. 出入口可酌編配保全人員，加強人員管制。
5. 夜間值班，切忌獨自一人，至少以編配二人以上為宜。
6. 審慎甄選員工，並加強員工自律與管理，避免監守自盜。

二、被害預防與個人自我保護措施

（一）避免成為搶劫合適之標的物

1. 外出結伴而行。
2. 避免深夜外出或走暗路捷徑，減少暴露於被害危險情境。
3. 減少穿金戴銀、將錢財暴露，或其他誇耀身分地位之舉動。

（二）自我保護措施之加強

1. 走路時宜靠左邊走，皮包亦宜掛在左邊。
2. 隨身攜帶哨子警報器或瓦斯噴霧器，以備不時之需。
3. 勤練防身術，加強自我防衛能力。
4. 保持機警，注意可疑人物及車輛。
5. 加強社區守望相助，落實社區警政。

　　綜上言之，強盜、搶奪犯罪之防治端賴警察機關深入瞭解犯罪特性、機構與個人之採行必要防護措施，無論從專業或業餘搶劫犯之犯罪目標擇定與犯案歷程，減少目標物吸引性與酬賞，增加犯罪之成本與風險，使犯罪不易得手，為防治強盜、搶奪犯罪之不二法門。

第十八章　性攻擊行為與犯罪

　　性行為在正常婚姻架構中是被允許與期待的，但倘為強暴、脅迫性質之性攻擊行為（sex offense），在人類社會中則常受道德的批判。本文擬對性攻擊行為中引起社會最大困擾之強姦犯罪（rape）（強制性交罪）及兒童性騷擾與侵害（戀童狂犯罪）（pedophilia）加以探討，同時對其他可能衍生犯罪行為之性變態行為（sexual deviations）一併介紹，以供讀者參考。

第一節　強制性交罪

一、定義

　　根據新修訂《刑法》第221條之規定，對於男女以強暴、脅迫、恐嚇、催眠術或其他違反其意願之方法而為性交者，屬強制性交罪。

　　犯前條之罪而有下列情形之一者，屬加重強制性交罪：

（一）二人以上共同犯之。
（二）對14歲以下之男女犯之。
（三）對精神、身體障礙或其他心智缺陷之人犯之。
（四）以藥劑犯之。
（五）對被害人施以凌虐。
（六）利用駕駛供公眾或不特定人運輸之交通工具之機會犯之。
（七）侵入住宅或有人居住之建築物、船艦或隱匿其內犯之。
（八）攜帶兇器犯之。
（九）對被害人為照相、錄音、錄影或散布、播送該影像、聲音、電磁紀錄。

　　另《刑法》第227條規定了「妨害性自主罪」，即對於未滿14歲之男女為性交及猥褻之行為者，及對於14歲以上未滿16歲之男女為性交及猥褻之行為者屬之。

二、發生數

　　根據台閩刑案統計，台灣地區強制性交案件之發生數每年約為2,000件左

右。官方所記載之發生數仍不多，但值得注意的是強制性交犯罪存有極高之犯罪黑數。許多案件由於被害者基於聲譽不願報案，或由於刑事司法體系處理不當致被告缺乏報案意願，因而使得強制性交犯罪之真實數量無法正確呈現。無論如何，強制性交犯罪之數量依推估絕對是冰山一角，亟待正視。

三、強制性交犯罪對被害者之影響

研究指出，受害者在遭遇強制性交後，其所造成之傷害非一般人所能瞭解，至少是身體與心理的雙重傷害，扼要說明如下：

（一）身體之創傷

除可能面臨一般外傷、陰道淤傷、處女膜破裂外，女性亦可能因此而懷孕、感染性病或其他疾病，嚴重時甚至強姦後遭殺害、肢解及棄屍。

（二）心理之傷害

1. 強制性交創傷症候群（rape trauma syndrome）（Burgess and Holmstrom, 1985；黃富源、黃徵男，1999：4）係指強制性交受害後之生理與心理適應不良症候，包括：抑鬱、沮喪、睡眠與飲食模式改變，抱怨不明的頭痛或其他病痛而不願上班工作，喪失自信心，工作表現一落千丈、無力感、無助感、脆弱感，與工作單位、職務產生莫名的不滿或疏離，感覺與其他同事的隔離，對兩性關係的態度與行為有所改變，無法集中注意力，害怕與焦慮，易與家人或朋友生齟齬，並可能導致酗酒與藥物之成癮依賴。

2. 創傷後壓力疾患（post-traumatic stress disorder）依據美國精神醫學會（1987）之說明，係指受害者對受創事件之持續體驗、持續逃避與此創傷有關之刺激，或對外界反應麻木。持續驚醒性增加，如難以入睡、驚嚇反應誇大、冒汗等，而症狀至少持續一個月以上。

四、強制性交犯罪之型態

強制性交犯罪之型態，依動機可區分為性滿足、暴力攻擊及混合型等，依對象則可區分為下列三類型（Allison and Wrightsman, 1993；蔡德輝、楊士隆等，2010）：

（一）陌生者強制性交（Stranger Rape）

係指被害者為其所不相認識且無情感交流者，以暴力、脅迫、藥劑、催眠

術或他法強行姦淫而言。此類強制性交案件最常使用武器（尤其是刀械）與暴力（Scully, 1990）。

（二）約會與熟識者強制性交（Date Rape and Acquaintance Rape）

約會強制性交係指發生於有情感交流關係之人，在特定約會或日常接觸情境中所發生的強制性交行為。加害人與被害人之間可能是初次約會的男女、偶爾或經常約會的男女、感情穩定的情侶（男女朋友）。

熟識者強制性交係指發生於有相識關係的人之間的強制性交行為，但不包括約會男女、情侶間的強制性交行為。加害人與被害人之關係可能是一般朋友、認識的鄰居、同事、同學、師長、上司、下屬、親戚、業務上認識的人士，及其他相識的不特定人士。

（三）配偶強制性交（Spouse Rape or Marital Rape）

係指配偶之一方違反當事人之意願，而使用暴力手段，以遂其姦淫之目的。此類配偶強制性交型態甚為普遍，但多數國家並未立法規範，英國、美國及台灣婦女權益較為先進之國家立法則已將其視為觸法之型態，但台灣屬告訴乃論罪。

五、強制性交犯之類型

強制性交犯之種類甚為繁多，惟可依犯罪者之動機、情緒、特性及受害對象等加以分類。根據學者Cohen等（1971）之見解，強制性交犯之類型包括：

（一）替換攻擊型（Displaced-Aggression Rapist）

此類型強制性交犯大多以妻子或女友為對象，藉著強暴並予身體之傷害，以表達憤怒。此類型並不以性滿足為訴求，攻擊行為存為羞辱、傷害本質。

（二）補償型（Compensatory Rapist）

此類型強制性交犯係以強暴滿足性慾之方式，獲取失去之自尊，重拾男性之尊嚴。

（三）性攻擊放射型（Sex-Aggression-Diffusion Rapist）

此類強制性交犯融合了性慾之需求與身體傷害之攻擊暴力，呈現出虐待之病態行為。

（四）衝動型（Impulsive Rapist）

此類型強制性交犯缺乏計畫，以機會呈現時之衝動反應爲主。

此外，心理學學者Groth（1979）在臨床觀察500名強制性交犯後，將強制性交犯區分爲下列三類：

（一）憤怒型（Anger Rapist）

此類型強制性交犯心中充滿憤怒與敵意，在沮喪、憤怒或長期之衝突累積至一定程度而無法忍受時，即可能爆發強暴行爲。此類型之強制性交犯約占40%。

（二）權力型（Power Rapist）

此類型強制性交犯並不完全以性的滿足爲其目標。相對地，從強暴之攻擊行爲中，獲取支配權，減輕其不安全感與自卑感；而重拾男人之權威與自尊則爲其主要目的。此類型強制性交犯約占55%。

（三）虐待型（Sadistic Rapist）

此類型強制性交犯融合了性之需求與暴力，除強暴外，並以折磨、綑綁、鞭打、燒灼、切割等方式凌虐受害者，施虐行爲可使其達到性亢奮。此類強制性交犯約占5%。

六、強制性交犯之特性

根據許春金等（1992）對強暴犯罪型態與加害者人格特性之研究，認爲強制性交犯罪的特質如下：

（一）年齡較大者對年齡較低者之犯罪。

（二）犯罪以發生於夜晚、室內、一對一之熟識者間居多。

（三）犯罪是暴力犯罪性質多於性之犯罪。

（四）犯罪加害者有許多與性犯罪無關之前科。

黃富源（1995）以台灣刑案統計之資料，分析台灣地區強、輪姦加害者之特性指出：

（一）強姦犯罪者，在30歲以下、12歲以上者，占總強姦加害嫌疑人的81.5%。

（二）強姦犯罪加害者之教育程度並不高，而以國中程度所占比率最高，約達

所有強姦犯罪者之四成左右（38.7%）；小學程度所占比率次之，爲所有強姦犯罪者之三成左右（29.21%）。

（三）強姦犯罪加害者的職業依序爲工礦業、無業、從商、農漁牧、交通業者、學生、公務員、服務業等。

蘇恆舜（1996）蒐集台北監獄強姦犯罪受刑人之判決書與性犯罪強制診療精神診斷報告書加以分析後，指出強姦犯之特性主要有以下各項：

（一）強姦犯罪加害者以20至39歲居多數，占六成以上。

（二）在強姦犯罪加害者之職業方面，以工礦業最多，占了一半以上。

（三）犯案時段以選擇在零至六時夜深人靜時最多，有近三成。

（四）強姦犯罪犯案的地點以在加害者家中最多，將近三成。

（五）強姦犯罪的動機方面，事先預謀與臨時起意的比例相當。

（六）強姦犯罪手段以徒手強制最多，占六成之多。

（七）強姦犯罪加害者與被害者之關係爲陌生人最多，占六成以上。

（八）有前科紀錄的強姦受刑人將近五成，其中強姦罪（含妨害風化罪）有二成。

（九）幼童及未成年少女被害情形嚴重，占五成以上。

根據筆者參與多次強制性交犯罪診療會議之觀察與相關研究，強制性交犯罪加害者之心理、生理與社會特性大致如下：

（一）大多來自破碎家庭。

（二）呈現家庭病史特徵。

（三）有強烈的異性虐待妄想。

（四）婚姻生活並不協調美滿。

（五）部分犯罪加害者有陽痿現象。

（六）部分犯罪加害者兒童早期曾遭受性侵害。

（七）犯罪加害者早期常有精神疾病之呈現。

（八）犯罪加害者存在智能不足現象。

（九）大多挫折忍受力低，並且有嚴重自卑感。

（十）人際處理拙劣。

（十一）工礦業及無固定職業者居多。

（十二）早期有偏差（如：酒癮）與犯罪行爲出現。

七、強制性交迷思

強制性交迷思係指社會上普遍流傳對強制性交事件以偏概全、似是而非之論點，依據羅燦煐（1995）之引介，強制性交迷思一般可區分為三大類：

（一）有關受害人的刻板印象

1. 好女孩不會被強姦。
2. 女人若奮力抵抗，男人絕無法得逞。
3. 婦女若無反抗，就不算強姦。
4. 被強姦的女性一定是穿著暴露或行為不檢。
5. 女人說「不」，只是故做矜持。
6. 女性面對強姦時，多是驚嚇過度，無法冷靜應付。
7. 強姦受害者多是情緒不穩，歇斯底里。

（二）有關加害人的刻板印象

1. 強姦女人的男人是心理不正常的。
2. 男性因為無法控制性慾，才會強姦女性。
3. 正常的男人不會強姦女人。

（三）有關強姦控訴的刻板印象

1. 強姦的目的是為性慾的滿足。
2. 大部分的約會強姦控訴頗令人懷疑。
3. 強姦事件多發生在陌生人之間。
4. 強姦案件的成立須有武器或是暴力證據。
5. 女人會為了某些原因，謊稱受暴。

八、強制性交犯罪之成因

強制性交犯罪之成因具複雜之背景因素，包括：生物、文化、個人病態心理與意外（偶發）事故等，均有可能。另有學者則將強制性交犯罪之發生怪罪於被害者，茲分別說明如後（Ellis, 1979: 409-410）：

（一）生物的因素

部分之強制性交犯，或由於腺體因素，其對性之需求較高，缺乏自制；另強制性交犯亦具高度攻擊性，並呈現部分ADHD症候（楊士隆、鄭瑞隆，

2002）。此外，或因大腦受傷或心智上之缺陷，而對女性懷有敵意，在此情況下，以原始之男性本能（性）對女性造成性侵害。

（二）文化上的因素

在學者Wolfgang與Ferracuti（1967）所描述之暴力次文化（subculture of violence）中成長的人，極易在同儕之鼓舞下，以征服女性之方法（如：強暴），印證其為男人中的男人，而提升地位。此外，在一個具侵略性之國度環境中，如：在美國，男性從小即被教導成為剛強的支配者，強制性交犯罪亦可能係此項強勢文化之副產品。

（三）個人心理因素

倘個人存有高度自卑感，或年幼時曾遭欺侮與動粗或受性侵害，極可能藉強暴之手段，用以重拾男性自尊或報復。此外，個人表達溝通能力欠佳與異性相處能力薄弱等，亦可能埋下日後強暴行為的種子（黃軍義，1997）。

（四）偶發因素

在犯案前酗酒、吸毒或觀賞一系列暴力色情影片或刊物之影響下，個人可能因此喪失自我控制力，而從事性攻擊行為（黃軍義，1995）。

（五）被害者特性與因素

研究發現，性侵被害者多數為未成年人、中低學歷及學生居多（楊士隆等，2016）。而衣著暴露、言行舉止表現輕浮，讓人感覺易於求歡、落單至高山溪畔等人煙稀少處等，將自己陷於被害情境中，易導引性侵案件之發生。

第二節　兒童性騷擾與侵害

在兒童之性騷擾與侵害（child molestation）中，以戀童狂（pedophilia）最引人注目。此項症狀根據DSM-IV（1994）之記載，係指個體對幼童從事性騷擾與性侵害活動，以獲取性慾滿足之行為狀態（加害者為16歲以上，且比被害幼童大5歲以上）。當然，倘使加害人與被害者（幼童）有血緣上之關係，則形成近親相姦（incest）之情況。

一、發生數

　　戀童狂之撫弄兒童性器官或與其性交之行為，在官方統計資料中並未予以詳載，故無法獲知。但從民間之部分調查仍透露出一些訊息。例如：一項對美國1,200名男性之調查顯示，約5%的男性在其一生當中曾對兒童有性侵害之行為（Finkelhor and Lewis, 1988）。此外，學者Russell（1984）對舊金山930名婦女之抽樣調查另指出，大約有12%之婦女在14歲前曾遭親戚性侵犯，29%之婦女在14歲前則至少遭遇非親戚陌生人之性侵犯。整體而言，大約有28%之婦女在其達14歲前至少發生性侵害事件。這些調查指出了兒童遭受性騷擾與侵害之事實亟待正視。

二、戀童症之類型

　　林山田與林東茂（1990：307）引述英國學者Fitch之見解，將戀童狂區分成下列五種類型：
（一）不成熟型：這類戀童狂自覺無法成功地扮演男性角色，而對於幼童存有幻想。因此，屬於情緒上的不成熟。
（二）挫折型：這類戀童狂曾經從成年女性得到性的挫折感，充滿不安定感與被拒絕感，而訴諸原始的行為模式。此種戀童犯可能以自己的兒女為對象。
（三）反社會型：此種戀童狂是由於短暫的衝動所驅喚，通常以陌生的幼童為對象。
（四）病理型：此種戀童行為是由於精神疾病、心智缺陷、機體失衡或早衰而無法控制性衝動所引起。
（五）多重性：戀童行為的發生，不全然由於情緒問題或性問題所造成，其原因可能是多方面的。
　　此外，美國麻州處遇中心（Massachusetts Treatment Center）亦根據戀童狂之行為型態而將其做以下之分類（Knight, 1988）：

（一）特定型或非成熟型（Fixated or Immature）

　　此類型戀童狂將幼童視為性與社交之對象，其無法與其他成年人（男或女）發展成熟之正向關係，且在社交上是欠缺成熟、羞怯、依賴的。其經常在與幼童打成一片，相當熟識後，開始進行性接觸。特定型戀童犯很少是已婚者，但亦缺乏與他人維持長久之友情。在進行性接觸時，此類型經常以撫摸、

關愛之方式進行，但較少以強迫或使用武力之方式進行。由於其視幼童為同夥關係，故在治療上相當困難，再犯率甚高。

（二）退卻型（Regressed）

此類型戀童狂原本在成長中發展正常，但卻在後來因就業、社交或性生活方面產生問題，而退卻下來。其經常喜歡對陌生之女性幼童進行性器官之接觸，但卻也因從事此項行為後經常感到後悔，因此其矯治之可能性相對地提高。

（三）剝削型（Exploitative）

此類型戀童狂主要係以幼童來滿足性慾之需求。其大多針對幼童之弱點加以控制，以遂其要求。基本上，此類型戀童狂與受害者並不熟識，其嘗試引導幼童離開熟悉的環境，並以武力遂其性侵害之目的。此類型呈現長期之犯罪與反社會行為，社會關係不良，且性情衝動，故以幼童為侵害對象。臨床之觀察發現矯治之可能性甚低，因為在其生涯中存有太多不易改善之缺陷。

（四）攻擊型或虐待型（Aggressive or Sadistic）

此類型戀童狂對幼童之性侵害兼具性與攻擊之需求。其大多有很長之犯罪紀錄，且對環境適應甚差。大多數以同性之幼童為施虐對象，手段甚為殘忍，倘受害者愈痛苦，其獲得性滿足之程度愈高。此類型戀童狂經常從事兒童綁架與謀殺案件。臨床發現，其不僅對兒童而言是異常的危險，同時在各戀童狂中，亦最難治療。所幸其人數不多。

三、戀童狂之特性

根據學者Bartol（1991）之綜合文獻，戀童狂之特性與一般強姦犯甚為相似，主要特性包括：
（一）戀童狂之年齡層以36至40歲居多。
（二）戀童狂以男性居多。
（三）缺乏責任感，大多認為其行為非其所能控制。
（四）大多腦部功能具有缺陷。
（五）呈現智能不足現象。
（六）有酗酒現象。
（七）學校生活適應不良，退學率高。

（八）工作缺乏穩定。

國內目前尚未將戀童狂做嚴謹之分類，其社會、心理特性仍缺乏探討，故是否如前述說明，尚待進一步研究。

四、戀童狂之成因

戀童狂之成因至為複雜，非單一之因素所能周延解釋，然而根據Finkelhor與Araji（1986）之研究，戀童狂之成因可以下列四項理論綜合說明：

（一）情緒相合理論（Emotional Congruence Theories）

此項理論嘗試說明，為何一個人尋求與兒童發生性接觸，以滿足自己的情緒與需求。此派大致認為，戀童狂具有兒童之依賴與情緒需求，故認為與兒童之接觸較為舒服。惟另一分支則認為，戀童狂患者在其日常生活中面臨低自尊與喪失效能之經驗，故與兒童之發展關係可從中拾回自尊，並感覺到自己的主宰。

（二）性喚起理論（Sex Arousal Theories）

此項理論說明，為何一個兒童之某些特質可激起其性的激勵。此派認為，戀童狂因兒童之某些特性喚起性慾，但由於某些理由，並未對其他正常之成年人有此項感覺。對兒童之鍾愛，乃因與兒童進行性接觸時特別感到生動、刺激，甚至獲得以往無法獲取之性興奮與高潮。此外，另一分支指出，戀童行為之發生與戀童狂在幼年期遭遇高頻率之性侵害有關。然而，為何性侵害之夢魘與戀童行為之愉快感相關聯，則並不清楚。

（三）阻斷理論（Blockage Theories）

此派認為戀童行為之發生，乃因一個人與異性成年人在性與情感關係上阻斷之結果，在面臨此項挫折之同時，因而尋求兒童伴侶。此派特別強調，戀童患者具有退卻、羞澀、浮動、缺乏肯定之人格特質，這些社交缺陷使得其無法與成年異性發展性與情緒關係。當婚姻關係趨於破碎時，戀童狂可能尋求與女兒進行性接觸替代之。

（四）抑制解放理論（Disinhibition Theories）

此派認為行為人對行為喪失自我控制與管理，導致戀童行為之發生。衝動控制有缺陷、過度使用酒精與藥物及眾多壓力之累積等，均有可能促成偏差性

行為型態之發生。許多戀童狂因而將責任歸諸於外界之壓力，拒絕承擔責任。諸如：我無法克服困難，我不知道怎麼會發生在我的身上等，乃成為常見之訴求。

第三節　性變態之攻擊行為

除前述強姦與戀童狂引人注目之性攻擊行為外，其他型態之性攻擊、變態行為，如：暴露狂（exhibitionism）、窺視狂（voyeurism）、戀物狂（fetishism）等亦在本節中扼要介紹。

一、暴露狂

暴露狂基本上係指在異性前暴露性器官以獲取性的滿足。根據許多研究顯示，暴露狂在西方國家是最常見的性侵犯行為。例如：在加拿大及美國，暴露狂大致占所有性犯罪之三分之一；在英國，暴露狂大約占四分之一；然在印度、日本、拉丁美洲與部分第三世界國家，暴露行為是很少發生的。

Bartol（1991）指出，暴露狂大致具有下列特徵：

（一）大多以公共場所（如：公園、戲院等）為暴露之地點。

（二）總是針對陌生女性進行暴露。

（三）大多是用來驚嚇女性、示威之用。

在分析暴露狂之背景資料時，學者Blair與Lanyon（1981）指出，暴露狂之教育程度與職業適應並不差，且其智能缺陷與發生精神疾病情形亦未如一般人口嚴重；然值得注意的是，暴露狂在其他輕微性攻擊行為上（如：窺視）則較為頻繁，但倘真遇上被害者要求性行為時，則大多落荒而逃。

根據馬傳鎮（1983：169）之分析，其成因包括：

（一）缺乏男性信心，藉此向異性威脅或報復，以增加其優越感。

（二）典型暴露狂患者，多為安靜、順從的人，來自嚴厲的家庭環境，具有不適當的自卑感與不安全的情緒感覺，同時過分依賴具控制權力的母親。

（三）已婚男子患者多半是無法從配偶處取得性的滿足。

（四）大部分暴露狂患者具有強烈的手淫罪惡觀念，繼而常與暴露自己的力量相抗拒，形成一種強迫行為，一旦性動機強烈，即迫使自己發生暴露行為。

二、窺視狂

窺視狂係指私下未經允許觀賞他人脫衣服、裸露或從事性行為，以獲取性滿足與興奮之行為。

此項行為基本上並不嚴重，但因侵犯他人之隱私，故無論在道德或法律上均是可責的。此類窺視狂大多為男性，一般稱之為偷窺的湯姆（Peeping Tom）。其生活消極、自尊心低、羞怯，並不以傷害被害者或進行性接觸為目的；偷窺之同時，常伴隨著手淫，其行為一般認為具有可代替正常異性關係之功能。

三、戀物狂

係指對無生命之某物，如：異性之內衣褲、胸罩、手帕等產生畸戀，進而希冀占有、輕吻、撫弄、觀賞，從中獲得性滿足而言。

此項行為基本上為男人之專利，大多在室內進行。但因其對某物之畸戀，故可能以偷竊或其他侵入住宅之方式，盜取他人財物，而觸犯竊盜罪。

四、觸摸癖

依據美國精神醫學會（1994）《精神異常診斷與統計手冊》之定義，觸摸癖（frotteurism）係指在未經他人的同意下，用自己的身體部位去碰觸或摩擦他人（多數為女性）的身體，以尋求性刺激之性異常行為型態。

觸摸癖迄今仍所知不多，但實務上曾發生此類癖好者，在公共運輸車輛及火車上，利用人多擁擠之機會，以生殖器部位摩擦女性之身體，藉以獲取快感，進而在射精後驚嚇女生之案例。

第四節　性攻擊行為之防治

鑑於性攻擊行為之潛在威脅存在於社會每一個角落，故採行必要措施、積極展開防治工作乃有其急迫性。性攻擊行為之防治涉及司法與行政各部門之專業投入與合作，但目前我國性罪犯處遇與矯治制度迄未完善，包括刑前強制鑑定治療缺乏適切評估工具、治療人員訓練嚴重不足且缺乏相關診療設備，刑中強制診療制度未能落實、未做好釋放前準備等，刑後身心治療及輔導教育仍待改進等（楊士隆、鄭添成、陳英明，2003），因此積極之防治措施仍然困難重

重。茲從一般預防、處遇與再犯預防三個面向，提出防治建議，以期減少其發生。

一、性攻擊行為之一般預防措施

性攻擊行為之一般預防措施，可分別從性攻擊者及被害者兩方面著手：

（一）性攻擊者之初級預防（黃軍義，1995：152-156）

1. 健全家庭組織與強化親職教育：強制性交犯多來自破碎、暴力頻傳、管教失當與欠缺家庭溫暖之家庭，故健全家庭組織與強化家庭功能，乃刻不容緩。

2. 建立兩性平等觀念：強制性交行為之發生，亦可能導源於兩性觀念或態度之偏差，如：大男人主義、傾向男性化迷思及對被害人不利之強姦迷思，故應透過家庭、學校與社會教育加以導正。

3. 加強法治教育：研究發現性侵案件類型以兒少合意性交／猥褻為大宗，顯見兒少缺乏對與未滿16歲者發生性行為係觸犯法律規範之認知，故應加強國小高年級以上學生之法治教育觀念，以避免因不知法律而不慎觸法（楊士隆、許福生等，2016）。

4. 注意曾經疑似有不良紀錄之教師：研究發現加重強制性交／猥褻行為類型部分，兩造關係為師生者占29.59%（楊士隆、許福生等，2016）。建議教育單位於遴選教師時，應深入瞭解教師過去的素行，對於曾經疑似有不良紀錄之教師，宜進一步查察，以確認教師的適任性。另應強化教師對自我的道德標準，並經常訪查、瞭解教師平日與學生的互動是否有異狀，以即時介入，防止師生發展法律所不允許的關係或行為。

5. 加強娛樂場所及旅宿業者對於酒醉者的人身安全防護措施：研究發現於乘機性交／猥褻之犯罪類型中，其案發情境為原告酒醉或服藥昏睡者，占整體36.61%，其發生之情況多為他人介紹認識，受到同事或同學（袍）邀約，於危險時段為晚上8時至11時（晚餐時段）赴約外出，然後因酒醉或服藥昏睡後遭性侵害。顯見伴隨近年來娛樂型態的改變及夜生活文化的流行，經常發生有心人士至夜店（或附近）「撿屍」之案件類型，對於意識不清或不知抗拒的酒醉友人（多為女子），予以性侵害（楊士隆、許福生等，2016）。筆者認為為保障消費者飲酒後（尤其是酒醉者）的人身安全，政府機關對於娛樂場所及旅宿業從業人士應加強其保障消費者人身安

全的宣導與教育，提供安全防護服務，以避免消費者因酒醉而受害。

6. 改善社會暴力風氣與價值觀：研究顯示社會對暴力行為的支持態度（如：是否贊成死刑、對軍備擴充的態度、對槍枝管制的態度、對以暴力手段解決問題的態度等）與所允許的暴力活動情形（如：各學校容許體罰的情形、判死刑的多寡、參與打獵人數的多寡等），影響及社會強暴案件之發生率（Baron et al., 1988）。故積極改善社會暴力風氣，有助於減少強制性交犯罪之發生。

（二）被害者之預防

1. 避免成為性攻擊者合適之標的物，包括：衣著暴露、予人易於求歡之印象。
2. 行為人外出時應結伴而行，避免落單至人煙稀少之地方或隨意至陌生人家中。
3. 提高警覺防衛意識，隨身攜帶瓦斯噴霧器、警鈴等，或參與自我防衛及防暴訓練，強化自身安全維護工作。
4. 加強對弱智少女等身心缺陷／身心障礙者之保護，並加強宣導，提高其妨害性自主之認知與防衛能力，減少被性侵之機會（楊士隆等，2009；楊士隆、許福生等，2016）。

二、性攻擊行為之處遇

由於性攻擊行為之發生涉及複雜之生理、心理與社會因素，且行為人經常抗拒改變其迥異之性變態型態，因而其矯治並非傳統刑罰機構之制裁所能奏效（Prentky, 1995），故須以處遇之觀點因應。學者Furby等（1989）在回顧相關研究與臨床文獻後曾悲觀地指出，目前的處遇雖日趨完善，但並無法保證這些性攻擊行為人出獄（院）後不再犯。

儘管如此，西德犯罪學者施耐德（H. J. Schneider）卻指出，倘強姦犯未受適當的處遇即離開監獄，在五年內，大約有35%的人將重操舊業（林山田、林東茂，1990：300-301）。美國司法部（United States Department of Justice）之研究顯示，未治療之性侵害加害人，在釋放後三年的追蹤，其累再犯率約為60%，治療後則降為15%至20%（周煌智，1999）。因此，我們認為對各類型性攻擊行為者仍應施以妥適之矯治處遇，以減少其再犯之機率。在處遇上，筆者認為應考量下列諸點：

（一）由專業人員診斷並援用適切之測驗，對各類性攻擊行為予以妥善分類，達成個別化處遇之目標，同時建立再犯危險評量，避免再犯（林明傑、曾姿雅，2004）。

（二）參考臨床成功之案例，依個案之不同，提供妥適之輔導與治療服務，例如：援用在文獻上廣受肯定之認知行為療法（cognitive-behavioural interventions）（Epps, 1996；楊士隆，1997c；楊士隆、吳芝儀等，2010）或施以藥物治療等，強化行為之控制與管理，減少再犯。

（三）由於性攻擊行為之發生，往往與行為者成長之家庭結構和環境密切相關，故必要時宜對其進行家族治療。

（四）對於再犯危險性高之強姦習慣犯，可考慮修法科以強制矯治之保安處分；倘鑑別出與過多之性趨力有關，亦可考慮應用抗男性素或雌激素治療（如醫藥界之anti-androgeen cyproterone acetate及tranquillizer benperidol）（Bancroft, 1983），或施以「打滕」以電擊之方式使其暫時喪失性能力，並輔以心理治療，以避免再犯。

三、性攻擊行為之再犯預防

鑑於性侵害加害者再犯之情況並不低，台灣地區林明傑（2001）、王家駿等（2001）等引述多位國外學者專家之相關研究指出，有必要加強再犯預防工作。如科羅拉多州發展出有名之「抑制模式」（containment model），其認為對較高危險的假釋犯應有較密集的觀護（如每週三至五次之面對面監督）、每三個月或半年一次到警局之測謊（polygraph testing，詢問其有無再接近高危險因子，如有無再看色情出版品、接近小學、酗酒、有無再犯等，題目由輔導治療施予，測謊員擬定），及每半年或一年做一次陰莖體積變化測試儀（penis plethysmography）以瞭解其偏差之性偏好有無改善。

根據佛蒙特州性罪犯處遇方案所提出「性罪犯之社區監督鑽石圖」（supervision diamond）（詳圖18-1），認為性罪犯之社區監督應有如菱形鑽石之四角且缺一不可（引自林明傑，2001），此四個元素為：觀護人之社區監督、社區之輔導治療師、案主之支持網絡（如好友、工作之老闆，或輔導中之其他人員）及定期測謊。

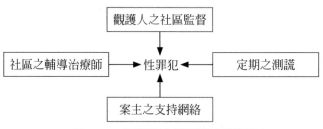

圖18-1　性罪犯之社區監督鑽石圖

資料來源：Cumming and McGrath (2000).

第十九章　縱火犯罪

近年台灣地區火災頻傳，造成嚴重之傷亡案件（沈子勝，1996），其中除因電線走火、亂丟菸蒂、機械過熱等所引起之原因外，縱火案件係形成巨災之主要因素之一（熊光華，1996a；1996b；1996c）。本文蒐集國內外文獻，對縱火犯罪進行探討，希冀瞭解其本質與內涵，並研擬妥適防治對策供參考。

第一節　縱火犯罪之意涵

「縱火」，基本上係一種對於財產上故意且惡意破壞的放火行為（the willful and malicious setting of fire to property）。「縱」指「放」或「放任」之意，其中隱含「想怎樣就怎樣」、「煽風點火」的意味；依此觀點，「縱火」（arson）主要是指特定人故意放火或放任火災發生而不顧他人生死，亦即行為人置火災可能造成之浩劫於不顧的偏差行為。換言之，由人類自由意志故意釀成非人力所能控制的火災，稱為「縱火」。它是一種非常個人性的犯罪，也是社會問題的一種（陳金蓮，1994）。

除學界之定義外，美國司法部將縱火罪定義為在未經所有人之同意下，以放火或爆裂之方式，故意或企圖損害或摧毀財物之行為〔intentional damaging or destruction or attempted damaging or destruction by means of fire or explosion of property without the consent of the owner, or of one's (own) property ...（U. S. Department of Justice, 1988: 3）〕。我國《刑法》上認為縱火罪為破壞公共安全之犯罪行為，且依燒燬或炸燬標的物之不同，以及燒燬或炸燬係行為人故意縱火或故意引爆，抑係過失引致火災或爆炸等，而將放火罪與失火罪區分為：放火燒燬現供人用之住宅或現有人在之處所罪、放火燒燬住宅等以外之他人所有物罪等10項（林山田，1988：434-435）。

第二節　縱火犯罪之特徵

縱火犯罪係最容易著手且危害甚大之犯罪，根據陳金蓮（1994：373-376）之研究，縱火特徵中最明顯者，包括惡質性、便宜性、破案率低、恐怖性、單獨性和普遍性等六項：

一、惡質性

縱火者的動機與行為以憤世嫉俗、仇恨、擾亂、破壞、滋鬧、人格異常者居多，本身即屬惡質意念。而火災一旦釀成，其結果深具破壞性，小則奪人寶貴性命，大則使環境滿目瘡痍，更會造成人心的惶恐不安。

二、便宜性

想要縱火的人，極易點燃火種，蓋因火種唾手可得，俯拾皆是。只要輕輕縱放一把火，其勢足以燎原；它可以輕易燒掉犯罪的證據、湮滅證物，也可以藉此詐領鉅額保險金，且罪刑不重，在此一放一收之間，所得代價幾與支出不成比例。

三、破案率低

依據台北市之統計，1991年及1992年發生涉及縱火之案件共計有316件，而查獲涉嫌縱火犯之件數卻只有57件。以18%之低破案率而言，縱火的確是較安全之犯罪方法，且因其易於著手進行，致犯罪者易於學習與採用。

縱火案件破案率低，反映了縱火案件不易偵破的事實。究其原因除了縱火之易於湮滅證據、易於著手、易於脫罪外，與相關消防單位調查和鑑定能力不足，以及偵查防制不易都有密切之關聯性。

四、恐怖性

縱火基本上具有恐怖主義性質。就恐怖性而言，縱火係藉火災的惡質化，製造恐怖、害怕、受驚情境，使人心煩意亂或心生恐懼，以達到強迫性改變之目的。其與一般恐怖分子以暴力暗殺、爆炸、狙擊、綁架之作為可謂是相去不遠。尤其縱火之受害者是不特定的社會大眾，故其對公共安全的威脅性自不在話下，因此很多恐怖分子樂於採用這種方法以為訴求之手段。

五、單獨性

縱火只要一根火柴及短時間即可完成犯罪，且亦不需太多的體力，故不管是男女老幼、大人小孩，皆有可能犯罪，其年齡層極爲寬廣。惟值得一提的是，連續縱火犯大多爲單獨犯，共犯則很少。

六、普遍性

無論古今中外，凡有人類聚居生活的地方就有縱火的存在，沒有一個社會是沒有縱火的，僅有數量多寡與程度之差別而已。俯仰今昔，例子繁多。首先，就古往今來之國外事例而言，據歷史記載，拿破崙曾於1812年進攻俄國，法軍進抵莫斯科，俄人早已先縱火焚城，採堅壁清野政策；其次，我國之少林寺，歷代皆難逃燹兵之災，在歷史上曾被大火焚燒三次，近代於1928年又被軍閥石友三部隊縱火延燒四十六天。

第三節　　縱火犯之類型

縱火犯之類型，依Holmes與Holmes（1996）之見解，可區分爲有組織（organized）及無組織（disorganized）兩種人格類型（張淑慧等，1998：6）。前者有精緻的點火裝置，較有技巧的侵入，物證相對缺乏，並且具有系統的犯罪手法。後者則使用唾手可得的物品，運用火柴、香菸和助燃物，遺留較多之物證。

此外，中原大學心理系張淑慧等（1998）援引陳金蓮（1994）所蒐集之216名縱火犯資料，對其中166名縱火犯進行分析發現，國內縱火犯計有下列四大類型：

一、一般縱火犯：以20至40歲之男性未婚者爲主，縱火方式以汽油爲主，以被人檢舉而破案者最多。

二、臨時起意犯：犯罪意圖以臨時起意爲多，且多爲初犯，使用瓦斯較多，有共犯情形較一般縱火犯爲多，年齡較大，教育程度較低，較少與人交遊。

三、前科縱火犯：多有犯罪前科且多預謀，使用汽油較多，相對較具危險性，有共犯比例較一般縱火犯稍多，年紀較輕，未婚較多，較善於交遊，有共犯者較多。

四、預謀縱火犯：犯罪意圖以預謀爲多，多爲初犯，使用汽油較高，使用瓦斯

比例亦較一般爲高，很少有共犯，年齡較大，教育程度較高，大多單獨行動。

美國精神病協會（APA）《精神疾病診斷與統計手冊》第五版（DSM-5）指出，縱火症（pyromania）係屬「破壞干擾，衝動控制和行爲的障礙」（disruptive, impulse-control, and conduct disorders）型態。部分縱火犯係屬縱火症，診斷標準計有六項係指（孔繁鐘、孔繁錦譯，2001）：

一、不止一次故意而有目的之縱火。

二、在放火前緊張或心情激昂。

三、對火災及相關狀況或特點（如滅火裝備及使用、火災後果）覺得魅惑、有興趣、好奇或受吸引。

四、當縱火、目睹火災或參與火災事後處理時，有高度的愉悅、滿足或解脫感。

五、縱火行爲並非爲了金錢利益、表現社會政治理念、湮滅犯罪行爲、表達憤怒或報復、改善自己生活狀況、反應於妄想或幻覺而做，或是判斷力障礙的後果（如痴呆、智能不足、物質中毒）。

六、縱火行爲無法以品行疾患、躁狂發作，或反社會性人格疾患作更佳解釋。

第四節　縱火犯罪者之動機

有關縱火案件之發生動機，國內外學者、專家及政府研究機構均有從事相關研究。雖然縱火之動機相當複雜，且依少年與成年而有些區分，但這些研究仍透露出珍貴的訊息。

一、美國防火協會之分類（陳火炎，1989）

美國防火協會（NFPA）所制定之火災報告表之填表說明中，將縱火動機區分成10類：

（一）詐欺：包含直接或間接之圖利，但不包含湮滅犯罪。

（二）縱火狂、心理疾病：包含欲獲得讚譽和滿足幻想。

（三）湮滅犯罪：包含各項湮滅謀殺、犯罪行爲之文書或證物之破壞。

（四）怨恨、報仇、憤怒。

（五）惡作劇。

（六）謀殺。

（七）製造不安或恐怖。

（八）自殺。

（九）不屬於以上之動機者。

（十）動機不明或未記載者。

二、美國聯邦調查局之分類（廖訓誠，1994：14-17）

美國聯邦調查局（FBI）於1992年出版的《犯罪分類手冊》（*Crime Classification Manual*）將縱火動機分為下列類型：

（一）破壞性縱火（Vandalism-Motivated Arson）

1. 惡意的損壞。
2. 同儕／團體的壓力。
3. 其他。

（二）興奮性的縱火（Excitement-Motivated Arson）

1. 尋求震憾者。
2. 引起關注者。
3. 為使成名者（英雄）。
4. 變態性慾者。
5. 其他。

（三）報復性的縱火（Revenge-Motivated Arson）

1. 對個人的報復。
2. 對社會的報復。
3. 對機構的報復。
4. 對團體的報復。
5. 恐嚇、威脅。
6. 其他。

（四）隱匿犯罪性的縱火（Crime-Concealment-Motivated Arson）

1. 謀殺。
2. 自殺。

3. 破壞侵入。

4. 侵占公款。

5. 竊盜。

6. 損壞紀錄文件。

7. 其他。

（五）謀利性的縱火

1. 詐欺。

(1) 詐領保險金。

(2) 債務清償詐欺。

(3) 解散公司的詐欺。

(4) 隱匿財務損失或債務的詐欺。

2. 受僱對他人實施縱火。

3. 偽造貨物損失的縱火。

4. 生意競爭而縱火。

5. 其他。

（六）偏激性的縱火（Extremist-Motivated Arson）

1. 恐怖活動。

2. 種族歧視。

3. 暴亂／內部動亂。

4. 其他。

（七）系列性縱火（Serial Arson）

1. 連續縱火。

2. 重大縱火。

三、學者Boudreau等（1977）之分類

美國學者Boudreau、Kwan、Faragher與Denault（1977）之研究亦指出，縱火的六大動機如下：

（一）報復性縱火：此類縱火者大多與他人存有矛盾或利益衝突，因權益受損轉而尋求縱火報復，常見者包括遭遣散的工人、被拋棄的女人等。酒精亦常伴隨著這些縱火者而行，約50%之成年縱火者屬此類。

（二）破壞公物、惡作劇縱火：縱火者以少年犯爲主，挑戰權威爲其目的，大約有80%之少年縱火犯係屬此類。

（三）掩飾犯行、湮滅證據縱火：部分之縱火犯在進行偷竊、謀殺等犯罪行爲後，企圖縱火、湮滅證據。此外，縱火犯亦可能在別處縱火，以遮掩其竊盜活動之進行。

（四）保險詐欺圖利縱火：此類縱火活動係由較具專業化之縱火犯所進行，偵察不易。具體之表現爲保險詐欺。

（五）恐嚇、勒索性縱火：此類縱火活動之目的爲達成恐嚇、勒索之目標。例如：由員工所導引之縱火以威嚇雇主；或由反墮胎人士希冀以縱火方式燒燬進行墮胎之醫院等。

（六）縱火狂（pyromania）及其他心理動機：縱火狂根據DSM-III-R之記載，係指在無可抗拒或熱情之情況下，伴隨著縱火之強烈慾望而縱火。此類縱火犯一般將經歷緊張（tension）之狀況，一旦火災發生時將特別感到興奮、衝動與滿足。其並不是由憤怒、獲取暴利或掩飾其他犯罪而發動。

四、日本火災便覽（1986）之分類

日本火災便覽乃歸納日本學者之研究，將縱火案之動機區分成以下11類（陳金蓮，1994：384-385）：

（一）與人之爭執：包括親子間、夫婦間、其他親族間、鄰居間、朋友間或與其他人間之爭執。其中以夫婦間、情人間之爭執占最大宗。

（二）對世間不滿：此種人平時在社會上有孤立感和不幸感，對社會存有不滿，常藉著縱火來紓解其不滿，且有累犯之現象。

（三）敵意的置換：當憤怒、憎恨時，無法找出敵意表達的對象，而將其不快、緊張的情緒以縱火的方式來得到紓解。

（四）引起火災時的騷動：有些人平時日常生活單調，因不確定感和無力感而產生之苦惱，常藉火災發生時之騷動來解除其苦惱。

（五）逃避學校的授課：對學校的授課和教職員感到厭惡，從而縱火燒掉校舍以避免上學。

（六）喜見滅火行動：有些人喜歡觀賞各種滅火行動，有時亦會加入滅火的行列，以表示其「英勇」的作爲，因而縱火。

（七）玩火：最初並無縱火動機，但在玩火玩到一半時，卻演變成爲縱火行

爲。

（八）犯罪之滅跡：在犯罪後，恐留下一些證據，遂將犯罪現場縱火，以消滅
一切可能遺留下來的跡象。惟此種縱火動機的案件較少。

（九）自殺縱火：此種情形以女性居多。

（十）竊盜縱火：此動機與第8項之「犯罪的滅跡」不同；其乃以竊盜爲主要
目的，但是竊盜失敗後，即以縱火來洩恨。

（十一）喜見火的顏色和感受其溫度。

除前述動機外，莊金生（1995：7-8）進一步臚列縱火之動機：

（一）政治原因之縱火：近來民主意識高漲，而最能代表民主的，就是選舉。
在彼此激烈競爭之下，不論選舉人彼此之間、政黨與政黨之間或是選民
與上述兩者之間，均難免花招百出，而在國人民主素養尚未成熟之際，
一些火燒競選總部或候選人標誌、財物的情況便可能發生。雖然案例目
前還不甚多，但仍不能不加以注意。

（二）藥癮者之縱火：有些青少年（或成人）爲了尋求刺激，於吸食迷幻藥或
毒品後，因產生各種不同程度的幻想而縱火。國內也有案例顯示，有少
女在服用過迷幻藥以後，在自己的房間裡面放火燒去掛在牆壁上的衣
服，此可能是因爲吃藥後致產生喜歡看火焰的心理，亦可能其根本不知
所爲何事。

（三）基於道德公益：國內曾有案例指出，在某貧民區有人養了60、70頭豬，
因爲天氣太熱，業主又沒有做好環保及衛生的妥善處理，以致產生惡臭
味道十分難聞，經民眾多方協調甚至提出告訴仍不見改善，後來那些豬
竟被燒死了大部分。這可說是一相當有趣的案例，但基於公共安全之考
慮，吾人仍不可輕忽。

綜上言之，縱火之動機來源甚廣，無法一一臚列，但本土之調查研究顯
示，報復洩恨動機之人數較多，甚至超過所有縱火行爲型態之半數（黃軍義，
2002），亟待正視。黃軍義與葉光輝（2001）曾探討此類型縱火行爲之動機與
形成歷程，可供讀者參考。

第五節　　縱火犯罪者之特性

縱火犯罪者具有一般犯罪人之共通特徵，但亦有其獨特性，綜合文獻介紹

如下：

一、生理層面

縱火犯略呈現智能不足（mental retardation）現象，智商偏低（Wolford, 1972）。部分無特定動機與計畫之縱火犯，其縱火行為多為腦部邊緣體系所導引，此類縱火者受刺激時，常不斷回想過去某些不愉快與火有關之經驗，持續刺激腦部，致出現縱火行為（Pontius, 1999；黃軍義，2002）。

二、心理層面

縱火犯在心理層面方面，大多呈現挫折感高、低自尊、憂鬱（Bumpass et al., 1983）、憤世嫉俗與低自我控制力、鑽牛角尖（黃軍義、葉光輝，1998）、具敵視性格（如間接攻擊、直接攻擊、語言攻擊、否定主義、怨恨與疑心）（黃軍義，2002）、衝動性、過分活躍等。

三、精神病理層面

部分縱火犯屬pyromania或偏執狂之思覺失調者（陳金蓮，1994），惟學者Jackson（1994）指出，此類個案極為少數，多數無法適用DSM-III-R之診斷標準，而以病態縱火犯（pathological aronist）界定較為恰當，其多具有精神、情緒與人格多重問題，而且重複顯現縱火行為。

四、家庭生活

家庭環境惡劣、父母分居、離異、一方死亡或俱亡、父母管教態度偏差等，均為影響縱火犯之家庭層面要因（廖訓誠，1994）。此外，幼年5至7歲以前在家庭未被告誡不可玩火而持續玩火，亦為縱火犯之重要生活事例（Kafrey, 1980）。另研究亦發現家裡曾被火波及、父親從事與火有關之工作等亦與縱火行為有關（黃軍義，2002）。

五、社會適應

縱火犯有明顯的人際關係不良，缺乏社交之技巧，呈現社會隔離（social iso-lation）（Vreeland and Levin, 1980）。

綜上言之，縱火犯受不良的家庭及社會環境之影響，且在成長當中歷經多重挫折，從而衍生縱火行為，為社會治安頻添許多變數。

第六節　縱火行爲之特性

縱火行爲有別於其他犯罪行爲樣態，陳金蓮於1994年對全台19個監獄184名縱火受刑人之調查研究發現縱火行爲具有如下之特性：

一、犯案時間：縱火時間以晚上9點至凌晨6點之間所占比例最高，占48.4%，可見爲數較多之縱火者選擇夜深人靜時著手犯罪。

二、犯案手法：以「臨時起意就地取材者」最多，占40.8%，其次爲「預謀先備器材」者，占34.2%，再其次爲「預謀而就地取材者」占12.5%。

三、縱火場所：以住宅爲第一位，占71.7%，其餘場所比例均甚低。學者Jackson（1994）引述其研究另指出縱火行爲之標的物（target）以公司、機關、學校等之財物爲最多（80%），其次爲對自己之房間及財物縱火（10%），而部分則以人爲攻擊對象（6%）。

四、縱火物質：縱火物質以紙張、衣物等最多，占51.1%，其次爲汽油，占32.1%。

五、引火方法：以打火機當作引火方法爲最多，占84.5%，其餘用火柴、香菸、瓦斯當引火物者均不多。

而洪聖儀（2010）藉高雄市87件縱火案件爲研究對象，除剖析縱火犯之手法與心理狀態，並針對縱火犯犯罪之趨勢與特性進行調查，研究發現多數縱火犯罪與縱火犯之教育程度、縱火時間有重要關聯性。而高雄市地區之縱火案件多以凌晨時段、事先策劃、缺乏監控可得縱火工具之場域爲主；其縱火動機則爲仇恨報復、感情因素與無聊好玩爲多數，並指出日後可強化縱火犯之嚇阻對策與消防單位之火場辨識能力。林志信（2010）於縱火犯生命歷程與犯罪模式進行質性訪談與量化性調查，發現縱火犯犯罪行爲、再犯行爲則與其前科次數、自我控制、學校與家庭因素相關，並將縱火對象區分爲情緒縱火燒物型、情緒縱火燒人型、精神縱火燒物型、非情緒縱火燒物型等四類型。

第七節　縱火犯罪之防治

縱火犯罪由於成本低，任何人皆可爲之，實施簡便，且犯罪成功率高，危害性大，故其防治工作特顯艱鉅。茲從預防及處遇二大層面說明防治之具體做法。

一、預防

縱火犯罪之預防工作可從肅清家庭和社會病源、加強個人防火措施及強化建築物安全三方面著手：

（一）肅清家庭和社會病源

部分縱火犯罪之發生係受到許多不良家庭、社會因素，如：家庭解組、父母管教不當、成功機會不均等產生之緊張（strain）、人際之疏離、貧富差距過大、犯罪副文化、不良之媒體及社會風氣、社會體系欠缺公平等之影響。故應致力於糾正這些社會病態，減少縱火案件之發生，並要具體做到強化親職教育，加強家庭功能，改善不公平之社會制度，對殘障及弱勢團體妥善照顧，廣設心理諮商與輔導機構（黃軍義、葉光輝，2001），做好預防之工作。

（二）加強個人防火措施

縱火犯罪之發生防不勝防，必須做好個人自我保護措施，始能減少傷害。專家建議必須具備5A防範，即：裝備（accouter）、注意（attention）、機智（alert）、逃避（avoid）、熟練（adroit）（陳金蓮，1993），並提高警覺，減少不幸事故之發生。

（三）強化建築物安全

為減少火災侵害，有必要強化建築物之防火建材、安裝自動撒水系統、備有安全梯、出入口不堆積雜物等，以強化建築物之自我防護能力。

（四）清除住家附近的可燃物

縱火手法一般以「臨時起意就地取材者」最多，而縱火物質則以紙張、衣物等為主，故清除住家附近的廢紙、衣物等可燃物品，使得臨時起意就地取材型之縱火犯缺乏燃燒物，有助於防止縱火案件之發生。

（五）加強社區守望相助

縱火行為往往係在缺乏監控之情境中發生，故應加強鄰里守望相助工作（黃軍義、葉光輝，1998），適時撲滅火勢，以減少火災危害。

二、處遇

在縱火犯罪之矯治處遇方面，不應僅將其拘束於矯正機構內，應設專業

處遇機構，並依個別化原則，予縱火犯妥適分類，並予周延的評估（assessment）與介入（intervention），以減少再犯（Jackson, 1994）。倘屬縱火症或其他精神疾病患者，應由專業精神科醫師予以治療；輕微者，則交由一般輔導人員依其縱火動機輔導；具惡質性反社會行為者，則應審慎觀察、考核與矯治，避免早日假釋出獄，危害大眾。

第二十章　少年犯罪

　　近年來，我國社會隨著經濟繁榮、都市化之高度發展及社會結構改變，導致傳統社會控制功能漸失；再加上西方個人主義與功利主義思想影響，造成社會文化衝突、矛盾與價值混淆，致使社會產生各項弊病，少年犯罪問題日漸嚴重。雖然從聯合國及各國犯罪統計中，我們發現不論在先進國家或開發中國家，少年犯罪均是各國面臨之重要社會問題，尤其是經濟及工業高度發展之已開發國家中，此項問題更加嚴重（法務部，2012；Thornton et al., 1987）。但鑑於少年智慮未趨成熟，如不予及時防治，恐造成社會治安隱憂，故少年犯罪之防治工作更形殷切，亟待速謀對策因應。

第一節　少年犯罪之意涵

　　少年犯罪一詞，是由英文juvenile delinquency之翻譯而來。亦有學者援用日本法例，譯為「少年非行」。一般認為，採少年犯罪說法較合乎我國《少年事件處理法》第3條規定列為處理對象之少年行為，依據2019年6月19日修訂之《少年事件處理法》第2條規定，適用《少年事件處理法》者為12歲以上18歲未滿之人。第3條規定下列事件，由少年法院依法處理之：

一、少年有觸犯刑罰法律之行為者。

二、少年有下列情形之一，而認有保障其健全自我成長之必要者：

（一）無正當理由經常攜帶危險器械。

（二）有施用毒品或迷幻物品之行為而尚未觸犯刑罰法律。

（三）有預備犯罪或犯罪未遂而為法所不罰之行為。

　　前項第2款所指之保障必要，應依少年之性格及成長環境、經常往來對象、參與團體、出入場所、生活作息、家庭功能、就學或就業等一切情狀而為判斷。

第二節　少年犯罪之特性

少年犯之身心有別於成年人，犯罪型態亦有不同，綜合國內外相關文獻，其大致具有下列之特性：

一、相對性

犯罪行為之界定是相對的，不同的時空、文化背景與對象皆有可能呈現不同之涵義與評價基準。例如：同性戀行為在早期大致被認為是極端偏差的，甚至是道德無可憫恕須接受刑罰制裁的；但現今許多民眾認為，其乃獨特生活行為之一種。少年吸安之行為，原被運用於消除疲勞、增加活動意念，在1990年10月9日政府將其納入麻醉藥品加以管制後，吸安已構成犯罪行為。

二、過渡性

青少年在成長過程中所產生的偏差或犯罪行為，往往具有過渡性質，在進入成年時期即已獲得解決。青少年許多行為在當時與成人社會之規範相牴觸，而被劃歸屬偏差甚至是犯罪者，例如：性行為之發生、酗酒、逃學、逃家、進入特種營業場所等，均為社會所禁止；惟一旦邁入成年之後，這些行為即屬正常之行為，而不被強烈譴責或處罰。

三、連鎖性

犯罪行為有時另轉化成新的犯罪行為誘因，導致連鎖性反應，成為惡性循環。例如：因不喜歡家庭與學校生活，而以飆車之形式抒發被壓抑的心靈，但因缺乏足夠金錢買車，故以偷竊方式獲取機車，使行為走向嚴重之犯罪行為型態；而因飆車族群聚再行衍生之吸安、打群架問題（蔡德輝、楊士隆，1995），將使問題行為更趨於惡化，導致連鎖反應。

四、早發性

青少年犯罪行為之發生，很可能是在兒童階段即已埋下禍根。例如：兒童早期呈現認知的偏差、反抗規則及性急等，被證實與青少年問題行為之呈現有關（Short and Shapiro, 1993）。此外，少年犯罪往往是幼兒時期缺乏適當家庭教養與關愛品質所致，而偏離常規之行為在兒童時期已呈現症候。

五、多重性

　　青少年犯罪行為之發生，往往伴隨著許多其他偏差與犯罪行為之發生。例如：逃學、逃家、遊手好閒之不良少年，亦可能有打賭博性電動玩具、吸安、飆車、進入風化場所等行為出現（張學鶚等，1996）。因此，青少年犯罪呈現往往是一籮筐的，並非單一的現象。

六、集體性

　　青少年犯罪之發生具有集體化之特性。例如：濫用藥物、飆車暴行、幫派犯罪或性侵害案件等大多以集體犯罪（group delinquency）形式呈現。

第三節　　少年犯之心因性類型

　　少年犯之犯罪型態係獨特的。從心理學角度觀之，學者基於專業知能之不同，而有獨特分類。例如：學者Ferdinand（1966）將少年犯罪行為區分成三大類九種形式（張景然，1992：73-78；Bynum and Thompson, 1996: 140-144）：

一、衝動型偏差行為（Impulsive Delinquency）

　　此類型行為具衝動性且缺乏罪疚感，其主要是因為與社會直接衝突，所產生的急迫衝動性行為。

（一）未社會化攻擊型（unsocialized aggressive child）：此類型主要顯現挫折感、敵意及暴力攻擊之反應，其缺乏自我控制能力的情形可追溯自兒童時期父母之拒絕態度。

（二）自我中心型（self-centered indulged delinquent）：自我為中心型之犯罪少年情緒及行為極易變動，由友善轉變為非理性之狂怒。其大致與父親之無能及母親對孩童（尤其是男孩）權力過大所造成。

（三）精神病態型（psychopath）：此類型以尋求個人立即性之滿足，不在乎對於別人所造成的結果，其無法與他人建立良好人際關係。

（四）性倒錯型（sexual pervert）：此類型（如：同性戀）就青少年而言，除反應出短暫而衝動之行動外，亦屬偏差行為之一種。雖然，公眾與法律已漸寬容此項行為。

二、神經型偏差行為（Neurotic Delinquency）

此類型行為在人格上通常呈現混亂和壓迫的狀態，而引發對社會規範的失敗反應。這一類型的青少年大多產生內在動力，以彌補不平衡和扭曲的人格。

（一）不適應型偏差行為少年（inadequate delinquent）：缺乏適應之青少年，在成長過程中面對複雜的社會環境，產生不良適應，其社會責任與角色期望被擊潰，形成猶豫、不適應的自我認同。

（二）結晶型偏差行為少年（crystallized delinquent）：結晶型之偏差行為少年於從事非法行為後，可使內在之自卑感、羞愧感及人際壓力獲得暫時性之解除，達到透明清澈之感覺狀態。

三、徵候型偏差行為（Symptomatic Delinquency）

此類型偏差行為係由於未獲滿足之需求，從某些徵候或偏差行為爆發出來，亦即，此類徵候型偏差行為被迫藉著破壞法律規範，以滿足潛意識未完成的需求。

（一）偷竊習癖型（kleptomaniac）：此類型係指不自主的偷竊習癖者，其可能係藉由偷竊行為來紓緩潛意識裡性需求的不滿足。另有學者則認為，此類型竊盜案件之成因甚為複雜，包括：偷竊之刺激、機會之提供或滿足英雄主義、獲取女性地位等。

（二）放火狂（pyromaniac）：此類型縱火者，除獲得感官性之滿足與快感（如：性壓力之宣洩）外；亦呈現強迫性、習慣性之偏差行為型態，對公共安全之危害甚大。

（三）性偏差型（sexual delinquent）：此類型違反社會有關「性」的禁忌和習俗，包括：戀物狂（fetishism）、暴露狂（exhibitionism）、窺視狂（voyeurism）等。

除前述學者Ferdinand（1966）之分類外，少年犯罪之心理類型（psychological typology of delinquency）另由學者Jenkins（1969）所提出：

一、神經與學習障礙者（Neurological and Learning Deficits）

此類型少年可能受到遺傳（如：不良基因或母體低蛋白之吸收）、惡劣之家庭環境等影響，因而影響及神經系統與腦部智力之發展，導致偏差行為發生。

二、社會缺陷與退卻型（Social Deficits and Withdrawal）

此類型犯罪少年具有逃避、退縮等反應，其與思覺失調之過程密切相關。此類退卻造成其人際網路之阻塞，無法與他人建立良好社會關係。

三、精神症犯罪少年（Neurotic Delinquent）

此類型少年之犯罪，基本上反應出精神官能過程之症狀，並涉及偷竊、縱火、變態性行為及自我傷害行為等。

四、未社會化攻擊型之犯罪少年（"Unsocialized Aggressive" Delinquent）

此類型包括許多情緒嚴重困擾之少年，具攻擊性，從事許多嚴重之非法活動，而不具罪疚感。一般與父母不當之管教態度與情感的剝奪有關。

五、避走型犯罪少年（Delinquent "Runway"）

此類避走型之少年，大多由於受到家庭嚴重之拒絕所引起。其早期症狀大多從偷竊家中財物開始，最後流落、棲身於髒亂之街道中，並進而適應這些惡劣的生活環境。

六、犯罪幫派少年（Delinquent Gang Member）

此類型少年大多來自缺乏教養、管理之家庭，而在同儕或幫派團體中獲取成長與關愛。在團體凝聚力與次文化影響下，逐漸成為幫會成員。

第四節　少年犯罪之成因分析

少年犯罪之成因隨著各犯罪類型之不同，而呈現差異（蔡德輝、楊士隆主編，2002）。惟基本上仍可由各理論學派加以解釋，茲歸納較具代表性之理論如下（蔡德輝、楊士隆，2019；Akers, 1994; Siegel and Senna, 1991）：

一、生物（生理）學理論

（一）遺傳論

此派學者認為生物遺傳因子（如：基因）不僅決定了有機體之本質，同

時亦可能將有缺陷的基因（defective gene）遺傳給子女，而影響及其行為表徵（暴力、攻擊行為），諸如：XYY性染色體異常、缺乏MAO-A酶之基因缺陷、親生父母有犯罪紀錄、智能不足、學習障礙等，皆有可能透過複雜之遺傳工程，傳遞給下一代，並造成負面之影響。

（二）神經生理學（腦部活動）理論

此派學者強調人體腦部功能缺陷或產生障礙，極易造成腦部機能之不平衡與生化上之異常，進而擾亂個人的生活與思考方式，引發適應不良之行為。諸如：腦部功能失常（MBD）、腦波異常（EEG abnormality）、下視丘邊緣長腦瘤或遭受傷害等，皆為促使腦部功能無法正常運作之重要因素。

（三）生物、化學理論

此派認為人體生物化學之因素亦可能跟攻擊行為有關。例如：維他命、礦物質、低血醣症、內分泌異常或環境上之污染等，皆可能造成人體生化上之變化，而引發異常行為。

二、心理學理論

（一）心理分析理論

此派學者基本上認為人格結構中超我之功能不彰，無法以道德良心對本我之欲求予以約束。幼兒成長時期，許多需求未獲滿足或誤導及為減輕因戀父或戀母情節而衍發之罪疚感，偏差與犯罪行為即可能因此產生。

（二）人格特質理論

此派學者認為少年犯之人格特質往往是不成熟的、缺乏自制、過於侵略攻擊性、低學業成就、外向、叛逆、敵對、退縮、逃避現實、具備犯罪人格（criminal personality）或心理病態（psychopaths）等病態人格症狀。

（三）正、反面增強理論

此派學者認為少年偏差與犯罪行為之所以發生，除因此類行為具有高度報酬，且可能未必受到懲罰而強化外，部分少年亦可能係為去除或解決內心的痛苦、焦慮、挫折和厭惡之刺激，而從事偏差與犯罪行為。

（四）認知與道德發展理論

1. 認知理論倡議者指出，偏差與犯罪行為與個人之認知、思考有密切相關，其可區分為下列二種不同觀點：

(1) 偏誤之思考（deviant thinking pattern）：此派認為少年犯經常具有下列獨特之思考型態，包括：凝固、分離、片離之思考，未能注意他人之需求，缺乏時間感，短視、錯誤、不合邏輯、不健康之思考，不負責任之決策，認為自己是受害者等。在這一些偏誤之認知下，極可能無法適當的處理人際事物，解決、化解衝突，因而為未來之犯罪與非行奠下無可挽回之局面。

(2) 理性抉擇（rational choice）：此派基本上強調犯罪之決意，乃為獲取快樂，避免痛苦，而犯罪經常是對行動及事件做成本效益分析之結果。換句話說，許多行為人從事犯罪行為經常是透過理性思考與決策過程，此涉及個人認知（congnition）思考層面，而並非完全為環境之外在影響。

2. 道德發展理論則強調倘個人之道德成長未能循序發展，或停留在早期之無律階段，則將促使個人無法做自我控制並抗拒誘惑，而衍發偏差或犯罪行為。

三、社會學理論

（一）緊張理論

　　緊張理論（strain theory）認為，少年無法獲得合法的社會地位與財物上之成就，內心產生挫折與憤怒之緊張動機與壓力，而導致其犯罪行為之發生。中上階層社會較少有緊張與壓力存在，乃因他們較易獲得優良教育與職業的機會；而下階層社會少年則由於其個人目標與能實現之方法間有矛盾，而產生緊張壓力，易導致其發生偏差行為。

1. 梅爾頓（Merton）之無規範概念：此派認為文化結構（如：目的、意圖、利益等值得我們追求之一切事物）及社會結構（如：社會認可之手段、方法）之間如產生衝突，則會產生偏差與犯罪行為。

2. 柯恩（Cohen）之次級文化理論：其認為部分少年由於條件之限制，無法達成中上社會之價值觀與標準，因而造成心理上之挫折感及適應困難問題。為因應問題乃改變其價值結構，結合一群共同命運之少年，形成次級文化，而衍發偏差與反社會行為。

3. 克拉法德（Cloward）及奧林（Ohlin）之機會理論：此派基本上認為，少

年由於成功向上之機會被剝奪，或因接觸非法機會結構之不同，無法以合法手段達成目標，因而逐漸形成次級團體，並以非法之手段解決其適應問題。

4. 艾格紐（Agnew）之一般化緊張理論：其認爲「負面情緒狀態」（negative affective states），指的是當個人面對負面或是具有破壞性的社會人際關係時，極易產生憤怒、挫折、感覺不公平等情緒。而此，將會影響一個人是否去從事犯罪行爲。一般而言，負面情緒狀態係由以下各種情況而衍生，包括未達到正向價值之目標、期望與成就之差距、正向價值刺激之移除及負面刺激之出現。

（二）社會控制理論

社會控制理論強調，犯罪與偏差行爲之發生導源於社會急速變遷與解組，故使得傳統機構社會控制功能降低，鬆懈了傳統社會規範之約束力。在個人未能適當地接受價值洗禮之同時，導致不良之社會化並以自我利益爲考量中心，影響及犯罪與偏差行爲之發生。

1. 涂爾幹（Durkheim）之無規範概念：其指出社會急速變遷，極易使得社會體系缺乏共同規範，甚至造成規範含糊、不明確，甚或混亂之狀態；在此情況下傳統社會控制力逐漸喪失，再加上個人與功利主義擴張，極易導致偏差與犯罪行爲之發生。

2. 雷克利斯（Reckless）之抑制理論：此派認爲犯罪行爲之發生，乃由於個人與社會控制失敗的結果。外在的社會控制環境惡劣，但一個人如有良好之自我觀念（self-concept），即個人內在的阻止或控制能力極強，則即使生活在一個足以誘導其犯罪的社會環境中，仍能發生絕緣作用，減少偏差與犯罪行爲之發生。

3. 赫西（Hirschi）之控制理論：其認爲少年成長過程倘與傳統組織、機構、人建立良好的繫帶（bonding），即較不可能產生偏差行爲；反之，倘此繫帶轉弱時，來自本我的衝動與慾望，即可能無法受到制約，而衍生偏差行爲。此項繫帶之要素包括：附著（attachment）、奉獻（commitment）、參與（involvement）、信念（belief）。

4. 蓋佛森（Gottfredson）與赫西（Hirschi）之低度自我控制理論：此派認爲少年在幼兒期如果家庭內早期社會過程不當，將影響少年之低度自我控制（low self-control）形成。而具衝動性、喜好簡單而非複雜的工作、冒險、

喜好肢體而非語言的活動、以自我爲中心、輕浮的個性之低度自我控制特質，加上犯罪機會則爲偏差與犯罪行爲之主因（Gottfredson and Hirschi, 1990）。

（三）社會學習理論

社會學習理論基本上認爲，犯罪行爲並非完全可由人類之本能、驅力、慾望等所解釋；相對地，其特別強調外界環境對個人行爲之影響，而學習則扮演重要角色。

1. 蘇哲蘭（Sutherland）之不同接觸理論：其強調犯罪行爲主要是與不良友伴接觸、學習而來，而接觸之頻度、長短、順序、強度、動機、合理化、態度等，則影響學習的效果。

2. 艾克斯（Akers）之社會學習理論：此派認爲犯罪行爲是根據操作制約原理學習而來。個體在行爲學習過程中，受到賞罰與楷模學習等影響與支配。

（四）社會反應及衝突理論

此派著重於探討社會機構在製造偏差與犯罪行爲中所扮演的角色，以及法律之制定與規定如何影響偏差與犯罪行爲之產生。換句話說，兩理論之核心看法認爲社會之強權、有財勢者控制了經濟及社會地位低劣的人們。尤其這些強權、有財勢者對弱勢少年行爲之看法與反應，決定了其成爲合法或偏差／犯罪行爲。

1. 李瑪特（Lemert）之標籤理論：認爲少年犯罪之發生，極可能是來自他人或社會負面非難標籤結果。尤其在連續之負面責難下，極易促使少年犯產生自我形象改變，而衍發偏差或犯罪行爲。

2. 普拉特（Platt）之激進衝突理論：指出少年犯罪之發生，乃少年司法體系對中下階層少年歧視干預之結果，以促使這些少年接受控制與規範。

四、整合理論

（一）艾利特等人之整合緊張、控制、學習理論

學者艾利特等（Elliott et al., 1985）認爲，單一層面之理論往往詮釋力不足，故倡議理論整合（theoretical integration）理念，將兩個以上之理論予以組合，以對少年犯罪現象提供周延之解釋。其認爲家庭與學校之緊張（strain）狀態（緊張理論），可能減弱了個人與傳統機構聯繫（bonding）（控制理

論），進而強化其與非行同儕之接觸與學習（學習理論），而導致少年犯罪之發生。

（二）傑佛利之生物社會學習理論

傑佛利（Jeffrey, 1990）認為中樞神經系統、腦，乃遺傳因子（gene）與環境（environment）交互影響之產物。而腦的接受部門、整合部門與動力部門，乃是促成生物有機體（organism）與環境發生互動行為之主要所在。由於腦與環境彼此發生互動之影響，而導致彼此發生修正作用。因此，人類行為及犯罪行為均是腦與環境發生互動之結果。

（三）宋貝利之互動犯罪理論

宋貝利（Thornberry, 1987）的互動理論認為，犯罪行為之發生乃個人與傳統社會連結變弱之結果，並且在互動團體中經由增強與學習而來。更重要的是，這些連結和學習變項與犯罪行為發生交互影響（reciprocally related），並伴隨一個人的成長生涯而行，而有不同階段之偏差行為與犯罪呈現。

五、少年被害理論

除了前述少年犯罪理論之外，另一與傳統犯罪理論著重於犯罪原因探討截然不同之研究取向，乃係從被害之觀點，探討加害人與被害人之互動關係。

（一）生活方式暴露理論

生活方式暴露被害理論係由辛德廉等（Hindelang et al., 1978）提出。此理論旨在說明一個人之所以可能遭致被害，與其「生活方式」之某些特色有關。根據辛德廉等氏之見解，生活方式（life style）係指日常生活之各項活動，包括職業活動（如：工作、就學、持家）及娛樂休閒活動等。個人因這些生活方式、型態之不同，而影響及其被害之風險。

（二）日常活動被害理論

此項理論強調犯罪等非法活動之發生，在時空上需與日常生活各項活動相配合；換句話說，日常生活活動型態影響及犯罪發生之「機會」，而導致犯罪之發生。

柯恩與費爾遜（Cohen and Felson, 1979）指出犯罪之發生，必須在時空上有三項因素聚合：

1. 具有能力及犯罪傾向者（motivated offender）：係指社會急速變遷，人類活動型態改變，造成犯罪機會之增加及潛在犯罪者之發生，而此為犯罪被害發生之啟動者。

2. 合適之標的物（suitable target）：合適被害標的物之選擇，隨著標的物的價值（value）、可見性（visibility）、可接近性（access）及其慣性（inertia），如：物之大小、重量等而定。

3. 足以遏止犯罪發生之抑制者不在場（absence of capable guardian）：非單指執法人員之不在場而言，泛指足以遏止犯罪發生控制力之喪失型態，如：被害時無熟識之人在場等。

第五節　少年犯罪之防治

　　鑑於少年犯罪在近年來呈現量的增加與質的惡化，且學者專家相繼指出今日之少年犯可能成為明日之成年犯，為免其淪落犯罪深淵，有必要在兒童、少年階段早日採行防治犯罪措施。少年犯罪防治之對策首應強調，「事先的預防重於事後的處理、懲罰」與「預防勝於治療」之觀念與做法。蓋一旦犯罪發生，不僅傷害已造成，難以回復，且刑事司法體系各部門需付出昂貴且難以估計之成本，來對少年之犯罪進行偵查、審判、矯治與更生保護。因此，有必要以前瞻性之觀念，強化少年犯罪預防工作。

　　學者Brantingham與Faust（1976）曾提出公共衛生犯罪預防模式（public health model of crime prevention）理念，其應用於少年犯罪防治工作乃包括下列三層次之做法：

一、第一層次預防（primary crime and delinquency prevention）：乃鑑定出哪些生態環境或社會環境提供機會促使少年陷入犯罪行為，然後採取一些措施改善這些環境，減少犯罪機會。

二、第二層次預防（secondary crime and delinquency prevention）：乃對那些有潛在性之少年虞犯早期予以識別和預測，然後加以輔導使其不致發生犯罪行為。

三、第三層次預防（tertiary crime and delinquency prevention）：乃指少年司法體系採取機構性處遇及社區處遇，對那些已犯罪之少年進行矯治處遇，使其能成功地復歸社會而不再犯（Lab, 1992）。

此項模式又以第一層次之預防最為重要。強調社區環境之改善，減少誘發少年犯罪之機會聚合，其對吾人從事少年犯罪防治工作深具啟示。本文參酌此犯罪預防模式精神，從少年犯罪預防工作之具體做法及少年司法業務之改進二層面，提出少年犯罪防治之對策。

一、少年犯罪預防工作之具體做法

少年犯罪預防工作是人們談得最多、而做得最少的工作。其具體做法，至少包括（蔡德輝、楊士隆，2019）：

（一）加強親職教育，健全家庭生活，預防少年犯罪

隨著文明進步，工商業發達，加上歐美文化侵入，台灣地區家庭結構產生了根本變化。例如：台灣地區很多新式家庭逐漸代替傳統家庭，不僅大家庭演變為小家庭或核心家庭，甚而單親家庭亦有愈來愈多之趨勢。此外，頗值得注意的是，以前傳統的單一家庭樹（family tree）是以父母與子女為主的組成型態；但目前之家庭樹又漸發展為家庭森林型態（family forests）。

所謂家庭森林，指父母離婚之後，父親再娶而組成另一個家庭樹，母親再嫁又組成另一個家庭樹，原來的子女接受父母之共同監護，而處於複雜的家庭森林環境中。此種家庭型態改變，為少年正常成長鋪上了不少之因素。再加上近年來工商業愈來愈進步，就業供給機會逐漸增多，父母親同時外出工作者愈來愈多，極易造成子女疏於管教的問題。此外，許多父母雖知家庭教育的重要，但卻不瞭解子女的次文化價值體系及他們的問題與需要，也不知道如何對子女施予正確的教育觀念與管教方法。因此，筆者希望有關機構能擴大舉辦「幸福家庭講座」、「爸爸教室」、「媽媽教室」活動，加強親職教育，使父母有再教育機會，成功地扮演父親或母親的角色，充實健全其家庭生活，發揮家庭應有之教育功能，減少少年犯罪行為之發生。

（二）不要公開責備少年，為少年加上壞的標籤

美國犯罪學家貝克（Becker）及李瑪特（Lemert）提出「標籤理論」，勸誡家長、老師等不要隨意為偶爾發生偏差行為之少年，加上壞的標籤（如：笨孩子、壞孩子、問題少年等）。因為如此隨意加上壞的標籤，往往成為日後促使少年陷入更嚴重偏差行為之有力因素。例如：有學生在校發生輕微偏差行為時，部分老師可能在公開場合對這些學生罵出「壞孩子」、「頑皮蛋」或「教

書以來從未看到你們這樣壞的學生」等。當這些學生被羞辱並套上壞的標籤之後，即可能不知不覺地開始修正他們的「自我印象」，並確認他們歸屬這些壞標籤之角色，導致少年「自我實現預言」之惡果，然後進一步用更嚴重之犯罪來防衛、攻擊及適應周遭環境，對他們初次輕微偏差行為反應所引起之問題。筆者認為，家長、老師等對於初次犯錯之少年，不要懷恨在心、小題大作又公開地予以隨意責罵，加上壞的標籤。因為這種單純責罵羞辱少年的反應，不僅無助於少年行為之改善，反而更陷他們於犯罪行為（蔡德輝，1992）。因此，家長如遇少年產生不良行為，應冷靜地思考問題行為形成之原因，進而予以適當處理與輔導，以收防微杜漸、防患未然之效。

（三）加強學校輔導教育功能，預防少年犯罪

　　預防少年犯罪可從加強學校輔導與教育功能著手，重要措施包括：

1. 學校每一位教師是最好的行為輔導者，因為學校不可能聘請足夠的諮商心理師及社工員來發揮輔導功能，故所有教師除授課之外，亦應參與學生問題行為之輔導。

2. 提高專任導師費，促使每班導師對行為偏差或特殊家庭之學生，加強個別輔導，並經常家庭訪視、尋求學生家長合作，共同進行輔導。

3. 學生之生活管理應採取輔導的立場及坦誠討論之態度，不宜經常使用嚴格禁止、責備或處罰方式。

4. 學生應加強法律常識教育、性教育及人際關係與情緒處理課程，使少年順利地成長，適應社會生活。

5. 學校成立輔導中心（或諮商中心）應積極推展輔導活動，一方面使學生樂於提出本身遭遇之問題，向中心請求解決之方法；另一方面可主動對情緒不穩、成績突然退步或行為異常之學生，建立個案、採取適當之輔導措施，使其趨於正軌。

6. 學校為瞭解學生狀況，應經常實施家庭訪問，並舉行家長討論會或懇親會，一方面使家長瞭解學校當局輔導學生之措施，進而與學校密切聯繫合作；另一方面使家長瞭解少年發展之型態，並能及早處理正常或異常少年所發生之問題，使其在未惡化之前即獲得適當輔導。

7. 學校在經費許可之下，應儘量改善環境設施，使學生能充分利用活動場所（例如：圖書館、運動場、體育館及活動中心），並配合休閒生活教育，指導少年從事有益身心之康樂活動，使學生將知識經驗與生活打成一片，

俾益於未來適應社會生活之發展。

8. 學校應重視校園安全維護工作（楊士隆主編，2012），加強與社輔單位、救國團張老師、校外會及警察局少年隊、少年法庭等之聯繫，強化學生校外生活輔導工作，必要時予以轉介服務。

（四）社會應致力於建立一致性之共同規範，引導約束少年之生活

法國社會學家涂爾幹（E. Durkheim）曾提及，人類的行為為社會規範所約束、所導正，如同植物之行為受太陽之支配一般。涂氏更進一步認為，社會如無明確一致性的規範加以約束引導，則人們會無所適從而形成無規範狀態，產生更多之偏差行為。而當前急遽的社會變遷，導致傳統的價值觀念與道德規範漸漸失去功能；再加上工業社會及西方潮流的衝擊，更需要一套新的文化及行為規範來適應與配合，否則少年在無所適從的情況下，陷入無規範狀態，更易顯現違規犯過之行為。

（五）社會應增設遊樂場所，強化休閒教育，推展正當之文康活動

現代社會由於人口的都市化，致使少年活動空間愈來愈小，而少年體力充沛，不能壓抑，今天之少年已由往昔追求物質的享受進展到心靈之享樂，對各種娛樂特感需要；然社會一些人士又反對少年去KTV、跳迪斯可和打電動玩具。試想，少年之精力、感情、時間以及課業壓力等，若無適當的途徑宣洩排遣，則不但無以陶冶其性情，且易受不良娛樂場所誘惑而走入歧途（蔡德輝，1993）。因此，增設正當且可滿足少年需求之娛樂場所，以及輔導少年加強休閒教育，乃解決少年犯罪問題的一種有效方法。

（六）社區應成立少年諮商中心之專責機構

筆者建議在社區成立少年輔導中心，由專業之諮商人員導引少年。每一社區成立少年諮商中心之專責機構，可能會因為經費之來源而遭到困難，但我們應瞭解犯罪對國家社會造成之損害及國家為防治犯罪花費昂貴且難以估計。例如：美國1990年在這方面花費將近750億美元；而國內每一刑案的發生，警察機關亦耗盡無數人力、物力才將嫌犯逮捕，逮捕後進入刑事司法程序之偵查、審理，以及犯罪矯治機構提供之各類支出等，皆花費國家不少公帑。筆者認為，只要撥出上述費用之十分之一，即可在各社區成立少年諮商之專責機構，聘用大學專攻教育、心理、輔導、法律、社會學、兒童福利、犯罪防治等之畢業生擔任輔導員，以收輔導之效；並可使上述科系畢業生能學以致用，不致形

成高級人力之浪費；然後再加強社會民間力量之參與，使家庭、社會三大據點得以聯繫配合，達到預防少年犯罪問題之目標。

（七）強化社區意識，推展守望相助，以預防少年犯罪

有研究顯示，社區解組對少年犯罪之形成有著直接或間接的影響（許春金、楊士隆，1993）。因此，社區之結構重整，乃成為抑制少年偏差與犯罪行為之重要課題。其中一項防治少年犯罪之做法為減少社區疏離，啟迪民眾之社區集體意識，發揚我國固有敦親睦鄰之傳統美德，共同參與社區犯罪防治工作。目前推展社區守望相助運動及警民合作等方案，首先應教育社區民眾，讓民眾感覺犯罪與他們息息相關，激發民眾共同挺身而出，參與犯罪預防工作。因為面對當前各項犯罪問題，已非有限的警力所能勝任，必須結合社區民眾之力量，並推展保全之力量，使之合法化、健全化，且在巡守區建立守望崗哨，與轄區分局或派出所之間建立聯絡網，遇有犯罪發生或其他緊急狀況，隨時互相支援，消弭犯罪於無形。此種做法對各項犯罪（含少年犯罪）之預防，均有莫大裨益。

（八）強化社區環境之規劃、重整改善預防少年犯罪

都市社會學學者史考根（Skogan, 1990）曾指出社區結構與環境不良等因素，再加上社區為色情、賭博等社會病理現象入侵，造成社區秩序混亂（disorder）現象，極易影響社區生活品質，造成社區進一步頹廢、腐化，成為犯罪之滋生、成長地域。美國犯罪學者傑佛利（Jeffrey, 1977）在其大作《經由環境設計以預防犯罪》（*Crime Prevention Through Environmental Design*）中特別指出，環境規劃在防治犯罪上之重要性。因此，筆者認為政府應妥善規劃社區環境，以減少治安死角，發揮休閒遊憩功能，並致力於改善、重整頹廢地區，消除社區之各項病理現象，減少少年成長之不利因素。

（九）促使大眾傳播發揮正面教育功能來預防少年犯罪

大眾傳播媒體由於具有休閒娛樂、社會教育及資訊溝通等功能，故其對社會大眾之行為及生活各層面，產生深入、持久之影響。鑑於大眾傳播迥異且滲透力甚強的特點，尤其對屬狂飆期之少年更是影響至鉅，如不善加利用，則其所造成之反效果，將足以摧殘任何正面教育之功能（參閱楊士隆，1993）。例如：目前許多電影、電視、錄影帶濫製一些誨淫誨盜以及暴力之節目，加以報紙、雜誌對於犯罪新聞與犯罪技術過分渲染描述，無意中在少年內心播植一些

不正確之觀念，即：解決問題的最有效方法是使用暴力。

我們瞭解大眾傳播是社會教育最重要之媒介，而社會教育又是家庭教育與學校教育之擴展，尤其是當前及未來，少年將是我國有史以來接受大眾傳播媒體最多的一代。因此，建議大眾傳播應自我約束，淨化其內容，發揮社會教育及預防犯罪之功能，減少色情、暴力與犯罪技巧之傳播。

二、少年司法業務之改進

除了應重視前述犯罪預防工作外，另一防治少年犯罪之重點為少年司法業務之改進。其具體做法如下：

（一）強化各地區少年警察隊之輔導及預防犯罪功能

少年警察隊之積極意義，隨著時代進步、國家之需要、居民之需求，應進化為以積極輔導為主。近年來，少年警察隊在人力、物力限制之下，對於少年犯罪的偵查仍有相當貢獻；但筆者認為今後少年警察隊，應積極發揮輔導少年預防犯罪之功能，其工作性質應是輔導性與教育性重於司法性。強化少年警察隊應從事少年輔導預防犯罪工作之重點，包括：1. 少年警察之成員應儘量派任年輕且具犯罪防治專長之警官擔任，以發揮輔導效果；2. 經常利用巡邏、查察之機會，瞭解及剷除一切足以誘發犯罪傾向、犯罪情況及促進犯罪活動之因素；3. 利用寒暑假，結合社區有關之社會資源，對社區內少年，有組織地指導其從事正當活動；一方面可避免其組織不良幫派，另方面可協助其培養正當娛樂及活動之習慣；4. 少年警察應經常與社區內家長保持聯繫，如發現少年發生偏差行為時，應儘速拜訪其父母，與其充分合作，共同為少年問題之輔導與預防犯罪發生。

（二）對初犯微罪之少年儘量適用社區處遇

少年犯之矯治，由機構性之處遇轉向社區處遇，為各國所採行之有效少年犯處遇方式。蔡德輝教授曾運用經驗法則實證方法評估我國少年犯機構性處遇與社區處遇之成效，發現：1. 機構性處遇對於初犯微罪少年犯施予短期刑之處遇，不但沒有足夠的時間從事積極性之處遇工作，反而有充足時間使其感染犯罪之惡習；2. 機構性處遇不但消耗國家較多之公帑，且其環境與一般自由社會迥異，少年犯經過機構性處遇後，其個人適應及社會適應能力較弱；3. 少年犯之社區處遇較合乎人道，允許少年犯仍住在原來社區保持其正常社會關係，並

運用社會資源協助輔導，是一種較為經濟有效且合乎人道之處遇方法。

　　因此，少年犯處遇工作，不一定要將少年犯（尤其是微罪初犯）監禁於少年矯正學校等有形之矯治機構（林茂榮、楊士隆，1995）。社區處遇有許多種不同之型態，在協助少年犯復歸社會上發揮很大之效益，諸如：寄養之家、中途之家、觀護處分等方式，其目的在使初犯微罪之少年犯有自新之機會及避免進入刑事司法程序，而烙上壞的標籤。此外，美國又有許多實證案例顯示，少年愈早進入刑事司法程序，其將來繫於刑事司法體系的時間愈久。故法官對初犯微罪之少年犯，宜儘量以社區處遇代替機構性之處遇。

（三）加強少年觀護工作之實施

　　對少年犯接受保護管束之執行及假日生活輔導，為少年法庭觀護人之重要工作項目。然而，卻因為輔導個案過多，工作負擔沉重，再加上觀護人此等專業人才待遇偏低，轉業率高等問題，使得這些服務品質大打折扣。筆者認為，為提升觀護品質，避免少年犯再犯，下列之措施乃有其必要：

1. 致力於提升少年調查官及保護官之專業地位：鑑於少年調查官及少年保護官大多具有高度學養及專業輔導知識，故應強化其專業地位，提高其待遇與職等，招收適當員額，減少工作負擔，以提升觀護服務品質，避免人才流失。

2. 積極運用社會資源，協助少年觀護工作：可擴大聘請適任之榮譽觀護人及邀請大專院校學生擔任輔導員，協助少年保護管束工作；並加強與社工、社會福利部門和其他輔導團體之聯繫，當有助於少年犯輔導工作之推展。

3. 採行彈性之觀護監督，減少工作負荷：在面臨眾多個案負擔時，為提升觀護品質與效能，應針對案主之需求及其再犯之可能性予以評估，倘再犯危險性較高者則加強密集式諮商輔導，以減少再犯；對於再犯危險性低之受保護管束少年，則可縮短約談次數，以減少龐大之工作負荷。

（四）少年犯罪機構性處遇之措施應予改進

　　少年犯罪機構處遇雖可能潛在缺點，諸如：惡習傳染，促使少年重返社會適應困難等，但其對於惡性較重之少年犯，為免其進一步腐化、墮落，且基於懲罰與矯治之理念，仍有其存在之必要性，但我們不可誤認所有的少年犯均可施予社區處遇而獲得成功之機會。為發揮機構性處遇之效能，避免弊端之發生，下列之改進措施乃有其必要：

1. 加強調查分類工作

調查分類工作係一切處遇之基石，為促使少年接受個別化之處遇，獲致良好矯治效果，有必要援用各類心理測驗對少年犯之犯罪歷程、人格特質與內在心理動力及在院、監之生活適應情形詳加調查，俾以鑑別其內在心理需求，提供適切處遇措施，協助其更生。

2. 強化教化輔導工作

(1) 以愛心關懷少年：許多少年犯自幼遭遺棄、虐待或疏忽，在缺乏關愛之破碎家庭中成長，其心懷怨恨不滿、憤世嫉俗乃在所難免，因而犯罪接受刑罰之制裁更是一大打擊。故矯治處遇應以愛心為出發點，輔以其他教化措施，始能減少教化之障礙。

(2) 加強道德、法律教育：許多少年在犯罪時，並不瞭解其行為對民眾之生命、財產安全危害至鉅，且須接受法律之制裁，故應加強法律與道德教育，使少年知法、守法，明白自己的行為何為「所當為」，何為「所不當為」，以及犯罪後會接受何種刑罰，以免離校後重蹈覆轍。

(3) 善用宗教教誨：宗教多以勸人為善、向善、指引人生方向為宗旨，故宜加強宗教教誨之實施，讓更多之宗教參與，使收容少年有更多選擇。

(4) 強化技藝訓練：鑑於少年犯多具有好逸惡勞、不喜歡讀書之傾向，但卻有部分少年偏愛技藝者，故宜對其性向詳加調查，朝強化技藝訓練之方向努力，以加強其未來謀生技能，減少再犯。

(5) 嶄新處遇技術之開發、採行：諸如：教導少年犯以合乎邏輯、客觀、常理、理性之思考方式，妥善處理人際衝突之認知處遇法（cognitive approach of offender rehabilitation），以協助案主逐一反省、化解內心束縛、激發良知，進而孕育回饋之心而改悔向上之內觀法（Naikan therapy），或各類野外生活求生訓練營及其他可協助少年犯改悔之矯治方案應勇於嘗試、採行。

3. 加強親子溝通、聯繫

研究大致指出，加強親子之溝通與聯繫，可增加少年未來社會適應能力，減少再犯。故少年矯正機構應多舉辦類似懇親會活動，讓父母多關心子女、加強與少年（女）之溝通、增進親情，協助敦化更生工作。

4. 擴大社區參與

鑑於機構性處遇存有潛在之弊病，故宜擴大少年參與社會之各項活動，諸如：運動競賽、公益活動等，以回饋社會，並考慮讓少年犯有外出工作或生活

之機會，增強未來重入社會之適應能力。

（五）加強少年犯處遇後之更生保護工作

　　少年犯執行期滿離校時，乃是最危險之時期；因社會將以有色眼光歧視他們，致他們重入社會時發生困難。本有職業之少年，因服刑而失業，在校同學因服刑而失學，而少年犯的家屬亦連帶面臨諸多問題；少年犯為此現實問題不能解決，在精神上受到刺激無法忍受，感到社會人情之冷酷，在在皆促使他們重施犯罪故技，作為解決問題之手段。為此，將使得整個刑事司法系統所做之努力前功盡棄，社會非但失去一批有生產力之成員，亦因這些人之再犯，而致社會秩序遭受嚴重破壞。

　　因此，加強少年犯之更生保護，乃為促其自立生活、預防再犯之必要措施。目前隸屬財團法人組織之台灣更生保護會已提供各項保護少年犯之措施，如：輔導少年犯參加技藝訓練、就學、提供獎學金、設置少年之家、提供暫時保護等。這些保護救助措施應就少年犯之實際需要而加強服務，蓋受保護之需求不一，或需金錢資助、或需就學、就業安置、或需心理輔導等，唯有針對其需要始能對症下藥。其次，鑑於更生保護會之服務人員大多由地方法院檢察署及監獄職員兼任，造成專業人員不足之問題；為提升更生保護之專業性及服務性，除須加強進用專業人才外，對適任榮譽職更生保護人員之遴選尤宜慎重，以落實更生保護工作，使少年犯之保護更臻周延。

　　綜上言之，學者Finckenauer（1984）敘及少年司法發展之四大動向：轉向（diversion）、除罪化（decriminalization）、非機構化（deinstitutionization）、適法程序（due process）可為台灣未來少年司法發展之重要參考（林茂榮、楊士隆，1995）。防治少年犯罪不能停留在頭痛醫頭、腳痛醫腳之傳統回應式做法，必須秉持「預防勝於治療」之理念，對可能造成少年犯罪之不良背景因素（如：犯罪之機會、犯罪之誘因）加以排除，始能獲致成效，減少犯罪後少年司法體系須付出之鉅額成本。當然，倘少年因犯罪而進入司法處理階段，我們認為對於微罪初犯少年應儘量予以轉向，轉介一般社會福利與輔導單位處理，或施以社區性之處遇，例如：保護管束、假日生活輔導等，以避免矯正學校機構之烙印影響。最後，我們願再強調，少年犯罪防治工作是一份須長期付出愛心與耐心之事業，唯有政府與民眾之關心、支持與協助，始能克盡其功，達成具體成效。

第二十一章　女性犯罪

　　隨著社會之急速變遷、工商企業突飛猛進，教育提升與普及，女性走出傳統家庭投入就業市場之比例大爲增加，再加上女權運動蓬勃發展，以及受到社會價值觀念混淆銳變之衝擊，女性犯罪於近年來有逐漸增加之趨勢。儘管如此，由於女性犯罪數量與男性相較並不多，所觸犯之罪名屬非暴力犯，再加上大眾傳播媒體經常對男性犯罪人之活動大肆渲染報導，故有關女性犯罪之研究並未受到應有的重視（Simon, 1979; Warren, 1979）。本文對於女性犯罪之探討，即在彌補此方面文獻之不足，並嘗試揭開女性犯罪之神祕面紗。

第一節　女性犯之特徵

　　基本上，女性犯罪人由於生理、心理之獨特性而具有下列屬性，這些特徵並因犯罪類型而有所不同（林世英，1997：234-240）：

一、生理層面

　　部分女性犯，尤其是殺人、放火等激情罪犯，可能與女性賀爾蒙失調所產生之異常精神症狀——「月經前緊張症候群」（premenstral tension syndrome）有關。其特性包括：憂鬱、情緒不安定、無法自我控制、悶悶不樂、刺激性興奮、容易疲勞等。其次，雖然智商高低與犯罪間之關聯並不明確，但女性犯罪人仍以低智商者爲最多。

二、心理層面

（一）思維方面：1. 直觀性較強；2. 理解力和觀察力較差；3. 領悟學習力較弱。

（二）情感方面：1. 容易激動、無法控制自己；2. 脆弱且虛榮心強；3. 依附性強；4. 欠缺理性；5. 抑鬱性高。

（三）性格方面：1. 被動性和歸屬性強；2. 適應性強、容忍力差；3. 心胸狹窄、報復心強；4. 自卑感、神經質較高（黃富源，1983）。

（四）價值取向：1. 狹隘的自我中心；2. 反社會道德傾向；3. 金錢價值取向優
於一切。

三、家庭生活狀況

女性犯大多家境較貧困，家庭結構欠缺完整，父母感情較不融洽，丈夫收
入狀況較不穩定，丈夫較常有犯罪前科，較常有分居或離婚經驗，且在犯案前
一年內較少與家人居住（黃淑慧、陳美伶，1986），常離家獨自居住在外等。

四、學校生活適應

女性犯之教育程度一般較低（Glueck and Glueck, 1934），不喜歡學校課
業，學校成績較差（黃軍義，1994），在18歲前較常有逃學等偏差行為經驗。

五、社會關係

女性犯大多較早熟，有較多之婚前性經驗，較早接觸男性，並有早婚之傾
向，人際關係與社交能力適應差，且有孤立感與疏離感（林世英，1991），但
其與不良友伴之接觸趨於頻繁。

第二節　女性犯之類型

基本上，女性犯罪由於在生理、心理及社會化過程之不同，因而呈現不同
之犯罪類型。一般而言，女性犯罪之類型以無被害者犯罪中之賭博罪、煙毒麻
藥及妨害風化案件為主。惟根據相關研究發現，女性犯尚可依情感、情緒、性
格及生活態度等加以分類如下：

一、學者Palmer之分類

美國犯罪學學者Palmer（1974）在加州青少年局觀察250位女性非行者，
提出之女性犯罪三種類型，包括（黃軍義，1994）：

（一）衝突型（conflicted）：大約有四分之三的女性犯罪者屬於這類型。特徵
　　　是焦慮、罪咎、不良的自我形象、知覺扭曲、仇視母親等。其犯罪行為
　　　或出於認同危機，或出於長期的內部衝突，或出於家庭問題等，較少是
　　　因為同儕壓力或物質引誘而起。

（二）權力型（power-oriented）：大約有14%的女性犯罪者屬於這類型。她們常較叛逆，不願服從規範，不信任他人，扮演著強勢的角色，剝削他人，忽視他人的複雜性，在遇到壓力時顯現怨恨、憤怒或威脅性，思想上較自大。通常來自父親冷漠殘酷而母親懦弱無助的家庭。這類女性常輕視母親而懼恨父親。

（三）被動順從型（passive conformist）：約有7%的女性犯罪者屬於此類型。特徵是自認柔弱、無助有如孩童，故極其希望得到他人的贊同，對他人的要求大多服從。

二、學者Heffernan之分類

學者Heffernan（1972）之研究亦發現，下列三種女性犯存在於女子監獄中：

（一）老實型（the square）：此類型大多為情境犯罪者，而非典型罪犯。多數乃因無法對情緒做有效控制，而觸發犯罪行為。

（二）職業型（the cool）：這些人大致乃將犯罪視為謀生的方法，無視於刑罰之處分。

（三）沉淪型（the life）：此一族群人大多涉及藥物、賣淫等行為，無法與傳統之價值觀認同。

第三節　女性犯罪之成因

女性犯罪之成因與男性不盡相類似，尤其因其生理、心理、教養與社會化過程之不同，而產生獨特之犯罪行為。雖然，在過去一百年中，女性偏差與犯罪行為之研究並不多（Heidensohn, 1985），但參酌相關文獻，其成因仍可摘要如下（楊士隆，1995b）：

一、生物、生理之觀點

義大利精神科醫師Lombroso及其學生Ferrero在1985年發表之《女性犯罪人》（*The Female Offender*）為研究女性犯罪之肇始。其基本上認為，女性犯罪人乃在生理上較為低劣之人種，其演化比男性落後，更趨於原始動物之特性。女性犯罪人之生理表徵包括後頭骨不規則、狹窄的前額、突出的顴骨及

男性的臉部，其心智及生理方面擁有許多男性之特質。Lombroso與Ferrero並指出，女性犯在心態上缺乏同情心，充滿仇恨、嫉妒且道德感低落（Lombroso and Ferrero, 1985）。此外，學者Cowie等（1968）發表論文亦指出，女性犯在健康、生理、智商各方面皆有缺陷，而此乃生物遺傳不當之結果。這些因素促使許多女性犯呈現男性化之傾向，充滿著攻擊性與反叛性。當代生物社會學者Dalton（1978）則指出，女性內分泌腺控制之月經前及月經期間影響其攻擊行為之發生。其研究另指出，在校女學生於月經期間之學業與行為均陷入較差之表現，而一般女性在此期間亦較容易發生意外事故與心理疾病。Dalton之研究突顯了女性獨特生理因素與犯罪行為之關聯性，但該研究忽略了女性在月經前及月經期間產生之症狀，較易引起發怒、興奮、緊張、焦慮之情緒，而此等現象為導致其偏差與犯罪行為之重要因素。

二、心理與人格缺陷之觀點

社會心理學者Thomas（1925）在其《適應不良之少女》（*The Unadjusted Girl*）一書中指出，人類行為上有四大願望，即尋求新經驗、安全感、榮譽、親和。Thomas認為就女性罪犯而言，常為追求其新經驗、刺激與生活享受而從事非法行為。其關鍵在於，部分女性缺乏道德教養且對於愛之施予與接受的需求甚大，故極易以性為釣餌或成為娼妓來獲取物質上的滿足與享受。

學者Pollak（1950）出版之《女性犯罪》（*The Criminality of the Women*）一書特別指出，女性犯罪具有隱密之特性，較不易被發現、起訴與判刑，其與一般社會人士（含刑事司法執法人員）對女性抱持關懷、同情之社會期待密切相關。Pollak另行指出，女性因文化期許及生理特性而具有欺騙之特性，極易說謊、掩飾其罪行；而此在男女雙重標準下，更助長了其偏差與犯罪行為。

Konopka（1996）在〈矛盾的少女〉（Adolescent Girl in Conflict）之研究中指出，少女犯罪基本上乃屬個別病態現象（individual pathology）。孤獨、害怕、成人之不信任、錯誤之自我形象、貧寂之家庭生活或破碎家庭因素等，皆可能促使少女走入歧途。尤其青春期少女對愛需求甚大，渴望男性注意，倘少女家庭環境惡劣，缺乏親情友伴，即可能以性為餌，吸引男性關懷。

Klein（1979）尚認為，少女在兒童期成長期間，因戀父情結想成為男性而產生之陽具羨妒（penis envy）心理倘不能克服而走向極端的話，極可能在日後發展成同性戀或朝男性化發展。因此，就心理分析學派而言，女性或少女犯罪乃被壓抑性慾、性別衝突及不良社會化之結果。

三、性別角色社會化觀點

除了前述生物、心理層面之探討外，女性犯罪成因亦可從性別角色社會化觀點瞭解之，而此爲獨立女性犯罪理論之起跑點。在從事性別角色社會化與女性犯罪之研究中，女性學者Hoffman Bustamonte（1973）有著不容忽視之影響。其強調女性在社會化的過程中與男性有很大的不同，男孩大多被訓練成具野心、外向、攻擊性；女孩則被期許柔順，因而並未充分習得從事暴力行爲之動機與技術。即使女性在從事暴力攻擊行爲時，其被害者亦經常是親戚或丈夫，而使用之武器亦大多以家中廚房之刀械爲主。由於女性在社會化過程中受到諸多約束、管制，且比男性較少有機會接觸非法活動，故女性犯罪大多非暴力犯罪，而以財產性犯罪爲主。

Hagan等（1985）提出「權力控制理論」（power control theory），詮釋男女因性別角色社會化差異而衍生不同之犯罪數量。根據其看法，偏差及犯罪行爲的發生與一個人的階層地位（class position）和家庭功能（family functions）有關。尤其父母的階層地位與工作經驗更影響及子女之犯罪。例如：以父權爲主之家庭，父親負責生計、母親照顧子女之情況下，將促使母親對女孩管教趨於嚴格，對男孩管教則趨於放任，並允許更多之自由。在此情況下，女性由於受到諸多限制與管制，故其犯罪之可能性降低，男孩則提高犯罪之可能；相反地，在平權之家庭，即母親與父親無論在工作或家庭中均享有平等地位時，女孩即可能減少受父母之約束與管制，而可能衍生與男孩相同之犯罪行爲。當然，女性犯罪更容易發生在破碎家庭，尤其是缺乏父親之單親家庭中。

四、女權運動之觀點

女權運動達到頂點後，女性犯罪似有增加跡象；因此，犯罪學學者亦開始檢視女權運動與犯罪之關聯性。學者Adler（1975）出版之《犯罪姊妹》（*Sisters in Crime*）及Simon（1975）出版之《當代婦女與犯罪》（*The Contemporary Woman and Crime*）爲女權運動與犯罪觀點之代表作。

Adler之研究指出，隨著女性解放運動來臨，女性同胞不再沉迷於廚房與照顧嬰兒，相對地，其投入先前完全以男性爲主之就業市場。在此競爭情況下，女性與男性面臨同等的機會參與犯罪活動，而不再是柔弱且守法之個體。因此，女性犯罪即爲女性效法、採取男性化行爲活動之結果。

此外，Simon亦對女權運動發展與犯罪之關聯性進行調查。其以婦女在勞力市場之地位、婚姻狀況、生育情形、收入及接受教育情形，調查十年來與女

性犯罪類型及接受處遇之關聯性。研究結果顯示支持女權運動之觀點，並指出隨著女性角色、社會地位與生活型態之演變，女性參與白領犯罪和財產性犯罪將增加。

五、男女平等主義理論

前述學者大致已對男女在犯罪原因上之性別差異及女權運動之影響做扼要介紹。惟1980年代以後，另有學者認為這些觀點仍忽略了部分婦女之所以犯罪，乃因其處於經濟劣勢之結果（Chapman, 1980）。換句話說，女性犯罪很可能是社會結構下之被害者，因其受到政治、經濟、法律各方之剝削與壓迫，故缺乏參與之機會，轉而形成部分女性偏差與犯罪（如：娼妓）之無奈事實（Smart, 1979）。

學者Chesney-Lind與Sheldon（1992）指出，男女平等主義之女性犯罪原因強調，應注意父權社會之影響，尤其對於婦女在社會中之地位，其生活及其行為概況均應加以檢視。Leonard（1982）亦認為，應從社會結構之角度，如：經濟結構或權力結構，探討女性社會化之過程及其受到之衝擊，以建構較為完整之女性犯罪原因論。

第四節　女性犯罪之防治

有關女性犯罪之防治，無論其屬何種犯罪類型，均應著重「預防勝於治療」之理念，以避免其進一步沉淪，付出更高之社會成本。預防之對策如下：

一、健全家庭功能

女性犯罪之產生與家庭破碎、貧困、父母管教不當、親子關係不良、家庭欠缺和諧等密切相關。因此，透過鄰里社區、學校、社團及其他政府與民間機構之協助，強化親職教育、健全家庭功能、協調解決家庭紛爭與暴力，乃成為防治女性犯罪之重要課題。

二、強化婦女休閒活動規劃

近年來，女性犯罪中賭博與毒品犯罪有急速增加之趨勢。雖然，此乃整體大環境社會風氣逸樂、投機之趨勢，然此卻突顯出國內女性生活日加苦悶，缺乏妥適休閒活動之問題。因此，政府有必要強化婦女休閒活動之規劃、主辦符

合女性志趣及適合性之活動，引導女性同胞迎向朝陽、走出陰影，從事有益身心健康之休閒活動，減少犯罪發生。

三、強化女性法治教育

女性犯罪具有隱匿之特性，再加上傳統對女性之善意保護，故極易促使女性養成不守法之觀念，直接、間接影響女性犯罪之發生。為此，有必要在教育階段特別強化女性法治教育，並促使刑事司法體系均衡處理女性犯罪問題，避免過於寬容致衍生副作用。

四、加強女性抗拒誘惑能力

隨著女權運動擴展，走入就業市場的婦女人口逐年增加，在同等競爭之情況下，其與男性同樣面臨許多誘惑與犯罪機會。因此，如何強化其抗拒誘惑之能力，乃成為抑制女性犯罪之關鍵。具體做法，例如：強化家庭功能、促其瞭解犯罪之代價等，均為努力之重點。

五、改善女性處於低社經地位之結構

研究指出，部分女性犯罪之發生與其長期居於社會結構劣勢有關，尤其是在經濟社會地位上受到剝削與不公平對待的結果，極易促其轉而衍生特定犯罪（如：妨害風化等）以彌補其缺憾。因此，致力於改善其社會地位、經濟狀況，將有助於紓緩女性犯罪問題。

在女性犯之處遇方面，應考慮女性犯獨特的身心狀況，施以個別的處遇。茲分述如下（林茂榮、楊士隆，2016；林世英，1997：229-247）：

一、強化分類處遇

女性犯之犯罪類別、刑期前科紀錄、身心健康狀況、家庭及社會背景等均有不同，故應依科學方法予以分類，俾以研擬妥適之個別化處遇對策。例如，楊士隆等（2023）曾對600名女性及600名男性毒品施用者進行調查研究發現，在毒品施用態度方面，男性的態度較偏為正向，而女性則較能認知到毒品之負面影響。在施用原因上，女性較男性更容易受他人影響而施用，而男性較多是起因於壓力或追求表現而施用毒品。再者，女性毒品施用者之同儕友伴對其施用行為影響較男性高。這些些微之性別差異，可作為擬定女性毒品施用者個別化處遇之參考。

二、改變生活態度，調和家庭關係

　　女性犯大多具有不適當之生活態度與人生目標，故於家庭、工作、休閒生活上均呈現適應不良現象，必須加以改善。由於家庭在女性犯生活中扮演重要之角色，且其對親子情感之維繫勝於一切，故強化其與家庭雙方之家庭教育，是非常重要的處遇措施。

三、加強道德情操教育

　　女性犯之重要特徵，包括自我中心、缺乏道德責任、欺瞞嫉妒心等，故在處遇上應強化道德情操教育，促其明辨是非，避免沉淪。在實施此類處遇措施時，宜避免教條式之說教形式，且可融入各項文康或團體活動於其中，潛移默化為之。

四、改善破碎之人際關係

　　女性犯之犯罪行為不僅對其家人、朋友、甚至被害者，均造成某種程度之傷害與痛苦。因此，重建、改善破碎的人際關係乃成為處遇之要務，除促女性犯深切反省、檢討外，並須展開多方面努力，增加人際溝通之機會，轉變家族、朋友及其他重要關係人之態度，爭取其對女性犯罪人之諒解與寬容。

五、強化技能訓練

　　女性犯大多缺乏良好工作技巧，但卻渴望經濟獨立。因此，應依女性特性及就業市場需求，加強符合其志趣之職業訓練，達成經濟上自立自主之目標。

　　綜合言之，隨著女權運動之發展，男女日趨平等，於女性大量投入就業市場之際，女性接觸到犯罪之機會亦相對增加，再加上整體社會風氣日趨敗壞，笑貧不笑娼觀念橫行，投機風氣普及，女性在此情況下比以前面臨更多犯罪誘因。女性犯罪，尤其是無被害者之犯罪和財產性犯罪之增加，似為無可阻擋之趨勢。在對女性犯罪之發展不甚樂觀之餘，吾人認為有必要強化預防與處遇措施，以紓減日益嚴重之女性犯罪問題。在預防工作上，應強化家庭功能與女性法治教育，提升女性抗拒誘惑能力，加強其休閒活動規劃，並改善女性居於劣勢之社經結構；在處遇上，則應強化分類處遇，改變女性犯生活態度，並調和其家庭關係，加強道德情操教育，改善破碎之人際關係，並強化技能訓練，以減少再犯。

第五篇

犯罪心理學與刑事司法

第二十二章　犯罪偵查之心理學技術應用

在嘗試對各類型犯罪人心理進行瞭解之同時，執法人員在面臨刑案發生時，即必須從事犯罪偵查工作，以達成警察任務，使真正犯罪者無所遁形。早期執法人員以維護社會治安名義，在犯罪偵查上展現強勢作為，而有破壞人權之私刑或其他違反刑事訴訟法規定之情事發生，備受批評。現今於保障人權之呼聲下，逐漸脫離傳統辦案方式，而改以科學方法因應，利用各類心理學創造知識，積極蒐證，協助審判之進行。茲將近年在國內外犯罪偵查上較常應用之心理學技術扼要介紹。

第一節　偵訊之心理學技術

犯罪嫌疑人於被逮捕後，為推卸刑責，往往否認犯行。此時，偵訊人員必須妥適運用各類「心理學原則」（psychological principles），觀察嫌疑犯可能說謊與罪疚情緒之心理徵候，進而操縱、導引其自白，達成發現真實犯罪之目的。

一、犯罪嫌疑人遭偵訊之否認犯罪心理態度

犯罪嫌疑人否認犯罪，大致基於下列之心理態度（林吉鶴，1996：21）：

（一）反感：對偵查人員之詢問反應，除個人因素外，尚有對政治或法律制度之反感。

（二）心存僥倖：認為偵查人員未獲充分犯罪資料，以為只要不承認犯罪，即可免受刑罰制裁。

（三）恐誅連同夥：因恐懼誅連同夥，如：一般集團犯罪、違反選舉法案件或瀆職犯罪案件等，常有此類現象。

（四）顧及個人處境：為顧及家人利害、朋友情義、社會地位、事業前途及避免他人報復等個人處境原因。

（五）推卸刑責：對於推卸刑責的準備具自信心，例如：有不在現場證明或已串通證人等。

二、犯罪嫌疑人自白之原因

　　雖然犯罪嫌疑人在偵訊階段經常是否認犯行，但研究指出，其亦可能在偵訊過程之最後階段坦承犯罪（Irving and Mckenzie, 1989）。犯罪嫌疑人自白之成因大致如下（Gudjonsson, 1992: 67）：

（一）社會因素：諸如因外界隔離或來自警察之壓力，均有可能促使犯罪嫌疑人自白。

（二）情緒因素：犯罪嫌疑人或因遭逮捕後，承受極大焦慮與壓力，而產生罪疚感及羞恥心，進而坦承罪行。

（三）認知因素：部分犯罪嫌疑人認為其犯行已至明顯，且相信此項犯行遲早會被發現，故不如早日認罪，以爭取執法人員對案情從輕發落。

（四）情境因素：諸如警察拘留之時間過久，遭逮捕時未有辯護律師出現等情境因素，均可影響犯罪嫌疑人自白。

（五）生理因素：犯罪嫌疑人本身有各項生理疾病，而無法忍受長時間偵訊；或因智商低而無法因應偵訊者，較易自白。

三、犯罪嫌疑自白者之特徵

　　前已述及犯罪嫌疑人自白之可能成因，研究復進一步指出，犯罪嫌疑犯自白者，具有下列特徵（Gudjonsson, 1992: 54-58）：

（一）年齡較小，成熟度低者。

（二）觸犯性犯罪者。

（三）初次犯罪，未有犯罪紀錄者。

　　但值得一提的是，隨著不同偵訊技術之援用，強力偵訊之進行及不同犯罪類型特性，亦可能呈現不同之結果。

四、犯罪嫌疑人有效偵訊之九大步驟

　　在偵訊心理技術之文獻上，學者Inbau、Reid與Buckley（1986）撰寫之《罪犯偵訊與自白》（*Criminal Interrogation and Confessions*）一書為學術與實務界所一致認可，其援用心理學之各項原則，臚列了有效偵訊犯罪嫌疑人之九大步驟（心理學技術之應用），值得特別注意。茲扼要介紹如下：

（一）直接正面質問（direct positive confrontation）：在偵訊之第一步驟，即使偵訊人員本身對於證據之取得尚無把握，其亦必須充滿自信地告訴犯罪嫌疑人「你已犯罪」。在前項直接質問後，偵訊人員須暫停，靜待犯罪

嫌疑人行為反應後，並再次地進行犯罪指控。而消極的對指控反應，一般認為即為欺騙之證據，偵訊人員在此時即可進入偵訊第二步驟。

（二）主題案例發展（theme development）：進入此一步驟，偵訊人員必須對犯罪嫌疑人展現瞭解與同情之態度，以爭取其信任；同時並須提出許多案例（themes）給犯罪嫌疑人，這些案例以減輕行為人之責任，使之接受其犯罪仍屬道德可饒恕（moral excuses）而毋須過多自責為主要目的。根據Inbau等之見解，此項主題案例之發展對於揭開較具情感性犯罪者之罪疚感而言，具有相當大之功效。

（三）處理罪行之否認（handling denials）：在偵訊過程中，倘允許犯罪嫌疑者一再否認罪行，基本上對於偵訊結果是相當不利的，將給予嫌疑犯更多之心理肯定。因此，偵訊人員必須不斷地打斷犯罪嫌疑人之持續罪行否認。根據Inbau等之見解，犯罪嫌疑人是無辜或具罪責者，仍可由許多語文或非語文之訊息獲知，例如：無辜犯罪嫌疑人之否認罪行較為自然、直接，易目視偵訊人員雙眼，同時呈現較具攻擊性之姿態；相對地，有罪責之犯罪嫌疑人其罪行否認較為朦混、遲延，並且較不敢兩眼正視偵訊人員。當犯罪嫌疑人不領會偵訊人員之同情，仍持續否認時，亦可由二位偵訊人員，分別扮演較友善及不友善者之角色，對其進行偵訊，藉以鬆懈其意志。

（四）壓制反對理由（overcoming objections）：偵訊人員在此一步驟，必須堅定地壓制犯罪嫌疑人之各項否認理由。在此一階段，有罪責之犯罪嫌疑人大多由否認罪行轉變為嫌惡的反應。此時，偵訊人員必須掌握住主導權，不讓犯罪嫌疑人有異議之機會。一旦犯罪嫌疑人瞭解胡鬧之結果，並無法得逞時，其將變得較為沉靜，同時在偵訊過程中退縮下來，而偵訊人員此時即必須進一步行動，以免喪失心理之優勢局面。

（五）獲取及維持犯罪嫌疑人之注意（procurement and retention of suspects attention）：一旦偵訊人員注意到犯罪嫌疑人之消極退縮徵候時，即應嘗試減少其與犯罪嫌疑人之心理距離，並重新取得其注意。做法包括：走近犯罪嫌疑犯，靠近他並輕拍其肩部，叫他的暱稱，且兩眼保持與其接觸。此時，犯罪嫌疑人將更加地憂鬱與挫敗，較易於此時接受偵訊人員之建議。

（六）處理犯罪嫌疑人之消極情緒（handling suspect's passive mood）：此階段延續前項步驟，一旦犯罪嫌疑人呈現徵候準備放棄時，偵訊人員即應展

現瞭解與同情心，並要求犯罪嫌疑人供出犯行。此刻，偵訊人員亦應對犯罪嫌疑人之人格加以尊重，並對其悔意表示敬佩之意。

（七）提供替代之罪行問題（presenting an alternative question）：在此一步驟，偵訊人員提供兩組涵蓋不同犯罪動機之問題給犯罪嫌疑人。其一是為保存顏面者，另一組則為犯罪之深層動機，並同時詢問犯罪嫌疑人為何如此做，而從中洞悉犯罪嫌疑人之陳述缺點（找藉口的理由），進而獲取更多有關犯罪行為之訊息。

（八）促使嫌疑犯說出各類犯行細節（having suspect orally relate various details of the offence）：在此一步驟，犯罪嫌疑人已逐漸坦承犯行，而對犯罪之動機、本質與狀況做詳細交待。此時，偵訊人員不可由他人取代，以避免犯罪嫌疑人不願進一步坦露。一旦偵訊人員已獲取全部案情，即應立即要求他人來自證此項自白，以防止犯罪嫌疑人拒絕簽署。

（九）轉換口頭自白為文書自白（converting an oral confession into a written cofession）：此一步驟是相當重要的，因為文書簽署之自白自然比口頭自白更具證據力。因此，偵訊人員應在最短的時間內轉換犯罪嫌疑人之口頭自白為文書簽署之自白，以免其翻臉不願坦承先前之陳述。

　　根據學者Kassin與McNall（1991）之分析，前述偵訊九大步驟可區分為最大限度增強（maximization）及最低限度（minimization）偵訊二大策略。前者主要係對非情感性犯罪嫌疑人，一開始即強調已掌握足夠證據，展現強勢作為，以化解心防；後者主要係對情感性犯罪人使用之偵訊策略，以同情的態度強調犯罪行為之缺乏嚴重性，可能是受害者的錯，並提供可饒恕之理由，以爭取其坦承罪行。無論如何，偵訊技術之成功應用，端賴偵訊人員對情境之掌握，進而深入瞭解犯罪嫌疑犯，並在偵訊過程中保持冷靜與沉著，此則為成功之要件。

第二節　心理描繪

　　近年來，「心理描繪」（psychological profiling）技術在犯罪偵查實務上日益受到倚重。心理描繪基本上係指，運用社會及行為科學之資訊與策略（主要涵蓋心理學、社會學、精神醫學、犯罪學等學科），對某一特定暴力犯罪類型進行犯罪心理痕跡檢視、剖析之罪犯辨識技術（Holmes and DeBurger,

1988）。其主要作用在於，縮小對具特定行為與人格特性犯罪嫌疑人之偵查，而促使執法人員在偵辦上做正確之研判，不致徒勞無功（Wrightsman et al., 1994; Holmes and Holmes, 1996）。

心理描繪並非一嶄新之技術，二次大戰期間，美國戰略部門（Office of Strategic Services）即曾指定精神醫學專家William Langer，對希特勒進行心理描繪。心理描繪之研究與發展工作，以1970年代起美國聯邦調查局（FBI）之行為科學部門（Behavioral Science Unit）較具績效。此部門目前隸屬於全國暴力犯罪分析中心（National Center for the Analysis of Violent Crime, NCAVC），由許多具行為科學與心理衛生專業之人士所組成，並儲存各類型罪犯之特性、家庭、社會背景資料供分析之用。根據Wrightsman等（1994）之引介，此部門著重於分析奇異與屢次再犯之犯罪行為，尤其在強姦犯、縱火犯、性殺人及集體與系列謀殺之心理描繪工作上，累積許多罪犯之表徵供犯罪偵查部門參考。

一、心理描繪之內涵（要件）

參照美國聯邦調查局暨心理描繪專家之見解，正確心理描繪之達成必須具備下列要件（Holmes and DeBurger, 1988: 87-91）：

（一）犯罪現場資訊之提供

有效能之心理描繪人員，必須以犯罪偵查人員暨犯罪者之角度，親赴犯罪現場搜尋有利之線索，且將重要之物證及其他足以辨識罪犯與犯罪之相關證物拍攝存證，並撰寫成完整之報告。在拍攝犯罪現場方面，必須從各個角度切入，同時拍攝犯罪現場附近之區域，倘是屍體亦須從各個角度加以拍攝，蓋研究顯示被害者屍體之位置可協助辨識特定罪犯（FBI, 1985: 8）。至於犯罪報告方面，必須對於各項細節詳加敘述，簡潔、清潔，不容產生絲毫誤解，以免誤判偵查方向。

（二）鄰居之組成分析

在心理描繪過程中，人口基本資料訊息之提供是相當重要的。尤其鄰居人種、社經地位背景之瞭解，往往有助於案情之發展。在社經地位較低、貧窮落後之區域，犯罪者之類型與攻擊型態，即可能與中上階層住宅區域有顯著不同。

（三）犯罪調查

警方提供完整之犯罪調查報告，相當有助於正確（犯罪者）心理描繪之達成。在此項犯罪調查報告中，犯罪現場重建之資料尤須正確的敘述，包括：犯案的時間、日期、地點、使用武器之類型（假如有的話）、受傷之情形或屍體之位置以及犯罪調查報告之良窳，大致決定了犯罪者心理描繪之正確性。

（四）醫學驗屍報告

完整之驗屍報告亦須提供給心理描繪專家，其中法醫尤須提供足夠之內容供描繪專家分析。基本的驗屍報告內容包括：受害者之身高、體重、血型、眼睛顏色等，而其他重要之凶殺境況，如：咬痕、傷口之深度、創傷之次數、位置或身體肢體之殘缺、生殖器之切割、功能及使用酒精、毒藥等情形，亦須清楚、完整地提供給心理描繪人員，俾做正確之研判。

（五）被害者最後之活動訊息

在發展正確心理描繪的同時，警察人員應特別注意被害者被害前之活動，並且詳加記錄下列事項：
1. 僱用（工作）之地點。
2. 通行之路徑。
3. 社交活動狀況。
4. 被害者個人之人脈。
5. 被害者之居住地。
6. 犯罪現場之位置。

任何前述之最後活動訊息，對犯罪偵查人員而言均是相當重要的，其有助於開啟偵辦之視窗，提高破案之契機。

（六）被害者之描繪

也許在犯罪現場中，最重要之證物為被害者本身。晚近許多被害者學之研究紛紛指出，被害者生活型態與心理、情緒特性，往往與其被害存有密切關係。因此，正確心理描繪之達成，有必要針對被害者之身體表徵、教育、職業、生活方式、居住地、醫療、心理、性歷史、婚姻狀況及違規與犯罪紀錄等背景資料詳加調查。

二、心理描繪之實施過程

學者Douglas、Ressler、Burgess與Hartman（1986）參酌美國聯邦調查局之心理描繪策略，區分心理描繪之實施過程包括下列六階段：

（一）描繪輸入（Profiling Inputs）

第一階段涉及蒐集所有有關犯罪之資料，包括：犯罪現場之攝影照片、警察之犯罪調查報告、醫學驗屍報告、被害者最後之活動訊息、被害者之背景資料等。此階段心理描繪專家並不希望即做預判，以免產生偏差，誤導正確心理描繪工作之進行。

（二）決策過程模式（Decision Process Model）

在此一階段，心理描繪專家將前述訊息加以分析，並就其犯罪活動之許多面向，區分成各種型態與問題。例如，其係屬哪一類之殺人犯罪案件？犯罪之主要動機為何？為色、錢財抑或個人情緒障礙因素？被害者經歷之被害危險層級為何？凶殺案前與後之重要順序，以及需多久之時間從事犯行？犯罪在哪裡發生？屍體是否被移動，或凶殺現場是否被發現？

（三）犯罪評估（Crime Assessment）

植基於前一階段之分析，心理描繪專家嘗試重建犯罪時犯罪者與被害者之行為樣態。是否犯罪者有計畫、組織性的從事犯行；抑或具表達性、衝動性、精神性之暴行？是否是項犯罪嘗試誤導警方辦案方向？死亡原因、傷口之位置以及屍體之移動方向，透露出哪些犯罪動機？例如，依據一般心理描繪之心得，對受害者臉部予以重創、毀損，意味著殺人犯認識被害者；殺害被害者所使用之武器倘隨手可得，意味著凶殺犯可能屬於衝動之類型，同時與被害者居住地至為接近，而使用之武器倘為槍枝，則預謀之可能性大增；殺人犯在清晨犯案，其涉及酒精與藥物的可能性即大幅降低。

（四）犯罪者描繪（Criminal Profiling）

在此一階段，心理描繪專家對最可能之犯罪嫌疑人做初步之描述。典型之描繪包括：犯罪者之人種、性別、年齡、婚姻狀態、生活概況、僱用歷史、心理之特徵、信仰以及價值觀、可能對警方之反應，以及過去之犯罪紀錄，包括過去類似犯行之機率。此外，犯罪之前因後果歷程描述亦包括在內；而經常性的檢視其是否與原始資料符合，為此一階段重要之工作項目。

（五）調查（Investigation）

書面之報告在此一階段須交給犯罪偵查人員，俾對描繪出之犯罪嫌疑人進行調查。假使新證據在此一階段被發現，此時另一個犯罪行為歷程將取代原先之判斷，而描繪亦可能因此而修正。

（六）逮捕（Apprehension）

對於犯罪嫌疑人之逮捕，促使心理描繪專家在此一階段評估其研判之正確性。而正確描繪之關鍵因素為對犯罪嫌疑人進行訪談，以便評估各背景變項與心理變項對犯罪發生之影響力。

三、心理描繪之適用

哪一類之犯罪類型適合心理描繪呢？學者Geberth（1981; 1993）及Holmes與Holmes（1996）認為下列八類犯罪是合適的：

（一）虐待、折磨之性攻擊行為。
（二）摘出內臟之凶殺案件。
（三）死後之深砍與肢解行為。
（四）缺乏動機之縱火案件。
（五）色慾及切斷手足之謀殺案件。
（六）儀式主義之犯罪。
（七）強姦案件。
（八）戀童癖。

綜而言之，心理描繪並非憑空想像發展而來，而是對所有呈現於犯罪現場中之證物資料，仔細並綜合地分析、比對、檢視與研判，而獲得珍貴之犯罪嫌疑人心理輪廓。故心理描繪目標之達成，除心理描繪專家之培養外，各項人證、物證之齊備與否，及第一線警察人員之專業判斷與協助，厥為其成功之關鍵。

第三節　測謊器測驗

在偵訊上，由於刑求為法律所明令禁止，故在科學以及人道化取證之趨向下，測謊器逐漸為執法人員所使用（李復國，1997）。測謊器之測驗（polygraph test），一般係指運用電子儀器對受試者之脈搏、血壓、呼吸及膚電反應（galvanic skin response, GSR）等多項生理指標予以衡量，利用其無法抑制之情緒反應與生理變化（如：自主神經系統之變化），而偵測出受試者說謊情形之測驗（Gudjonsson, 1992: 182）。早期稱之為多項記錄器（polygraph），因廣泛應用於偵訊工作，復又稱測謊器（lie detector）。

　　測謊器之測驗在1917年間，曾被哈佛大學心理學者所提出，但卻在1923年美國法院之Frye判例上，為法院所拒絕視為有力取證之工具（Blau, 1985）。其與該測驗記錄器在偵測嫌犯說謊之效能上，仍具不確定性有關。無論如何，測謊器在電子科技之突飛猛進下，逐漸克服傳統缺點，並增加其敏銳性與正確性，而在一些國家之刑事偵查工作上加以運用（Iacono and Patrick, 1987）。學者亦指出經專業訓練之人員小心使用下，其正確性應可提升至85%至95%（Raskin, 1988）。不論爭議如何，其為輔助犯罪偵查之重要利器。

一、測謊器測驗之實施

　　有關測謊器測驗之使用，最早係以無關之問題（如：今天是星期天？）與相關的問題（如：你是否犯了罪？）相比較，然此類做法顯得過於天真。目前較常用者為「問題控制測驗」（control question test, CQT），亦即拿和受試者相關之問題與其過去之行為相比較（如：你是否在過去傷害過某些人？）。此外，另一施測之方法為「罪疚事實測驗」（guilty knowledge test, GKT）（Lykken, 1988），受試者被要求從犯罪之多重選擇問題中回答；由於與受試者相關的反應將較強烈，故一般認為此項施測方式有助於保護無辜者。惟一般而言，測謊之實施以涵蓋某些無關問題（neutral question）、二組以上對照問題（enotional question）及三至四個以上之考驗問題（critical question），並在測驗過程中按一定順序，每隔約十五至二十秒之間隔逐一提出。

　　表22-1乃為縱火犯的測驗問題。該問題中1、2、4、7為無關問題；3、5、8、9為有關之考驗問題；6、10為對照問題。對每個問題，受試者只須回答是或否（沈政，1992：73-74）。

　　除前述之實施外，完整的測謊程序須在橫、縱切面加以控制，始能獲致良好效果（吳富凱，1996：98）。橫切面包括：（一）儀器；（二）受試者；（三）主測者；（四）施測情境。縱切面包括：（一）資料蒐集；（二）測前會談；（三）主測驗；（四）測後面談。

表22-1　縱火犯測謊問題

	問　　題
1	你叫王××嗎？
2	你今年不到四十歲吧？
3	你知道上星期六晚上誰在太平路商店放火嗎？
4	你知道我們現在的地方是××市內嗎？
5	你知道在放火時，是從商店倉庫點的火嗎？
6	除了你已經回答的問題外，在你的一生中還曾經以其他方式欺騙過別人嗎？
7	你上過中學嗎？
8	你知道放火的人事先合謀過嗎？
9	你知道是誰最先放的火嗎？
10	你曾經有過其他違法行為嗎？

其中，以施測人員如何由現場勘查及測前會談中，蒐集有利測謊的資料和掌握受測者的情緒、編製適當的測試題，以及對反應圖形的正確分析，為最重要的階段（許高山，1989：138）。

二、測謊器施測之限制

測謊器之使用並非是萬能的，其在使用時仍有若干限制。下列六類對象，測謊器對他們而言是較缺乏成效的（林吉鶴，1996：102-104；馬傳鎮，1983：236）：

（一）生理上異常者。例如：血壓太高或太低、呼吸不正常或有心臟病者。

（二）罹患精神疾病者。

（三）情緒極不穩定者。例如：因受輿論界及各方人士的懷疑與攻訐致引起心理恐懼情緒者，或本案雖非其所為，但因犯有其他未被揭發的罪行，恐被察覺而情緒不安者。

（四）老奸巨猾，善於說謊，對儀器不發生反應者。例如：習慣犯與累犯對於面臨執法人員之犯罪偵查已視為家常便飯，因此，在接受測謊時，常能故作鎮靜、控制情緒，結果所得的紀錄混亂而無法辨識。

（五）低能者（如：IQ低於70）。

（六）幼童及未成年人。

三、測謊器施測者之條件

除對受試對象須加以限制外，實施測謊者本身更須具備以下之條件（沈政，1992：85）：

（一）檢查者具有良好的學歷（大學畢業）。

（二）檢查者必須經過六個月的特殊訓練，訓練者必須是有足夠的經驗、資歷的工作專家。

（三）檢查報告，必須由至少三年以上工作經驗的專家簽署意見，才具有法律效力。

（四）檢查者作證結論，必須在法庭上出示其測驗紀錄，並在對其解釋的前提下提出。

至於品行操守有問題，並具有下列不良人格特質者，則不易達成施測之客觀性（林吉鶴，1996：105）：

（一）懷疑敏感度低者。

（二）自身錯誤、疏失、無法保持中立、客觀者。

（三）先入為主者。

總之，儘管面臨諸多批評，測謊器測驗已逐漸為執法人員應用，成為偵查犯罪之重要輔助工具。然應注意的是，其使用必須相當謹慎，以免產生錯誤之結果；且由受過專業訓練之人員施測，則為提升效能之重要關鍵。

第四節　催眠術

除前述測謊器測驗之採用外，另一項在犯罪偵查上日益受到重視者為催眠術（hypnotism or mesmerism）之援用。催眠術係指運用催眠原理，在催眠專業人員之引導下，把人的思考由意識狀態帶進潛意識狀態，並且讓一個人能在意識狀態中將潛意識之資料赤裸裸地解讀之方法（陳勝英，1995：3）。催眠術在二、三千年前古埃及、印度等國均曾有記載，但英國醫生Braid在1841年則是第一位使用催眠術名稱者，並於1843年撰寫《神經催眠學》（*Neurypnology*），將其應用於醫療（梅多青譯，1993）。

目前催眠術在學者專家之大力倡導下，除可協助心理治療外，並已實際應用至犯罪偵查工作。尤其是當案件陷於膠著時，催眠技術對於協助目擊證人、被害人恢復記憶，重建犯罪現場，提供偵查之參考扮演著重要之角色（黃建

榮，1995）。

一、催眠之方法

黃建榮（1995：31-34）曾綜合徐鼎銘教授、楊幹雄醫師、殷念德教授所使用的催眠技巧，並援引Tom Sliver之催眠技術，整理出其獨特之催眠方法，甚具參考價值。引述如下：

（一）先使受測者靜坐，深呼吸12次，排除雜念。然後開始暗示被催眠者說：「每一次吸氣的時候，想像吸進最新鮮的空氣，每一次吐氣的時候，把所有的焦慮、煩惱、緊張、不愉快的空氣都吐到大氣中，深深地吸氣、再深深地吐氣。」

（二）要受催眠者把兩手的指頭相互交叉緊緊地握著。把食指伸出來，腹對腹豎著。再把靠緊的兩個食指挪開，要被催眠者注視著兩個食指的中間，其餘交叉著的指頭仍然牢牢地握著，說：「注視著兩指頭的中間，兩個指頭就會自然地靠攏起來。」「靠攏起來了，一步一步地靠攏起來了，快一點靠攏。」

（三）「靠攏了，還是眼睜睜地看著，當你愈注意去看它的時候，它就會慢慢地向你的眼睛靠近，你的眼皮會感覺愈來愈沉重，眼睛都睜不開；眼皮自然垂下去了。」說著，用兩手輕輕地把受測者的眼皮摩婆下來，眼皮垂下，頻頻抽搐。

並繼續暗示他說：「交叉的兩手會緊緊地黏在一起，當我的手碰到你的手時，你的手會黏得更緊，好像被膠黏住一樣，緊緊地黏在一起，再也鬆不開了。」「鬆開看看。」斬釘截鐵地說：「鬆不開。」「你的眼睛也緊緊地閉起來了，無論怎樣也睜不開了。」稍微低聲：「睜開看看。」又強調：「睜不開！」繼續暗示：「現在你的手指已經可以慢慢地鬆開了，你的手指愈離開，你的身體就會愈放鬆，把你的手慢慢地垂下來，放在膝蓋上，當你的雙手漸漸地垂到膝蓋上的時候，你會感到全身都非常地放鬆，心情非常地平靜，從頭到腳都非常地放鬆，你的頭自然地會慢慢靠在沙發上，但是當你的頭靠在沙發上的時候，你就會進入更深的催眠狀態。」說著，一面用兩手輕輕地由受測者的兩肩、到臂、到手，一路撫摸下去，一面說：「我這樣撫摸，你會感覺非常非常舒服，漸漸地睡得更甜，現在你是如此地放鬆，你已不想醒來，你愈來愈放鬆，進入一個愉快、平靜的狀態，因為你感覺很舒服，你已經不想醒

來，直到我叫醒你，在我叫醒你之前，沒有任何東西會吵醒你，你現在只能夠聽見我的話，其他的聲音一概聽不見了，好好地睡一下吧！」

「當我碰到你的手時，你的手會變得愈來愈沉重，好像被一顆大石頭壓住一樣，緊緊地和你的膝蓋黏在一起，再也分不開。」

「現在你的手已經可以離開膝蓋了，當我碰到你的手時，你的手就會逐漸變輕，手臂不再有重量，它會很快地往上浮起來，就好像被一股拉力往上拉一樣，輕飄飄地往上浮起來，一直到和你的肩膀同高（如果沒有浮起來，從五倒數到一）。」

「現在兩手伸直，握拳！握拳！兩隻手很有力量，像一枝鐵棒一樣彎都彎不下來，兩手變得強直有力，當我碰到你的手時，你的手會變得更硬更強，很有力量，用力！好，現在這個拳頭已拉不開。」「現在你的拳頭可以鬆開了，我把你的兩隻手集中在頭兩側，也是很有力量，拉不開。」「現在你的雙手已經可以離開你的頭部，慢慢地把手放在膝蓋上，當我從十倒數到一的時候，你的手就會放鬆，慢慢地落在膝蓋上，但是當你的手放在膝蓋上的時候，你就會進到更深的催眠狀態。」

到了這種時期，便會發生僵直狀態，測驗有無僵直狀態的方法，只要把被試者的手提上，輕輕地把它放開就行了；如果提上來的手，保持原來的姿勢，便是已經進入肌肉支配的時期。

（四）進入知覺支配期，依觸覺、味覺、嗅覺、視覺、聽覺的順序進行測試：

1. 痛覺：「我一撫摸你的手，你手的感覺便消失了。」三次撫摸他的手，並堅決地暗示說：「沒有感覺了。」

2. 味覺：「這是一杯甜水給你，請喝下吧！」「好甜哪！」

3. 嗅覺：「這是香水，你聞看看，好香啊！」

4. 聽覺：「仔細聽聽，不是可以聽得見飛機的噪音嗎，聲音漸漸大了。」

5. 視覺：「我說一、二、三的時候，你就能看見灼紅的太陽，光線太刺眼了，就用兩隻手遮著，一、二、三，哇！看見了。」「我說一、二、三的時候，你便飛到一座寂靜的深山裡：一、二、三，啊！來到這寂靜的深山中了，四周都是樹，對面是山，青翠得可愛，顯然可以聽見遠方傳來溪谷的流水聲。想像你躺在山上的草原上，吸著新鮮的空氣，整個人放得非常地輕鬆，心情非常平靜，你是不是已經可以看到。」

「從現在起，我要從十開始，一個個地倒數，當我數到一時，你的催眠更深了，十、九、八、七，你催眠加深了，六、五、四，你催眠更加深了，

三、二、一，催眠已非常深了。」

要知道是否進入記憶支配期，首先從記憶喪失的試驗開始；先試問他們的年齡、名字看看，如果想不起來的話，其次便可以試驗記憶了。

（五）「你在某日做了什麼事？回想看看，現在在你的潛意識裡面有一個電視大螢幕，你正坐在大螢幕前，你是不是可以看到當天發生的事情，你可以很清楚地告訴我，讓我們把時光倒流吧，就好像在翻日曆一樣，一張一張地翻，時間開始倒流了，正在不停地倒流。」

（六）「你會很喜歡這次催眠的經驗，在你醒來之後，你會記得今天我跟你催眠的整個過程。從現在開始，我拍手三下，你就會醒來，醒來之後覺得心情愉快，非常舒服。」拍一下，「有點兒醒了。」拍二下，「相當清醒了。」拍三下，「完全清醒了，非常舒服。」

二、催眠之限制

前述催眠方法之運用，在對象上並非漫無限制，陳勝英醫師（1995：20-22）在簡介催眠術手冊中，隱約的敘述不適合催眠之條件如下，值得密切注意：

（一）智能過低無法與催眠者溝通，並集中注意力者。

（二）年齡小於10歲，大於55歲者：

1. 低於6歲之兒童感應性強，但因語言理解能力不夠，注意力亦差，故較難被引導進入催眠狀態。

2. 7至10歲之小孩最難進入任何程度之催眠狀態。

3. 10至55歲者，只要沒有特殊狀況，皆可接受並進入催眠。

4. 55歲以上上了年紀的人，因腦部開始僵化而難以被催眠。

（三）精神狀況嚴重者：一般而言，一個人只要能夠專心，即有可能進入催眠狀態，然對於罹患嚴重精神疾病者，如思覺失調症患者而言，因其思想知覺已變質變形，故不適合催眠。

（四）無接受催眠動機者：動機心愈強愈容易進入催眠狀態，然倘好奇心過強，將自己主觀之意識帶進催眠者，即可能跳至催眠之外。

（五）高難度者：個性太固執、無法溝通、疑心重或對催眠懷有恐懼感者，均不適合催眠。

三、應用於偵查實務之催眠過程

在犯罪偵查上，催眠技術之援用，除對於證人及受害者之回憶案件有幫助外，並有助於追查線索記憶如車型、車號、人像等，發現新物證（林吉鶴，1996；Depresca, 1996）。故在國外已有許多國家在偵查實務上以此方法協助偵查，其中以美國及以色列之應用最為普遍。茲引用學者Reiser（1976; 1990）之撰述，說明應用於犯罪偵查之催眠過程如下（黃建榮，1995：24-26）：

（一）第一階段係預備階段，在催眠進行前必須完成。實施催眠者必須與案件承辦人員檢閱基本的犯罪資料，以瞭解時間架構、環境背景和其他關鍵變項的狀況。簡單地記錄調查人員所需獲得資訊的範圍是非常需要的，諸如：車輛、武器、地點、對話、時間、周遭環境、嫌犯的描述等。同時也須要瞭解決定做催眠偵查的整個背景，及受催眠對象是否有腦部受傷、聽覺損害、毒品、藥物或精神疾病等方面的問題，決定是否需要有特別的診斷。其次，開始進行邏輯的安排，包括：催眠的時間、地點和環境是否適當，盡可能避免影響被調查催眠者的情緒。

（二）第二階段就催眠步驟而言，是開始誘導前的階段，通常應包括下列六個步驟：

1. 當調查者進入辦公室時，應該啟用錄音機和（或）錄影機，且應擺置在容易觀察之處所進行錄音、錄影。

2. 戴上夾領麥克風。

3. 宣布當時日期、時間和被調查者的姓名。

4. 做緒言。

5. 解釋錄製程序。

6. 討論主體的反應。

在催眠期間，每一位出現的人物和角色應可被調查者加以解釋，他們可能是警察、素描專家、案件承辦人員或研究人員。除了在特殊情況（例如：小孩需要支持或保護）之外，家人或朋友應被排除於催眠室，以免突發的干擾或制止會影響被調查者的情緒。另外，催眠者亦應就催眠室內的環境、擺設等，徵詢被調查者的意見，以獲致最佳的催眠環境，包括：房間內光線的程度、溫度、移動的鏡頭和盥洗室的使用。

（三）第三階段是在進行催眠之前，和被調查者建立良好的合作關係，此乃相當重要。同時也應與之討論有關在催眠上一般的誤導和錯誤的觀念，並

對遺忘的原因和恢復記憶的可能性，做一些簡單的解釋。為了緩和被調查者的焦慮和消除催眠過程的神祕性，在催眠面談時應先予以試演催眠時將要做的步驟。而在開始做催眠誘導時，被催眠者應有機會提出任何問題。

（四）第四階段是催眠誘導階段使用的技巧，典型的技巧包括：眼睛固定動作（eye fix action）、史庇格耳氏（Spiegel）眼睛轉動、深呼吸、肌肉放鬆和重複地鬆弛誘導。

（五）第五階段是深化催眠階段（deepening phase），乃是幫助被催眠者達到舒服感覺最有效用的階段。典型的深化技巧有：從十倒數到零的倒數法；想像搭乘電梯、自動梯或樓梯下降好幾層樓；意念動作的反應（ideomotor responses），如：手臂飄浮在空中，張開眼睛又閉上眼睛；以及心像的運用，包括想像海灘、城市或山上的風景。

（六）第六階段是開始導出資料的階段。為了幫助被調查者回復記憶，應確定犯罪現場和時間的變項；然後告知被調查者可放心地去回想更多的記憶。為了配合被調查者步調（self-paced recall）的回憶，通常使用自由的誘導指令（permissive instruction）。誘導回憶資料一般使用的技巧有：誘夢、電視技術符號、意念運動的手指符號（ideo motor finger signals）和時間退化等方法。在這個階段如能運用警方的素描專家對嫌犯的描述加以素描，常會有意想不到的功效。催眠後暗示的階段，可被運用來增強日後回憶的可能性或為下次的催眠做準備。

（七）第七階段是解除催眠作用的階段，乃誘導被調查者的情緒漸趨於平靜、放鬆並恢復正常。待被調查者完全清醒後，對他說明今後他將更容易以開闊的心胸、積極的生活方式處理自身所遭遇的犯罪經驗。一般解除催眠的誘導有許多種方式，均是使被催眠者恢復正常。解除在催眠時的任何暫時性暗示，包括：輕飄、沉重或意想性運動的反應等。幫助被催眠者甦醒的方法，有以數數目的方式或以催眠者自己的方式誘導使之完全清醒，並使被催眠者感覺頭腦清醒、更有精神、心情輕鬆愉快。

四、催眠偵查應注意事項

前述偵查催眠雖有助於回復記憶，協助案情發展，但亦可能產生一些後遺症，故必須非常慎重。綜合林吉鶴（1995：342-345）及黃建榮（1995）的見解，催眠偵查應注意之事項大致包括：

（一）只有在其他偵查方法已用盡，仍尚無法突破案情時，才能使用催眠。

（二）催眠之前，由催眠策劃指揮者審查決定催眠適當性及需要性。

（三）催眠的對象只能運用在自願的關鍵人、證人或被害者，絕不可用在犯罪嫌疑人身上。

（四）取得被催眠者或其監護人的同意書。

（五）聘請合格催眠師。

（六）必要時有專業偵查人員在場，提供諮詢協助。

（七）催眠前須對催眠者實施一般詢問，以決定適宜之催眠方式。

（八）對被催眠者解釋催眠之過程。

（九）被催眠者必須在催眠之前對催眠師敘述他所記憶的事項。

（十）催眠過程應以錄音、錄影記錄。

（十一）催眠之後，再次詢問被催眠者有關先前催眠偵查之內容，以降低暗示程度，避免脫離問題重點。

（十二）多方查證，對催眠偵查的線索需要與其他線索一樣抱持懷疑的態度，仔細查證。

第二十三章　法院與犯罪心理學

當一位犯罪嫌疑人被檢察官起訴而由地檢署移送法院審理後，整個訴訟戰場由數位對判決具關鍵之人物所主導，包括：證人、精神鑑定專家、法官、被告等，其在法院之互動情形對於案情之發展往往具有相當之影響力，同時左右未來犯罪矯正之成效。茲分述如後：

第一節　法官

刑事案件進入法院後，即由法官審理、決定被告是否有罪及刑度等。根據我國《刑法》之相關規定，法官在從事量刑，予犯罪人適當刑罰時，須考量《刑法》第57條及第58條之量刑原則，同時參酌刑罰是否減輕或免除之規定，而做出最符合公平正義之判決。然法官之量刑決定卻因多項因素之影響，而無法臻於最恰適之判決。茲說明如後（周文勇，1989：121-127；Gottfredson and Gottfredson, 1988: 139-169; Wice, 1991: 273-278）：

一、法官個人因素

法官在量刑時，可能因個人之年齡、性別、教育背景、被害經驗、價值觀、品行，甚至心情之變化，而做出迥異之判決。例如：法官倘家中失竊，憤恨之餘，可能在某段時間內，對竊盜案件為較重之判決；此外，女性法官在妨害風化及妨害家庭之案件中，往往有量刑較重之情形；另外，法官在心情鬱悶，情緒不穩定下（如：被詐騙、倒會、家庭生活不睦等），亦可能做出不適當之判決。

二、被告之因素

一般而言，被告之犯罪類別、犯罪前科、年齡、性別、教育程度、身分與犯罪後之態度等，均影響法官之量刑。例如：被告犯罪嚴重性高、有犯罪前科等，乃較易受到較嚴重之判決。當然，倘被告為女性，接受高等教育，並於事後悔悟，則較不易受到過重之量刑。至於被告具有諸如民意代表等影響力大的身分或屬「政治迫害」類型者，法官在量刑時則面臨更多考驗。

三、機構之影響

法官在量刑時亦可能受到法院不同行政體系運作之影響。例如：Hogarth（1971）對加拿大71名法官的研究指出，最嚴厲之法官大多爲大都市法院中年輕且受良好教育者；相對地，較寬鬆者屬郊區法院中之法官。此外，機構內法官成員的刑罰傾向於懲處者，亦可能影響及其他法官之量刑；而來自上級長官、同事之壓力，致影響及判決者亦可能出現。另外，法院案件過多，對於裁判品質更有著負面之衝擊。

四、社會壓力團體

法官在審理案件時，常面臨各類壓力團體，包括：大眾傳播、政客、民眾（加害者、受害者家屬）、檢調、警察人員等。例如：媒體曾引用權威學者、專家對刑案本身表達特定意見，企圖左右裁判結果。此外，少數民意代表、政客爲了選票，亦可能以各種方式展現不同程度之關心與關說，而影響裁判。至於法官於量刑時，亦可能擔心檢、調、警察單位之反彈及來自加害者與被害者家屬之雙重壓力。最後，人權協會、國際特赦組織等人權團體特定立場的表達，亦不容忽視。

總之，法官之量刑乃一複雜之決意過程。除犯罪行爲之嚴重性（offense seriousness）與犯罪者前科紀錄（prior record）之法律因素爲量刑之重要決定因素外（Blumstein et al., 1983）；其他法律外之因素（extra-legal factors），如：法官個人、壓力團體等亦扮演重要角色（Gottfredson and Gottfredson, 1988）。爲避免不公正情形發生，諸如限制法官自由裁量權之措施，如：合議審理、訂定量刑指南（sentencing guideline）等，逐漸受到國內外司法體系之重視。

第二節　目擊證人與證詞

在法院審理之過程中，目擊證人（eyewitness）之證明力，往往對法官之量刑有很大之影響力。但值得注意的是，目擊證人之證詞並非完全臻於正確，其可能因知覺記憶問題，而產生差錯。例如：學者Brigam等（1982）之研究即指出，民眾大多高估了目擊者對嫌疑犯描述之正確性。其以研究人員假扮黑人及白人之顧客各一人，至一家商店購買物品，並在商店中停留三至四分鐘，同

時做些吸引他人注意的動作，兩小時以後再請兩位工作人員至該店尋找前述二人，將六張照片給櫃檯人員看是否能予指認，研究結果發現僅32%的人能正確指認其中一人。爲進一步說明人們知覺、記憶之可能誤差情形，茲分別從事件現場之目擊、呈供證據之等候期及最後呈現證詞之三階段時期，說明影響知覺記憶之各項因素（Goodman and Hahn, 1987; Loftus, 1981; Hollin, 1989: 153-161）。

一、現場目擊

基本上，現場目擊之時間影響及記憶。例如：研究指出，警察人員中，暴露於目標物三十秒者比暴露十五秒者有較佳之指認效果（Clifford and Richards, 1977）。Yarmey（1986）之研究另指出，欲正確指認嫌疑犯最好是在白天，晚上之效果則較差。且事件發生時之人數愈多，則證人之回憶能力亦愈差，例如：Clifford與Hollin（1981）之實驗發現參與暴力人數較多時，大約有四分之三之證人無法回憶誰是主凶手。Leippe等（1978）之研究指出，當物品之價值高昂而受害時，受害者其對嫌疑犯指認能力則相對地提升。

無論如何，一般認爲，目擊者表現之良窳與其知覺接受喚起（arousal）之程度有關。換句話說，適度的喚起可能促使接受訊息者產生良好之指證效果；相反地，不良之喚起可能產生錯誤之判斷（Deffenbacher, 1983）。

這些研究透露出現場目擊之正確性，極易受到各項因素之影響。故執法人員對目擊者之聲明應持保留態度，針對各項狀況綜合研判，以免造成錯誤。

二、呈供證據之等候期

此一時期係在目擊事件現場後，隨著時間的推移，記憶力可能逐漸消退，在執法人員實際查證時，可能產生誤差之情形。Hollin（1989: 156）指出下列二項事件對於證人記憶力之正確保留是相當重要的：

（一）在證據呈堂前與證人討論之影響

例如：學者曾指出在經團體之討論後，證人之證詞可能變得較爲正確。然而Hollin與Clifford（1983）之研究卻指出，團體亦可能產生系統性之偏見，而導引證人走向錯誤之陳述。Hollin與Clifford進行一項研究，首先由證人目睹一項意外事件，在未經與其他人（團體）討論下即回憶事件之經過，然後再請證人參與團體討論後，再行回憶事件一次。研究結果發現在未參與團體討論前，

證人們大致做正確之回答，在參與團體討論後，其證詞則附合團體成員之錯誤答案；亦即，團體之討論使正確之回憶轉變成錯誤之回答。

（二）指認前錯誤之示範

例如：在證人指認前，請其觀看照片或給予其他之口頭描述，即可能產生干預之效果。Loftus與Greene（1980）之研究證實，某一事件後，請證人閱讀一連串不正確之訊息，包括對加害者面貌與其他外表特徵之描述，證人即迎合這些不正確訊息，而由原來之直髮變成捲髮特徵，或根本無鬍鬚之存在。

由前述文獻獲知，在呈供證據或證詞前，除時間外，尚包括其他因素，例如：與其他團體成員討論或指認前錯誤之示範引導等，均干擾證人之回憶力。故犯罪偵查人員與法官必須小心求證，以免造成錯誤。

三、最後呈現證詞之階段

在完成前述階段後，證人是否能從記憶中找尋正確之訊息，仍受質問（questioning）之影響。研究曾指出，質問語句之任何變化均可能影響證詞提供之正確性（Loftus, 1977）。Loftus與Palmer（1974）進行之一項實驗，即請受試者觀賞汽車意外事故之影片，並要求其在以下四個問題中，包括：汽車是否刮傷、擦撞、碰撞及激烈撞擊等四種不同程度，估算汽車之速度。

研究發現，證人估算汽車的速度隨著詢問者語氣之不同（即汽車損傷之嚴重程度）而增加。同時在其他之質問當中，當詢及最嚴重之激烈撞擊情形時，受試者很容易附和而錯誤地說在事件當場看到許多碎玻璃。此項研究雖曾受其他研究者之批評，但卻指出了來自質問者之影響力。

除前述影響證人證詞供述正確性之因素外，證人本身之特性在記憶力之回憶上亦可能產生影響，例如：證人之年齡太大或太輕即可能提供錯誤之訊息（Yarmey, 1984）。此外，一般認為女性之指認能力優於男性，不同種族、膚色間之指認亦甚為困難（Buchanan, 1985）。當然，倘目擊者本身酗酒或在吸毒之情況下，其指證與回憶能力均大受影響，甚至產生錯誤。

為協助證人做正確之陳述，目前司法心理學界嘗試引進各類技術與方法，協助案主回復記憶，例如：傳統藝術家素描（artist sketches）即被引進，依據目擊者或被害者之敘述描繪出嫌疑犯之面貌，再進行查訪（Laughery and Fowler, 1980）。最近由於電腦科技之進步，在影像處理（image processing）技術上突飛猛進，而有面貌影像編輯系統機器（face image compositing system）

之開發，對於協助受害者或目擊者之指認有莫大功效（王朝煌，1995）。除電子科技之協助外，心理學家更運用各項訓練或透過訪談之方式，企圖改進受害者及目擊者之回憶力，而提升證詞之品質。

第三節　司法精神醫學鑑定專家

一、司法精神醫學鑑定之角色

當案件進入法院審理程序，法官認為證人之證詞欠缺正確性或證據有欠充分時，即可能要求精神、醫學專家協助鑑定之工作，以確定證詞之真偽或刑事被告之責任能力。根據學者Haward（1981）之見解，司法精神醫學專家在提供妥適證據上，大致扮演四項角色：

（一）實驗者之角色（Experimental Role）

司法精神醫學專家首先必須將與證據有關之鑑識研究發現通知法院；其次，並依法院之要求進行模擬實驗，重新創造事件情境並予記錄、實驗，以使案件更臻於明確。

（二）臨床之角色（Clinical Role）

司法精神醫學專家尚須對當事人進行各項診斷的工作，包括：協同醫師瞭解生理之傷害、診斷案主之心理狀態等；使用之技術則包括：個案訪談、記錄、心理測驗等。

（三）保險精算師的角色（Actuarial Role）

司法精神醫學專家經常亦扮演保險精算師的角色，為法院要求對當事人之各項情境進行推估。例如：交通意外事故之車速（涉及賠償）或其他事故中受害者之智力與財力之關聯性等。因此，精神醫學專家不僅須對人類之行為有深入的認識，尤應具備財富統計方面之知識，以做好估算之工作。

（四）諮詢者之角色（Role of Adviser）

司法精神醫學專家除代表法院提供檢視證據外，亦可能跳脫此項角色，以諮詢者之角色協助辯方律師處理事務，而不一定以證人之角色出現。最常被諮

詢者，包括證人之記憶及臨床之各項檢驗等。

二、鑑定人之類型

司法精神醫學專家之鑑定必須客觀公允，然在實務上仍有多種類型呈現，茲援引蔡墩銘教授（1989：398-399）之撰述，扼要介紹之：

（一）公正型

其鑑定頗為客觀，故能就事論事，不偏不倚，對於鑑定範圍內之事項，知無不言，言而不盡，頗能依其良心而為鑑定。故即使係由一方當事人申請選任，但其所提出之鑑定意見仍能一本大公無私原則，而為公正誠實之陳述。

（二）偏頗型

對於鑑定在司法上之重要性缺乏認識之人，倘對鑑定事項持有某種成見，與當事人認識或恐其鑑定意見之提出不免結怨於人時，其必無法提出公平、符合真實之鑑定意見，即其所提出之鑑定必失公正之立場。

（三）過分熱心型

鑑定人對鑑定事項頗感興趣，致其從事鑑定時每每不擇手段以探究事實真象，於是損壞重要之證據物件，亦在所不惜。此外，屬於此一類型之鑑定人所提出之鑑定意見，包羅甚廣，其不僅包括事實方面之意見，有時竟含有法律方面之意見，亦即本諸其所具有之法律知識，在鑑定書上予以發揮，儼然以審判官自居。故法院要求鑑定人者，乃使其對於事實提供其所見，倘鑑定人之意見涉及犯罪之有責性或可罰性，則顯然逾越其所負之任務，要非妥適。

（四）冷淡型

屬於此種類型之鑑定人，或對於鑑定職務不感興趣，或對於被交付鑑定事項毫無趣味，於是不認真為事物之實驗，對於鑑定草草了事。其可能對法院要求鑑定之事項，漏未鑑定，或所提出之鑑定報告毫無內容，抱著聊勝於無的心態。

三、法官要求司法精神醫學鑑定之情況

法官在審理案件時，訴諸於司法精神醫學專家之鑑定，其對證據之取捨，一般是在下列四個情況下為之（Greene et al., 1985）：

（一）案件問題必須在法官之常識無法理解之情況下。

（二）專家必須具備相當專業資格，而協助審判工作之進行。

（三）專家呈現之證據必須是科學可靠的，而為科學所接受。

（四）證據之價值必須超越偏見。

　　但值得一提的是，這些標準仍不易界定。筆者認為，只有加強法官及司法精神醫學專家之訓練，始能減少流弊。否則，極可能因個人之主觀意見做不同之取捨。事實上，就司法精神醫學專家之資格條件而言，其除須有犯罪學、犯罪心理學相關知識外，學界已指出要成為法官之良好助手，司法精神醫學鑑定者尚必須具備下列條件：（一）對於鑑定之專業領域必須融會貫通；（二）具備足夠之法律知識；（三）站在客觀之立場，不為私人感情、偏見所引導；（四）對鑑定工作抱持興趣與熱忱（呂榮泰譯，1985：166）。

　　在符合前述條件下，或可減少弊端，而在審理案件時提供真正關鍵性之鑑定服務。

四、鑑定人服務之資格與項目

　　依據葉建廷（2003）之敘述，可為刑事審判程序中之鑑定人包括（引自林明傑、沈勝昂主編，2004：563-564）：

（一）車禍案件：行車事故鑑定委員會之鑑定委員。

（二）毒品案件：調查局、刑事警察局之鑑定毒品人員。

（三）炒作股票案件：證券交易所市場監視部之人員。

（四）醫療糾紛之刑事案件：衛生福利部醫事鑑定委員會委員。

（五）被告或證人是否說謊：調查局或刑事警察局之測謊組鑑定人。

（六）有死者之刑事案件：

1. 各地檢署法醫、法醫研究所法醫（死因調查）。

2. 刑事警察局內之各種專業鑑定人（痕跡、血跡、物理、彈道、聲紋、指紋）。

（七）被告之精神狀態：精神科醫師。

五、鑑定內容與項目

　　精神醫學專家之鑑定工作，主要包括醫療（如：腦部受創之影響、精神狀態及受傷回復之可能性）及心理（如：認知、情緒、個別差異）二層面證據之提供（Haward, 1987）。我國刑事訴訟法則規定，受法院或檢察官之囑託鑑定

者，其鑑定內容及目的，區分成下列四項（張麗卿，1988；2022）：

（一）判定被告責任能力之有無。

（二）於訴訟進行中，判定被告有無訴訟能力。

（三）鑑定證人有無證言能力。

（四）鑑定被害人精神障礙之程度。

　　有關精神鑑定所實施之項目，則包括下列六項（張麗卿，1994：288）：

（一）生活史及病史的調查。

（二）腦電波檢查。

（三）身體及行動觀察。

（四）心理測驗。

（五）精神檢查。即直接與個案接觸，並觀察其動態與症狀。

（六）犯罪當時精神狀態的判斷。

　　楊添圍（2014）在司法精神醫學手冊中敘述司法精神鑑定報告如包含以下之項目，將更完整：（轉引自林明傑、鄧閔鴻，2021）

（一）基本資料與事由：1. 被鑑定人基本資料；2. 接受鑑定之事由：案件之性質，案號。若民事敘明爭訟之標；3. 委託鑑定之單位：法院或檢察署；4. 委託單位所請求鑑定事項；5. 鑑定日期與地點。

（二）案件經過以及相關卷證之摘述：1. 被鑑定者之前科或前案紀錄（例如，高等檢察署之被告前案紀錄表）；2. 案件經過部分。刑案，參照起訴書，或判決書載明之案件過程；民事案件則載明相關之書狀所明示之訴訟標的，緣由）；3. 警訊偵查卷宗。如，當事人或相關證人之筆錄詢答內容，酒測資料，其他證據或鑑識資料；4. 各級法院庭訊筆錄，詢答過程；5. 過往之精神鑑定報告，或本案之前次鑑定報告；6. 各審級檢察署或法院之裁判處分；7. 司法單位提供之資料，病歷、診斷書、答辯狀、各類書狀等；8. 其他可用於鑑定參酌之文書、影像、聲音資料。

（三）個人史、疾病史、或既往史：應著重於與鑑定之「主要問題」相關之資料來源（自述，家人或他人之敘述、病歷記錄；刑案則包括偵審卷宗，起訴書等）。1. 司法心理與精神鑑定內容應包含項目與倫理之研究、被鑑定人之個人史（可包括個人之前案紀錄或入出監資料）；2. 就醫或疾病史；3. 過去學業及職業史、家族史、婚姻史等。

（四）自陳內容及過往鑑定：1. 精神狀態檢查，或鑑定人鑑定所見；2. 被鑑定者對於案件經過之陳述。若與司法單位資料中之記述不符（包括否認犯

行），可特別於此部分敘述；3. 被鑑定者在接受本次鑑定前，其曾接受其他單位之鑑定，則應記載鑑定之結果與相關論據。

（五）鑑定所見：1. 是否瞭解進行鑑定之目的？2. 精神狀態檢查；3. 對於案件經過之陳述與說明；4. 身體理學以及實驗室檢查；5. 心理評估以及其他相關衡鑑；6. 社工或其他相關評估。

（六）鑑定結論：1. 被鑑定者之臨床診斷，或是記述與鑑定有關之臨床表現；2. 對於「鑑定事由」之鑑定意見。責任能力？行為力？審判力？治療處分？再犯危險性？等；3. 鑑定人意見：推定與論據；4. 被鑑定人未來之精神科治療相關之建議。例如護處分或其他相關治療建議；5. 鑑定人署名。（筆者註：若為機關鑑定，則不必署名）；6. 鑑定報告完成日期。

值得注意的是，專家研究指出，「鑑定不可過度推論」與「鑑定須維持中立」為重要之鑑定原則（林明傑、鄧閔鴻，2021：110）。

總之，司法精神醫學鑑定專家之任務是多元的，其對於各項訴訟案件之進行具有重要之影響。是故如何強化其專業，並妥適地在法庭上呈供證據，已成為當前努力之要務。

第四節　被告之心理反應

除前述人員外，被告在法庭之心情則更是複雜沉重且矛盾的。一方面須面臨原告或受害者之指責，另方面須集中全力應付法官之審理，故心情之不安可想而知。

一般而言，不同類型犯罪人在法院審理階段之心理呈現是不盡相同的。但整體言之，仍可區分成對抗與妥協（順從）之心理兩類（高漢聲主編，1993：387-388）：

一、對抗心理傾向

對抗審訊之心理傾向在實務上較常見者，包括：

（一）抗拒：基於對立之立場，被告常呈現抗拒心理，甚至與審訊人員衝突，以發洩心中之仇恨、怨氣和敵對情緒。

（二）畏懼：由於害怕據實陳述將遭懲罰，被告因而呈現畏懼之心理反應，以強化逃避意願。

（三）僥倖：為逃避責任，被告極可能存有僥倖心理，與法官等對抗，不願意坦承認罪。

（四）牴觸：被告因放不下身段（如：教育程度、社會地位高），或對審訊人員之作為甚為反感，抑或擔心未來之命運，故總不願接受審訊。

二、順從心理傾向

被告在審訊過程中，除前述對抗心理外，亦可能在外界之壓力與證據之呈現下，意識到終須認罪，而呈現順從之心理：

（一）贖罪心理：部分罪犯在審訊過程中良心被喚起，故據實報告，以彌補過錯。

（二）迫不得已：部分罪犯在面臨確切證據下，被迫認罪。

（三）隨意交代：亦有少數罪犯抱有好漢做事好漢當的信念；或是講究哥兒們義氣，替別人坦承罪責，或存有據實交代後可能不被懲罰之心理，而容易認罪。

然值得注意的是，被告之心理並非一成不變的，其亦可能以下列三種變化出現（高漢聲，1993：388-389）：

一、抗拒、探測—動搖—順從型

在審訊初期，被告大多抱持敵對心理，拒不認罪，希望藉著狡辯，以逃脫罪行；但當犯罪人逐漸意識及審訊人員已掌握充分證據時，抗拒之心理乃逐漸動搖，呈現矛盾心理；最後，在無以辯解下，始由抗拒心理走向順從心理，而坦承罪行。

二、躲避觀望—被迫順從型

大多數的被告在審訊開始時，多不願坦承罪行。研究指出，據實陳述者不超過20%，拒不陳述者占10%，而70%以上則是有保留的陳述。其主因乃被告大多呈躲避觀望心理，希望不致被入罪，故避重就輕、避實就虛等情形乃一再呈現，最後在證據呈現下，不得已才做較完整之陳述。

三、罪咎感占主導地位型

亦有部分被告出於罪咎感及良心的譴責，在審訊階段即主動陳述罪行並呈現悔意。

　　另外，部分被告亦可能在坦承罪行後，進行翻供，審判實務顯現此種情形在證據呈現模糊或對被告甚爲不利時，皆可能發生。根據蔡墩銘教授（1989：501-502）之見解，被告常見之翻供理由大致包括：

一、承認後發現其所承認者與犯罪構成事實不符

　　例如：承認放火，但根據鑑定僅爲失火，於是撤回其以前所爲放火之承認；又如：承認爲強姦，但依其情形僅屬於不罰之和姦，於是撤回其以前所爲強姦之承認。抑或被告自信被害人係喝其所放之毒而致死，遂爲下毒之承認，但嗣後始知被害人之死另有原因，於是修正其錯誤之陳述。

二、無實施犯罪之可能

　　例如：犯罪時適逢其臥病，不可能親自爲之；又如：被告爲不能人道者，故不可能與人通姦。凡此其所爲之翻供，不無理由。

三、承認係出於他人之脅迫

　　例如：被告所以承認係受他人之脅迫，不得不爲不實之認，倘脅迫之人因案被捕，脅迫已不存在，遂道出眞情而爲翻供。

四、承認係出於逃避現實

　　例如：爲免與他人結婚而承認犯罪，若嗣後知悉該他人業已結婚，逃避原因既已消失，遂爲翻供。

五、承認係出於錯誤

　　例如：誤爲承認後即可恢復自由，免受羈押，抑或可獲得免刑，嗣後始知並非如此，於是心有未甘而翻供；又如：誤認傷害人，但根據他人之陳述方知傷人者另有其人，因而翻供。

六、承認係出於精神失常

　　例如：被告在神智不清之狀態下承認犯罪，待其心智恢復正常，知其陳述有錯，因而推翻前供。

　　總之，在法庭審訊階段，被告之心理負擔是沉重的，不僅須面對法官、檢察官等之緊迫問案，同時尚須面臨受害家屬之指責，復因畏懼一旦犯罪事實成

立而被判重刑，故須竭盡一切所能，以逃避責任。就多數被告而言，其在法庭之陳述是保留的，故審訊人員必須詳查，不可輕率做成決定，以免影響公平正義。

第二十四章　拘禁心理與犯罪矯正

在前述各章節中，各類犯罪者神祕之心理與行為樣態已被揭開。然值得注意的是，犯罪人於入監執行之同時，卻因面對此一與正常社會迥異之不自由環境，呈現獨特之心理變化並衍生許多適應上之問題。本文將從理論與實務之角度，針對這些獨特現象予以探討，俾以瞭解其本質。

第一節　　犯罪矯正環境

「監獄」此一犯罪矯正環境，係監禁人犯之處所，擔負有應報、嚇阻、隔離與矯治之多重功能。傳統上，其因高聳的圍牆，民眾無法隨意進出，故仍保留其神祕面紗。本節因限於篇幅，無法將監獄組織與各項制度一一介紹，故僅就影響犯罪人拘禁心理較具關鍵之監禁環境，以社會學之角度予以探索。

一、監獄之結構

基本上，監獄係由管理者與被管理者（受刑人）所組成，加州大學柏克萊分校教授Goffman（1961）特將監獄、精神病院、軍事勞改營等統稱之為總體機構（total institution）。在此類機構中具有強制特性（coercive），受刑人因長期隔離及接受壓制管理之下，顯得退卻、缺乏生氣。

Zimbardo（1972）在史丹福之研究中，亦再度指出監獄具有強制性之結構。其利用自願的大專學生模仿監獄之結構與氣氛，學生被分派為受刑人與管理人員之角色，經過數日之模擬實驗進行，擔任管理人員角色者開始產生獨斷、專橫的行為；而擔任受刑人角色者，則呈現無助、消極、憂鬱及依賴情形。最後，因某些學生（受刑人）無法忍受，因此才中斷此一創新之實驗。

二、監獄之文化

監獄由於各類人犯之進出，再加上嚴格之管理，因此衍生獨特之次級文化。這些次級文化包括：特殊黑話、江湖規矩、團體組織（如：幫會、同性戀）之形成等。一般而言，這些文化可能是本土衍生（indigenous）或由輸

入（importation）所產生的（Thomas, 1987），例如：監內發生同性戀行為情形，除可能是異性關係剝奪所促成外，亦可能是部分受刑人在外界社會中原本即已是「玻璃圈」之人。

三、監獄之管理

　　為維持監內秩序、創造良好之服刑環境，監獄常運用管理者之權力，以促使受刑人遵循各項規定。Etzioni（1960）指出，下列三項管理型態為獄政當局所彈性應用，包括：（一）規範性的權力（normative power），如：給予受刑人適當的工作指派、頭銜等，以激勵受刑人對矯治機構產生認同感；（二）報酬性之權力（remunerative power），如：給受刑人某些顯而易見之獎勵，像增發勞作金，以爭取受刑人之合作；（三）強制性的權力（coercive power），如：受刑人破壞監獄秩序，即可將其移送獨居監禁以脅迫受刑人。

第二節　　受刑人面臨之各項監禁問題

　　受刑人入監執行後須面對各項監禁問題，如：因監禁帶來之痛苦、監獄化負面之影響、幫派之騷擾、各類暴行及人犯擁擠等之影響，這些問題對受刑人生活之各層面皆屬實質（楊士隆，1997d：82-89）。

一、監禁之痛苦

　　雖然監獄早期之作用係代替外界殘酷之刑罰，可說具有人道主義之精神，然揆諸監獄生活之本質，其對受刑人多項生活品質有著剝奪之作用，尤其對受刑人心理層面之打擊更是嚴重，故監獄並非舒適之地方。根據美國普林斯頓大學學者Sykes（1958）對美國紐澤西一戒護層級屬高度安全管理監獄之研究，受刑人面臨監禁之五大痛苦（pains of imprisonment）包括：

（一）自由之剝奪

　　監禁（imprisonment）本身即含有限制、剝奪自由（deprivation of liberty）之意味，而此項自由之剝奪最令受刑人感到痛苦。專家指出，痛苦乃行刑之本質，事實上為行刑不可缺之一部分，其目的為促使受刑人在意識上明白刑事法規範不可隨意破壞（李清泉，1993）。在矯正實務上，受刑人不僅行動受限，

不可隨意由某區域自由行動至另一區域，同時在特定之場合（時間）必須進入房舍休息或工場工作。換句話說，受刑人喪失自由而面臨二大問題：首先，受刑人必須與社會隔離，進入監獄執行；其次，入監執行期間進一步要被限制自由，而在有限之空間內生活。這些自由之剝奪對受刑人之心理層面，尤其自我價值感帶來巨大衝擊與損傷。

（二）物質與服務之剝奪

受刑人入監執行面臨之另一層面痛苦為物質與受服務之剝奪（the deprivation of goods and services）。儘管現代監獄大多符合聯合國在監人犯處遇最低標準，而提供足夠維持健康及體力需要之營養食物、適切之衣服，並允許受刑人從事一定時間之運動和康樂活動。然而，對於在外界自由社會生活浮華、重享受逸樂之受刑人而言，這些服務顯然是不夠的。受刑人所要求的恐怕是更多高級之休閒、娛樂、佳餚、美食、具隱私性且足夠之生活空間以及更珍貴物質之擁有等。在面臨矯正機構這些物質與服務匱乏之同時，受刑人乃面臨適應上之困難，而須逐步調整需求層次。

（三）異性關係之剝奪

雖然，目前許多現代之犯罪矯正體系允許在一定之條件下，受刑人享有「返家探親」及「與眷屬同住」之權利，以紓緩受刑人與異性（配偶）隔離之痛苦。然對大多數受刑人而言，因為累進處遇級別未達標準或因違規、成績分數不足而缺乏此項機會，往往只能透過接見——即在管理人員之嚴密監視下，隔著透明玻璃互訴情感。此種異性關係之剝奪（deprivation of heterosexual relationships），不僅促使受刑人在「性」問題上受挫，同時亦可能對受刑人之自我形象造成傷害，一小部分之受刑人轉而在監獄內發展同性戀行為，進行異常性行為，即可能與此項異性關係之剝奪有關。

（四）自主性之喪失

由於犯罪矯正機關具強制性（coercive）之管理結構，受刑人不僅須受監獄行政當局諸多規定之約束，亦須服從管教人員之命令，因而受刑人在各類情況下處於消極、被動之地位，造成自主性喪失（deprivation of autonomy）。例如：在某種程度上受刑人無法決定自己食衣住行，而須接受矯正機構之安排。在此情況下，伴隨著異性關係之隔離、物質與受服務之剝奪，將使受刑人對管理者產生更多之怨尤，且受刑人亦在自主性的喪失下，顯得缺乏活力與獨創

性，呈現死寂之固定、機械行為型態，此為監禁可能帶來之負面影響。

（五）安全感之剝奪

監禁之另一痛楚為安全感之剝奪（deprivation of security）。亦即受刑人送監執行後，須面對數以千計之罪犯，而這些犯罪人有不少屬於具攻擊性並有長期犯罪歷程之暴力犯或幫派分子，這對於大多數犯罪人言，將造成精神上之緊張狀態，而缺乏在正常社會中存有之安全感。換句話說，對犯罪人而言，最糟的一件事情為他（她）們必須與罪犯長久地住在一起。

根據犯罪矯治實務之審查，受刑人入監後不久將很快地意識到其將被其他受刑人測試（tested）──「稱斤兩」。一旦其無法保護其財物或人身安全，很可能為其他受刑人乘虛而入受侵害；相反地，假如受刑人因此而贏取勝利，亦可能因此而遭致更多的麻煩，因為部分受刑人可能想稱老大展現其威風而加以挑戰。因此，無論被挑戰（測試）是否勝利或失敗，均將使受刑人存有不安全之情緒狀況，此對須於監獄服刑一段期間之受刑人而言，是一項恆久的痛苦。

二、監獄化之影響

監獄化（prisonization）係指受刑人入監服刑後對監獄社會風俗、習慣、獨特價值觀之適應（accomodation）與同化（assimilation）的情形，其極易促使受刑人在無形中改變原有之思想與行為方式。監獄化之概念係由美國學者克雷蒙（Clemmer, 1940）在伊利諾Menard監獄從事受刑人次級文化、團體結構之研究後提出。

一般而言，監獄化過程是漸近、緩慢的，在被告羈押於看守所期間即可能已經開始；一旦被法院判決確定，由檢察官指揮送交監獄執行，即再度面臨監獄化之危險。在監獄化之過程中，由於受刑人隨著歲月之推移，逐漸脫離社會關係而逐漸適應監獄的生活習慣，再加上對監獄社會獨特風俗與價值觀之學習，因而逐漸受其不良影響（蔡墩銘，1988）。受刑人通常在此情況下將顯現出如下之監獄化徵候：

（一）行為上趨於依賴、被動。

（二）思想陷於停滯。

（三）人際關係缺乏信任感。

（四）對監獄內各項事物不關心。

（五）較高之受暗示性。

（六）勢利取向。

（七）不信任管教人員之主張。

三、監獄幫會之影響

　　另一影響受刑人服刑品質至鉅者爲監獄幫會之活動。美國司法部（1985）之研究報告指出，幫會在監獄製造之問題至少包括：（一）非法藥物、毒品之引介與散布；（二）恐嚇受刑人；（三）勒索及暴力奪取財物；（四）與幫會活動相關之暴力；（五）幫會衝突或鬥爭引發之監禁騷動；（六）謀殺其他受刑人等。

　　在1970年美國華盛頓州Walla Walla監獄曾因受刑人之示威抗議，而允許Biker幫會成員在監獄廣場中騎乘摩托車競賽，結果導致監禁秩序失控、混亂之場面。我國往昔矯正機構因菸、酒之禁止，各項毒品之管制，幫會成爲操縱這些物品之大盤，一旦管理緊縮或各幫會利益衝突，均對囚情造成很大影響。根據法務部台灣各監院所現有幫派分子的統計，存在各監所之幫派計有天道盟、聯政會、竹聯幫、四海幫、松聯幫及台灣各縣市角頭或幫會等，此尚不包括未列入官方紀錄之幫派成員。雖然這些幫派成員在政府當局之嚴密監控下，而無法大展身手，惟其對其他受刑人之負面影響恐難避免。近年亦發生幫派分子唆使幫眾毆打戒護科長及管教人員，值得關注。

四、監獄暴行之影響

　　一般而言，監獄不僅是剝奪個人自由之處所，同時也是各類犯罪者聚集的危險場所。尤其，倘犯罪人缺乏犯罪矯正當局妥善照顧、管理時，受刑人極有可能面臨二度被害之危險。

　　受刑人在監執行期間可能面臨之暴行包括：

（一）來自其他受刑人之暴行，如：要求性行爲、勒索錢財、詐欺、毆打等暴力行爲。

（二）來自管教人員之暴行，如：在情緒失控或妨害其利益下，而對受刑人施予暴力、傷害或移送懲戒（Bowker, 1980）。

　　監獄暴行之跡象，可從受刑人要求換房、轉業、轉移教區、要求獨居或請求至他監服刑者露出端倪（Lockwood, 1982）。對於監獄暴行之反應，大多數人趨於消極，例如：恐懼、憤怒、憂鬱，甚至面臨精神疾病之壓力。美國紐約

州立大學刑事司法學院教授托克（Toch, 1977）指出，許多受刑人以退縮消極之方式尋求避難所，無形之中犧牲了許多應得的權利；反觀一些受刑人則加入監獄幫派以尋求庇護，並藉機壯大聲勢攻擊宿敵；另有部分受刑人對於監獄暴行無法忍受，而採取較為激烈的直接反抗手段（如：鬥毆等），對施予暴行之人（受刑人甚或管理人員），進行情緒發洩性之報復。

五、監獄擁擠之影響

近年來，隨著監獄受刑人人數之急速爆增，受刑人在狹小有限之空間下服刑，承受更多之壓力。

首先，監獄爆滿之結果將造成矯正機構房舍更加擁擠，受刑人活動空間緊縮，各項生活服務諸如：飲食、工作、衛生、醫療、康樂活動等品質降低，嚴重影響收容人應享有之各項基本生活權益。此外，監獄擁擠亦影響及受刑人之身心與行為。美國德州大學奧斯汀分校教授Paulus（1988）之研究即發現，矯治機構的環境空間與受刑人之自殺率及暴行有關，尤其房舍空間人口密度愈高，對其負面影響愈大。同樣地，Altman（1978）之研究指出，監獄擁擠會增加受刑人心理緊張及壓迫感，監獄擁擠之結果，極有可能使原本並非舒適之處遇環境雪上加霜，其影響層面包括：違規行為、暴行、心理壓力、精神疾病、生理症狀、自殺行為、死亡率等（Thornberry and Call, 1983; Toch, 1985）。筆者於1994年9月間對台灣地區1,200名受刑人之調查研究，亦證實監獄擁擠對男性受刑人之生理、心理造成衝擊，且影響及其違規行為之發生（楊士隆，1995c），故監獄擁擠之影響不容忽視。

第三節　受刑人之生活適應型態與拘禁心理變化

一、受刑人之生活適應型態（林茂榮、楊士隆，2021）

監獄由於具有剝奪（deprivation）及身分貶抑（status degradation）的特性，故受刑人入監服刑之生活適應問題乃格外引人注意。某些受刑人可能退縮至自己的世界中，並與其他受刑人完全隔離；部分受刑人亦可能在犧牲其友伴的利益下，攫取私益以換取生存；其他之受刑人則可能完全的投入受刑人組織之團體，經由團體凝聚力及物質聲望的分配，以減輕監禁的痛苦，這些適應心

態端視受刑人之價值觀與生活背景而定。根據John Irwin（1970）之看法，受刑人適應監獄之型態包含：

（一）打混型（Doing Time）

許多的受刑人認為，監禁對個人生涯而言只是一段小插曲，這些人大多屬於職業竊盜，他們通常致力於尋求最舒適的服刑環境，以避免監禁之痛苦。生活取向大致為：1. 避免招惹麻煩；2. 謀取可以打發時間的活動；3. 享受一些奢侈品；4. 與其他團體之受刑人建立友誼；5. 從事必要的「工作」以儘速地離開監獄。

（二）以監獄為家型（Jailing）

對外界社會缺乏認同感之受刑人，傾向於在監獄中形成自己的世界，屬於此種生活型態者大多為自小即是少年矯正機構鬼混之常客。他們大多熟悉監獄環境及其運作規則，故他們極易適應環境，並奪取重要職位及權力。大致而言，此類受刑人之生活樣態傾向於奢侈，因為奢靡的結果不僅對本身有利，同時亦可藉機抬高身價，並在監獄社會內謀取一席之地。

（三）自我改善型（Gleaning）

某些受刑人可能利用服刑之機會尋求「自我改善」、「心靈的淨化」或「尋找自我」，以澈底改變原有之生活型態。這些人大多廣泛地運用現有的資源，例如：善用圖書館並積極參與教育職業訓練等課程。平日他們與行為偏差團體較少接觸，惟仍不免受這些團體之次級文化、價值所影響。

John Irwin雖排除鬆散型或類似隨波逐流型之受刑人（disorganized criminals）於前述三類型之外，惟本文仍予探討。此類型之受刑人可安插於前述任何生活樣態中，他們大多缺乏生活目標、毫無認同感，只要符合其利益，即可依附於任一型態而發展。大體而言，這些受刑人在監獄內缺乏地位，並不成氣候。

Goffman（1961）在對總體機構的觀察中，亦認為受刑人具有下列各類型之生活適應現象，詳述如下：

（一）情境退化型（Situational Withdrawal）

此類受刑人具有「自閉」的型態，往往從現實的環境中退縮下來，並且拒絕與外界溝通、聯絡。例如：在精神病院內，此類型應屬於退化型（regression）之病人。

（二）非妥協型（Intransigent Line）

隸屬此類型者，常藉著公開反對犯罪矯正人員而故意地向機構的權威挑戰，藉此希冀提升個人的威望並強化其在監獄內之地位與身價。此類受刑人抱持非妥協或具反叛性之態度，常只是暫時的反應。根據Goffman（1961）之看法，此乃受刑人轉化或退化成其他類型之先發徵兆。

（三）殖民型（Colonization）

某些受刑人將入監服刑視爲另一種「旅行」，甚至沉溺於其中。此類受刑人具有隨遇而安的特性。因此，若監獄之生活品質過高，則須注意可能吸引此類殖民型受刑人前來逐水草而居。

（四）轉化型（Conversion）

此類型之受刑人一旦進入監獄內，即澈底地轉化成「順民」，以爲自保。在戰爭中失敗被擄之囚犯常隸屬於此類型。

Goffman（1961）另提及次級適應（secondary adjustment）的概念，亦即受刑人有時並不直接地向監獄當局挑戰，而以獲取某些被禁止的事物爲滿足，或以非法的手段謀取利益以爲適應，來避免心靈遭受傷害。此類適應型態所創造出來之特定生活空間，類似John Seymour提及之牆壁凹處之活動範圍（niche），在此活動空間內，受刑人感覺他仍是自己的主人，有屬於自己的生活天地，可以控制自己的環境，不受外界過多的干擾（contamination）。

二、受刑人拘禁心理之變化

受刑人除衍生前述獨特之適應型態外，在拘禁期間其對管理人員之服從程度，亦隨著服刑之長短而呈現不同的心理反應。

根據Wheeler（1961）對華盛頓Monroe感化院16至30歲受刑人之研究，受刑人之適應型態呈現凹字型曲線。亦即，受刑人在初入監之前六個月與將出獄之前六個月頗符合管理人員之期望，監禁之中期則傾向於支持受刑人之次級文化。學者Garabedian（1963）在美國西部一處高度安全管理矯治機構複製（replicate）了上述之研究，其結果提出U字型適應型態之佐證（詳圖24-1）；該資料顯示，在不同階段受刑人對管理人員所訂之規範，乃呈現出不同的服從方式。

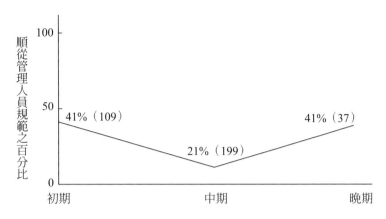

圖24-1　受刑人服從管理人員規範之三個階段

資料來源：Garabedian (1963).

　　然而，Garabedian（1963）的研究卻也進一步地指出Wheeler之發現有所含糊，例如：不同類型受刑人之監獄化過程在不同之期間，其適應型態仍有差異。傳統上被認為傾向於支持獄方、不加入受刑人次級文化團體之老實型受刑人（square john），在監禁之中期陷入低潮；反觀惡徒型（outlaws），在被監禁之晚期則與管理人員之關係呈現惡化現象。因此，因角色扮演的不同而衍生不同的適應型態，應予審慎注意。此外，學者Berk（1977）所從事之相關研究雖亦證實Wheeler之主張，卻也進一步指出各機構之不同目標、受刑人服刑之長短與職員之關係呈現交互影響。在戒護取向（custodial oriented）之監獄內，受刑人服刑的時間愈長，愈可能對職員產生負面態度；然而，在教化處遇取向（treatment oriented）之監獄內，受刑人停留之時間愈長，比服刑期間較短者，愈可能對職員抱持正面的態度（詳圖24-2）。

第四節　受刑人之江湖規矩與黑話

一、江湖規矩（Inmate Code）

　　與任何社會相同，受刑人社會具有獨特的價值觀、信仰與風俗習慣。受刑人江湖規矩之所以產生，一方面乃其可協助受刑人定位角色，同時可清楚地劃

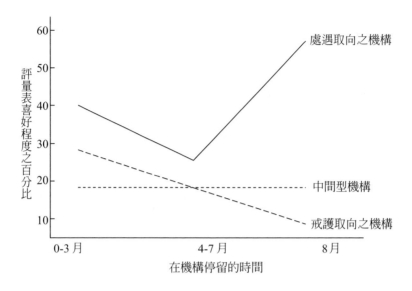

圖24-2　受刑人服刑時間與對職員態度之關係

資料來源：Berk (1977: 38).

分受刑人與管理人員所抱持之價值觀（或意識形態）的不同。

　　大體而言，受刑人江湖規矩具有約束幫眾之作用，破壞江湖規矩者將淪落到受刑人社會結構之最底層，備受輕視與責難。遵循江湖規矩者則獲取其他友伴（或道上兄弟）之認同與支持。至為顯著的此套「規矩」有助於受刑人次級文化的整合。Sykes與Messinger（1960）曾摘要受刑人江湖規矩如下：

（一）不可妨礙受刑人之利益：不可冒失到處說話，不可陷人於罪，妨礙受刑人之利益。

（二）不可背叛老大：要效忠老大，不可打小報告、背叛老大。

（三）避免與其他受刑人爭辯，坐自己的牢：要冷靜，不可喪失理智，做自己的事，莫管閒事。

（四）不可剝削、詐欺受刑人：不可失信、要講信用，不可詐欺、偷竊，不可出賣朋友及敲詐勒索，不可逃避債務，要正直。

（五）堅強的生活：絕不可懦弱、悲傷、整天哭哭啼啼，要當男子漢。

（六）不可信任管理員及其主張（認定）的事理：不可愚蠢，管理人員是流氓，監獄當局是錯誤的，受刑人是對的。

　　現今各類型矯正機構（含女子與少年矯正機構），由於組織來源成員互異，再加上受刑人接受資訊簡易，且流動性加速，各機構之受刑人江湖規矩存有差異則屬必然。根據Bartollas與Miller（1978）之研究，下列各點為少年矯正機構較為通用之江湖規矩：

（一）不可告密。

（二）不可出賣自己的肉體。

（三）莫管閒事。

（四）不要受獄方的洗腦。

（五）要冷靜，不可發牢騷。

（六）與管理人員玩「遊戲」。

　　而監獄的幫派幫規更加嚴明，以美國德州監獄中的第一大幫Mexican Mafia為例，其幫規如下（Robert, 1990）：

（一）一生皆為幫派成員——血進血出（blood in, blood out）。

（二）每一位成員需做好隨時為幫派犧牲的準備。

（三）每一位成員均須克服自己的懦弱以達成使命。

（四）永遠不讓幫派倒下。

（五）當新進成員背叛幫派時，保薦人則須負責將其消滅（滅口）。

（六）當幫派受到任何個人或團體的污衊或挑戰時，全體成員須團結一致，誓死消滅敵人。

（七）必須永遠保持領導階層的完整。

（八）永遠不可將幫派內事務洩漏出去。

（九）所有成員均有權力表達自己不同的意見。

（十）所有成員都有義務透過組織、教育、武裝準備以防禦幫派。

（十一）任何成員都必須紋上Mexican Mafia的圖騰。

（十二）Mexican Mafia的任何活動，均須以獲得利益為目的（楊士隆、程敬潤，2001）。

二、黑話（Argot）

　　受刑人因監禁所衍發之問題，發展獨特的黑話，以突顯受刑人之角色。雖然黑話意味著受刑人擬保持其神祕感或作為效忠團體的指標，Sykes（1958）卻認為，監獄黑話之最重要功能為其實用性，尤其在澄清與安排受刑人生活適應問題上至為顯著。黑話本身隱含價值、信仰、尊敬、反對等意識形態，藉著

黑話之傳遞，受刑人之行動則可明確依循，不致混亂無章。大體上監獄之黑話依文化之不同而存有差異。以美國為例，一般較為通用者如下：（一）鳥屋（bird house）：崗哨；（二）洗腦（brain washing）：團體治療；（三）急速假釋（brush parole）：脫逃；（四）大專院校（college）：監獄；（五）老大（con boss）：受刑人頭目；（六）菜鳥（fish）：初入監之受刑人或缺乏經驗之管理人員；（七）地下法庭（kangaroo court）：由受刑人自己組合之法庭以審訊人犯；（八）小憩一下（taking a nap）：指短刑期者；（九）好人（good people）：缺乏信賴之受刑人；（十）踩風箏（kite）：走私信件、傳遞消息；（十一）把風（stand point）：從事非法活動時請受刑人嚴密監視管理人員。

我國監獄黑話一般較通用者如下：（一）蹲苦窯：坐牢；（二）瓢火山：賣酒；（三）瓢草：賣菸；（四）大肚：有錢的人；（五）大頭：沒錢的人；（六）扛奸：賭博；（七）柳點：幫派中老大；（八）老屁股：老前輩；（九）拉玻璃：玩屁股；（十）踩吃耶穌的：白吃；（十一）紅仕：說話分量很重的人；（十二）雙槍：菸癮奇大者；（十三）黑眉：心術很壞的人；（十四）掛票：賒帳；（十五）日本人：心胸狹窄險惡的人；（十六）豆漿：在外吃軟飯的人；（十七）呷會：送紅包；（十八）AB仔：不講人情的人；（十九）牛鼻：為他人搖旗吶喊的人；（二十）馬面：最會拍馬屁的人；（二一）照水：把風；（二二）壁將：吃飯；（二三）現巴子：現金；（二四）黑包：很活躍的人；（二五）外頭的：指充當雜役的人犯；（二六）把盤：接見；（二七）進黑房：指被收押禁見；（二八）粉鳥廚：指崗哨；（二九）下凡：指脫離監獄圍牆而重獲自由；（三十）扁脫：打架；（三一）吐點或葛屁：死了；（三二）扁大方：打麻將；（三三）搬慘了：喝醉了；（三四）跑條子：指傳遞消息；（三五）被洗：被修理；（三六）帶帽子：管理員；（三七）大水：科長以上人員。

第五節　受刑人之腐蝕矯治成效與防制對策

一、操縱控制管教人員實務

如同學者Cornelius（1992）指出，受刑人進入監所後，面臨此一複雜之被

拘禁者社會，亟盼能擁有屬於自己的空間，尤其當他（她）們想要某些東西或事務時（如：尋求舒適之服刑環境或違禁品等），即可能運用某些手段以達成目標。實務顯示，當受刑人有所要求時，他（她）們很可能是世界上最傑出的演員，管教人員工作時必須隨時提醒自己：「到底其真正需要的是什麼？」「為何有如此請求？」受刑人很可能有不同的目的，包括：想要藉機謀求違禁品、對其他人加以剝削控制或僅為暫時逃離煩悶之服刑環境。而其最理想的境界即是妥善地操縱、控制管教人員以為其謀福利，並且在神不知鬼不覺的情境中進行。收容人操縱、控制管教人員之方法繁多，其中較常見者包括（楊士隆，1993）：

（一）抓住工作把柄並逐步地要求

如利用管教人員之人性弱點，製造出問題之迫切需求，如：要求管教人員打個電話或從外界攜入感冒或止痛藥物給收容人，然後再進一步要求其他行為，並予洗腦，最後一旦管教人員違反工作規定，再進一步脅迫之，要求為收容人從事更多之違法行為。

（二）小惠不斷，進而賄賂

對管教人員常施以小惠，如：給予生活必要的各項服務，或假借各種名義請客或贈與，以啟動貪小便宜之人性弱點，進而攀交情，藉機親近，降低管教人員警覺性，再利用機會予以洗腦，甚至賄賂，以操縱、控制管教人員。

（三）打小報告，離間管教人員

如：偷偷地告知某管教人員，某長官曾辱罵其混得很兇或結黨營私，藉機爭取管教人員之信任而視其為朋友，從中謀取私益並減少從事違法行為之風險。

前述僅為受刑人對管教人員設陷之一部分，其目的無非是要管教人員違反規定，進而為收容人所操縱控制，俾藉以從事違法活動。

二、防制受刑人操縱、控制之對策

為避免被受刑人操縱、控制，任何管教人員須瞭解其可能為受刑人設陷之目標，因為此項工作幾已成為收容人生活之一部分。根據Cornelius（1992）之見解，下列之工作準則為避免受刑人欺詐、控制之要目：

（一）深入瞭解受刑人及其副文化

此為避免為受刑人操縱、控制之重點工作，蓋所謂知己知彼，百戰百勝，瞭解其特性與副文化（林琪芳，2002），有助於洞察其非法活動及管理。

（二）維持專業化形象

瞭解自己的工作職責，勿讓受刑人操縱自己的工作。保持專業的形象，遵循機構規定，不散布謠言，對於各項工作程序予以保密，跟收容人保持專業之距離。

（三）要堅定並掌握控制權

當被指派至某一區域工作時，自己即是該區域之老闆，絕不放棄工作權威，學習必要時說「不」。對於自己之授權加以限制，要很堅定，但須公平，切勿有過多之個人喜好；相對地，嘗試對所有之收容人公平處理。

（四）與監督長官保持密切聯繫

一旦發現為受刑人所設陷、詐騙或控制，應隨即報告監督長官，並將事實詳實予以記錄，千萬不可因害怕丟臉而隱藏，造成進一步不可收拾的後果，同時讓收容人瞭解自己已注意到被設陷、控制的狀況，避免其進一步腐化、設陷。

（五）與受刑人清楚地溝通

受刑人往往將管教人員之命令或說明加以曲解。因此，對受刑人有所指示時，應確保其清楚地瞭解實際的意涵及管教人員之立場。

（六）注意細節

假如受刑人提出各項請求，如：調房、移監等，應即深入調查其是否屬實，同時告知受刑人自己將前往查明，絕不可在未清查前即輕易地做決定。

總之，矯正機構管教人員工作所面臨之一項挑戰，即為決定受刑人之行動係真誠或虛偽的。受刑人為尋求舒適之生活情境、減輕監禁之痛苦，可能採行各類手段以達成其私利。為避免為受刑人所操縱、控制，管教人員應隨時反問自己，受刑人之真正需求為何？是否違反工作準則？必要時應對受刑人堅定地說「不」。唯此，方可保護自己以進行有效之管理，減少管理弊端之發生。

第二十五章　再犯預測與再犯風險評估

　　監獄行刑之目的主要爲促使受刑人改悔向上，培養其適應社會生活之能力。然而法務統計資料亦顯示部分犯罪人出獄後仍面臨諸多社會適應問題而再犯，使得犯罪矯正成效受到質疑。本文將探討犯罪人再犯之預測與風險評估主要內涵，並扼要介紹評量其再犯風險之工具與效能，希望強化其順利社會復歸，減少出獄後之再犯。

第一節　早期再犯預測之內涵與發展

一、再犯預測之意涵

　　張甘妹（1987；1995b）在稍早即對再犯預測進行研究，其指出再犯預測係指「運用統計學之技術，由多數犯罪者過去的生活經歷資料中，檢選與其陷於犯罪關聯性較大的重要因素若干，根據統計上各罪相關聯的程度，將其予以點數化，製成以得點之多寡表示犯罪可能率大小之關聯表（預測表），根據此關聯表以預測犯罪者將來限於再犯之可能率」。

二、再犯預測之發展與相關研究

　　犯罪預測以美國學者Healy、Warner與Hart等之早期研究最早開始，後再加芝加哥科大學Burgess及哈佛大學Glueck之持續研究始奠立基礎（張甘妹，1995）。

　　張甘妹（1995b）指出：「Burgess曾調查假釋者之行狀，由犯罪者假釋前之生活歷程中選出21個犯罪因素，對於各因素給予若干點數，再依各假釋者就各所得點數之多寡，製成了其與假釋成敗之關聯表，以作假釋者之再犯預測。

　　Glueck夫婦則對矯正院510名男性假釋犯進行研究，選出六個因素製作再犯預測表，包括勤勞之習慣、犯罪之重度與次數、本犯以前之、收容前之受刑經驗、判決前之經濟責任、入獄時精神的異常性，並進行十年之追蹤研究，獲致重要成果。」

在台灣張甘妹教授自1964年最早開始對台北監獄受刑人200名進行再犯預測研究，張甘妹（1987）以1979年出獄後至1989年8月止之期間內再犯之犯罪者157名及未再犯之犯罪者160名進行比較分析發現：年輕、初犯年齡愈早、多次犯罪前科、無專業技能等為受刑人再犯之重要因素。此外，莊耀嘉（1993）以1991年減刑出獄4,758名為對象，追蹤其出獄後一年四個月之再犯情形，發現出獄人過去犯罪與服刑次數較多、初犯年齡較早、父母離異等因素與其再犯率有關。此大致為台灣早期再犯預測之重要發展。

第二節　風險評估之意涵與發展

維基百科指出：「風險評估（risk assessment），是風險管理的一個重要過程，風險管理國際標準ISO31000定義風險評估的過程為：風險評估是風險識別、風險分析及風險評價的全過程。」在國際標準ISO31010風險管理──風險評估技術中，明確提供風險評估過程需要解決的五個基本問題：

一、現狀是什麼？可能發生什麼（事件）？為什麼發生？

二、產生的後果是什麼？對目標的影響有多大？

三、這些後果發生的可能性有多大？

四、是否存在可以減輕風險後果、降低風險可能性的因素？

五、風險等級是否是可容忍或可接受的？是否需要進一步應對？

此外，根據行政院（2008）頒定之所屬各機關風險管理作業基準，風險評估係指一個包括風險辨識（Risk Identification）、風險分析（Risk Analysis）及風險評量（Risk Evaluation）之過程。其中風險辨識為發掘可能發生風險之事件及其發生之原因和方式。

風險分析則指系統性運用有效資訊，以判斷特定事件發生之可能性及其影響之嚴重程度。風險評量指用以決定風險管理先後順序之步驟，將風險與事先制定之標準比較，以決定該風險之等級（引自林明傑，2010）。

近年隨著風險社會之來臨，林明傑（2010）引述文獻指出：「近年法律社會學家及許多法律學者專家強調著重犯罪之風險管理是當今刑事政策的一大特色」（李佳玟，2005a；2005b）。在犯罪學與犯罪心理學研究領域，風險／危險評估（Risk Assessment）一般係指「對於罪犯或精神病患，其日後是否有暴力行為或其他偏差行為的預測」（林明傑，2004）。林明傑（2010）認為「危

險評估或風險評估在犯罪學之發展應係於統計發展成後漸次發展而成，風險社會理論在大眾對控制犯罪普遍失望之情況下，提升對犯罪者風險評估與風險管理之可被接受度」。在此情況下，犯罪者之危險評估日益受重視。

第三節　　風險─需求─回應度模式

加拿大學者Andrews與Bonta（2010）提出風險─需求─回應度（Risk-Need-Responsivity, RNR）模式，此模式能夠明確識別犯罪者與犯罪有關的「犯罪基因需求」，並使用這些資訊將違法者與不同等級的治療和監督相匹配。

RNR模式之概念發源於1980年代，主要由加拿大學者Andrews、Bonta與Gendreau等人所提出，相關研究結果顯示，若能正確運用下述三項原則，將有助於減少犯罪人之再犯風險。

一、風險原則：確認處遇標的，使處遇強度與風險高低相符。
二、需求原則：確認處遇內容，處遇應處理導致犯罪行為的需求。
三、回應原則：確認處遇方式，處遇方式應符合罪犯的特性。

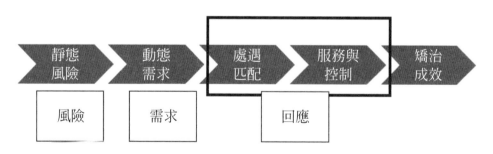

圖25-1　　RNR模式

資料來源：Andrews and Bonta (2010).

Andrews與Bonta（2010）指出，「風險原則」是針對犯罪風險進行評估，以確保處於中等至高風險的罪犯得到密集的處遇，犯罪風險最重要的預測因素是過去的犯罪行為和反社會態度、信仰和犯罪同伴，並且物質濫用問題也是一個重要的風險因素。雖然精神疾病不是累犯的獨立危險因素，但由於具有高水準的犯罪基因需求（例如：根深柢固的犯罪信仰系統、貧困的就業歷史、缺乏教育等），因此患有精神障礙的犯罪者會處於較高的犯罪風險中。RNR模型

認為應該針對罪犯「犯罪基因需求」進行個別化評估；RNR模型強調需要在罪犯處遇計畫中處理「回應度」，指的是影響罪犯參與實證治療的因素（例如：解決動態風險因素／犯罪基因需求的服務）。回應度因素包括心理健康問題、特定處遇需求（例如：文化、種族或宗教）、PTSD或其他精神疾病治療需求，如果需求沒有得到解決，回應度因素可能會破壞罪犯對治療和監督的參與、持續和結果。因此，被評估為高風險的犯罪者應優先考慮提供密集處遇，且處遇需考慮與犯罪需求相匹配，以減少再犯並改善治療和監督的結果（引自楊士隆、巫梓豪、李韻如，2019）。

第四節　　犯罪行為之再犯風險因素與類型

一、常見風險因素

犯罪行為之風險因素甚多，主要可包括下列四類（United Nations, 2019）：

（一）個人風險因素：包括負面兒時經驗、暴力被害經驗、心理狀況異常、物質濫用（藥物、香菸、酒精等）、行為控制能力不良或年輕氣盛等。

（二）家庭風險因素：包括父母疏於管教、親子關係不良、父母教育程度低落、家庭經濟狀況不佳、家長本身亦有藥物濫用或犯罪行為等情況或家庭失功能等。

（三）社區風險因素：包括居住環境、醫療資源匱乏、就業機會流失、社區解組的鄰里、偏差同儕、幫派活動、社區活動參與狀況不佳等。

（四）社會風險因素：包括快速社會變遷、嚴重貧富不均、社會缺乏法治或貪腐情況盛行、性別不平等及個人財產缺乏保障等。

學者Gendreau、Goggin與Little（1996）對131個於1970年1月至1994年6月發表之犯罪矯治成效與累（再）犯相關研究進行meta-analysis，發現犯罪者無法改變之素質因素，如年紀輕、具犯罪紀錄、年紀輕時犯罪、家庭有犯罪歷史與紀錄、父母親教養型態與品質惡劣，家庭結構破碎、犯罪者智能不足、人種與社經地位低落等，均與其是否累（再）犯密切相關。

陳玉書（2013）於2004年至2011年間追蹤960名受刑人假釋復歸社會後之再犯情況，並以客觀統計分析篩選出影響再犯的風險因素。其研究發現影響假

釋再犯的主要因素，包含性別、初犯判決有罪年齡、曾被撤銷處分、竊盜前科、初再犯、婚姻狀況、家庭依附與偏差友儕等，而次要因素則包括入監前之教育程度、子女數、與配偶子女同住、有罪判決次數、罪名種類數、低自我控制、職業等級、工作穩定性、遊樂生活型態、負向因應和處遇期間違規行為等變項。

另由楊冀華（2017）於2000年至2014年間追蹤1,449名接受司法處遇之毒品施用者發現，主要影響再犯主要因素為性別、年齡、不良友伴、戒毒經驗。

二、再犯風險因素類型

犯罪行為之再犯風險因素可區分為靜態因素（static factor）與動態因素（dynamic factor）兩類，靜態因素係指不會隨時間變化的因素，如性別、犯罪歷史或初次遭逮捕的年齡、數量等（Gendreau, Little and Goggin, 1996; Austin, 2004）；動態再犯風險因素則係指可變動調整的因素，例如犯罪態度和信仰、犯罪同伴、藥物濫用問題、就業、教育、家庭問題以及缺乏親社會行為等（Andrews and Bonta, 2010; Chin and Dandurand, 2012）。分述如下：

（一）靜態風險因素

學者Craig等（2005）回顧性侵害文獻指出，「靜態風險因素主要可區分為成長歷史因素（developmental factors）、犯罪因素（forensic factors）、臨床因素（clinical factors）等項。成長歷史因素如青少年性侵害紀錄、不良家庭背景、本身為性侵害之受害者等。犯罪因素包括先前犯罪史、先前性犯罪判決紀錄、先前暴力犯罪判刑紀錄、遭受監禁之時間長短等。臨床因素包括親密關係史、與社會疏離等」（引自曾昱哲等，2019）。

在台灣研究中較少再細分靜態風險因素，常見之靜態風險因素包括性別、年輕、初犯年齡愈早、曾被撤銷處分、多次犯罪前科或服刑次數較多（張甘妹，1976；莊耀嘉，1993；陳玉書，2013；楊冀華，2017）。

楊士隆與張清豐（2004）以台北監獄、高雄監獄1994年及1995年假釋及出獄之性侵害受刑人326名進行研究，清查其再犯資料，平均追蹤九年六個月後，統計分析再犯危險因子後，發現以下八項與其再犯密切相關。包括：1. 前科總數；2. 性侵害前科數；3. 性侵害累犯；4. 本次判決被害者人數；5. 本次判決是否包括有多種性侵害行為（口交、性交、肛交等）；6. 被害者年齡；7. 被害者性別是否有男性；8. 被害者之中是否有陌生人。另林明傑及董子毅

（2005）在台灣修訂開發之性罪犯再犯危險評估工具——靜態危險因素量表為例，其蒐集於1994年至1996年從台北及高雄監獄出獄之性罪犯共423位為樣本，填入由RRASOR、Static-99及MnSOST-R蒐集之危險因素且依據台灣資料現況而建立之15項因素量表初稿，追蹤至2003年2月及查閱刑案資料註記以瞭解其有無再犯，平均追蹤期為7.6年。研究發現適用台灣地區的靜態危險評估量表八題，包括：1. 性犯行遭起訴加上判刑確定的次數；2. 過去被判刑確定之任何犯行次數；3. 在保護管束中又犯下性犯行；4. 該次性犯行中的「非性暴力行為」；5. 該次性犯行被害者有13至15歲少女且小加害人5歲以上；6. 該次性犯行被害者之性別；7. 該次性犯行的被害者人數；8. 預估出獄時的年齡。

（二）動態風險因素

學者Andrews與Bonta（2010）則指出主要之再犯動態風險因素包括：1. 反社會態度、信仰與價值觀；2. 反社會行為型態；3. 反社會同儕及友伴；4. 反社會人格／氣質；5. 家庭與婚姻之壓力源；6. 藥物濫用；7. 缺乏教育、就業之穩定性與成就感；8. 缺乏正向之休閒娛樂活動。

英國政府監獄部門（2019）指出以下動態因素（或稱「犯罪之需求」）為再犯之重要因素：1. 不穩定的住宿；2. 缺乏就業；3. 沒有積極的娛樂活動；4. 人際關係不好；5. 酒精濫用；6. 濫用藥物；7. 衝動和情緒控制力差；8. 反社會同伴；9. 支援犯罪的態度。

沈勝昂（2006）對性侵害犯罪加害人再犯動態危險評估量表進行探測，其發現再犯動態風險因素可再細分為以下二類：

1. 穩定動態因素（stable dynamic factor）包括：(1)重要社會影響；(2)依附缺憾；(3)性的自我規範；(4)對性侵害的態度立場；(5)對於監控的配合；(6)一般的自我規範。

2. 急性動態因素（acute dynamic factor）包括：(1)接近被害者的機會；(2)情緒崩潰；(3)社會支持的崩解；(4)敵意；(5)藥物或酒精的濫用；(6)被性占有的慾念或性幻想不斷；(7)拒絕監控；(8)獨特因素。

曾昱哲等（2019）在台灣桃園對性侵害者接受社區處遇後之再犯風險進行評估，發現兒童期曾有被性侵害之紀錄、犯案過程使用暴力、沒有固定休閒嗜好、仍對偏差性行為感到興奮等危險因素應予關注與即早預防。林明傑、楊士隆、陳慈幸與陳巧雲（2018）對312名毒品犯進行毒品再犯風險評估，指出自我效能、用藥渴求、對眼說自信與對眼能拒癮友之邀請用藥，以及正向休閒活

動參與等為重要之再犯風險評估面向。

第五節　再犯風險評估工具及效能評估

一、性罪犯之再犯風險評估工具

陳若璋（2002）及林明傑與董子毅等（2005）均指出國外有許多性罪犯再犯風險評估量表，如RRASOR、Static-99、SONAR、MnSOST-R等（楊士隆、張清豐，2004），沈勝昂與謝文彥（2008：21-23）亦彙整敘述前述國外重要之性罪犯評估量表如下：

（一）快速再犯危險評估表（Rapid Risk Assessment for Sex Offense Recidivism, RRASOR）

RRASOR表由加拿大法務部（Department of Solicitor General, Canada）矯治研究室之Karl Hanson於1997年發展而得。本量表適用於兒童性侵害犯，只有四題，分別是：以前之性犯罪次數、此次出獄時之年齡、被害者之性別是否只有女性或曾經有男性被害人、與被害人之關係是否有相識。

（二）靜態因素九九評估表（Static-99）

Static-99亦是由加拿大之Karl Hanson發展出來，於1999年9月公布。共有10題，包括：此次性侵害行為之前有無性侵害紀錄、判決日期、曾犯非碰觸式性侵害而被定罪、非性侵害之暴力違法行為、以前有無任何的犯罪行為（不含性侵害犯罪）、曾侵犯非近親受害者、曾侵犯陌生受害者、曾侵犯男性受害者、年齡是否在25歲以下、是否單身。

（三）美國明尼蘇達州之性罪犯篩選評估表（Minnesota Sex Offender Screening Tool-Revised, MnSOST-R）

MnSOST-R是明尼蘇達州矯治局委託Iowa State University心理系所發展。MnSOST-R是近年來發展之危險評估量表中預測相關係數效度最高者，達0.453，而ROC為0.76。1999年4月之新修訂版共有16題，區分有兩大要素，即：

1. 歷史／靜態因素（historical/ static variables）：包括前12題，即性犯罪之定罪

次數、性犯罪史之長度、性犯行曾否發生在公共場所、是否曾使用強制力或威脅、是否曾有多重之性侵害行為、曾否侵犯13至15歲之被害人、被害人是否是陌生人、案主青少年時曾否有反社會行為、有無藥物濫用或酒精濫用之習性、就業史等。

2. 機構／動態因素（institutional/ dynamic variables）：包括最後四題，即在監所中有無違規紀錄、監禁中藥癮治療之紀錄、監禁中之性罪犯心理治療紀錄、案主出獄時之年齡是否滿30歲。

（四）SONAR量表（Sexual Offender Need Assessment Rating）

SONAR量表為加拿大法務部於2000年發展出來。平均追蹤二年，共列出九題動態因素，分動態穩定危險因素（stable factors，約已有幾個月或幾年之情形）五題，即親密關係缺憾、負面親友數、性侵害態度、性方面之自我規範、一般生活之自我規範；動態急性危險因素（acute factors，指近一個月內之情形）四題，即藥物濫用、心情不佳、憤怒、接近偏好被害人之機會。

（五）SOTNPS量表（Sexual Offender Treatment Need and Progress Scale）

SOTNPS為於2003年美國佛蒙特州矯治局所發展。一共22題，分為六向度，分別為：性偏差（承認犯罪行為負起責任、性興趣、性態度、性行為、性危險管理）、犯罪（犯罪及違法的態度、犯罪及違法的行為）、自我管理（物質濫用、情緒管理、心理的穩定度、問題解決、衝動性）、治療及觀護合作（改變的階段、接受治療的合作度、接受社區監督的合作度）、生活型態穩定（工作職業、居住情形財務狀況）及社會支持（成人的愛情關係、社會影響、社會參與）。

二、毒品犯之再犯風險評估工具

在毒品犯部分，李思賢、Festinger、楊士隆、楊浩然與吳慧菁（2016）引進RANT作為吸毒者分流處遇的客觀評量工具，並進行中文化、本土化與信效度的建置。再犯風險與醫療需求分流的評估工具「Risk and Needs Triage（RANT®）」是由美國TRI機構所開展之評量工具，採用犯罪與醫療需求兩個軸度進行評估，提供給美國藥物法庭法官和其他刑事司法決策者的決策使用，以協助法院工作者判定對藥癮者最佳的監控和治療處遇方式：

（一）犯罪因素需求：促使毒品施用者不太可能在傳統的康復形式中成功戒毒，並因此更可能重新吸毒或犯罪的特性。這些風險並非涉及暴力或危害社會的風險，例如早期的施用毒品或犯罪、經常性的犯罪活動、過去失敗的康復治療等。

（二）醫療需求：個案心理功能或障礙區域，如能有效處理，可以大大減少重複毒品使用、犯罪和從事其他不當行為的可能性。例如藥癮或酗酒、精神症狀、慢性疾病等（李思賢、徐倩與蔡孟璋，2020）。

　　此量表目前適合作為檢察官進行緩起訴處分判斷時之客觀的評估依據及標準。執行本項評估工具「Risk and Needs Triage（RANT®）」，評估者必須接受過八小時的工具評量與介紹，以及四小時的實務操作之訓練。

三、新近再犯風險評估工具

　　新近較常用之再犯風險評估工具包括RNR模擬工具（Risk-Needs-Responsivity Simulation Tool）（Crites and Taxman, 2013）。RNR類比工具的第一個部分為通過以下幾個專案來分類罪犯所需的處遇強度：

（一）目標（解決與減少與再犯有關的犯罪基因需求）

　　包括降低物質濫用的嚴重性、犯罪思維的認知重組和減少犯罪同伴；自我管理策略（例如提高社交技能、增加問題解決能力與自我控制）；提高社交／人際交往能力；識別身體／生活需求的不足（例如：就業、教育與居住），以及對低風險人群實施僅限制裁的方法。

（二）內容（方案的治療方向）

　　除了物質濫用之外，另外應基於認知行為治療技巧，以解決反社會行為、思維和犯罪同伴等因素，以及社會限制或監督（例如：宵禁、觀護訪視以及強制性社會服務或勞役）。

（三）實施分量

　　包括總小時數、持續時間、頻率、密集度（每週小時數）等，並建議高風險者需要至少三百小時的認知行為治療（CBT）和其他相關處遇；中度風險犯罪者需要大約兩百小時的CBT和其他相關處遇；低風險者則需要大約一百小時的處遇。

（四）實施品質（方案是否按照計畫執行）

關鍵因素包括遵守治療方案、提供人員培訓、方案管理實施的監督，以及工作人員是否與方案參與者的充分溝通。

四、再犯風險評估工具之效能

什麼才是優質的風險評估工具？大英國協政府指出如我們使用的風險評估工具有良好理論基礎，並提供可靠且有效的估計，即為優質之評估工具。英國司法部矯正認證和諮詢小組（CSAAP）的建議為風險評估工具的標準提供了支援。一個顯著的風險評估工具需具備以下組成要件（Her Majesty's Prison and Probation Service, UK Government, 2019）：

（一）明確說明工具及其與整體評估方法的契合度。

（二）良好之理論基礎和可信賴的理由。

（三）證明該工具已完成其目標功能。

（四）致力於進行持續的研究和驗證，以確保目的適用性。

（五）使用該工具的評估人員具有勝任的使用能力。

（六）該工具的使用按預期實現。

第六節　結語

學者Farrington與Tarling（1985）回顧再犯預測相關研究，指出再犯預測已逐漸成為犯罪學研究的重要一環（陳玉書、簡惠霙，2013）。再犯風險評估之目的在於避免人為主觀偏見，以精準統計技術確認犯罪者再犯之危險因素，提供教化輔導與假釋之重要參考。進行危險評估人員須遵守風險、需求和回應原則（Andrews and Bonta, 2010）。風險原則強調，介入／干預措施應與所評估的風險程度處於同一水準；需求和回應原則決定了所需提供治療／輔導的細節。在評估再犯的風險之後，重要的是要特別關注那些導致犯罪者陷入困境的需求領域，以適當地解決個案所遇到的問題，達成減少再犯之目標。

但值得注意的是，對於未來犯罪者是否再犯，目前之研究顯示較精準之統計模式，在受過專業訓練人員之指導下，其預測之準確率約達70%左右（Latessa, 2010; Fazel et al., 2012），但如加上與風險因素無關之指標及行為人之主觀判斷，其正確性即逐步降低（Kamorowski et al., 2018），因此使用再犯風險評估工具時仍應注意其效能及謹慎周延運用。

第二十六章　犯罪對被害者及社會之影響與被害保護

　　聯合國毒品和犯罪問題辦公室（UNODC, 2023）指出，在我們生涯中的某個時刻，均可能遭遇犯罪的騷擾或被害。這些罪行的範圍從輕微犯罪（如性騷擾、錢包被偷）到嚴重犯罪（包括被毆打、搶劫、性侵害甚至謀殺）不等。重要的是，每個人遭遇的後果與反應不一定相同。犯罪後，受害者可能會感到憤怒、沮喪、孤立、恐懼、產生負面情緒或出現睡眠問題。亦可能擔心一些非常實際的問題，例如需立即報案否？保險理賠或需要接受治療。犯罪可能會產生情緒和心理影響、身體生理之傷害，並可能導致整體經濟損失與各項社會後果，本文將分節敘述犯罪對被害者與社會各層面之影響。

第一節　犯罪傷害等級

　　英國國家統計局（Office for National statistic, U.K., 2022）指出，分析犯罪危害資訊的主要方式之一是確定「誰」正在經歷犯罪的影響。這通常分為個人、社區、機構和更廣泛的社會所遭受的傷害。因此，四個犯罪危害級別（harm level）分述如下：

一、個人層面：直接影響社會個體成員的傷害，例如，對人的情感傷害或身體傷害。

二、社區層面：在地方層面對社區產生影響的危害，例如反社會行為，以及影響社區環境和安全感的不良行為。

三、制度層面：直接影響企業、政府和第三部門組織的危害，例如詐騙和竊盜犯罪造成的財務損失。

四、社會層面：具有廣泛影響並影響整個社會的危害，例如使用公共資金來資助受害者服務的開支。

第二節　　犯罪危害類型

犯罪的各種影響可以歸納為各面向的犯罪危害領域，這些面向如下（Office for National statistic, U.K., 2022）：

一、身體：任何身體傷害，包括死亡、受傷或暴力。

二、情緒或心理：對心理和情緒健康的任何不良影響。

三、財務或經濟：任何物質或財務損失。

四、社區安全：由於對犯罪的恐懼或其他不利影響，而導致個人的自主權、行動自由、資訊獲取或成長發展受到限制。

五、隱私：任何侵犯隱私的行為，包括存取個人或機密資訊或未經授權進入財產。

第三節　　犯罪的經濟和社會影響

犯罪的各種影響層面至為廣泛，除了犯罪者本身將付出面臨監禁之痛苦、事業中斷、家庭破碎分離、名譽受損等代價外，對於社會及受害者亦將造成難以抹滅的傷害。蔡德輝、楊士隆（2023）及楊士隆、曾淑萍（2023）則提及犯罪之成本亦包括：

一、被害者之傷害成本：如生理、心理之傷害、財物損失、事業之中斷、反社會心理之形成、對犯罪之高度恐懼感等。

二、政府抗制犯罪之鉅額花費：防制犯罪之政府相關機關如法院、地檢署、調查局、警察局、矯正部門監獄看守所等均將編列鉅額經費以達成抗制犯罪所需之人員與設備。

三、民眾抗制犯罪之潛在成本：如被害保險之增加、保全人員之聘雇、家庭住宅安全之強化，如裝設防盜警鈴、進出管制電 眼等、自我保護措施之額外花費，如外出攜帶電警棒、瓦斯噴霧器等。另外，因犯罪恐懼感增加，而減少外出之自由喪失等則難以估算。

四、經濟、社會發展之危機：以許多開發中國家為例，治安之惡化常造成經濟與社會發展之重大阻礙，而影響國家之生存及對外競爭能力。

另根據美國國家司法研究院（National Institute of Justice）所進行之研究，估算犯罪被害有形之損失（如醫療照顧）及其他花費（如財務損失及生產力喪

失等）（Miller et al., 1996），並將許多長期與無形之成本如痛苦、責難、生活品質的降低等納入計算，則每年之犯罪被害損失達4,500億美元。

本節援引文獻先從犯罪的經濟和社會影響面向介紹如下：（Encyclopedia.com, 2023）。

首受害者和非受害者的損失可能以增加安全費用形式的出現，包括加固鎖具、增加照明、停放在更昂貴的安全停車場、家庭和汽車的安全警報系統以及飼養看門犬，花費了大量金錢來避免成為犯罪的受害者。其他類型的費用還包括受害者或對犯罪感到害怕的人搬到新的社區、喪葬費用、法律費用和停課損失。

一些犯罪成本不易或準確識別。這些成本可能包括痛苦以及生活品質的降低。還有對朋友之間的創傷性影響和家庭的破裂。犯罪可以永遠改變和塑造行為，無論是權衡去某些地方的風險，甚至是對結交新朋友的恐懼。

當受害者失去工作時，犯罪不僅會影響經濟生產力，而且社區也會因旅遊業和零售業的損失而受到影響。甚至所謂的無被害者犯罪，如賣淫、藥物濫用和賭博，也會帶來重大的社會後果。藥物濫用將會影響工人的生產力，且政府預算將額外花費於藥物治療計畫和醫療護理，並可能為了支持吸毒習慣的費用而導致犯罪活動。

社區和政府為警察部門、監獄、法院和治療項目花費預算，包括檢察官、法官、公設辯護人、觀護人、社工和保全人員的工資。而司法審判期間亦將對於社會經濟產生衝擊，如受害人、受刑人、他們的家人在法院審判期間花費的時間也會降低社區生產力。到二十一世紀初，在美國據估計每年的犯罪成本高達1.7萬億美元。

第四節　犯罪對個人生理與心理之影響

一、生理之創傷

犯罪被害者身體傷害係指「因致傷物或致傷因素，導致身體組織結構的破壞或功能障礙，引起被害人身體傷害的犯罪類型主要有殺人、傷害、性侵、強盜搶奪及擄人勒贖等」。而身體傷害除死亡以外，一般可區分為以下四種類型（Wallace, 1998: 74-75，引自張平吾、蔡田木，2001：16-17）：

（一）直接的身體傷害：包括瘀傷、挫傷、撞傷、擦傷及骨折等，這些傷害對大多數人而言較容易治癒，後遺症也較不明顯。

（二）外表看不見的傷害：包括肌肉傷害、斷牙、失去手指及腳趾、膝蓋、手臂及腿部傷害、不良言行等。

（三）較長時間的身體傷害：如因被害而得到潛在的疾病，如得到HIV或AIDS等傳染病，導致失去生命，或完全改變生活方式。

（四）永久且無法治癒的傷害：包括被害人因而成為植物人、行動不便、失去手腳、毀容、喪失生育能力、喪失聽覺與視覺，及半身不遂等。

二、心理之創傷

在心理創傷方面，不同犯罪被害類型與個人反映略有所出入，除被害恐懼感（fear of crime）更高外，以性侵害犯罪被害為例，被害者極容易呈現憂鬱症（depression）、社會恐懼症（social phobia）、憤怒、暗自哭泣、物質依賴等症狀（Nishith et al.,1997）。此外，Sebba（1996）指出，犯罪行為造成的情緒障礙是所有受害者的常見之症狀。最常見的是心理症狀，高達四分之三的受害者會出現以下情形：恐懼、焦慮、緊張、自責、憤怒、羞恥感以及睡眠困難。這些問題常常導致慢性創傷後壓力症候群的發生。基本上，受害者可能會經歷下列心理反應，包括對於個體脆弱的領悟增加、感知世界為無意義與不可理解及從負面角度評價自身。

在臨床上，經歷犯罪後，一般人可能會出現以下心理徵候：（UK Victim Support Organization, 2023）：

（一）感到生氣、心煩意亂或經歷其他強烈的情緒：有些人對犯罪後的情緒激動感到驚訝。這些強烈的情緒會讓人感到更加不安和困惑。很多人在經歷犯罪後會感到生氣、不安或害怕，但人們的反應方式各不相同。

（二）事情對你來說突然分崩離析：有時人們會在一段時間內感覺很正常，然後事情可能會突然開始分崩離析。

（三）表現出身體症狀：其他人可能產生身體症狀，例如失眠或感覺不適。

（四）責備自己，認為自己應該以不同的方式做事：許多受害者自責或感到尷尬而不敢尋求幫助。

（五）出現長期問題，例如抑鬱症或與焦慮相關的疾病：雖然犯罪的短期影響可能很嚴重，但大多數人不會受到長期傷害。偶爾，受害者確實會出現憂鬱症或與焦慮相關的疾病，少數人在犯罪後會出現嚴重、持久的反

應，稱為創傷後壓力症候群（PTSD）。

三、個人心理之特殊影響：創傷後壓力症候群

犯罪之創傷可能由單一之謀殺未遂、毆打、搶劫或反復的創傷經歷，例如家庭暴力、虐待兒童、綁架、勒索引起，從而導致慢性創傷後壓力症候群（Posttraumatic Stress Disorder, PTSD）（Hermann,1992）。

犯罪發生後，嚴重時會對受害個人可能產生創傷後壓力症候群。根據《精神疾病診斷與統計手冊》第五版（DSM-5），PTSD是一種嚴重的心理障礙。PTSD常在一個人暴露於一個或多個創傷性事件後產生，如重大的刺激、性侵犯、恐怖主義、或對一個人的生活的其他嚴重威脅。主要症狀包括令人不安重復閃回，對事件的回避或記憶麻木，警覺性增高等。PTSD的診斷是在創傷性事件發生後持續一個月以上。適用於成人、青少年和6歲以上的兒童。

美國精神病學會在2013年5月出版了DSM-5。DSM-5將PTSD的核心症狀修改為四組：（一）在創傷事件發生後，存在一種（或多種）與創傷事件有關的重新體驗症狀；（二）創傷事件後開始持續地回避與創傷事件有關的刺激；（三）與創傷性事件有關的認知和心境方面的消極改變，在創傷事件發生後開始出現或加重；（四）與創傷事件有關的警覺性或反應性有顯著的改變，在創傷事件發生後開始或加重持續地無法感受到正面情緒（例：無法感受到幸福、滿足、或鍾愛的感覺）。

第五節　犯罪被害與保護

為保障犯罪被害人與其家屬之權益，提供支持服務及經濟補助，以修復因犯罪造成之傷害，促進社會安全，台灣於1998年制定《犯罪被害人保護法》，並於2023年2月28日修正通過與更名為《犯罪被害人權益保障法》。該次修法透過大幅增修條文，進一步保障受害者的權益，將督導層級提高至行政院、強化被害人的人身安全保障，並將保護服務列為專章以完善相關服務等等。此外，因應傳播媒體的發展，更強化宣傳品、出版品、廣播、電視、網際網路內容提供者或其他媒體，應維護犯罪被害人名譽及隱私的規範（立法院，2023）。本法詳列保護對象、服務、機構等各項規範，以全面性的服務來協助、保障被害人因犯罪所生的損失與傷害。

一、保護對象

依據《犯罪被害人權益保障法》第13條之規定，保護服務對象如下：

（一）因犯罪行為致死亡者之家屬。

（二）因犯罪行為致重傷者及其家屬。

（三）因犯罪行為致性自主權遭受侵害者及其家屬。

（四）家庭暴力或人口販運犯罪行為未死亡或受重傷之犯罪被害人及其家屬。

（五）兒童或少年為第1款至第3款以外之犯罪被害人及其家屬。

（六）依第54條得申請境外補償金之家屬。

（七）其他涉及重大公益或社會矚目案件，並經保護機構指定者。

二、保護業務

依據《犯罪被害人權益保障法》第15條之規定，保護機構及分會應辦理下列業務：

（一）生理、心理、醫療、經濟、申請犯罪被害補償金及安置等協助。

（二）訴訟程序之協助：

1. 協助調查犯罪行為人或依法應負賠償責任人之財產及民事求償等事項。

2. 陪同出庭及協助陳述意見。

3. 協助聲請訴訟參與。

4. 提供訴訟程序進行期間之心理諮商或輔導。

5. 其他偵查、審判中及審判後之必要協助。

（三）生活重建之協助：

1. 提供或協助運用生活扶助資源。

2. 協助就業媒合及職業訓練。

3. 協助辦理或提供小額貸款。

4. 提供或連結犯罪被害人或其家屬之教育、學習輔導資源。

（四）協請警察機關提供安全保護。

（五）犯罪被害人保護之宣導、倡議及研究。

（六）依需求評估結果核發經費補助。

（七）其他符合犯罪被害人及其家屬需求之協助。

（八）經費之募集、管理及運用。

三、被害補償

依據《犯罪被害人權益保障法》第50條之規定，因犯罪行為被害致死亡者之遺屬、致重傷者及性自主權遭受侵害之人，得申請犯罪被害補償金。2023年的修法，基於社會安全、社會連帶與社會正義之理念，將過往代位求償的概念，轉為社會補助的定位，進一步實現被害補償乃為國家責任的一環。第52條及第57條規定犯罪被害補償金之種類、支付對象及補償金額如下：

1. 遺屬補償金：因犯罪行為致死亡者之遺屬；新台幣180萬元。
2. 重傷補償金：因犯罪行為致重傷者；新台幣80萬元至160萬元。
3. 性侵害補償金：因犯罪行為致性自主權遭受侵害者；新台幣10萬元至40萬元。
4. 境外補償金：在台灣地區設有戶籍之我國國民，於我國領域外因他人故意犯罪行為致死亡者之遺屬；新台幣20萬元。

四、財團法人犯罪被害人保護協會

《犯罪被害人權益保障法》第75條（原《犯罪被害人保護法》第29條）明列，為協助重建犯罪被害人及其家屬生活，主管機關應成立保護機構。為具體提供犯罪被害人生理、心理、家庭等全面救助，法務部依據《犯罪被害人保護法》於1999年成立財團法人犯罪被害人保護協會。除了上述法規規定之服務外，該協會更細緻化的辦理四大面向服務（財團法人犯罪被害人保護協會，2019）：

（一）法律訴訟補償服務

1. 訴訟服務：法律諮詢、代繕書狀、訴訟代理、訴訟補助、法務協助、調查協助、出具保證書。
2. 申請補償：補償申請、補償訴訟、補償查詢、補償請領、信託管理。

（二）急難救助保護服務

1. 急難救助：緊急資助、殯葬協助。
2. 人身保護：安全保護、居住安置。

（三）家庭關懷重建服務

1. 關懷服務：關懷慰問、關懷活動、關懷陪同。
2. 家庭支持：生活扶助、生活成長。

3. 勞動促進：就業協助、職業訓練。
4. 助學服務：就學資助、學習獎勵、學習培育。

（四）身心照護輔導服務

1. 醫護服務：醫療協助、照護協助。
2. 諮商輔導：諮商治療、心理輔導。

　　目前財團法人犯罪被害人保護協會共有總會以及22個分會分別位處各地方檢察署，服務範圍涵蓋全台各地。以期透過機構的實際協助服務，得以提供受害人最即時、全面性的照顧和幫助。

　　犯罪亙古存在於各社會當中，當犯罪發生時將造成社會、個人成為犯罪中的被害者。吾等必須瞭解，絕大多數的受害皆非個人引起或歸因於個人責任，無須為受害感到自責、愧疚或歉意，反而是作為人民守護者的政府機關應扛起國家責任的重擔，提供受害者即時且適切的照顧、協助。然而，雖然政府為保障犯罪被害人與其家屬之權益，提供支持服務及經濟補助，以修復或避免因犯罪造成之傷害進一步惡化。惟除了犯罪發生後的修補照顧，避免犯罪的發生亦是不容忽略的首要任務。提升自我保護認知與措施，更可讓個人遠離犯罪的侵擾，使自己不會成為犯罪中的無辜被害者。而強化犯罪預防宣導，做好情境犯罪預防（蔡德輝、楊士隆，2023），仍將為減少犯罪被害之最重要作為。

參考文獻

一、中文部分

小午（1993）。煙毒族群的術語。關愛月刊，第16期。

王佩玲（1990）。強盜、搶奪犯罪被害者之研究。中央警官學校警政研究所碩士論文。

王朝煌（1995）。面貌影像併湊編輯系統之研究。警學叢刊，第25卷第4期，第139-149頁。

方文芳、李欣岱、蘇千田、李芸霏與鐘國軒（2010）。酒癮及酒精戒斷症候群。家庭醫學與基層醫療，第25卷第7期，第260-267頁。

立法院（2023）。「犯罪被害人保護法」名稱修正為「犯罪被害人權益保障法」；並修正全文。https://www.ly.gov.tw/Pages/Detail.aspx?nodeid=33324&pid=226860。

台北市政府（1983）。台北遏止色情氾濫途徑之研究。台北市政府研究發展考核委員會委託中國文化大學社工系研究。

台灣高等檢察署（2023）。112年1-3月國內毒品情勢研析。

台灣精神醫學會譯（2014）。DSM-5精神疾病診斷準則手冊。合記圖書。

刑事警察局編印（2003）。預防詐騙宣導手冊。內政部警政署刑事警察局。

刑事警察局編印（2020）。犯罪預防寶典／最新犯罪手法宣傳。內政部警政署刑事警察局。

刑事警察局編印（2021）。台閩刑案統計。內政部警政署刑事警察局。

江漢光（1997）。犯罪與暴力的精神醫學觀。犯罪問題的因應：社會與科技層面之探討研討會。行政院國家科學研究委員會。

江慶興（2012）。校園詐騙犯罪偵防之道。文載於楊士隆主編，校園犯罪與安全維護。五南圖書。

朱群芳（2019）。正向心理學對於毒品處遇應用之探討。刑事政策與犯罪防治研究專刊，第20期，第24-33頁。

伊慶春（1992）。離妓問題防治途徑之研究。行政院研究發展考核委員會。

沈子勝（1996）。公共場所火災避難現況調查分析之研究。警政學報，第28期，

第157-190頁。

沈政主編（1992）。法律心理學。五南圖書。

沈楚文（1989）。精神醫學史。文載於沈楚文等著，新編精神醫學。永大書局。

沈美眞（1990）。台灣被害雛妓與娼妓政策。前衛出版社。

李佳玟（2005a）。風險社會下的反恐戰爭。月旦法學雜誌，第118期，第30-40頁。

李佳玟（2005b）。近年來性侵害犯罪之刑事政策分析：從婦運的角度觀察。中原財經法學，第14期，第43-112頁。

李思賢、Festinger, D. D.、Dugosh, K. L.、楊士隆、楊浩然與吳慧菁（2014）。毒品再犯風險與醫療需求分流處置評量工具之研究。計畫編號：PG10302-0356。法務部司法官學院，法務部。

李思賢、Festinger, D. D.、楊士隆與吳慧菁（2016）。犯罪人危險分級評估與再犯預測指標之研究案。計畫編號：PG10408-0073。法務部司法官學院，法務部。

李思賢、徐倩與蔡孟璋（2020）。分流處遇模式的提出與推行：以高雄毒品犯緩起訴分流處遇爲例。文載於楊士隆、李思賢等著，藥物濫用、毒品與防治。五南圖書。

李清泉（1993）。現代監獄學分析。自印。

李復國（1997）。測謊技術之理論與實際。律師雜誌，第208期，第46-51頁。

李璞良（1996）。異常快樂殺人。Ressler等原著。台灣先智。

呂榮泰譯（1985）。犯罪與精神醫學。中田修原著。開朗文化。

沈勝昂（2006）。性侵害犯罪加害人動態再犯危險因素與靜態危險因素關聯性之探測。犯罪防治學報，第7期，第199-226頁。

沈勝昂、謝文彥（2008）。性侵害犯罪加害人動態再犯危險評估量表之建立：動態危險因素之探測。法務部委託研究。

法務部犯罪研究中心（2012）。犯罪狀況及其分析。法務部。

林山田（1975）。刑罰學。商務印書館。

林山田（1988）。刑法特論。三民書局。

林山田（1995）。刑法各罪論。台大法學院圖書部。

林山田、林東茂（1990）。犯罪學之發展史。文載於犯罪學。三民書局。

林文隆（1993）。思覺失調症。文載於沈楚文等著，新編精神醫學。永大書局。

林天德（1993）。變態心理學。心理出版社。

林玉財（1993）。智能不足。文載於沈楚文等著，新編精神醫學。永大書局。

林世英（1991）。少女的非行心理之探討。觀護選粹（四）。台灣台北地方法院少年法庭。

林世英（1997）。女性犯罪人處遇之研究。文載於楊士隆、林健陽主編，犯罪矯治問題與對策（修訂版）。五南圖書。

林吉鶴（1995）。犯罪偵查理論。中央警官學校。

林吉鶴（1996）。心理偵查學。中央警察大學。

林安倫（2008）。施用毒品與犯罪行為關聯性之研究。中央警察大學犯罪防治所碩士論文。

林志信（2010）。縱火犯生命歷程與犯罪模式之研究。國立中正大學犯罪防治研究所博士論文。

林忠穎、陳光宏、張新儀、曾芳儀與陳娟瑜（2014）。台灣地區酒精使用型態與醫療使用行為之關係探討。台灣衛誌，第33卷第2期，第197-208頁。

林宗義（1990）。精神醫學之路。稻鄉出版社。

林明傑、董子毅（2005）。台灣性罪犯靜態再犯危險評估量表（TSOSRAS-2004）之建立及其外在效度之研究。亞洲家庭暴力與性侵害期刊，第1卷第1期，第49-110頁。

林明傑（2010）。風險評估與新刑罰學之起源、發展、實務運用與未來。刑事政策與犯罪研究論文集（13），第11-49頁。

林明傑、楊士隆、陳慈幸與陳巧雲（2018）。毒品犯罪人再犯風險評估工具之研究（男女成癮者動態復發風險評估量表3月版與6月版）。法務部2016年委託研究計畫。

林明傑、鄧閔鴻（2021）。司法心理與精神鑑定內容應包含項目與倫理之研究。臺灣諮商心理學報，第9卷第1期，第71-99頁。

林春旭（2012）。藥癮治療性社區。社團法人中華民國精神衛生護理學會電子報，第21期。

林茂榮、楊士隆（1995）。少年犯罪矯治之挑戰與未來發展趨勢。法學叢刊，第40卷第3期，第67-79頁。

林茂榮、楊士隆（2012；2021）。監獄學──犯罪矯正原理與實務（修訂新版）。五南圖書。

林憲（1983）。臨床精神醫學。茂昌圖書。

林憲、林信男（1987）。精神鑑定。橘井文化。

林家興（1991）。藥物濫用與心理輔導。諮商與輔導，第62期。

林漢堂（1992）。濫用藥物問題之探討。警學叢刊，第23卷第2期，第125-136頁。

林銘塗、萬維堯（1978）。藥物濫用與青少年犯罪問題。自行發表。

吳金白（2011）。酒後駕車肇事再犯危險因子之研究。國立中正大學犯罪防治研

究所碩士論文。

吳建昌（2010）。青少年暴力犯罪之成因：生物與精神因素。文載於蔡德輝、楊士隆主編，青少年暴力行為：原因、類型與對策。中華民國犯罪協會。

吳富凱（1996）。淺介測謊檢查。刑事法雜誌，第40卷第1期，第94-133頁。

吳靜吉（1986）。心理學。國立空中大學。

周文勇（1989）。刑事司法體系之研究——以自由裁量為中心。中央警官學校警政研究所碩士論文。

周愫嫻（1997）。犯罪現況與社會經濟發展分析。犯罪問題的因應：社會與科技層面之探討研討會。行政院國家科學研究委員會。

周震歐（1973）。犯罪心理學。自印。

周震歐（1988）。林宗誠等暴力犯罪集團之個案研究。台北市政府研究發展考核委員會與少年輔導委員會。

周震歐（1991）。詐欺犯罪之研究。法務部。

邱珍琬（2010）。病態賭博的可能原因與治療。屏東師院學報，第13期，第39-74頁。

邱明偉（1998）。賭博犯罪之研究。國立中正大學犯罪防治研究所碩士論文。

邵慧綺（2005）。淺談智障者常接觸之法律課題。特殊教育季刊，第97期，第32-39頁。

邵慧綺（2009）。淺談智能障礙學生的法治教育。屏師特殊教育，第17期，第34-39頁。

范世華（1993）。情感性精神疾病。文載於沈楚文等著，新編精神醫學。永大書局。

范珍輝、蔡德輝、高金桂與鄧煌發（1994）。反毒手冊。財團法人吳尊賢文教公益基金會。

侯友宜（2003）。性謀殺犯罪剖繪研究。犯罪學期刊，第6卷第1期，第129-148頁。

侯友宜（2006）。性侵害殺人犯罪之研究——透視本土真實案例。五南圖書。

柯義民（1993）。汽車竊盜及偵防之實證研究。中央警官學校警政研究所碩士論文。

洪聖儀（2010）。本土化縱火防制策略初探——以高雄市人為縱火案件為例。犯罪學期刊，第13卷第2號，第69-107頁。

高金桂（1984）。青少年濫用藥物與犯罪之研究。文景書局。

高漢聲主編（1993）。犯罪心理學。南京大學出版社。

馬英九等（1995）。法務部新加坡考察報告。法務部。

馬傳鎮（1983）。犯罪心理學。台灣警察專科學校。

馬傳鎮（1992）。犯罪心理學之定義。文載於監獄學辭典。法務部。

財團法人犯罪被害人保護協會（2019）。服務項目。http://www.avs.org.tw/content. aspx?id=60。

梁望惠（1992）。雛妓問題大小之評估。勵馨社會福利事業基金會。

孫義雄（1996）。台灣地區賭博犯罪現況研究。中央警察大學出版社。

孫義雄（2006）。各國賭博刑事政策概述。警學叢刊，第36卷第4期，第185-212頁。

陳玉書（2013）。再犯特性與風險因素之研究：以成年假釋人為例。刑事政策與犯罪研究論文集，第1-26頁。

陳玉書、簡惠露（2013）。再犯預測之研究：以成年受保護管束者為例。刑事政策犯罪研論文集（六），第27-57頁。

陳玉書、劉士誠、呂豐足、葉碧翠（2023）。網路購物詐欺被害特性及其影響因素之實證研究。犯罪防治學術研討會論文集，第71-89頁。

陳若璋（2002）。性暴力連續犯危險因子分析研究。二十一世紀性罪犯司法處遇暨輔導治療國際研討，第401-436頁。

陳建安、謝靜琪（2001）。一般少年與犯罪少年道德認知發展之比較——Gibbs的道德認知發展雙階論。犯罪學期刊，第7期，第213-258頁。

陳建安、吳芝儀與李奉儒（2001）。一般少年與不同犯罪類型少年間道德認知發展之比較研究。犯罪學期刊，第8期，第210-248頁。

陳勝英（1995）。催眠之旅——簡介催眠術。張老師文化。

陳勝英（1996）。生命不死。張老師文化。

陳賢財（1992）。煙毒犯慣用暗語之探討。法務通訊——獄政管理專刊，第66期。

陳火炎（1989）。台灣地區縱火調查之研究。中央警官學校消防學系。

陳巧雲、洪蘭（2005）。以檢視腦波型態探討衝動性暴力行為與大腦抑制機制。刑事法雜誌，第49期，第1-31頁。

陳金蓮（1993）。縱火調查技術之研究。文笙書局。

陳金蓮（1994）。縱火問題之研究。警政學報，第25期，第363-390頁。

陳景虹（1997）。缺乏MAO易有暴力傾向。中國時報，4月20日。

陳景虹（1998）。缺乏MAO-A的小鼠不打架了。自由時報，4月16日。

許春金（1996）。犯罪學。三民書局。

許春金、馬傳鎮（1992）。強姦犯罪型態與加害者人格特性之研究。台北市政府研考會委託專案研究。

許春金、馬傳鎮（1994）。少年食用早餐習慣與偏差行為及價值觀關係之調查研究。台灣省政府糧食局委託。

許春金、楊士隆（1993）。社區與少年偏差行為：社區解組理論之實證研究。警政學報，第23期，第183-218頁。

許高山（1989）。談刑事測謊。刑事科學，第27期，第137-164頁。

許福生（1994）。強姦犯強制矯治處分之探討。警學叢刊，第24卷第3期，第145-161頁。

莊金生（1995）。淺談縱火犯罪之行為人特性及其防治之道。中央警官學校警政研究所犯罪學專題研究期末報告。

莊耀嘉（1993）。犯罪理論與再犯預測。法務部。

郭靜晃等（1993）。心理學。揚智文化。

黃軍義（1994）。女性犯罪狀況及其相關成因分析。法務部。

黃軍義（1995）。強姦犯罪之訪談研究。法務部。

黃軍義（1997）。強姦犯罪成因及相關問題之研究。法務部。

黃軍義、葉光輝（1998）。縱火犯罪行為之研究。法務部。

黃建榮（1995）。催眠記憶恢復在模擬偵查之運用。中央警官學校警政研究所碩士論文。

黃淑慧、陳美伶（1986）。女性犯罪之研究。法務部。

黃淑玲（1997）。特種行業婦女的生活型態與自我概念。思與言，第33卷第3期，第141頁。

黃富源（1983）。台灣北部地區女性與男性受刑人人格特質及適應問題之比較研究。中央警官學校警政研究所碩士論文。

黃富源（1986）。金融機構搶劫之研究與抗制。文載於許春金等編著，犯罪學。中央警官學校犯罪防治系。

黃富源（1995）。台灣地區強、輪姦犯罪與被害人之援助現況。桃園、中央警官學校警察學術研究委員會論文發表。

黃富源、黃徵男（1999）。性侵害加害人之特質與犯罪手法之研究。內政部性侵害防治委員會專題研究計畫。

黃徵男（1990）。煙毒犯之矯正。獄政管理專刊論文集（二）。法務部。

黃承章（2009）。憂鬱症受刑人在監處遇與適應情形之分析。國立台北大學犯罪學研究所碩士論文。

曾昱哲、董道興、陳珮恩、黃健與沈勝昂（2019）。桃園地區性侵害加害人接受社區處遇後之再犯風險評估與相關因素探討。犯罪學期刊，第21卷第1期，第

66-99頁。

梅冬青（1993）。催眠術與養生。宋林出版社。

彭惠慈（2010）。男性施用毒品與暴力犯罪之相關性研究。國立中正大學犯罪防治所碩士論文。

張大華譯（1986）。犯罪之透視。國際文化。

張甘妹（1987）。再犯預測之研究。法務部。

張甘妹（1995a）。犯罪學。自印。

張甘妹（1995b）。第十章：犯罪預測之研究。文載於犯罪原論，三民書局，第250頁。

張平吾、蔡田木（2001）。犯罪被害統計與被害成本評估指標之探討。中央警察大學學報，第38期，第213-241頁。

張伯宏（2001）。煙毒犯之相關問題與對策。文載於楊士隆、林健陽主編，犯罪矯治問題與對策（修訂版）。五南圖書。

張清芳、游再順（1998）。汽車大盜瘋情話。日臻出版社。

張淑慧、曾平毅、廖有祿與陳金蓮（1998）。台灣地區縱火受刑人基本特性及類型分析。中央警察大學學報，第33期，第197-211頁。

張景然（1992）。青少年犯罪學。巨流圖書。

張學鵷、蔡德輝、楊士隆與任全鈞（1996）。防治少年吸毒工作方法之研究。內政部社會司委託。

張麗卿（1988）。精神障礙之鑑定。軍法專刊，第32卷第5期，第14-26頁。

張麗卿（1994）。刑事法學與精神醫學之整合。五南圖書。

張麗卿（1998）。智能障礙的犯罪與處遇。東海法學研究，第13期，第123-135頁。

張麗卿（2022）。司法精神醫學：刑事法學與精神醫學之整合。元照。

張碧琴譯（1999）。各國娼妓管理政策之比較（*Prostitution: Regulation and Control*）。http://www.hercafe.com.tw/hertalk/womanwoman/papers/0011.htm。

曾文星、徐靜（1995）。最新精神醫學。水牛出版社。

曾紫玉（1994）。賭博性娛樂事業的發展趨勢及其影響之探討。私立中國文化大學觀光事業學系研究所碩士論文。

郭壽宏（2000）。智能不足與犯罪。高雄醫師會誌，第28期，第11-13頁。

楊士隆（1990a）。情境犯罪預防之應用性與遠景。警政學報，第17期，第263-286頁。

楊士隆（1990b）。心理學研究對犯罪學的貢獻。警學叢刊，第20卷第3期，第126-

133頁。

楊士隆（1993）。避免收容人設陷與操縱——瞭解監所次級文化爲有效收容人管理之關鍵。矯正月刊，第17期。

楊士隆（1994a）。情境犯罪預防之技術與範例。警學叢刊，第25卷第1期，第87-105頁。

楊士隆（1994b）。社區與少年犯罪防治。學生輔導通訊，第32期，第80-87頁。

楊士隆（1995a）。運用環境設計預防犯罪之探討。警學叢刊，第25卷第4期，第119-137頁。

楊士隆（1995b）。女性少年犯罪行爲之探討。社區發展季刊，第27期，第119-210頁。

楊士隆（1995c）。監獄受刑人擁擠問題之實證研究。行政院國家科學委員會。

楊士隆（1997a）。竊盜犯罪：竊盜犯與犯罪預防之研究。五南圖書。

楊士隆（1997b）。認知處遇在暴力犯罪者矯治上之應用。法學叢刊，第166期，第14-26頁。

楊士隆（1997c）。認知行爲療法在強姦犯矯治上之應用。犯罪矯正期刊，創刊號。

楊士隆（1997d）。受刑人生活適應問題之研究。文載於楊士隆、林健陽主編，犯罪矯治問題與對策（修訂版）。五南圖書。

楊士隆（1998a）。台灣地區殺人犯罪之研究。行政院國科會專題研究計畫。

楊士隆（1998b）。台灣地區少年殺人犯、暴力犯及非暴力犯犯罪危險因子之比較研究。國立中正大學學術研究計畫。

楊士隆（2001）。受刑人生活適應問題之研究。文載於楊士隆、林健陽主編，犯罪矯治問題與對策（修訂版）。五南圖書。

楊士隆、張清豐（2004）。性侵害犯罪再犯率極危險因子之研究。內政部委託。

楊士隆、樓文達與鄭瑞隆（2012）。全國犯罪被害暨政府維護治安施政滿意度調查。國立中正大學犯罪研究中心。

楊士隆、鄭凱寶（2012）。大專院校校園詐欺犯罪問題與防制。海峽兩岸高校安全管理論壇。中國香港。

楊士隆主編（2012）。校園犯罪與安全維護。五南圖書。

楊士隆、陳順和（2015）。海峽兩岸電信詐騙機房防制對策之研究。文發表於第24屆中國犯罪學學會年會。

楊士隆（2020）。暴力犯罪概論。文載於楊士隆主編，暴力犯罪：原因、型態與對策。五南圖書。

楊士隆主編（2020）。暴力犯罪：原因、型態與對策。五南圖書。

楊士隆、王俸鋼（2020），獨狼式恐怖分子之特性、犯罪模式與防制對策。文載於楊士隆主編，暴力犯罪：原因、類型與對策。五南圖書。

楊士隆、李思賢、朱日僑與李宗憲（2020）。藥物濫用、毒品與防治。五南圖書。

楊士隆、何明洲（2015）。竊盜犯罪防治：理論與實務。五南圖書。

楊士隆、吳芝儀等（2010）。認知行為處遇法在犯罪矯正上之應用。法務部矯正人員訓練所。

楊士隆、許福生、顧以謙、鄭凱寶與蘇婷亭（2016）。性侵害犯罪主要型態之犯罪模式——以地方法院判決書分析為例。警學叢刊，第46卷第4期，第1-32頁。

楊士隆、曾淑萍、王亭雅、蕭同仁、葉姿廷（2022）。藥物濫用高風險群之預防宣導創新作為：毒品施用者與專家之觀點。2022青少年藥物濫用預防與輔導研討會，國立中正大學。

楊士隆、曾淑萍編著（2023）。圖解犯罪學。五南圖書。

楊士隆、孫旻暐、曾淑萍、許俊龍（2023）。一、二級毒品收容人毒品施用行為之性別差異分析。國家科學及技術委員會委託專題研究計畫結案報告。

楊士隆、郭鐘隆主編（2023）。青少年藥物濫用預防與輔導。五南圖書。

楊士隆、鄭瑞隆（1999）。台灣地區強姦犯罪之成因與處遇對策之研究。行政院國家科學委員會專題研究計畫。

楊士隆、鄭瑞隆、張究安、林俊仁、許明慧與陳姿君（2009）。女性智障性侵被害情境與防治之研究。犯罪學期刊，第12卷第2期，第117-155頁。

楊士隆、巫梓豪與李韻如（2019）。毒品犯再犯風險與矯治成效國際評估指標。海峽兩岸再犯風險管理及其智慧化研討會，中國南京大學主辦。

楊添圍（2014）。司法精神鑑定與報告。文載於周煌智主編，司法精神醫學手冊，第99-114頁。台灣精神醫學會。

楊冀華（2017）。毒品施用者司法處遇效能之追蹤研究。中央警察大學犯罪防治研究所博士論文。

鄧煌發、李修安（2012）。犯罪預防。一品文化。

熊光華（1996a）。台灣都會區火災現況調查研究（一）。警學叢刊，第26卷第6期，第1-22頁。

熊光華（1996b）。台灣都會區火災現況調查研究（二）。警學叢刊，第27卷第1期，第263-286頁。

熊光華（1996c）。台灣都會區火災現況調查研究（三）。警學叢刊，第27卷第2期，第207-234頁。

廖建堯（2010）。毒品與犯罪相關性研究——以台灣雲林監獄爲例。國立中正大學犯罪防治所碩士論文。

廖榮利（1993）。精神病理與社會工作。五南圖書。

廖訓誠（1994）。縱火犯罪之研究。中央警官學校警政研究所碩士論文。

趙居蓮譯（1995）。變態心理學。桂冠圖書。

潘綏銘（1999）。存在與荒謬。群言出版社。

蔡中志、陳靖平（1992）。台灣地區金融機構搶劫事件與安全防護措施之探討。警學叢刊，第22卷第4期。

蔡中志、陳靖平（1993）。郵政機構被劫實證與防治措施之研究——郵局安全性之鑑別分析。中央警官學校。

蔡邦居（1998）。犯罪少年犯罪思考型態與偏差行爲之研究。國立中正大學犯罪防治研究所碩士論文。

蔡俊章（2007）。擄人勒贖犯罪及其偵查預治策略之研究。犯罪學期刊，第10卷第2期，第145-194頁。

蔡維禎（1997）。濫用藥物：從症狀觀察到藥物檢驗。律師雜誌，第208期，第15-29頁。

蔡墩銘（1988）。矯治心理學。正中書局。

蔡墩銘（1989）。審判心理學。水牛出版社。

蔡德輝（1992）。青少年犯罪防治之有效途徑。文載於莊懷義等編著，青少年問題與輔導。國立空中大學。

蔡德輝（1993）。少年犯罪原因與輔導策略。訓育研究，第32卷第3期。

蔡德輝、楊士隆（1995）。飆車少年暴力行爲之研究。犯罪學期刊，第1期，第1-30頁。

蔡德輝、楊士隆主編（2002）。青少年暴力行爲：原因、類型與對策。五南圖書。

蔡德輝、楊士隆（2010）。約會強暴與熟識者強暴之研究。內政部性侵害防治委員會專題研究計畫。

蔡德輝、楊士隆（2021）。少年犯罪：理論與實務（修訂新版）。五南圖書。

蔡德輝、楊士隆（2023）。犯罪學（修訂新版）。五南圖書。

蔡鴻文（2002）。台灣地區毒品犯罪實證分析研究。中央警察大學犯罪防治所碩士論文。

論盡（2022），防治賭博工作漸見效果，05-13賭博失調專題報導。

羅燦煐（1995）。解構迷思，奪回黑暗：性暴力之現況與防治。台灣處境白皮

書。五南圖書。

禪門法語新知贈閱叢書，第20期，www.buddhanet.com.tw。

劉勤章（2002）。毒品與犯罪關聯性之探討。中央警察大學學報，第39期，第277-290頁。

謝康（1996）。台灣特種行業婦女：受害者？行動者？偏差者？台灣社會研究季刊，第22期4月號。

蘇東平（1980）。台灣青少年之藥物濫用。臨床醫學，第5卷第4期及第6卷第5期。

蘇恆舜（1996）。強姦犯罪加害人特性之探討——以台北監獄強姦犯罪受刑人為對象。中央警官學校警政研究所犯罪學專題研究期末報告。

顧以謙（2016）。毒品使用及犯罪行為關聯性之研究——以P.E.S.模式為例。國立中正大學犯罪防治學系博士論文。

二、外文部分

Abadinsky, Howard (1983). *The Criminal Elite-Professional and Organized Crime*. Greenward Press.

Abrahamson, D. (1944). *Crisis and the Human Mind*. Columbia Univ. Press.

Adler, F. (1975). *Sister in Crime*. McGraw-Hill.

Aichhorn, A. (1955). *Wayward Youth* (trans.). Meridian Books (original works published in 1925).

Aind, R. W. and T. Yamamoto (1966). Behavior Disorders of Childhood, *Electroencepha- lography and Clinical Neurophysiology*, 21: 148-156.

Akers, Ronald L. (1973). *Deviant Behavior: A Social Learning Approach* (1st ed.). Wadsworth.

Akers, Ronald L. (1977). *Deviant Behavior: A Social Learning Approach* (2nd ed.). Wadsworth.

Akers, Ronald L. (1994). *Criminological Theories: Introduction and Evaluation*. Rxbury Publishing Company.

Alexander, P. (1987). Prostitution: A Difficult Issue for Feminists, in F. Delacoste and P. Alexander (eds.), *Sex Work* (pp. 184-214). Cleis press.

Alexander, J. F. and H. Staub (1931). *The Criminal, the Judge and the public*. Macmillan.

Allison, J. A. and L. S. Wrightsman (1993). *Rape: The Misunderstood Crime*. Sage.

Altman, I. (1978). Crowding: Historical and Contemporary Trends in Crowding Research. in A. Baum and M. Y. M. Epstein (eds.), *Human Response to Crowding* (pp. 3-29). Eribaum.

American Association on Mental Deficiency (AAMD) (1973). *Manual on Terminology and*

Classification in Mental Retardation (Rev. ed.). H. J. Grossman (ed.). Special Publication Series No. 2, 11+.

American Psychiatric Association (1952). *Diagnostic and Statistical Manual of Mental Disorders*. APA.

American Psychiatric Association (1968). *Diagnostic and Statistical Manual of Mental Disorders*. Second Edition (DSM-II). APA.

American Psychiatric Association (1980). *Diagnostic and Statistical Manual of Mental Disorders*. Third Edition (DSM-III). APA.

American Psychiatric Association (1987). *Diagnostic and Statistical Manual of Mental Disorders*. Third Edition-Revised (DSM-III-R). APA.

American Psychiatric Association (1994). *Diagnostic and Statistical Manual of Mental Disorders*. Fourth Edition (DSM-IV). APA.

American Psychiatric Association (2013). *Diagnostic and Statistical Manual of Mental Disorders*. APA.

Andrews, D. A. and James Bonta (1994). *The Psychology of Criminal Conduct.* Anderson Publishing Co.

Andrews, D. A. and James Bonta (2010). *The Psychology of Criminal Conduct*. Routledge.

Andrews, D. A. and Bonta, J. (2010). Rehabilitating Criminal Justice Policy and Practice. *Psychology, Public Policy, and Law*, 16(1): 39-55.

Arbuthnot, J. and D. A. Gordon (1988). Crime and Cognition: Community Application of Sociamoral Reasoning Development. *Criminal Justice and Behavior*, 15: 379-393.

Athens, Lonnie (1997). *Violent Criminal Acts and Actors Reviseited.* University of Illinois Press.

Auld, J., Dorn, N. and South, N. (1986). *Irregular work, irregular pleasures: heroin in the 1980s*. In Toby Seddon (2000). Explaining, the Drug-Crime Link: Theoretical, Policy and Research Issues, *Journal of Social Policy*, 29(1): 95-107.

Austin, James (2004). The Proper and Improper Use of Risk Assessment in Corrections. *Federal Sentencing Reporter*, 16(3): 5.

Australian Institute of Criminology (2008). Drug Use Monitoring in Australia: 2007 Annual Report on Drug Use among Police Detainees. http://www.aic.gov.au/publications/rpp/93/.

Baldwin, M. A. (1992). Split at Root: Prostitution and Feminist Disciurses of Law Reform, *Yale Journal of Law and Feminism*, 5(1): 47-120.

Bancroft, J. (1983). *Human Sexuality and its Problems*. Churchill-Livingstone.

Bandura, A. (1969). *Principles of Behavior Modification*. Holt, Rinehar and Winston.

Bandura, A. (1973). *Aggression: A Social Learning Analysis*. Prentice Hall.

Bandura, A. (1977). *Social Learning Theory*. Prentice Hall.

Barlow, Hugh D. (1996). *Introduction to Criminology*. Harper Collins.

Baron, L. M. Sraus and D. Jaffee (1988). Legitimate Violence, Violent atitudes, and Rape: A test of the Cultural Spillover Theory. in R. A. Prentky and V. L. Quinsey (eds.), *Human Sexual Aggression: Current Perspectives*. New York Academy of Science.

Barry, K. (1979). *Female Sexual Slavery*. New York University.

Bartol, Curt R. (1991). *Criminal Behavior: A Psychosocial Approach*. Prentice Hall.

Bartollas, Clemens and Stuart J. Miller (1978). *The Tuvenile Offenders*. Allyn and Bacon Inc.

Baumeister, R. F., L. Smart and J. M. Boden (1996). Relationship of Threatened Egotism to Violence and Aggression: The Dark Side of High-esteem. *Psychological Review*, 103(1): 5-33.

Becker, G. S. (1968). Crime and Punishment: An Economic Approach. *Journal of Political Economic*, 77: 169-217.

Berk, Bernard B. (1977). Organizational Goals and Inmates Organization. in Leager and Stratton (eds.), *The Sociology of Corrections*. John Wiley & Sons Inc.

Berman, Louis (1938). *New Creation in Human Beings*. Doubleday.

Black, Donald (2010). Antisocial Personality Disorder in Incarcerated Offenders: Psychiatric Comorbidity and Quality of Life. *Annals of Clinical Psychiatry*, 22(2): 113-120.

Blackburn, Ronald (1993). *The Psychology of Criminal Conduct: Theory, Research and Practice*. John Wiley & Sons.

Blackburn, Ronald (1996). Mentally Disordered Offenders. in Hollin, C. R. (ed.), *Working with Offenders: Psychological Practice in Offender Rehabilitation*. Wiley.

Blair, C. D. and R. I. Lanyon (1981). Exhibitionism: An Etiology and Treatment. *Psychological Bulletin*, 89: 439-463.

Blau, T. H. (1985). The Psychologist as Expert in the Courts. *The Clinical Psychologist*, 38: 76-78.

Blumber, Herbert (1969). *Symbolic Interactionism*. Prentice Hall.

Blumberg, N. H. (1981). Arson Update: A Review of the Literature on Firesetting. *Bulletin of the American Adacemy of Psychiatry and the Law*, 9: 255-265.

Blumstien, A., J. Cohen, S. Martin and M. Tonry (eds.) (1983). *Research on Sentencing: The Search for Reform*. National Academy Press.

Bolesa, S. M. and Miotto, K. (2003). Substance Abuse and Violence: A Review of the Literature. *Aggression and Violent Behavior*, 8: 155-174.

Boudreau, J., Q. Kwan, W. Faragher and G. Denault (1977). *Arson and Arson Investigation*. U. S. Government Printing office.

Bowker, Lee H. (1980). *Prison Victimization*. Elsevier.

Brantingham, P. J. and Faust (1976). A Conceptual Model of Crime Prevention. *Crime and*

Delinquency, 22: 284-96.

Brenna, Patricia A., Sarnoff A. Mednick and Jan Volavka (1995). Biomedical Factors in Crime. in James Q. Wilson and Joan Petersilla (eds.), *Crime* (pp. 65-90). ICS Press.

Brigham, J. C., A. Maass, L. D. Synder and K. Spaulding (1982). Accuracy of Eyewitness Identification in a Field Seting. *Journal of Personality and Social Psychology*, 42: 673-681.

Brodsky, S. L. (ed.) (1973). *Psychologists in the Criminal Justice System*. University of Illinois Press.

Brown, B. B. and I. Altman (1981). Territoriality and Residential Crime: A Conceptual Framework. In P. J. Brantingham and P. L. Brantingham (eds.), *Enviornmental Criminology*. Sage.

Brown, Stephen E., Finn-Aage Esbensen and Gillbert Geis (1994). *Criminology: Explain Crime and its Context*. Anderson.

Bryan, J. (1978). Occupational Ideologies and Individual Attitudes of Call Girls. in E. Rubington and M. Weinberg (eds.), *Deviance: The Interactionalist Perspectice* (pp. 352-361). Macmillan Publishing.

Bryant, C. and Palmer, E. (1975). Massage Parlors and "Hand Whores": Some Sociological Observations. *The Journal of Sex Research*, 11 (3): 227-241.

Buchanan, D. R. (1985). Enhancing Eyewitness Indentification: Applied Psychology for Law Enforcement Officers. *Journal of Police Science and Administration*, 13: 33-39.

Bukoski, William J. (1985). School-Based Substance Abuse Prevention: A Review of Program Research. *Journal of Children in Contemporary Society*, 18 (1 & 2): 95-116.

Bumpass, E. R., F. D. Fagelman and R. J. Rirx (1983). Intervention with Children Who Set Fires. *American Journal of Psychotherapy*, 37: 328-345.

Burgess, A. W. and L. L. Holmstrom (1985). The Rape Trauma Syndrome. *American Journal of Psychiatry*, 131: 981-999.

Burgess, Robert L. and Ronald L. Akers (1966). A Differential Association-Reinforcement Theory of Criminal Behavior. *Social Problems*, 14: 128-147.

Burr, A. (1987). Chasing the Dragon: Heroin Misuse, Delinquency and Crime in the Context of South London Culture. *British Journal of Criminology*, 27(4): 33-57.

Buss, A. H. (1966). *Psychopathology*. Wiley.

Bynum, Jack E. and William E. Thompson (1996). *Juvenile Delinquency*. Third Edition. Allyn & Bacon.

Capone, D. L. and W. W. Nichols (1976). Urban Structure and Criminal Mobility. *American Behavioral Scientist*, 20: 199-213.

Carmen, A. and Moody, H. (1985). *Working Woman: The Subterranean World of Street Pros-*

titution. Haper and Row.

Carson, Robert C., James N. Butcher and James C. Coleman (1988). *Abnormal Psychology and Modern Life* (8th ed.). Harpercollins Publishers.

Chapman, Janes (1980). *Economic Reality and the Female Offender*. Lexington Books.

Charney, F. L. (1979). Inpatient Treatment Programs. in W. H. Reid (ed.), *The Psychopath: A Comprehensive Study of Antisocial Disorders and Behaviors*. Brunner/Mazwl.

Chen, C-Y., Tien, Y-M., Juan C-H., Tzeng, O. J-L and Hung, D. L. (2005). Neural Correlates of Impulsive Violent Behavior: An Event-related Study. *Neuroreport*, 16: 1213-1216.

Chesney-Lind, M. and Shelden, R. (1992). *Girls Delinquency and Juvenile Justice*. Brooks/Cole.

Chin, V. and Dandurand, Y. (2012). Introductory Handbook on the Prevention of Recidivism and the Social Reintegration of Offenders. *Criminal Justice Handbook Series*. United Nations.

Choisy, M. (1961). *Psychoanalysis of the Prostitute*. Philosophical Library.

Christiansen, K. O. (1974). Seriousness of Criminalities and Concordance among Danish Twins. in Roger, Hood (ed.), *Crime, Criminology, and Public Policy*. The Free Press.

Clarke, R. V. (1980). Situational Crime Prevention: Theory and Practice. *British Journal of Criminology*, 20: 136-147.

Clarke, R. V. (1988). Guest Editor's introduction to the special issue on situational prevention. *Journal of Security Administration*, 11: 4-7.

Clarke, R. V. (1992). *Situational Crime Prevention: Successful Case Studies*. Herrow and Heston.

Clarke, R. V. and Cornish, D. B. (1985). Modeling Offenders' Decision: A Framework for Research and Policy, in Tonny, M. and Morris, N. (eds.), *Crime and Justice*. An Annual Review of Research Vol. 6. University of Chicago Press.

Cleckley, H. (1976). *The Mask of Sanity*. The C. V. Mosby Company.

Clemmer, Donald (1940). *The Prison Community*. Halt. Rinehart & Wiston.

Clifford, B. R. and C. R. Hollin (1981). Effects of the Type of Indicent and the Number of Perpectrators on Eyewitness Memory. *Journal of Applied Psychology*, 66: 364-370.

Clifford, B. R. and V. J. Richards (1977). Comparison of Recall of Policemen and Civilians Under Conditions of Long and Short Durations of Exposure. *Perceptual and Motor Skills*, 45: 503-512.

Cohen, Lawrence E. and Marcus Felson (1979). Social Change and Crime Rate trends: A Routine Activity Approach. *American Sociological Review*, 44: 588-608.

Cohen, M. L., R. Garafalo, R. Boucher and T. Seghorn (1971). The Psychology of Rapists. *Seminars in Psychiatry*, 3: 307-227.

Cohen, Lawrence E., David Cantor and James R. Klugel (1981). Robbery Victimization in the U. S.: Analysis of a Nonrandom Event. *Social Science Quarterly*, 62: 644-657.

Conklin, John (1972). *Robbery and the Criminal Justice System*. Lippincott.

Cornish, D. B. and Clarke, R. V. (eds.) (1986). *The Reasoning Criminal, Rational Choice Perspectives on Offending*. Springer-Verlag.

Costello, Timothy Y. and Joseph T. Costello (1992). *Abnormal Psychology*. Harpercollins Publishers. Inc.

Cowie, J., V. Cowie and E. Slater (1968). *Delinquency in Girls*. Heinemann.

Craft, M. (1976). *Psychopathic Disorders*. Oxford Pergamon Press.

Craig, L. A., Browne, K. D., Stringer, I. and Beech, A. (2005). Sexual Recidivism: A Review of Static, Dynamic and Actuarial Predictors. *Journal of Sexual Aggression*, II(1): 65-84.

Cressey, Donald R. (1960). The Theory of Differential Association: An Introduction. *Social Problems*, 8: 2-5.

Critchton, R. (1986). The Powers of John Barelycorn: Beliefs about the Effects of Alcohol on Social Behavior. *American Psychologist*, 41: 751-764.

Crites, E. L. and Taxman, F. S. (2013). The Responsivity Principle: Determining the Appropriate Program and Dosage to Match Risk and Needs. in F. S. Taxman and A. Pattavina (eds.), *Simulation Strategies to Reduce Recidivism: Risk Need Responsivity (RNR) Modeling for the Criminal Justice System* (pp. 143-166). Springer Science and Business Medi.

Curtis, Lynn A. (1974). *Criminal Violence: National Patterns and Behavior.* DC Health.

Dalton, Katharina (1978). Menstruation and Crime, in Leonard D. Saviz and Norman Johnston (eds.), *Crime in Society*. John Wiley & Sons.

D'Asaro, B. C. Grossback and C. Nigro (1975). Polyamine Levels in Jail Inmates. *Journal of Orthmlecular Psychiatry*, 4: 149-152.

Davis, N. J. (1971). The Prositute: Developing a Deviant Identity. in J. Henslin (ed.), *Studies in the Sociology of Sex* (pp. 300-322). Appleton-Century-Crofts.

Day, K. (1993). Crime and Mental Retardation: A Review. in Howells. K. and C. R. Hollin (eds.), *Clinical Approaches to Mentally Disordered Offender*. Wiley.

De Leon, George (2000). *The Therapeutic Community, Theory, Model, and Method*. Springer Publishing Company.

Deffenbacher, K. A. (1983). The Influence of Arousal on Reliability of Testimoy. in S. M. A. Lloyd-Bostock and B. R. Clifford (eds.), *Evaluating Witness Evidence: Recent Psychological Research and New Prespectives*. Wiley.

Denkowski, G. C. and K. M. Denkowski (1985). The Mentally Retarded Offender in the State Prison System: Identification, Prevalence, Adjustment, and Rehabilitation. *Criminal Justice and Behavior*, 12: 55-70.

Depresca, John (1996). Forensic Hypnosis. *Law and Order*, 7(3): 14-20.

Dollard, J. C., L. Doo, N. Millen et al. (1939). *Frustration and Aggression*. Yale University Press.

Douglas, J. E., R. K. Ressler, A. W. Burgess and C. R. Hartman (1986). Criminal Profiling from Crime Scene Analysis. *Behavioral Sciences and the Law*, 4: 401-421.

Einstadter, Werner J. (1969). The Social Organization of Armed Robbery. *Social Problems*, 17: 64-83.

Elliott, D. S. and D. Huizinga and S. S. Ageton (1985). *Explaining Deliquency and Drug Use*. Sage.

Ellis, A. (1979). The Sex Offender. in Hans Toch (ed.), *Psychology of Crime and Criminal Justice*. Waveland Press Inc.

Ellis, L. (1982). Empathy: A Factor in Antisocial Behavior. *Journal of Abnormal Child Psychology*, 2: 123-233.

Ellis, L. (1987). Relationships of Criminality and Psychpathy with Eight Other Apparent Behavioural Manifestations of Sub-optimal Arousal Personality and Individual. *Differences*, 8: 905-925.

Encyclopedia.com (2023). Economic and Social Effects of Crime. Encyclopedia.com. https://www.encyclopedia.com/law/encyclopedias-almanacs-transcripts-and-maps/economic-and-social-effects-crime.

Epps, Kevin (1996). Sex Offenders. in Hollin, C. R. (ed.), *Working with Offenders: Psychological Practice in Offender Rehabilitation*. Wiley.

Erikson, E. H. (1968). *Identity, Youth and Crisis*. Norton.

Etzioni, Amitai (1960). *Comlex Organization*. Free Press.

Exner J. E., Jr. Wylei, J., Leura, A. and Parrill, T. (1977). Some Psychological Characteristics of Prostitutes. *Journal of Personality Assessments*, 42(5): 475-485.

Farrington, David P. and Roger Tarling (1985). *Prediction in Criminology*. State University of New York Press.

Fazel, S., Singh, J. P., Doll, H. and Grann, M. (2012). Use of Risk Assessment Instruments to Predict Violence and Antisocial Behaviour in 73 Samples Involving 24,827 People: Systematic Review and Meta-Analysis. *British Medical Journal*, 345: e4692.

Fazel, Seena, Achim Wolf, Zheng Chang, Henrik Larsson, Guy M Goodwin, and Paul Lichtenstein (2015). Depression and Violence: A Swedish Population Study. *Lancet Psychiatry*, 2(3): 224-232.

Federal Bureau of Investigation (1985). *FBI Law Enforcement Bulletin*, 54(8).

Feeney, Floyd and Adrianne Weir (1975). The Prevention and Control of Robbery. *Criminology*, 13: 104.

Ferdinand, T. N. (1966). *Typologies of Delinquency: A Critical Analysis*. Random House.

Finkelhor, D. and S. Araji (1986). Explanations of Pedophilia: A Four Factor Model. *The Journal of Sex Research*, 22: 145-161.

Finkelhor, D. and I. A. Lewis (1988). An Epidemiologic Approach to the Study of Child Molestation. in R. A. Prentky and V. L. Quinsey (eds.), *Human Sexual Aggression: Currrent Perspectives*. New York Academy of Science.

Finkelhor, D and Browen, A. (1988). Assessing the Long-Term Impact of Child Sexual Abuse: A Review and Conceptualization. in G. Hotaling et al. (eds), *Family Abuse and Its Consequences* (pp. 270-284). Sage.

Fishbein, Diana H. (1990). Biological Perspectives in Criminology. *Criminology*, 28(1).

Foltz, T. G. (1979). Escort Services: An Emerging Middle Class Sex-for-money Scene. *Califormia Sociologist*, 2(2): 105-133.

Fox, James A. and Jack Levin (1991). *Mass Murder*. Plenum Press.

Freud, Sigmund (1963). *An Outline of Psychoanalysis*. trans, James Strachey. Norton.

Furby, L., M. R. Weinrott and L. Blackshaw (1989). Sex Offender Recidivism: A Review. *Psychological Bullein*, 105: 3-30.

Gallagher, B. J. III (1987). *The Sociology of Mental Illness* (2nd ed.). Prentice Hall.

Garabedian, Peter G. (1963). Social Roles and Process of Socialization in the Prison. *Social Problems*, 11(2): 139-152.

Geberth, V. (1981). Psychological Profiling. *Law and Order*, 1: 46-49.

Geberth, V. (1993). *Practical Homicide Investigation: Tactics, Procedunes and Forensic Techniques* (2nd ed.). CRC.

Gebhard, P. (1969). Misconceptions of About Female Prostitutes. *Medical Aspects of Human Sexuality*, 3(3): 24-30.

Gendreau, Paul, Clair Goggin and Tracy Little (1996), Predicting Adult Offender Recidivism: What Works (User Report No.1997-06). Department of the Solicitor General of Canada.

Gendreau, Paul, Tracy Little and Claire Goggin (1996). A META-Analysis of the Predictors of Adult Offender Recidivism: What Works! Criminology, 34.

Gibbs, J. (1975). *Crime, Punishment and Deterrence*. Elsevier.

Gibson-Ainyette, I. et al. (1988). Adolescent Female Prostitutes. *Archives of Sexual Behavior*, 17(5): 431-438

Glueck, Sheldon and Eleanor Glueck (1934). *Five Hundred Delinquent Women*. knopf.

Glueck, Sheldon and Eleanor Glueck (1950). *Unraveling Juvenile Delinquency*. Harvard University Press.

Goffman, Erving (1961). *Asylum, Garden City*. Doubleday Anchor Jersy.

Goldstein, P. J., Bellucci, P. A., Spunt, B. J. and Miller, T. (1991). Frequency of Cocaine Use and Violence: A Comparison Between Men and Women. in *The Epidemiology of Cocaine Use and Abuse*. National Institute on Drug Abuse published.

Goodman, G. S. and A. Hahn (1987). Evaluating Eyewitness Testimony. in Weiner I. B. and A. K. Hass (eds.), *Handbook of Forensic Psychology*. Wiley.

Goring, Charles (1972). *The English Convict: A Statistical Study, His Majesty's Stationery Office*. Reprinted by Patterson Smith. Montclair. N. J.

Gottfredson, M. and T. Hirschi (1990). *A General Theory of Crime*. Standford University Press.

Gottfredson, Michael R. and Don M. Gottfredson (1988). *Decision Making in Criminal Justice*. Plenum.

Gowen, Darren and Jerri B. Speyerer (1994). Compulsive Gambling and the Criminal Offender: A Treatment and Supervision Approach. *Federal Probation*, 50(3): 36-39.

Green, E., J. W. Scholer and E. F. Loftus (1985). Expert psychological testimony. in S. M. Kassin and L. S. Wrigntsman (eds.), *The Psychology of Evidence and Trial Procedure*. Sage.

Groth, A. N. (1979). *Men Who Rape: The Psychology of the Offender*. Plenum.

Gudjonsson, Gisli H. (1992). *The Psychology of Interrogations, Confessions and Testimony*. John Wiley & Sons.

Gunderson, J. (1974). Management of Manic States: The Problem of Firesetting. *Psychiatry*, 37: 137-146.

Gunn, J., A. Maden and M. Swinton (1991). Treatment Needs of Prisoners with Psychiatry Disorder. *British Medical Journal*, 33: 338-341.

Hagan, John, A. R. Gills and John Simpson (1985). The Class Structure and Delinquency: Toward a Power-Control Theory of Common Delinquent Behavior. *American Journal of Sociology*, 90: 1151-1178.

Halleck, Seymour (1971). *Psychiatry and the Dilemma of Crime*. University of California Press.

Hanson, Glen R (2002). NIDA Research Report-Therapeutic Community. National Institution on Drug Abuse, NIH Publication No. 02-4877.t.

Hare, R. D. (1970). *Psychopathy: Theory and Research*. Wiley.

Harlow, Caroline Wolf (1987). *Bureau of Justice Statistics, Robbery Victims*.

Harlow, Caroline Wolf (1998). *Department of Justice*.

Hathaway, Starke (1939). The Personality Inventory as an Ais in the Diagnosis of Psychopathic Inferiors. *Journal of Consulting Psychology*, 3: 112-117.

Haward, L. R. C. (1981). The Psychologists as Expert Witness. in J. Shapland (ed.), *Lawyers and Psychologists—The Way Forward*. Issues in Criminological and Legal Psychology.

No. 1. British Psychological Society.

Haward, L. R. C. (1987). The Uses and Misuses of Psychological Evidence. in G. Gudjonsson and J. Drinkwater (eds.), *Psychological Evidence in Court*. Issues in Criminological and Legal Psychology. No. 11. British Psychologcial Society.

Healy, W. and A. L. Bronner (1926). *Delinquents and Criminals: Their making and unmaking*. Macmillan.

Healy, W. and A. F. Bronner (1936). *New Light on Delinquency and its Treatment*. Yale University Press.

Hearnshaw, L. S. (1964). *A Short History of British Psychology 1884-1940*. Methuen.

Heffernan, E. (1972). *Making it in Prison: The Square, the Cool, and the Life*. Wiley-Interscience.

Heidensohn, Frances M. (1985). *Women and Crime: The life of the Female Offender*. New York University Press.

Heineman, M. (1987). A Comparison: The Treatment of Wive of Alcoholics with the Treatment of Wives of Pathological Gamblers. *Journal of Gambling Behavior*, 3: 27-40.

Henn, E. A., M. Herjanic and R. H. Vander pear (1976). Forensic Psychiatry: Diagnosis of Criminal Responsibility. *The Journal of Nervous and Mental Disease*, 162: 423-429.

Her Majesty's Prison and Probation Service, UK Government (2019). Risk Assessment of offenders: A summary of Evidence Relating to Offender Risk Assessment, Risk of Reoffending and Risk of Serious Harm, 5/15. https://www.gov.uk/guidance/risk-assessment-of-offenders 34, Issue 4, pp. 575-608.

Herman, Judith Lewis (1992). Complex PTSD: A Syndrome in Survivors of Prolonged and Repeated Trauma. *Journal of Traumatic Stress*, 5(3).

Hickey, Eric W. (1991). *Serial Murders and Their Victims*. Brooks/Cde Pub- lishing Company.

Hindelang, Michael J., Michael R. Gottrfredson and James Garofalo (1978). *Victims of Personal Crime: An Empirical Foundation for a Theory of Personal Victimization*.

Hindelang, Michael J. (1976). *Criminal Victimization in Eight American Cities: A Descriptive Analysis of Common Theft and Assault*. Ballinger.

Hippchen, L. (1978). *Ecologic Biochemical Approaches to Treatment of Delinquests and Criminals*. Von Nostrand Reinhold.

Hirschi, Travis (1969). *Causes of Delinquency*. University of California Press.

Hirschi, Travis (1979). Separate and Unequal is Better, *Journal of Research in Crime and Delinquency*, 16: 34-38.

Hirschi, T. and M. J. Hindelang (1977). Intelligence and Delinquency: A Revisionist Review. *American Sociological Review*, 42: 571-587.

Hoffman-Bustamonte, Dae (1973). The Nature of Female Criminality. *Criminology*, 8: 117-

136.

Hogarth, J. (1971). *Sentencing as a Human Process*. University of Toronto Press.

Hollin, Cive R. (1989). *Psychology and Crime: An Introduction to Criminological Psychology*. Routledge.

Hollin C. R. and B. R. Clifford (1983). Eyewitness Testimony: The Effects of Discussion on Recall Accuracy and Agreement. *Journal of Applied Social Psychology*, 13: 234-244.

Holmes, Ronald M. and James De Burger (1988). *Serial Murder*. Sage Publications.

Holmes, R. M. and Stephen T. Holmes (1996). *Profiling Violent Crimes: An Investigative Tool*. Sage.

Holzman, Harold R. and Sharon Pines (1982). Buying Sex: The Phenomenology of Being a John. *Deviant Behavior*, 4.

Hong, L. and Duff, R. (1984). Becoming a Taxi-Dancer: The Significance of Neutralization in a Semi-Deviant Occupation. in D. Kelly (ed.), *Deviant Behavior: A Text-Reader in the Sociology of Deviance* (pp. 586-598). St. Martin's Press.

Hooton, E. A. (1931). *Crime and the Man*. Harvard University Press.

Hooton, E. A (1939). *The American Criminal: An Anthropological Study*. Harvard University Press.

Howells, K. (1982). Mental Disorder and Violent Behavior. in P. Feldman (ed.), *Development in the Study of Criminal Behaviour*, Vol. 2. Wiley.

Hunt, D. E. (1990). Drugs and Consensual Crimes: Drug Dealing and Prostitution. in Tonry. M. and J. Q. Wilson (eds.), *Drugs and Crime*. University of Chicago Press.

Hunter, A. (1978). *Symbols of Incivility*. Paper presented at the annual meeting of the American Society of Criminology. Dallas. November.

Hutchings, Barry and Sarnoff A. Mednick (1977). Criminalities in Adoptees and their Adoptive and Biological Parents: A Pilot Study. in Mednick and Christiasen (eds.), *Biosocial Bases of Criminal Behavior*. Gardner Press.

Hwang, S. (1995). *Agents, Victims, or Deviants? Female Prostitutes in Taiwan*. Unpublished Dissertation. University of Wisconsin-Madison.

Iacono, W. G. and C. J. Patric (1987). What Psychologists Should Know about Lie Detection. in Weinner. I. B. and A. K. Hess (eds.), *Handbook of Frensic Psychology*. Wiley.

Inbau, F. E., J. E. Reid and J. P. Buckley (1986). *Criminal Interrogation and Confessions* (3rd ed.). Williams and Wilkins.

Irving, B. L. and I. K. Mckenzie (1989). *Police Interrogation*. The Police Foundation.

Irwin, John (1970). *The Felon*. University of California Press.

Jackman, N. R., O'Toole, R. and Geis, G. (1969). The Self-Image of the Prostitute. in S. Dinitz, R. Dynes and A. Clark (eds.), *Deviance: Studies in the Process of Stigmatization and Societal Reaction* (pp. 393-400). OxFord University.

Jackson, Howard F. (1994). Assessment of Fire-Setters. in Marry McMurran and John Hodge (eds.), *The Assessment of Criminal Behaviours of Clients in Secure Settings*. Jassia Kingsley Publishers.

Jacobs, P. A., M. Brunton and M. M. Melville (1965). Agressive Behavior: Mental Subnormality and The XYY Male. *Nature*, 28: 1351-1352.

Jaffe, J. H., T. F. Babor and D. H. Fishbein (1988). Alcoholics, Aggression and Antisocial Behavior. *Journal of Studies on Alcohol*, 49: 211-218.

James, Jennifer (1977). Prostitutes and Prostitution. in Edward Sagarin and Fred Montanino (eds.), *Deviants: Voluntary Actors in a Hostile World*. Geneeal Learning Press.

Jeffrey, Clarence R. (1965). Criminal Behavior and Learning Theory. *Journal of Criminal Law, Criminology, and Polics Science*, 56: 294-300.

Jeffrey, Clarence R. (1990). *Criminology: An Interdisciplinary Approach*. Prentice Hall.

Jellinek, E. M. (1960). *The Disease Concept of Alcoholism*. Center for Alcoholic Studies.

Jenkins, R. (1969). Classification of Behavior Problems of Children. *American Journal of Psychiatry*, 125: 1032-1039.

Kadushin, A. (1980). *Child Welfare Services* (pp. 33-50). Macmillan Publishing Co., Inc.

Kafrey, D. (1980). Playing with Matches: Children and Fire. in D. Canter (ed.), *Fire and Human Behavior*. Wiley.

Kamorowski, Jennifer, Maartje Schreuder, Corine de Ruiter, Marko Jelícic and Karl Ask (2018). Risk Assessment Tools and Criminal Reoffending: Does Bias Determine Who Is "High Risk"? magazine issue 9, 2018/ Issue 38, edited by Emir Efendic.

Katz, Jack (1988). *Seductions of Crime: Moral and Sensual Attractions in Doing Evil.* Basic Books.

Katz, Jack (1991). The Motivation of the Persistent Robber. in M. Tonry (ed.), *Crime and Justice: A Review of Research* (pp. 277-306). University of Chicago Press.

Kennedy, Daniel B. (1990). Facility Site Selection and Analysis Through Environmental Criminology. *Journal of Criminal Justice*, 18: 239-252.

Kennedy, R. J. H. (1962). The Forms of Drinking. in W. C. Bier (ed.), *Problems in Addiction*. Fordham University Press.

Klein, Dorie (1979). The Etiology of Female Crime: A Review of the Literature. in Fred Adler and Rita Simon (eds.), *The Criminology of Deviant Woman*. Houghton Mifflin.

Knight, R. A. (1988). A Taxonomic Analysis of Child Molesters. in R. A. Prentky and V. L. Quinsey (eds.), *Human Sexual Aggression: Current Perspectives*. New York Academy of Science.

Kohlberg, Lawrence (1969). *Stages in the Development of Moral Thought and Action*. Holt,

Rinehart and Winston.

Konopka, Fisela (1966). *The Adolescent Girl in Conflict*. Prentice Hall.

Koppen, Peter J. van and Robert W. J. Jansen (1997). The Road to the Robbery: Travel Patterns in Commercial Robberies. *British Journal of Criminology*, 38(2).

Kretschmer, Ernest (1925). *Physique and Character*. English translation of second edition by W. J. H. Sprott.

Krisberg, B. and J. Austin (1978). *The Children of Ishmael*. Mayfield Pub.

Kroese, G. J. and R. H. J. M. Staring (1992). *Prestige, Professie en wanhoop: Een onderzoek oeder gedetineerde overvallers*. [Prestige, Profession, and Despair: A Study among Robbers in Prison.] Gouda Quint.

Lab, Steven P. (1992). *Crime Prevention: Approaches, Practice and Evaluations* (2nd ed.). Anderson Publishing Co.

Lambert, N. M. (1988). Adolescent Outcomes for Hyperactive Children: Perspectives on General and Specific Patterns of Childhood Risk for Adolescent Educational, Social and Mental Health Problems. *American Psychologist*, 43: 786-799.

Latessa, Edward J. and Brian Lovins (2010). The Role of Offender Risk Assessment: A Policy Maker Guide. *Victims and Offenders*, 5: 212.

Laughery, K. R. and R. H. Fowler (1980). Sketh Artist and Identi-kit Prcedures or Recalling Faces. *Journal of Applied Psychology*, 65: 307-316.

Lawson, W. K. (1984). Depression and Crime: A Discursive Approach. in M Craft and A. Craft (eds.), *Mentally Abnormal Offenders*. Bailliere Tindall.

Leippe, M. R., G. K., Wells and T. M. Ostrom (1978). Crime Seriousness as a Determinant of Accuracy in Eyewitness Identification. *Journal of Applied Psychology*, 63: 345-351.

Leonard, Eileen B. (1982). *Women, Crime and Society*. Longman.

Lesieur, H. R. (1984). *The Chase: Career of the Compulsive Gambler*. Schenkman Books.

Lesieur, H. R. (1988). Current Research into Pathological Gambling and Gaps in the Literature. in H. J. Shaffer, S. A. Stein, B. Gambino and T. N. Cummings (eds), *Compulsive Gambling: Theory, Research, and Practice* (pp. 225-248). Lexington Books.

Letkcmann, Peter (1973). *Crime as Work*. Prentice Hall.

Lewis C. E., L. Robins and J. Rice (1985). Association of Alcoholism with Antisocial Personality in Urban Men. *J. Nerv. Ment Dis.*, 173(3): 166-174.

Lewis D. O., J. H., Pincus, S. S., Shanok and G. H., Glaser (1982). Psychomotor Epilepsy and Violence in a Group Ofincarcerated Adolescent Boys. *American Journal of Psychiatry*, 139: 882-887.

Lockwood, Daniel (1982). *The Contribution of Sexual Harrassment to Stress and Coping in Confinement* (pp. 45-64). Sage.

Loftus, E. F. (1977). Shifting Human Colour Memory. *Memory and Cognition*, 5: 696-699.

Loftus, E. F. (1981). Eyewitness Testimony: Psychological Research and Legal Thought. in Tonry M. and N. Morris (eds.), *Crime and Justice: An Annual Review of Research*, Vol. 3. University of Chicago Press.

Loftus, E. F. and E. Greene (1980). Warning Even Memory for Faces May Be Contagious. *Law and Human Behavior*, 4: 323-334.

Loftus, E. F. and J. C. Palmer (1974). Reconstruction of Automobile Destruction: An Exapmple of the Inteaction between Language and Memory. *Journal of Verbal Learning and Verbal Behavior*, 13: 585-589.

Lombardo, Robert M. (1980). Narcotics Use and the Career Criminal. *Police Chief*, 47: 28-31.

Lombroso, C. and W. Ferrero (1968). *The Female Offender*. Philosophical Library.

Lonsdale, D. and S. P. Shamberger (1980). Red Cell Transketolase as an Indicator of Nutritional Deficiency. *American Journal of Clinical Nutrition*, 33: 205-211.

Luckenbill, David F. (1997). Criminal Homicides as a Situated Transaction. *Social Problems*, 25: 176-186.

Lunde, D. T. (1976). *Murder and Madness*. San Francisco Book Co.

Lykken, D. T. (1988). The Case Against Polygraph Testing. in A. Gale (ed.), *The Polygrapy Test: Lies, Truth and Science*. Sage.

MacVicar, K. and Dillon, M. (1980). Childhood and Adolescent Development of Ten Female Prostitutes. *Journal of the American Acadmey of Child Psychiarty*, 19: 145-159.

Maerov, A. (1965). Prostitution: A Survery & Review of 20 cases. *The Pate Report* (pp. 675-701).

Maurer, David W. (1940). *The Big Con: The Story of the Confidence Men and the Confidence Game*. Bobbs-Merrill.

McCaghy, Charles and Hou, Charles. (1993). Female Prostitution in the Republic of China (Taiwan). in N. Davis (ed.), *Prostitution: An International HandBook on Trends, Problems and Policies* (pp. 271-298). Greenwood.

McCaghy, Charles and Timothy Capron (1994). *Deviant Behavior* (3rd ed.). Macmillan.

McClintock, F. H. and Evelyn Gibson (1961). *Robbery in London*. Macmillian.

McCord, William and Joan McCord (1964). *The Psychopath: An Essay on the Criminal Mind*. Van Norsand Reinhold.

McMurran, Marry (1996). Alcohol, Drugs and Criminal Behavior. in Hollin C. R. (ed.), *Working with Offenders: Psychological Practice in Offender Rehabilitation*. Wiley.

Mednick, Sarbiff A. et al. (1982). Biology and Violence. in Marvin E. Wolfgang and Neil Alan Weiner (eds.), *Criminal Violence*. Sage.

Mcleod, E. (1982). *Women Working: Prostitution Now*. Croom Helm.

Messner, Steven F. (1989). Economic Discriminalization and Societal Homicide Rates: Further Evidence of the Cost of Inequality. *American sociological Review*, 54: 579-611.

Messner, Steven F. and Kenneth Tardiff (1986). Economic Inequality and Levels of Homicide: An Analysis of Urban Neighborhoods. *Criminology*, 214: 297-317.

Miller, E. M. (1986). *Street Women*. Temple University Press.

Miller, TR, Cohen, M. A. and Rossman, S. B. (1993). Victim Costs of Violent Crime and Resulting Inures. *Health Affair*, 12(4): 195-197.

Miller, Ted, Cohen, Mark A. and Wiersema, Brian (1996). *Victim Costs and Consequences: A New Look*. U.S. Department of Justice, National Institute of Justice Research Report. GPO, February 17.

Moran, R. (1978). Biomedical Research and the Politics of Crime Control: A Historical Perspective. *Contemporary Crisis*, 2: 335-357.

Morton, J. H., R. G. Addition., L. Hunt and J. J. Sullivan (1953). A Clinical Study of Premenstrual Tension. *American Journal of Obstetrica and Gynecology*, 65: 1182-1191.

Mungas, D. (1983). An Empirical Analysis of Specific Syndromes of Violent Behavior. *Journal of Nervous and Mental Disease*, 171: 354-361.

Murray, C. (1983). The Physical Environment and Community Control of Crime. in J. Wilson (ed.), *Crime and Public Policy*. ICS Press.

National Advisory Commission on Criminal Justice Standards and Goals (1976). *Report of the Task Force on Juvenile Justice and Delinquency*. Law Enforcement Assistance Administration.

National Fire Protection Association (1981). *Uniform Coding for Fir Protection*. NFPA. MA.

Neale, J., Bloor, Mi. and Weir, C. (2005). Problem Drug Users and Assault. *International Journal of Drug Policy*, 16: 393-402.

Newman, O. (1972). *Defensible Space: Crime Prevention through Urban Design*. Macmillan.

Nishith, P., Mechanic, M. B. and Resick, P. A. (2000). Prior Interpersonal Trauma: The Contribution to Current PTSD Symptoms in Female Rape Victims. *Journal of Abnormal Psychology*, 109(1): 20-25.

Office for National statistic (2022). The Impact of Crime on Victims and Society. https://www.ons.gov.uk/peoplepopulationandcommunity/crimeandjustice/articles/theimpactofcrime-onvictimsandsociety/march2022.

Pallone, Nathaniel J. and James J. Hennessy (1992). *Criminal Behavior: A process Psychology Aanalysis*. Transaction Publishers.

Palmer, T. B. (1974). The Youth Authority Community Treatment Project. *Federal Probation*, 38: 3-14.

Paulus, Paul B. (1988). *Prison Crowding: A Psychological Perspective*. Springer-Verlag.

Perkins, Roberta (1999). How Much Are You, Love? The Customer in the Australian Sex In-
    dustry. *Social Alternatives*, 18(3).

Perkins, R. and Bennett, G. (1985). *Being a Prostitute*. George Allen & Unwin.

Petersilia, Joan et al. (1977). *Criminal Careers of Habitual Felon*. National Institute of Law
    Enforcement and Criminal Justice. U.S. Government Printing Office.

Piaget, J. (1932). *The Moral Judgement of the Child*. Kegan Paul.

Politzer, R. M., C. E. Yesalis and C. J. Hudak (1992). The Epidemiological Model and Risks
    of Legalized Gambling: Where Are We Headed? *Health Values*, 16(2): 20-27.

Pollak, Otto (1950). *The Criminality of Women*. University of Pennsylvania Press.

Pomeroy, W. (1965). Some Aspects of Prostitution. *The Journal of Sex Research*, 1(3): 177-
    187.

Prentky, Robert (1995). A Rationale for the Treatment of Sex Offenders: Pro Bono Publico.
    in J. McGuire (ed.), *What Works: Reducing Reoffending-Guidelines from Research and
    Practice*. John Wiley & Sons.

Rabin, Albert I. (1979). The Antisocial Personality-Psychopathy and Sociopathy. in Hans Toch
    (ed.), *Psychology of Crime and Criminal Justice*. Waveland Press Inc.

Rain, A. (1993). *The Psychopathology of Crime*. Academic Press Inc.

Rambeck, L. J. (1993). Identifying the Compulsive Gambler. in *Training in the treatment of
    compulsive gambling* (Phase I). Minnesta Council on Compulsive Gambling. Inc.

Raskin, D. C. (1988). Does Science Support Polygraph Testing? in A. Gale (ed.), *The Poly-
    graph Test: Lies, Truth and Science*. Sage.

Reiser M. (1976). Hypnosis as a Tool in Criminal Investigation. *Police Chief*, 46: 39-40.

Reiser M. (1990). Investigative Hypnosis. in E. D. D. C. Raskin (ed.), *Psychological Methods
    in Criminal Ivestigation and Evidence*. Springer.

Rengert, G. and J. Wasilchick (1985). *Suburban Burglary: A Time and Place for Everything*.
    Thomas.

Riedel, M. Field (1991). *Stranger Violence: A Theorical Inquire*. Manuscript.

Robins, L. N. et al. (1984). Lifetime Prevalence of Specific Psychiatric Disorders in Three
    Sites. *Arch. Gen. Psych.*, 41: 949-958.

Rojek, D. G. and J. L.William (1993). Interracial Vs. Intraracial Offenders in Terms of the
    Victim/Offender Relationship. in A. V. Wilson (ed.), *Homicide: The Victiml Offender
    Connection*. Anderson Publishing Co.

Rosecrance, J. (1986). Attributions and the Origins of Problem Gambling. *The Sociologi- cal
    Quarterly*, 27: 463-477.

Rosenberg, M. (1990). The Self-Concept: Social Product and Social Force. in M. Rosenberg
    and R. Turner (eds.), *Social Psychology: Sociological Prospective* (pp. 593-624). Trans-

action Publishers.

Rosenthal, R. J. and V. C. Lorenz (1992). The Pathological Gambler as Criminal Offender: Comments on Evaluation and Treatment. *Psychiatric Clinics of North American*, 15(3): 647-660.

Ross, R. R. and E. A. Fabiano (1985). *Time to Think: A Cognitive Model of Delinquency Prevention and Offender Rehabilitation*. Institute of Social Sciences and Arts.

Roth, Jeffrey A. (1994). *Psychoactive Substances and Violence*. National Institute of Justice, Research in Brief. United States Department of Justice. February.

Rowe, David and D. Wayne Osgood (1984). Heredity and Sociological Theories of Delinquency: A Reconsideration. *American Sociological Review*, 49: 526-540.

Russell, D. E. H. (1984). *Sexual Exploitation*. Sage.

Salyer, Steven W. (2007). Chapter 14—Psychiatric Emergencies. in Salyer, Steven W. (ed.), *Essential Emergency Medicine* (pp. 814-843). W.B. Saunders.

Santamour, Miles and Bernadette West (1977). *The Mentally Retarded Offender and Corrections*. Government Printing Office.

Santtila, Pekka and Jaana Haapasalo (1997). Neurological and Psychological Risk Factors Among Young Homicidal, Violent, and Nonviolent Offenders in Finland. *Homicide Studies*, 1(3): 234-253.

Satterfield, J. H. (1978). The Hyperactive Child Syndrme: A Precursor of Adult Psychopathy? in R. D. Hare and D. Schalling (eds.), *Psychopathic Behavior: Approaches to Research*. Wiley.

Schlapp, Max G. and Edward H. Smith (1928). *The New Criminology*. Boni & Liveright.

Scully, D. (1990). *Understanding Sexual Violence: A Study of Convicted Rapists*. Unwin Hyman.

Sebba, L. (1996). *Third Parties: Victims and the Criminal Justice System*. Ohio State University Press.

Seddon, T. (2000). Explaining the Drug-Crime Link: Theoretical, Policy and Research Issues. *Journal of Social Policy*, 29(1): 95-107.

Sellin, Thorsten and Marvin Wolfgang (1964). *The Measurement of Delinquency*. Wiley.

Selling, L. S. (1943). *Men Against Madness*. Garden City Books.

Shah, S. A. and L. H. Roth (1974). Biological and Psychological Factors in Criminalities. in D. Glasser (ed.), *Handbook of Criminology*. Rand McNally.

Shapiro, A. (1969). Delinquent and Disturbed Behavior within the Field of Mental Deficiency. in A. V. S. De Rueck and R. Porter (eds.), *The Mentally Abormal Offender*. J. & A. Churchill.

Sheehy, Gail (1973). *Hustling: Prostitution in our Wide-Open Society*. Delacote Press.

Sheldon, William H. (1949). *The Varieties of Delinquent Youth: An Introduction to Constitutional Psychiatry*. Harper & Bros.

Short, R. J. and S. Shapiro (1993). Conduct Disorders: A Framework for Understanding and Intervention in Schools and Communities. *School Psychology Review*, 22: 362-375.

Shover, Neal (1971). *Burglary as an Occupation*. Ph. D. dissertation, Department of Sociology. University of Illinois at Urban-Champaign.

Siegel, Larry J. (1998). *Criminology* (6th ed.). West Publishing Company.

Siegel, Larry J. and J. Senna (1991). *Juvenile Delinquency: Theory, Practice, and Law* (4th ed.). West Publishing Co.

Smith, R. (1999). Identity-Related Economic Crime: Risks and Countermeasures. *Trends & Issues in Crime and Criminal Justice*, No.129. Australian Institute of Criminology.

Simon, Rita J. (1975). *Woman and Crime*. DC Health.

Simon, Rita J. (1979). The Forgotten Offender: The Women in Prison. in Adler and J. Simon (eds.), *The Criminology of Deviant Women*. Boston Houghton Mifflin.

Skinner, B. F. (1938). *The Behavior of Organisms*. Appleton-Century-Crofts.

Skinner, B. F. (1953). *Science and Human Behavior*. Macmillan.

Skogan, Wesley G. (1990). *Disorder and Decline-Crime and the Spiral of Decay in American Neighborhoods*. Free Press.

Smart, Carol (1979). The New Female Offender: Reality of Myth. *British Journal of Criminology*, 19: 50-59.

Snow, C. P. (1961). Either-Or. *Progressive*, 25: 24-25.

Sobol, J. J. (1995). *Victim Characteristics and Behavioral Attributes in Criminal Homicide: A Case Study in Buffalo, 1922-1993*. Paper presented at the annual meeting of the American Society of Criminology. Boston.

Steffensmeir, Darrell (1986). *The Fence: In the Shadow of Two Worlds*. Rowman and Lifflefield.

Stephard, Jon (1981). *Sociology*. West Publishing Co.

Stein, M. L. (1974). *Lovers, Friends, Slaves: The Nine Male Sexual Types*. G. P. Putnam's Sons.

Stitt, B. Grant and David J. Giacopassi (1992). Trends in the Connectivity of Theory and Research in Criminology. *The Criminologist*, 17: 1, 3-6.

Sutherland, Edwin H. (1937). *The Professional Thief.* University of Chicago Press.

Sutherland, Edwin H. (1939). *Principles of Criminology* (3rd ed.). J. B. Lippincott.

Sutherland, Edwin H. (1947). *Principles of Criminology* (4th ed.). J. B. Lippincott.

Sutherland, Edwin H. (1956). *On Analyzing Crime.* Indiana University Press.

Sutherland, Edwin H. and Donald R. Cressey (1992). *Principles of Criminology* (11th ed.).

General Hall.

Sutker, P. B., R. P. Archer and D. G. Kilpatrick (1979). Sociopathy and Antisocial Behavior: Theory and Treatment. in Turner. S. M., K. S. Calhoun and H. E. Adams (eds.), *Handbook of Clinical Behavior Therapy*. Wiley.

Sykes, G. and Matza, D. (1957). Techniques of Neutralization: A Theory of Delinquency. *American Sociological Review*, 22: 664-670.

Sykes, G. M. (1958). *The Society of Captives: A Study of a Maximum Security Prison*. Princeton University Press.

Sykes, G. M. and Sheldon L. Messinger (1960). The Inmate Social System. in Richard A. Cloward et al. (eds.), *Theoretical Studies in the Social Organization of the Prison*. Social Science Council.

Taylor, Ralph B. and Stephen Gottfredson (1986). Environmental Design, Crime, and Prevention: An Examination of Community Dynamics. in Albert J. Resii. Jr. and Michael Tonry (eds.), *Community and Crime*. The University of Chicago Press.

The Christian Century (2000). *Sexual Trafficking on the Rise*. Christian Century Foundation.

Thomas, Charles (1987). *Corrections in American: Problems of the Past and the Present*. Sage Publications Inc.

Thomas, Charles W. and John R. Hepbur (1983). *Crime, Criminal Law and Criminolgy*. Brown Company Publishers.

Thomas, W. I. (1925). *The Unadjusted Girl*. Little Brown.

Thornberry, T. P. (1987). Toward an Interaction Theory of Delinquency. *Criminology*, 25: 863-891.

Thornberry, T. P. and J. E. Call (1983). Constitutional Challenges to Prison Overcrowding: The Scientific Evidence of Harmful Effects. *Hastings Law Journal*, 35(2): 311-351.

Thornton, W. E. and L. Vogit and W. G. Doerner (1987). *Delinquency and Justice* (2nd ed.). Random House.

Timrots, Anita D. and Michael R. Rand (1987). *Violent Crime by Strangers and Nonstrangers*. U.S. Department of Justice.

Timrots, Anita D. and Michael R. Rand (1969). *Violent Men: An Inquiry into the Psychology of Violence*. Aldine.

Toch, Hans (1977). *Living in Prisons: The Ecology of Survival*. Macmillan.

Toch, Hans (1985). Warehouse for People. *Annals of the American Academy of Political and Social Science*, 478: 58-72.

Toch, Hans (1986). *Psychology of Crime and Criminal Justice*. Waveland Press.

U. S. Department of Justice (1988). *Report to the Nation on Crime and Justice*. U.S. Department of Justice.

UK Victim Support Organization (2023). How Can Crime Affect You? https://www.victim-support.org.uk/help-and-support/coping-crime/how-can-crime-affect-you/.

Uuited Nations (2019). What We Have Learned Over the Last Ten Years: A Summary of Knowledge Acquired and Produced by the UN System on Drug-Related Matters. https://www.unodc.org/documents/commissions/CND/2019/.

UNODC (2003). Topic Two—The Impact of Crime, Including Trauma. https://www.unodc.org/e4j/en/crime-prevention-criminal-justice/module-11/key-issues/2--the-impact-of-crime-including-trauma.html.

United States Department of Justice (1985). *Prison Gangs: Their Nature. Extent and Impact on Prisons*. U.S. Government Printing Office.

Velarde, A. (1975). Becoming Prostituted. *British Journal of Criminology*, 15(3): 251-262.

Vold, George B. and Thomas J. Bernard (1986). *Theoretical Criminology* (3rd ed.). Revised by Thomas J. Bernard. Oxford University Press.

Vreeland, R. G. and B. M. Levin (1980). Psychological Aspects of Firesetting. in D. Caner (ed.), *Fires and Human Behavior*. Wiley.

Waldo, Gordon and Simon Dinitz (1967). Personality Attributes of the Criminal: An Analysis of Research Studies, 1950-65. *Journal of Research in Crime and Delinquency*, 4: 185-202.

Walker, Michael B. (1992). *The Psychology of Gambling*. Pergamon Press.

Walker, N. (1965). *Crime and Punishment in Great Britain*. Edinburgh University Press.

Walker, Samuel (1989). *Sense and Nonsense about Crime*. Brooks/Cole.

Wallace, A. (1986). *Homicide: The Social Reality*. Bureau of Research and Criminal Statistics of New South Wales.

Wallace, Harvey (1998). *Victimology*. Allyn & Bacon.

Walsh, Marilyn (1977). *The Fence Westport*. Greenwood Press.

Walters, G. D. (1990). *The Criminal Lifestyle: Patterns of Serious Criminal Conduct*. Sage Publications.

Wanda, G (1971). *Games: Compulsive Gamblers, Wives and Families Play*. Gam-Anon International Office.

Warren, Marguerite Q. (1979). The Female Offender. in Hands Toch (ed.), *Psychology of Crime and Criminal Justice*.

West, D. J. (1965). *Murder Followed by Suicide*. Heinemann.

West, D. J. (1988). Psychological Contributions to Criminology. *British Journal of Criminology*, 28(2).

West, D. J. and D. P. Farrinngton (1973). *Who Becomes Delinquent?* Heinemann Educational.

Wheeler, Stanton (1961). Socialization in Correctional Community. *American Sociological*

Review, 26: 697-706.

Whilte, H. R. (1990). The Drug Use-delinguency Connection in Adolescence. in Weisheit. R. (ed.), Drugs, *Crime and the Criminal Justice System*. Anderson Pub- lishing Co.

Whitman, S., T. E., Coleman. C., Patmon. B. T. Desai. R., Cohen and L. N. King (1984). Epilepsy in Prison: Elevated Prevalence and no Relationship to Violence. *Neurology*, 34: 774-782.

Wice, Paul (1991). *Judges and Lawyers: The Human Side of Justice*. Harper Collins Publishers.

Wikstrom, P. H. (1991). Cross-National Comparisons and Context Specific Trends in Criminal Homicide. *Journal of Crime and Justice*, 1: 71-96.

Williams, D. (1969). Neural Factors Related to Habitual Agression-Consideration of Differences between Habitual Aggressives and Others Who Have Committed Crimes of Violence. *Brain*, 92: 503-520.

Williams, K. R. and M. A. Straus (1985). *Justifiable and Criminal Homicide Family Members, Acquaintances, and Strangers: Regional Cultural, and Environmental Factors*. National Institute of Justice.

Wlison, A. V. (1993). *Homicide: The Victim/Offender Connection*. Anderson Publishing Co.

Wilson, J. Q. and G. L. Kelling (1982). Broken Windows. *The Atlantic Monthly* (March): 29-38.

Winick, Charles and Paul M. Kinsie (1971). *The Lively Commerce: Prostitution in the Untded States*. Quadrangle Press.

Winick, Charles (1979). The Alcohol Offender. in Hans Toch (ed.), *Psychology of Crime and Criminal Justice*. Waveland Press Inc.

Winick, Charles (1979). The Drug Offender. in Hans Toch (ed.), *Psychology of Crime and Criminal Justice*. Waveland Press Inc.

Wisniewski, Laura (1991). Bandits Turn to Carjacking in Motown. *Eric Morning News*, August 31, p. A1.

Witkin, H. A. (1978). XYY and Criminality. in L. D. Savitz and N. Johnston (eds.), *Crime in Society*. John Wiley & Sons Inc.

Wolfgang, Marvin E. (1958). *Patterns in Criminal Homicide*. Wiley.

Wolfgang, Marvin E. (1966). Criminal Homicide and the Subculture of Violence. in Marvin Wolfgang (ed.), *Study in Homicide* (pp. 3-11). Harper and Row.

Wolfgang, M. E. and F. Ferracuti (1967). *The Subculture of Violence*. Sage.

Wolford, M. R. (1972). Some Attitudinal, Psychological and Sociological Characteristics of Incarcerated Arsonists. *Fire and Arson Investigator*, 1: 8-13.

Woodward, M. (1955). The Role of Low Intelligence in Delinquency. *British Journal of De-*

linquency, 6: 281-303.

World Health Organization (1964). *WHO Expert Committee on Addiction Producing Drugs: 13th Peport.* # 23.

World Health Organization (1977). *International Classification of Diseases* (9th rev.).

World Health Organization (2011). *Global Status Report on Alcohol and Health*.

Wrightsman, Lawrence S., Michael T. Nietzel and William H. Fortune (1994). *Psychology and the Legal System*. Brooks/Cole.

Wright, Richard T. and Scott Decker (1998). *Armed Robbers in Action: Stickups and Street Culture*. Northeastern University Press.

Yarmey, A. D. (1984). Age as a Factor in Eyewitness Memory. in G. L. Wells and E. F. Loftus (eds.), *Eyewitness Testimony: Psychological Perspectives*. Gambridge University Press.

Yarmey, A. D. (1986). Verbal, Visual and Voice Identification of a Rape Suspect under Different Levels of Illumination. *Journal of Applied Psychology*, 71: 366-370.

Yen, Sherman (1988). *Juvenile Delinquency and Substance Abuse in The United States*. Social and Psychological Factors in Juvenile Delinquency: An International Conference between Republic of China and United States of American. Sponsored by Department of Psychology, National Taiwan University, National Science Council, Republic of China, and Loyola College, U. S. A.

Yochelson, S and S. E. Samenow (1976). *The Criminal Personality*, Vol.1: A Profile for Change. Jason Aronsen.

Zahn, Margaret A. (1990). Intervention Strategies to Reduce Homicide. in Weiner Neil Alan, Margaret A. Zahn and Rita J. Sagi (eds.), *Violence: Patterns, Causes, and Public Policy*. Harcort Brace Javanovich Inc.

Zilborg, G. and G. W. Henry (1941). *A History of Medical Psychology*. Norton.

Zimbardo, Philip G. (1972). Pathology of Imprisonment. *Society*, 9: 6-8.

Zimbardo, Philip G. (1985). *Psythology and Life*. Glevniew, Ill: Scott. Foresman and Company.

Zimring, Franklin E. and Gordon Hawkins (1997). *Crime is Not the Problem-Lethal Violence in American*. Oxford.

Zuriff, G. E. (1985). *Behaviorism: A Conceptual Reconstruction*. Columbia University Press.

三、網路資料

http://ksbo.kmph.gov.tw/ksbo_page_16.htm

http://www.gio.gov.tw/info/publish/2000adv/921113.htm

http://www.hercafe.com.tw/hertalk/womanwoman/papers/0011.htm

http://www.phpb.gov.tw/mk/html/c-c4-c7.htm

http://www.yunlinclinic.com.tw/topic06.php

https://online.maryville.edu/blog/criminal-psychology/

https://www.165.gov.tw/list_fraud.aspx?page=1

https://www.165.gov.tw/news.aspx?id=1298

https://www.165.gov.tw/fraud.aspx?id=242/243/244

https://www.chimei.org.tw/main/cmh_department/59012/magazin/vol128/05-5.html

https://www.cib.gov.tw/Crime/Detail/993

https://www.cib.gov.tw/Crime/Detail/994

https://www.cib.gov.tw/Crime/Detail/997

www.buddhanet.com.tw

www.lofaa.org.tw/group/gay/japanman.htm1

www.womenclinic.com.tw/book09-8.htm

國家圖書館出版品預行編目資料

犯罪心理學／楊士隆著. －－九版. －－臺北
市：五南圖書出版股份有限公司，2023.08
面； 公分
ISBN 978-626-366-459-3（平裝）

1.CST: 犯罪心理學

548.52   112013127

4T14

犯罪心理學

作　　者— 楊士隆（312）

發 行 人— 楊榮川

總 經 理— 楊士清

總 編 輯— 楊秀麗

副總編輯— 劉靜芬

責任編輯— 黃郁婷、邱敏芳

封面設計— 陳亭瑋

出 版 者— 五南圖書出版股份有限公司

地　　址：106台北市大安區和平東路二段339號4樓

電　　話：(02)2705-5066　　傳　　真：(02)2706-6100

網　　址：https://www.wunan.com.tw

電子郵件：wunan@wunan.com.tw

劃撥帳號：01068953

戶　　名：五南圖書出版股份有限公司

法律顧問　林勝安律師

出版日期　2006年 9 月四版一刷
　　　　　2012年 9 月五版一刷
　　　　　2016年 9 月六版一刷
　　　　　2018年 9 月七版一刷
　　　　　2020年 7 月八版一刷
　　　　　2023年 8 月九版一刷

定　　價　新臺幣550元

經典永恆・名著常在

五十週年的獻禮 —— 經典名著文庫

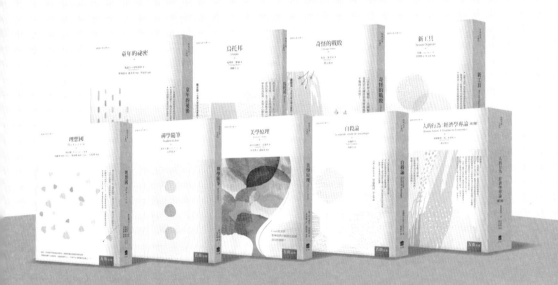

五南，五十年了，半個世紀，人生旅程的一大半，走過來了。

思索著，邁向百年的未來歷程，能為知識界、文化學術界作些什麼？

在速食文化的生態下，有什麼值得讓人雋永品味的？

歷代經典・當今名著，經過時間的洗禮，千錘百鍊，流傳至今，光芒耀人；

不僅使我們能領悟前人的智慧，同時也增深加廣我們思考的深度與視野。

我們決心投入巨資，有計畫的系統梳選，成立「經典名著文庫」，

希望收入古今中外思想性的、充滿睿智與獨見的經典、名著。

這是一項理想性的、永續性的巨大出版工程。

不在意讀者的眾寡，只考慮它的學術價值，力求完整展現先哲思想的軌跡；

為知識界開啟一片智慧之窗，營造一座百花綻放的世界文明公園，

任君邀遊、取菁吸蜜、嘉惠學子！